"十二五"职业教育国家规划教材
经全国职业教育教材审定委员会审定

供高等职业教育护理、助产等医学相关专业使用

健康评估

（第4版）

主　编　马景丽　周金莉
副主编　黄　丹　郝海涛　李双玲
编　委　（按姓氏汉语拼音排序）
郝海涛　阳泉职业技术学院
黄　丹　雅安职业技术学院
黄振华　广西医科大学护理学院
李双玲　合肥职业技术学院
梁　音　长春科技学院
马景丽　锡林郭勒职业学院
潘菲菲　江苏医药职业学院
王　奇　锡林郭勒职业学院
谢　龙　东莞职业技术学院
徐娜娜　潍坊护理职业学院
许兴芳　山东医学高等专科学校（济南）
闫　琳　中国医学科学院阜外医院
周金莉　江苏护理职业学院

科学出版社
北　京

内 容 简 介

本教材内容包括绪论、问诊、身体评估、心理和社会评估、心电图检查、常用实验室检查、影像学检查、护理诊断与护理病历书写 8 章内容。章节内含有“案例”“链接”“医者仁心”“自测题”等模块。本教材编写的目的在于使学生根据护理程序的要求，学会以人为中心的护理评估，并从护理的角度对护理对象现存的或潜在的健康问题或生命过程的反应做出护理诊断，为制订护理计划、实施护理措施和进行护理评价奠定基础。本教材延续“案例版”教材的编写理念，围绕护士执业资格考试大纲，突出考点、设计案例和自测题，使学生通过学习能够更好地适应国家护士执业资格考试。为提高学生分析问题、解决问题的能力，教材中设有与大学生技能竞赛相一致的案例分析题。

本教材适合高等职业教育护理、助产等医学相关专业学生使用，也可供应用型本科高校的护理专业学生使用。

图书在版编目（CIP）数据

健康评估 / 马景丽，周金莉主编. —4 版. —北京：科学出版社，2024.6
“十二五”职业教育国家规划教材
ISBN 978-7-03-078193-2

Ⅰ. ①健… Ⅱ. ①马… ②周… Ⅲ. ①健康–评估–高等职业教育–教材 Ⅳ. ①R471

中国国家版本馆 CIP 数据核字（2024）第 051048 号

责任编辑：丁海燕 / 责任校对：周思梦
责任印制：师艳茹 / 封面设计：涿州锦晖

科学出版社 出版
北京东黄城根北街 16 号
邮政编码：100717
http://www.sciencep.com
天津市新科印刷有限公司印刷
科学出版社发行 各地新华书店经销
*
2010 年 6 月第 一 版 开本：850×1168 1/16
2024 年 6 月第 四 版 印张：16
2024 年 6 月第二十五次印刷 字数：473 000

定价：64.80 元

（如有印装质量问题，我社负责调换）

前　言

为贯彻落实党的二十大精神，切实落实《关于推动现代职业教育高质量发展的意见》《国家职业教育改革实施方案》《关于深化产教融合的若干意见》《教育信息化 2.0 行动计划》等文件精神和《高等职业学校专业教学标准》的要求，坚持立德树人、德技并修，提高护理专业人才培养质量，推动新时代职业教育高质量发展，科学出版社启动高等职业教育护理专业数字化创新教材（含职业教育国家规划教材）第 4 版修订工作。

本教材是在第 3 版的基础上，参考相关教材编写内容和最新指南，并广泛汲取了多个院校的反馈意见，对所包含的 8 章内容及顺序进行了一定调整。

1. 增加了学习目标，每章按照素质、知识和能力三大目标列出本章的学习目标，强调“三基”培养的同时，突出人文素质培育和实践技能培养。

2. 以临床典型案例为抓手，在起到导学、启发思考作用的同时，突出学生临床思维与评判能力的培养，提高学生分析问题、解决问题的能力。

3. 教材中适时融入医者仁心等课程思政相关内容，在开展相关教学的同时起到育人的作用。

4. 强化训练，每章后均有自测题，利于学生课后复习。为适应国家护士执业资格考试形式的变化，自测题中增加了图片题与视频题。有些章节设计了案例分析题，有助于提高高职高专学生的临床思维能力与实践技能。

5. 知识拓展，通过链接，将解剖、生理、生化等基础医学知识与健康评估相衔接，使学生更好地理解学习的知识。

6. 增加数字教学资源，对于操作性技能、临床体征、大型医疗设备运行过程等尽量采用短视频展示，采集临床实际工作素材转为数字素材，方便学生通过手机端或计算机端在“中科云教育”平台观摩临床实景、操作示范及不易见到的阳性体征的视频、音频、动画等数字化资源。为了方便教学，编者精心设计了教学课件，并提供《北美国际护理诊断定义与分类（2021—2023）》供读者免费下载使用。

本教材的编写是在前 3 版基础上进行的更新与完善，谨对历版主编和编写团队的辛勤付出和引领作用表示最崇高的敬意和最真挚的谢意。本教材参考了国内外有关学者的文献资料等，在此深表感谢。

由于编者水平有限，教材中可能有疏漏、不足之处，欢迎广大师生和读者不吝赐教，惠予指正。

主　编

2023 年 11 月

配套资源

欢迎登录“中科云教育”平台，**免费** 数字化课程等你来！

本系列教材配有数字化资源，持续更新，欢迎选用！

“中科云教育”平台数字化课程登录路径

电脑端

- 第一步：打开网址：http://www.coursegate.cn/short/SZNYL.action
- 第二步：注册、登录
- 第三步：点击上方导航栏“课程”，在右侧搜索栏搜索对应课程，开始学习

手机端

- 第一步：打开微信“扫一扫”，扫描下方二维码
- 第二步：注册、登录
- 第三步：用微信扫描上方二维码，进入课程，开始学习

PPT 课件，请在数字化课程里下载！

目录

第1章 绪　论

学习目标

1. 素质目标　培养学生浓厚的学习兴趣，良好的职业道德、社会责任感；具有严谨求实的学习态度，勇于探索、乐于思考的科学精神。

2. 知识目标　掌握健康评估的概念；熟悉健康评估的主要内容和方法。

3. 能力目标　能够领会本课程特点，结合自身实际制订学习计划和掌握有效的学习方法。

健康评估是运用医学及相关学科知识，对护理对象现存的或潜在的生理、心理及社会适应等方面的健康问题进行分析研究，以确定其护理需求的基本理论、基本技能和临床护理思维方法的一门课程。该课程是将医学基础知识、护理学基础知识与临床各专科护理知识连接起来的一门桥梁课程。健康评估的目的在于识别评估对象的护理需要、护理诊断/问题，是执行护理程序的基础，为护理措施的制订与落实及对护理行为的评价打下基础。健康评估是护士执行护理程序必备的一项核心能力，贯穿于整个护理过程的始终，是实施整体护理的基础和保证。

一、健康评估的内容

案例 1-1

患者，男，68 岁。咳嗽、咳痰 10 年余，加重伴发热 3 天。患者 3 天前外出受凉后出现鼻塞、流清水样鼻涕、咳嗽加重，并有发热，体温 38.3℃。自服感冒药未见好转，且体温继续升高，咳脓痰。遂于今日早晨 8 时，由老伴陪同来院就诊。

问题： 1. 该患者到医院后，护士应从哪些方面进行评估？

2. 作为发热门诊的接诊护士，你觉得还应该对哪些人进行评估？

健康评估的内容包括两方面，一是常见症状、体征及其发生机制和规律研究，疾病对个体带来的生理、心理和社会方面的影响，护理诊断思维的建立等基本理论和知识；二是问诊、身体评估、心电图测量及辅助检查资料的收集等基本方法和技能。

（一）问诊

问诊是评估者通过对评估对象或有关人员的系统询问获取健康资料的过程。症状是个体患病时对机体功能异常和病理变化的异常体验与主观感受，如头痛、胸闷、瘙痒等。通过对症状特点的分析，可以了解疾病发生、发展的演变过程，以及由此而引发的身心反应，对形成护理诊断/问题、指导临床护理起着主导作用。

（二）身体评估

评估者运用自己的感官或借助听诊器、血压计、体温计、叩诊锤等简单的辅助工具对评估对象进行系统的观察和检查，找出正常或异常征象的评估方法，是形成护理诊断/问题的重要依据。通过身体评估所发现的异常征象称为体征，是评估对象体表或内部结构发生的、能客观检查到的改变，如淋巴结肿大、心脏杂音、肝脾大等。

（三）心理和社会评估

心理和社会评估主要通过观察、会谈、心理测量、医学检测与实地考察等方法，对个体的心理活动与心理特征、社会状况进行评估。心理及社会功能与人的生理健康紧密相关，通过这种评估为制订促进和维护心理健康的护理措施提供依据。由于心理、社会资料主观成分居多，在收集、分析和判断资料时比较困难，其结果不可简单地用正常和异常来划分。

（四）心电图检查

心电图是应用心电图机将评估对象的心电活动在体表描记下来所形成的曲线图形。分析此图形，可发现心肌的电生理变化、各种心律失常、心房/室肥大、心肌缺血、心肌梗死等，是循环系统健康问题的重要评估依据和危重患者心电监护的重要手段。

（五）实验室检查

实验室检查指运用各种实验技术，对评估对象的血液、体液、分泌物、排泄物、脱落物、穿刺物等标本进行检测，以获得直接或间接反映机体功能状态、病理变化及病因等的客观资料，从而协助评估者观察和判断病情变化，提出恰当的护理诊断/问题。

（六）影像学检查

影像学检查包括放射学检查、超声检查和核医学检查三个部分。影像学检查是一种特殊的检查方法，它借助于不同的成像手段，使人体内部器官和结构显出影像，从而了解人体解剖、生理功能状况及病理变化，有助于更好地了解评估对象的健康问题。

（七）护理诊断/问题

将收集的健康资料、身体评估、辅助检查、心理和社会评估所获得的结果经过分析、归纳、推理形成护理诊断/问题，是对评估对象实施有效护理措施的前提。随着健康观念和现代化护理模式的转变，护理诊断不仅关注服务对象现存的问题，同时也关注尚未发生的潜在问题，提示护理诊断思维的重要性和护理工作的预见性。

（八）护理病历书写

护理病历是评估者对评估对象全面评估、解决健康问题、提供护理服务全过程的记录，它既是护理活动的重要文件，也是护理对象健康状况的法律文件，其格式和内容应按要求严格记录。

二、学习方法和要求

（一）学习方法

健康评估是一门实践性很强的课程，不仅要在课堂教学中注重基本理论、基本知识的学习，更要在实训教学、临床见习与实习等教学环节中注重基本技能的训练。在学习过程中，学生一定要理论联系实际，手脑并用，既要多用脑记忆基本知识、基本理论，又要勤动手练习各项操作技能。

（二）基本要求

1. 学生树立以人为中心，全心全意为评估对象服务的思想，具有严谨的学习态度、科学的思维能力、良好的职业道德和爱岗敬业精神。

2. 基本概念清晰，基本知识牢固，基本技能熟练。

3. 能运用恰当的问诊技巧，独立进行健康史的采集，准确收集评估对象的健康史资料。

4. 能独立进行全面、系统、规范的身体评估，并熟悉阳性或阴性结果的临床意义。

5. 能独立完成心理和社会评估，提出相关护理诊断/问题。

6. 学会心电图机的操作，能初步识别正常心电图及常见的异常心电图；掌握常用实验室检查的标本采集及处理方法，熟悉实验室检查的正常参考值及临床意义；熟悉影像学检查基本知识，能进行各种影像检查前后的护理。

7. 能将身体、心理和社会评估收集到的资料和各项辅助检查结果正确记录并进行综合分析，提出合理的护理诊断/问题，并正确书写护理病历。

自 测 题

A_1/A_2型题

1. 护士收集到的评估对象最重要的主观资料是（ ）
   A. 症状 B. 身体评估
   C. 实验室检查 D. 超声检查
   E. 心电图检查
2. 护士运用自己的感官或借助简便的检查工具对评估对象进行系统的观察和检查所发现的异常征象称为（ ）
   A. 症状 B. 体征
   C. 临床表现 D. 辅助检查
   E. 健康史
3. 患者，男，46 岁，曾患冠心病，突发持续性心前区疼痛，应立即进行（ ）
   A. 问诊 B. 身体评估
   C. 超声检查 D. 心电图检查
   E. 实验室检查
4. 下列中不属于实验室检查的是（ ）
   A. 胸部 X 线检查 B. 血液生化检查
   C. 尿液检查 D. 粪便检查
   E. 痰液检查

（马景丽）

第2章
问　诊

学习目标

1. 素质目标　具有高度的责任心、严谨求实的态度和良好的沟通能力，树立尊重和爱护患者的职业意识。

2. 知识目标　掌握问诊的方法与内容，各种常见症状的临床表现及问诊要点；熟悉问诊的技巧，特殊情况的问诊方法，常见症状的病因及相关护理诊断；了解问诊的目的，常见症状的发生机制。

3. 能力目标　能够独立对患者开展系统及针对性问诊，完整收集健康资料；通过对健康资料的归纳和分析，识别患者的健康问题，提出相关护理诊断。

第1节　概　　述

问诊是采集病史最重要的手段。问诊是评估者与评估对象或相关人员进行目标明确、正式而有序的交谈过程，目的是了解评估对象的健康观念、功能状况、社会背景及其他与健康、护理和疾病相关的因素等，以收集、诊断评估对象对健康状态、健康问题现存的或潜在的反应的病史资料。通过问诊可建立良好的护患关系，创造有助于患者护理、康复的环境，并可为下一步身体评估提供线索。如患者诉咳嗽、咳痰，评估者进行身体评估时就要重点检查患者的肺部状况。

一、问诊的内容

案例 2-1

患者，男，48岁。患者有“肝炎”病史10余年，“肝硬化”病史2年余。3年来反复出现纳差、乏力、腹胀、腹泻，劳累时加重。经常有鼻、牙龈出血。近半个月腹部逐渐胀大，尿量减少，每日约为500ml，在家卧床休息。因腹胀难受，3天前开始间断性自服呋塞米和氢氯噻嗪（量不详）后，尿量增加，每日 3500～5000ml，腹胀明显减轻，但出现四肢无力，烦躁不安。昨日起行为失常，治疗不配合，张口骂人，随地便溺，今日认人不清而就诊。病史由患者妻子代诉。

问题：1. 该患者的主诉是什么？

2. 该病例包括了问诊的哪几部分内容？

问诊内容的框架对于指导护士收集完整的护理病史很有帮助，其主要内容包括评估对象目前及既往的健康状况，影响健康状况的有关因素及评估对象对自己健康状况的认识与反应等。

（一）一般资料

一般资料包括姓名、性别、年龄、民族、籍贯、出生地、婚姻状况、文化程度、宗教信仰、职业、医疗费用支付形式、家庭住址、联系方式、入院日期、入院诊断、资料收集日期、资料来源及可靠程度等。若资料来源不是评估对象本人，则应注明其与评估对象的关系。记录年龄时应以实足年龄为准。

（二）主诉

主诉为评估对象在本次发病中感受到的最主要、最明显的症状或体征及其性质和持续时间，也就是本次就诊最主要的原因。记录主诉用词要简明扼要，一般不超过 20 个字，同时注明主诉自发生到就诊的时间。如“发热、头痛 5h”“乏力、纳差 5 天，尿黄 2 天”等。除非特殊情况，一般应尽可能使用患者自己的语言，避免用诊断术语或病名，如“糖尿病 1 年”应记录为“多食、多饮、多尿 1 年”。

考点：主诉的记录

（三）现病史

现病史是围绕主诉详细描述评估对象自患病以来健康问题发生、发展、演变、诊治和护理的全过程，为健康史的主体部分。可按以下内容和程序询问。

1. 起病情况 包括起病的时间、原因、诱因及起病缓急。每种疾病的起病或发作都有各自的特点，详细询问起病情况，可为寻找病因提供重要线索。起病时间难以确定者，需仔细询问、分析后再做判断。

2. 主要症状的特点 重点为主要症状出现的部位、性质、发作频度和持续时间、程度，以及加重或缓解的因素。症状出现的部位、性质常为找到病变的部位、性质提供重要线索，同时也是确定护理诊断/问题及提供相应措施的重要依据。

3. 病情的发展与演变 包括患病过程中主要症状的变化及有无新的症状出现。按症状发生的前后顺序进行描述。

4. 伴随症状 与主要症状同时或随后出现的其他症状，对确定病因和判断有无并发症具有重要意义。

5. 诊断、治疗和护理经过 起病后曾在何时何地就诊，做过何种检查，接受了哪些治疗及护理，效果如何等。

考点：现病史问诊内容

（四）既往健康史

既往健康史简称既往史，是关于了解过去评估对象健康状况的资料。既往健康状况可能对现在疾病造成影响或提供线索，或既往患病经历影响到评估对象对疾病的反应。主要包括以下内容。

1. 一般评价 评估对象对自己既往健康状况的评价。

2. 既往病史 包括既往患病史、住院史、手术史、外伤史等。注意询问所患疾病的时间、诊断、治疗与护理经过及转归情况；有无住院经历、住院的原因及时间；有无手术史，手术的时间、原因及名称；有无外伤史，外伤的时间、原因、诊疗与转归等。此外，还应询问居住地或生活地区的主要传染病和地方病史。

3. 过敏史 对食物、药物或环境因素中何种物质发生过敏、过敏时间、机体的反应及脱敏的方法。

4. 预防接种史 包括预防接种的时间与类型。

（五）成长发展史

不同年龄阶段有着不同的成长发展任务，个体的成长发展状况亦是反映其健康状况的重要指标之一。

1. 生长发育史 根据评估对象所处的生长发育阶段，判断其生长发育情况是否正常。对于儿童来说，主要了解其出生时的情况及其出生后的生长发育情况。

2. 月经史 对于青春期后的女性应询问其月经初潮年龄、月经周期和经期的天数、经血的量和色、经期症状、有无痛经及末次月经日期。对于已绝经妇女还应询问其绝经年龄。记录格式：

$$\text{初潮年龄}\frac{\text{行经期（天）}}{\text{月经周期（天）}}\text{末次月经时间或绝经年龄}$$

例如：

$$\text{12岁}\frac{3\sim6\text{天}}{26\sim28\text{天}}\text{2022年7月5日（或51岁）}$$

3. 婚姻史 婚姻状况、结婚年龄、配偶健康状况、夫妻关系及性生活情况等。

4. 生育史 妊娠与生育次数及年龄，人工或自然流产次数，有无死产、手术产、产褥热和计划生育情况。夫妻双方是否患过影响生育的疾病。

（六）家族健康史

家族健康史主要是了解评估对象直系亲属的健康状况及患病情况，特别是具有遗传倾向的疾病，如血友病、糖尿病、痛风、肿瘤等。

（七）系统回顾

系统回顾是通过询问评估对象有无各系统或与各健康功能型态相关的症状及其特点，全面系统地评估以往已发生的健康问题及其与本次健康问题的关系。通过系统回顾可避免遗漏重要信息，系统回顾的组织与安排可根据需要采用不同的系统模式。

1. 身体系统回顾 身体方面的系统回顾项目及内容见表 2-1。

表 2-1 身体方面的系统回顾项目及内容

项目	内容
一般健康状况	有无发热、乏力、出汗、睡眠障碍及体重改变等
皮肤	有无皮肤颜色、温度改变；有无皮损或异常等
头部	有无视力、听力改变；有无鼻腔、牙龈出血；有无咽痛等
胸壁	有无桶状胸；有无乳房疼痛、肿胀；自我检查情况等
呼吸系统	有无咳嗽、咳痰、咯血、呼吸困难等
循环系统	有无心悸、活动后气促、端坐呼吸等
消化系统	有无食欲减退、恶心、呕吐、腹痛、腹泻、黑便、黄疸等
泌尿系统	有无尿频、尿急、尿痛，有无尿量、尿色变化等
生殖系统	有无性病史；性生活满意度和次数
血液系统	有无乏力、头昏、皮肤黏膜出血、骨骼疼痛等
代谢及内分泌系统	有无智力、体格发育异常；有无食欲亢进，月经失调等
肌肉骨骼系统	有无肌肉疼痛、萎缩；有无关节肿胀、疼痛及运动障碍
神经系统	有无头痛、眩晕、记忆力减退、意识障碍、抽搐、瘫痪等

2. 心理系统回顾 包括感知能力、认知能力、情绪状态、自我概念、压力反应及应对方式、对疾病和健康的理解与反应等。

3. 社会系统回顾 包括价值观与信念、生活与居住环境、家庭关系、社交状况、职业及工作环境、经济负担等。

二、问诊的方法与技巧

问诊的方法与技巧和获得真实可靠的健康资料有着密切的关系，行之有效的问诊方法与技巧对护理人员有着重要的实用价值。

（一）问诊前的准备与过渡性交谈

护理人员应着装整洁，主动创造一种轻松的环境以安抚评估对象的不安情绪。注意保护评估对象的隐私，劝诫陌生人与无关人员离开，如果评估对象要求亲属与好友在场，护理人员应同意。

问诊开始前，护士应先向评估对象作自我介绍，说明问诊是为了采集有关健康信息，以便提供全面的护理，解释除收集有关其身体、心理的健康资料外，还需要获得有关个人和社会背景的资料，以使护理个体化，并向评估对象承诺保密健康史内容。要注意对评估对象的正确称呼，语言亲切可信。

（二）问诊程序

问诊一般由主诉开始，有目的、有序地进行。提问应先选择一般性易于回答的开放性问题，如“您感到哪儿不舒服？”“您病了多长时间了？”，然后耐心倾听评估对象的叙述。开放性问题的优点是易于回答，可获得有关症状发生、发展、演变及评估对象反应的信息，同时可了解对疾病的态度等相关方面有价值的信息。其缺点是评估对象的回答可能与评估目的无关，占用时间长。如果患者的陈述滔滔不绝、离题太远时，可用“好，您这个问题我听懂了，现在请您谈谈当时腹痛的情况，好吗？”，客气地将其引导到病史线索上来。

为证实或确认评估对象叙述病史的细节，可用直接提问（亦称封闭式提问），如“请您告诉我，您腹痛多久了？”；或要求回答“是”或“不是”的更为直接的选择性提问，如“您曾经也有过这样的腹痛？”。若评估对象回答问题时不能很好地表达，护士可提供有多项备选答案的问题，如“您的腹痛是钝痛、锐痛还是烧灼痛？”，让其从中选择。当评估对象回答不确切时，要耐心启发，如“再想一想，能不能再确切些？”，并给予足够的考虑时间。直接提问的特点是：①能更有效地控制问题与回答；②回答不需太多的主观努力；③询问时间较少；④记录较为容易。

（三）避免诱导性提问与专业术语提问

问诊应避免套问或诱问，如“您的粪便是黑色吗？”“您每日下午发热，是吗？”，以免评估对象在这种带有倾向性特定答案问题的诱导下随声附和，影响健康史的真实性。更合适的询问应是“您的粪便是什么颜色的？”“您一般在什么时候发热？”。问诊时还应避免使用有特定含义的医学术语，如“您是否感到心悸？”这样的问题，即使是文化程度较高的评估对象也难免会产生错误的理解，以致病史资料不确切。

（四）核实有关健康史资料

为确保所获资料的准确性，在问诊过程中必须对那些含糊不清、存有疑问或矛盾的内容进行核实。常用的核实方法有：①澄清，要求评估对象对模棱两可或模糊不清的内容做进一步的解释和说明，如“您感到腹痛，请具体说一下在腹部哪一个位置，好吗？”；②复述，以不同的表达方式重复评估对象所说的内容，如“您说 3 天没有解大便了，是这样吗？”；③反问，以询问的口气重复评估对象所说的话，但不可加入自己的观点，并鼓励评估对象提供更多的信息，如“您说您夜里睡眠不好？”；④质疑，用于评估对象所说的与评估者所观察到的情况或其前后所说内容不一致时，如“您说您对自己的病没有任何顾虑，可您的眼睛却是红红的，能告诉我原因吗？”；⑤概括，将评估者自己获得的资料向评估对象进行概括小结，让其确定评估者所理解的是否准确。

（五）特殊情况的问诊

1. 文化背景 不同文化背景的人在人际沟通的方式及对疾病的反应方面存在差异，护士在考虑问诊内容及选择问诊技巧时，应熟悉自己与评估对象文化间的差异，使自己的语言和行为能充分体现对他人文化的理解和尊重。

2. 年龄 不同年龄阶段的评估对象，由于其所处的生理及心理发展阶段不同、参与交谈的能力亦不同，护士应据此采取有效的沟通方法。婴幼儿多不能自述病情及其他健康史资料，需要父母或监护人提供。对 5～6 岁以上的儿童应让其参与问诊，并尽量使用儿童的语言；老年人听力、记忆力等功能减退，护士问诊时应放慢语速、提高音量及注意提问方式等。

3. 健康状况 一般情况下，护士应尽可能详尽地收集健康资料。但在患者病情危重时，为争取时间，护士应边评估边进行抢救处理，重点评估目前的主要问题，待患者病情稳定后，再通过详细问诊获取健康史资料。

考点：问诊注意事项

医者仁心

勇于钻研——好护士刘泉利

刘泉利是新疆生产建设兵团第七师一三〇团医院总护士长，她视患者如亲人，二十余载奉献在护理岗位，用自己的行动赢得了同事和患者的认可。她始终坚持为患者提供“优质、高效、便捷服务”的工作理念，刻苦学习，努力钻研，扎实工作，创新进取，不断学习护理新理论、新技术和服务新理念、新程序，使自己的问诊、查体、内科护理技术等业务水平不断提高。作为护士长她身先士卒，带领科室护士出色地完成了各项治疗护理任务。她的同事说：“要求我们做到的，她总能做得更好。”2016 年 3 月，刘泉利荣登“中国好人榜”。

第 2 节　常见症状问诊

一、发　热

案例 2-2

患者，男，28 岁。高热 4 天。4 天前外出活动遇暴雨，淋透全身，当晚出现全身乏力、肌肉酸痛，腋温一直在 39.2～40.0℃波动，自服抗病毒冲剂效果不佳，3 天前开始出现胸痛、咳嗽、咳铁锈色痰。发病以来自觉乏力、纳差，全身肌肉酸痛，无腹痛、腹泻，大小便正常。既往体健，无手术史，无药物过敏史。

问题： 1. 该患者的发热病因及机制可能是什么？

2. 该患者发热的程度如何，热型是什么？

3. 主要护理诊断/问题是什么？

当机体在致热原作用下或各种原因引起体温调节中枢的功能障碍时，体温升高超出正常范围，称为发热。

（一）正常体温与生理变异

正常人体温相对恒定。正常体温在不同的个体间稍有差异，并受昼夜、性别、年龄、情绪、活动程度、药物、环境等内外因素的影响而略有波动，一般波动范围不超过 1.0℃。

考点： 正常体温与生理变异

（二）病因

1. 感染性发热　多见，各种病原体如病毒、细菌、支原体、立克次体、螺旋体、真菌、寄生虫等引起的急性或慢性、局部性或全身性感染，均可引起发热。

2. 非感染性发热　除生物病原体以外的病因引起的发热均属非感染性发热，包括如下几种。

（1）无菌性坏死物质吸收　由于组织细胞损伤及坏死物质吸收引起的发热，亦称吸收热。常见于大面积烧伤、内出血或大手术等所致组织损伤；血管栓塞或血栓形成所致心、肺、脾等内脏梗死或肢体坏死；恶性肿瘤、溶血反应所致组织坏死与细胞破坏等。

（2）抗原-抗体反应　如风湿热、血清病、药物热、结缔组织病等。

（3）内分泌或代谢障碍　如甲状腺功能亢进症、重度脱水等。

（4）皮肤散热障碍　如广泛性皮炎、慢性心力衰竭所致发热，一般为低热。

（5）体温调节中枢功能障碍　因体温调节中枢直接受损所引起的发热，亦称中枢性热，其临床特点为高热无汗。常见于中暑、镇静催眠药中毒、脑出血或颅脑外伤等。

（6）自主神经功能紊乱　属功能性发热，多为低热。如女性月经前或妊娠初期发热、精神紧张时发热等。

考点：发热的病因

（三）发生机制

1. 致热原性发热 是导致发热的最主要因素。致热原可分为外源性和内源性两大类。外源性致热原包括：①微生物病原体及其产物；②炎性渗出物及无菌性坏死组织；③抗原-抗体复合物；④某些类固醇物质等。此类致热原分子质量相对较大，不能直接作用于体温调节中枢引起发热，但可通过激活血液中的中性粒细胞、嗜酸性粒细胞和单核吞噬细胞系统，使之形成并释放白细胞介素、肿瘤坏死因子和干扰素等内源性致热原。内源性致热原相对分子质量较小，可通过血脑屏障直接作用于体温调节中枢，使体温调定点上移，重新调节体温。一方面，通过垂体内分泌使代谢增加或通过运动神经使骨骼肌阵挛，产热增多；另一方面，通过交感神经使皮肤血管及竖毛肌收缩，血流量减少，排汗停止，散热减少，这一调节作用使产热大于散热，引起发热（图 2-1）。

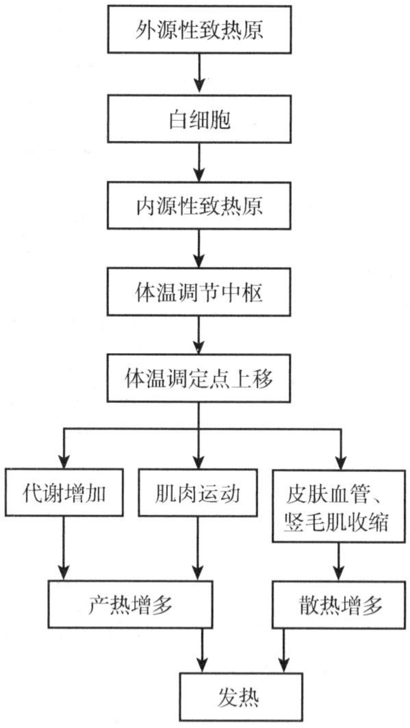

图 2-1 发热发生机制示意图

2. 非致热原性发热 由于机体产热和散热不平衡所致。如甲状腺功能亢进症等引起产热过多；广泛性皮肤病等引起散热减少；颅脑外伤、出血、炎症等使体温调节中枢直接受损。

（四）临床表现

1. 发热分度 按发热的程度（以口腔温度为准）可分为：①低热，37.3～38.0℃；②中等度热，38.1～39.0℃；③高热，39.1～41.0℃；④超高热，41.0℃以上。

考点：发热分度

2. 发热过程 高热患者临床经过一般分为 3 个阶段，其特点及临床表现见表 2-2。

表 2-2 发热各阶段的特点及临床表现

阶段	特点	临床表现
体温上升期	产热大于散热	疲乏无力、肌肉酸痛、皮肤苍白、无汗、畏寒或寒战。①骤升型：体温在几小时内升至 39～40℃或以上，常伴寒战，多见于疟疾、大叶性肺炎、败血症、输液反应等；②缓升型：体温逐渐上升，数日内达高峰，多见于伤寒、布鲁氏菌病等
高热期	产热和散热在较高水平上保持相对平衡	皮肤潮红有灼热感，呼吸深快，开始出汗并逐渐增多
体温下降期	散热大于产热	出汗增多、皮肤潮湿。①骤降型：体温于数小时内迅速下降至正常，常伴有大汗，多见于疟疾、大叶性肺炎、输液反应等；②渐降型：体温在数日内逐渐降至正常，多见于伤寒、风湿热等

考点：发热过程

3. 热型 把不同时间测得的体温数值分别记录在体温单上，将各数值点连接形成体温曲线，该曲线的不同形态称为热型。老年人由于免疫功能低下可能出现热型不典型。常见的热型如下。

（1）稽留热 体温持续在 39.0℃以上达数日或数周，24h 波动范围不超过 1.0℃（图 2-2），常见于伤寒、大叶性肺炎等。

（2）弛张热 体温常在 39.0℃以上，24h 体温波动范围超过 2.0℃，但都在正常水平以上（图 2-3），常见于败血症、化脓性感染等。

（3）间歇热 体温骤升达高峰后持续数小时，又迅速降至正常水平，无热期持续 1 天至数日，高热期与无热期反复交替出现（图 2-4），常见于疟疾、急性肾盂肾炎等。

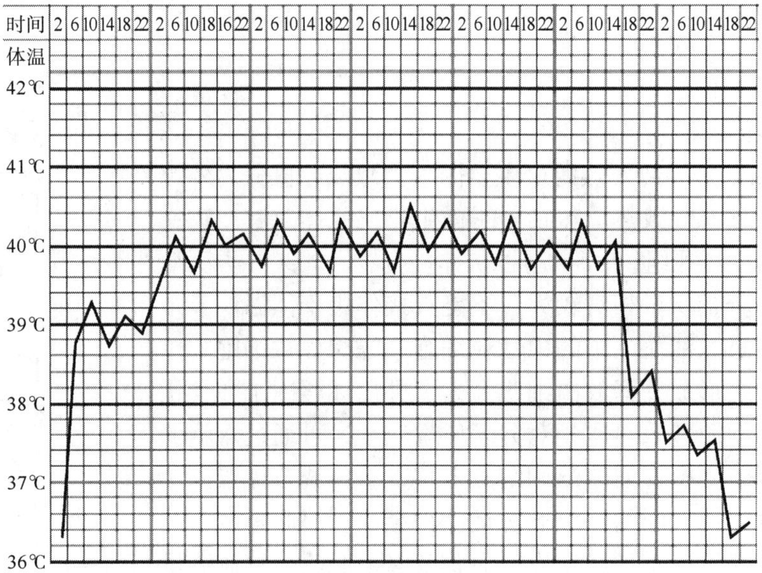

图 2-2　稽留热

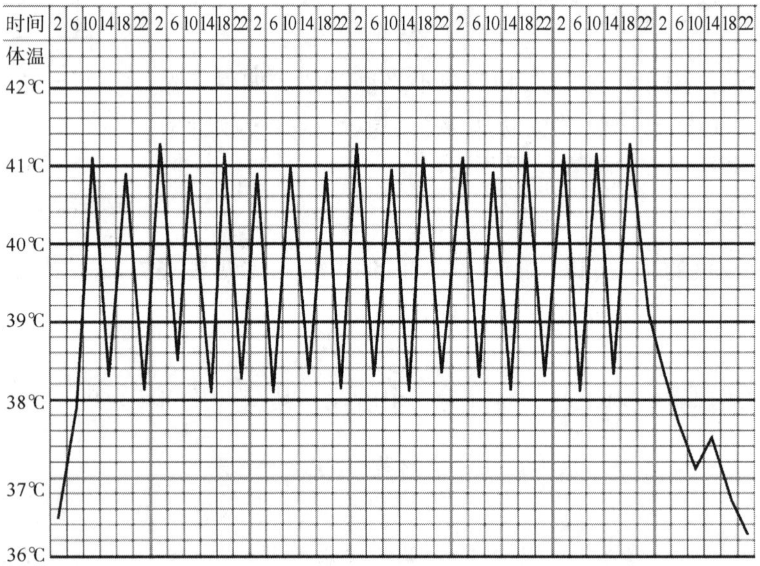

图 2-3　弛张热

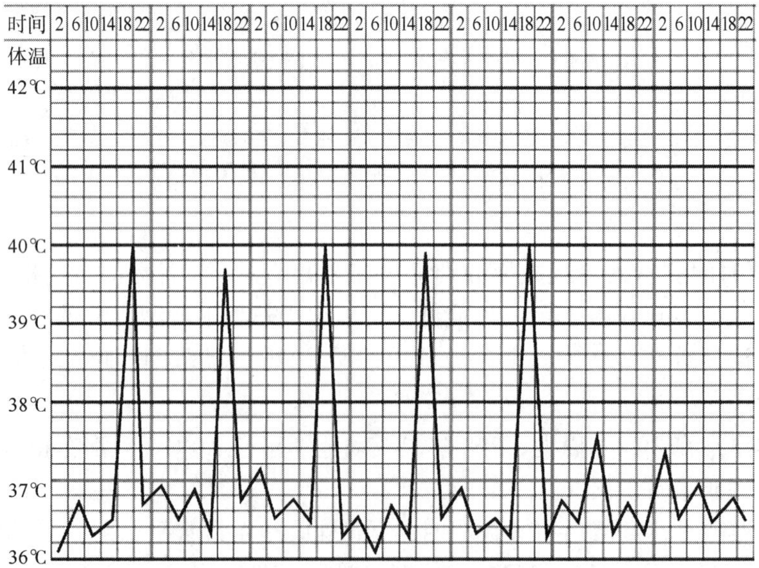

图 2-4　间歇热

（4）回归热 体温骤升达 39.0℃或以上，持续数日后又骤降至正常水平，数日后体温又骤升，如此规律性交替出现（图 2-5），常见于回归热、霍奇金病等。

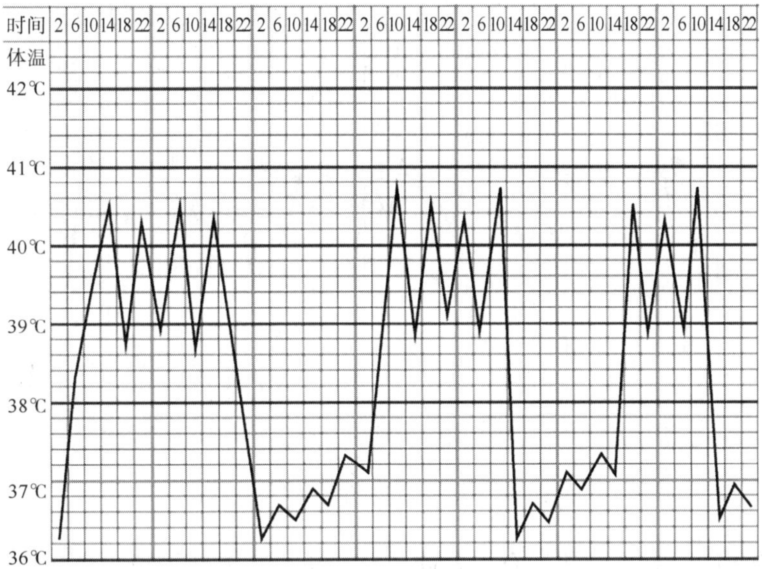

图 2-5 回归热

（5）波状热 体温渐升达 39.0℃或以上，持续数日后又渐降至正常水平，数日后又渐上升，如此反复多次（图 2-6），常见于布鲁氏菌病。

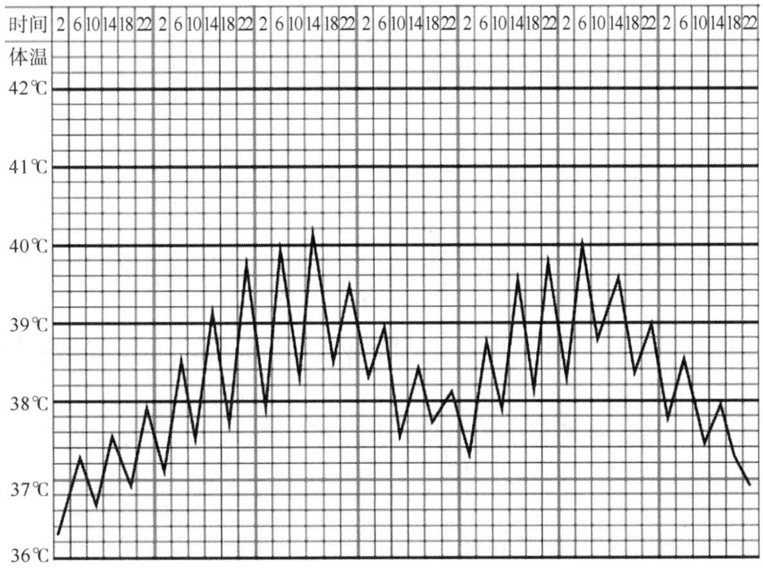

图 2-6 波状热

（6）不规则热 体温曲线无一定规律（图 2-7），见于结核病、支气管肺炎等。

考点：常见热型与特点

（五）问诊要点

1. 病史与诱因 既往有无结核病、结缔组织病、疟疾等可引起发热的病史，有无受寒、过度劳累、饮食不洁，有无与传染病患者接触史及药物过敏史等。

2. 发热的特点 发热过程中的症状表现，如畏寒、寒战、大汗等。

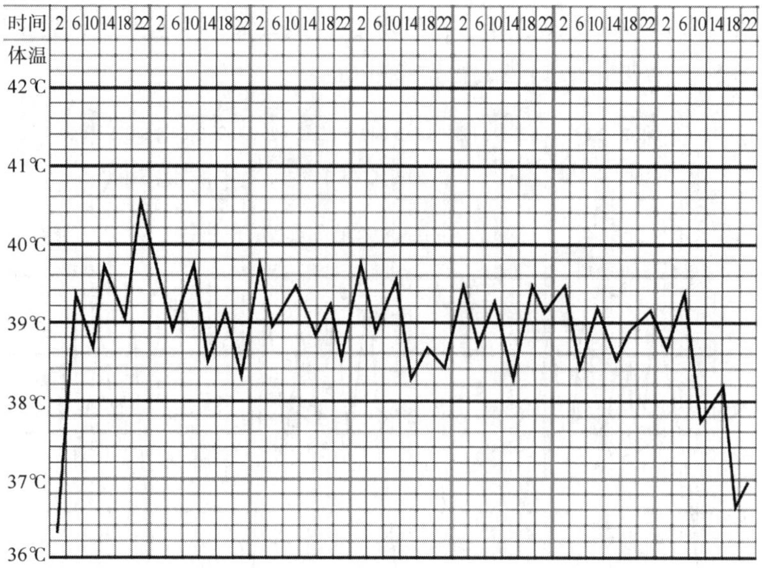

图 2-7 不规则热

3. 发热对患者的影响 急性发热者有无食欲减退、恶心、呕吐等消化道症状；高热者有无意识障碍，小儿有无惊厥；出汗多者有无脱水；长期发热者有无营养不良。

4. 诊疗及护理经过 是否用药，药物种类、剂量及疗效；是否采取物理降温措施，方法及其效果。

（六）相关护理诊断/问题

1. 体温过高 与病原体感染有关；与体温调节中枢功能障碍有关。

2. 体液不足 与体温下降期出汗过多有关；与液体量摄入不足有关。

3. 营养失调：低于机体需要量 与长期发热代谢率增高有关；与营养物质摄入不足有关。

二、疼　痛

案例 2-3

患者，男，45 岁。间断胸痛 3 年，加重 1h 入院。患者 3 年来间断发作胸骨后疼痛，每次发作数分钟，休息后多缓解，自觉是劳累所致未寻求治疗。入院前 1h 在开车途中突发胸痛，持续加重，休息后未能缓解，并向左上腹部放射，伴恶心、呕吐，面色苍白，大汗淋漓，头晕，心慌，呼吸不畅，由急诊入院。患者极度恐惧紧张。

问题： 1. 引起该患者就诊的主要症状和特点是什么？

2. 本案例的问诊重点应该包括哪些？

疼痛是机体对损伤组织或潜在的损伤产生的一种不愉快的感觉和情绪上的体验，是临床上最常见的症状之一。它由痛觉和痛反应两部分组成，即伤害性刺激作用于机体所引起的痛感觉，以及机体对伤害性刺激的痛反应。强烈、持久的疼痛可致生理功能紊乱，甚至导致休克。

（一）病因

1. 头痛 指额、顶、颞及枕部的疼痛。常见病因如下。

（1）颅内病变 ①感染，如流行性乙型脑炎、流行性脑脊髓膜炎等；②颅内占位性病变，如脑肿瘤、颅内囊虫病等；③颅内血管性疾病，如脑出血、蛛网膜下腔出血、脑血管供血不足等；④颅脑外伤，如脑震荡、脑挫裂伤、硬膜下血肿等；⑤其他，如偏头痛等。

（2）颅外病变 ①颅骨疾病，如颅骨肿瘤；②颈部疾病，如颈椎病；③神经痛，如三叉神经痛、枕神经痛；④眼、耳、鼻、齿等疾病引起的牵涉性头痛。

（3）全身性疾病 如急性感染、中毒、高血压、低血糖、肺性脑病等。

2. 胸痛 ①胸壁疾病，如肋间神经炎、肋骨骨折等；②呼吸系统疾病，如胸膜炎、自发性气胸、肺癌等；③循环系统疾病，如心绞痛、急性心包炎等；④纵隔疾病，如纵隔炎、食管炎、食管癌等；⑤其他，如肝脓肿、脾梗死等。

3. 腹痛 按起病缓急、病程长短分为急性与慢性腹痛，其中属于外科范围的急性腹痛临床上常称为急腹症。

（1）急性腹痛 ①腹腔脏器急性炎症，如急性胃炎、急性肠炎、急性阑尾炎等；②空腔脏器阻塞或扩张，如肠梗阻、胆道蛔虫病、胆道或泌尿系统结石等；③腹膜炎症，多见于胃肠道穿孔；④脏器扭转或破裂，如肠扭转、肝破裂、异位妊娠破裂等；⑤腹内血管阻塞，如门静脉血栓形成、夹层腹主动脉瘤等；⑥腹壁疾病，如腹壁挫伤、脓肿等；⑦胸部疾病所致牵涉痛，如肺梗死、心绞痛等；⑧全身性疾病，如过敏性紫癜、尿毒症等。

（2）慢性腹痛 ①腹腔脏器慢性炎症，如慢性胃炎、慢性胆囊炎等；②胃、十二指肠溃疡；③腹内脏器的张力增加，如肝炎、肝脓肿等；④腹腔脏器的梗阻，如慢性肠梗阻；⑤肿瘤压迫和浸润，如肝癌、胃癌等；⑥胃肠神经功能紊乱，如胃肠神经症、肠易激综合征等；⑦中毒与代谢障碍，如铅中毒、尿毒症等。

考点：疼痛常见病因

（二）发生机制与分类

1. 发生机制 痛觉感受器是位于皮肤和其他组织内的游离感觉神经末梢，任何刺激达到一定强度就能刺激机体的受损部位释放致痛物，致痛物包括乙酰胆碱、5-羟色胺、组胺、缓激肽、钾离子、氢离子、前列腺素及酸性代谢产物等。游离感觉神经末梢受到致痛物质的刺激后发出神经冲动，经脊髓后根沿脊髓丘脑侧束进入内囊，上传至大脑皮质痛觉感觉区，引起痛觉。

2. 分类 目前尚无统一的疼痛分类方法。

（1）根据疼痛发生部位及传导途径分类

1）皮肤痛：皮肤受到一定强度理化刺激后，可引起双重痛感：①快痛，即受刺激后立即出现尖锐和定位明确的刺痛，刺激去除后很快消失；②慢痛，受刺激后 1～2s 出现定位不明确的烧灼痛，去除刺激还可持续数秒。

2）躯体痛：指肌肉、肌膜、筋膜和关节等深部组织引起的疼痛。对疼痛的敏感性因其神经分布差异而不同，骨膜神经分布最密，痛觉最敏感。各种机械性与化学性刺激均可引起躯体痛，其中重要的原因是肌肉缺血。

3）内脏痛：主要因内脏器官受到机械性牵拉、缺血、扩张或痉挛、炎症、化学性刺激等引起。多为钝痛、酸痛、烧灼痛、绞痛等，定位常不准确，发生缓慢而持久。

4）牵涉痛：内脏痛常伴有牵涉痛，即内脏疾病引起的疼痛同时在体表某一部位亦发生痛感。牵涉痛的发生与患病部位有一定解剖关系，都受同一脊髓节段感觉神经元支配，当原发病灶发生疼痛时，其冲动可使该脊髓节段感觉神经兴奋，导致其所支配的皮肤区域亦出现疼痛。如心绞痛可牵涉致左肩和左前臂内侧疼痛。

5）假性痛：是指病变部位已经去除，仍感到相应部位疼痛。如截肢患者仍可感到已不存在的肢体疼痛。其发生可能与病变部位去除前的疼痛，在大脑皮质形成强兴奋灶后遗影响有关。

6）神经痛：为神经受损所致，表现为剧烈灼痛或酸痛。

（2）根据疼痛发作的病程分类

1）急性疼痛：常突然发生，有明确的开始时间，持续时间较短，一般在数分钟、数小时、数日之内。

常见的有外伤痛、烧伤及烫伤痛、炎症痛、神经刺激或压迫痛、术后痛、晚期肿瘤痛、特殊诊疗痛等。

2）慢性疼痛：疼痛持续在 3 个月以上，具有持续性、顽固性和反复发作的特点。常见于劳损或退变性疼痛、神经损伤或刺激性疼痛、慢性炎症性疼痛、肿瘤相关性疼痛、免疫相关性疼痛、缺血性疼痛、淤血性疼痛、精神和情绪相关性疼痛等。

（3）根据疼痛的程度分类　可分为：①微痛，似痛非痛，常与其他感觉复合出现，如痒、酸麻、沉重、不适感等；②轻痛，范围局限，程度轻微；③甚痛，疼痛较著，反应强烈，如心跳加快、血压升高；④剧痛，疼痛难忍，痛反应强烈。

（4）根据疼痛的性质分类　可分为：①钝痛，如酸痛、胀痛、闷痛等；②锐痛，如刺痛、切割痛、灼痛、绞痛等；③其他，如压榨样痛、跳痛、牵拉样痛等。

（5）根据疼痛的部位分类　头痛、胸痛、腹痛、腰背痛、关节肌肉疼痛等。

链　接　疼痛是症状还是疾病

疼痛可分急性疼痛和慢性疼痛。急性疼痛随原发病的治愈而消失。部分慢性疼痛疾病治愈后仍可持续存在，并呈进行性加重趋势，与原发疾病的病理生理变化完全不同，如部分带状疱疹患者的疱疹已消失，疼痛仍迁延数年，甚或终身。世界卫生组织（WHO）已明确指出，急性疼痛是症状，慢性疼痛是疾病。

（三）临床表现

不同病因所致的疼痛，其起病缓急、部位、性质、程度、持续时间等各不相同。常见疼痛的临床表现如下。

1. 头痛　不同病因引起的头痛表现亦有不同。①颅内高压性头痛：为弥漫性钝痛，因咳嗽、打喷嚏、转头动作等加重。常伴呕吐等颅内压增高表现，颅内肿瘤多呈慢性进行性加重。②颅内感染性头痛：多为整个头部胀痛，剧烈且伴有喷射样呕吐、意识障碍等。③血管性头痛：脑血栓形成、脑栓塞头痛的特点为胀痛、跳痛或钝痛，可有偏瘫及其他神经系统表现；蛛网膜下腔出血常突然出现剧烈头痛，伴有呕吐及脑膜刺激征；高血压多呈搏动性痛。④头部局部病变引起的头痛：眼、耳、鼻、牙病变等所致头痛多浅在而局限；紧张性头痛为重压感、紧缩感或钳夹样痛，可因活动或按摩而缓解；偏头痛及丛集性头痛，多在一侧，长期反复发作。⑤神经症所致头痛：部位常不固定，可呈重压感、紧箍感等，常伴有其他自主神经功能紊乱的症状。⑥其他：全身性感染可引起剧烈的头痛，位于前额部、后枕部或全头部。

考点：头痛的临床特点

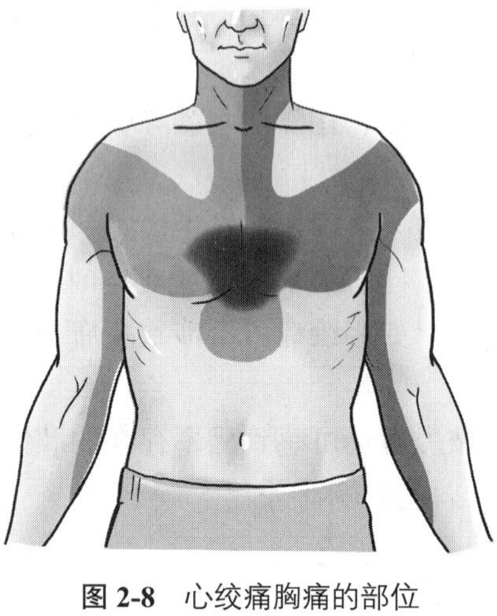

图 2-8　心绞痛胸痛的部位

2. 胸痛　①胸壁疾病：其特点是疼痛部位固定，局部常有明显压痛。炎症性病变所致疼痛常伴局部红、肿、热等表现；肋间神经痛与肋间神经分布一致，呈阵发性灼痛和刺痛；带状疱疹疼痛剧烈，沿神经分布。②胸膜疾病：胸膜炎症、肿瘤、气胸等可在患侧引起疼痛，咳嗽、深呼吸时加重。③肺部疾病：肺脏无感觉神经，其本身病变不引起疼痛，但当病变侵及壁层胸膜时，可出现胸痛。④循环系统疾病：心绞痛多位于胸骨后或心前区（图 2-8），呈压榨样并有窒息感，可因劳累、情绪激动、饱餐诱发，疼痛持续数分钟，休息或服用药物后缓解；心肌梗死的疼痛更为剧烈、持续时间长，可达数小时、数日，可向左肩及左臂内侧放射；心包炎累及心包膜壁层可引起心前区刺痛或钝痛，体位改变、深呼吸、咳嗽可加重。⑤纵隔疾病：可引起胸骨后疼痛。

考点：胸痛的临床特点

3. 腹痛 胃、十二指肠病变疼痛常位于上腹部；空肠、回肠病变疼痛常位于脐周；回盲部病变疼痛常位于右下腹；结肠及盆腔病变疼痛常位于下腹部。胃、十二指肠溃疡多表现为周期性、节律性隐痛，合并幽门梗阻者则为胀痛，在呕吐后可缓解。胃癌疼痛无规律。胆道、胰腺疾病所致疼痛多因进食诱发或加重，伴放射痛。小肠及结肠病变所致疼痛多为间歇性、痉挛性绞痛，结肠病变所致疼痛可于排便后减轻。直肠病变所致疼痛常伴有里急后重感。

考点：腹痛的临床特点

（四）问诊要点

评估对象对疼痛的反应受其年龄、意志力、疼痛经历及社会文化背景的影响。儿童对疼痛较敏感，易产生恐惧心理，较小的儿童因不能准确表达常表现为哭闹不安；老年人对疼痛刺激不敏感，反应迟缓，易掩盖病情的严重性。不同评估对象对疼痛的耐受力及表达方式亦不同。因此，护士问诊过程中必须注意对面部表情等非语言行为的观察，并与所收集的资料进行分析比较。

1. 病史与诱因 有无高血压、心绞痛、消化性溃疡等病史。

2. 疼痛的特点 包括起病缓急、持续时间、疼痛部位，有无牵涉痛、放射痛或转移性疼痛，疼痛的性质、发作情况、程度，以及有无使疼痛加重或缓解的因素等。

（1）疼痛部位 疼痛部位常为病变所在部位，但应注意某些内脏疾病可伴有牵涉痛，甚至为突出表现，如急性阑尾炎早期主要为上腹痛。

（2）疼痛性质 疼痛的性质与病因及病变部位密切相关，如肝炎引起的主要为肝区胀痛，胆道蛔虫病表现为上腹部钻顶样绞痛。

（3）疼痛程度 因疼痛是患者的自身感受，主观性强，临床上多使用患者自述式的疼痛评估工具。①视觉模拟评分法：画一条 10cm 长的直线，两端分别标明“0”和“10”。“0”代表无痛，“10”代表最剧烈的疼痛，疼痛程度分级标准为：0 为无痛，1～3 为轻度疼痛，4～6 为中度疼痛，7～10 为重度疼痛。让患者根据自己的疼痛程度，在直线上标出相应位置，起点至记号点的距离以厘米（cm）表示，即为评分值。分值越高，表示疼痛程度越重（图 2-9）。②口述描绘评分法：是一种用形容词来描述疼痛强度和变化的评分方法。包括 4 级、5 级、6 级、12 级和 15 级评分。临床常用的是 4 级评分，分为无痛、轻度疼痛、中度疼痛、重度疼痛，每级 1 分，如“疼痛剧烈”，其评分为 4 分。4 级评分相对简单，患者易理解，但不够精确。

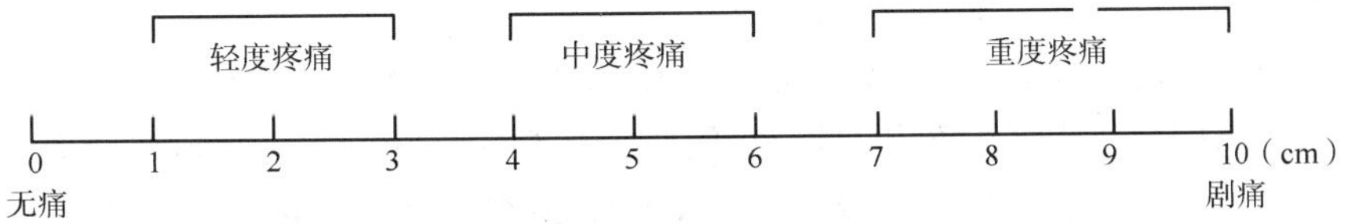

图 2-9 疼痛程度的视觉模拟评分法

（4）疼痛发生与持续时间 某些疼痛可发生在特定的时间，如十二指肠溃疡疼痛多在进餐 3～4h 后发生。疼痛发生的急缓及进展情况，多与病情的急缓及进展情况相一致。

3. 疼痛对患者的影响 重点为有无因疼痛影响休息、睡眠、日常生活、工作和社会交往，有无疼痛所致的肢体功能障碍或强迫体位，有无恐惧、焦虑、抑郁、愤怒等情绪反应，有无滥用止痛药物或止痛药物依赖等。

4. 诊疗及护理经过 使用止痛药物情况，有无采取缓解疼痛的措施及其效果。

（五）相关护理诊断/问题

1. 急性/慢性疼痛 与各种有害刺激作用于机体引起的不适有关。

2. 睡眠型态紊乱 与夜间疼痛有关。

3. 焦虑 与疼痛迁延不愈有关。

三、咳嗽与咳痰

案例 2-4

患者，男，16 岁。反复咳嗽、咳痰 4 年，加重伴发热 3 个月。患者于 4 年前初夏开始出现反复胸闷、咳嗽，每日咳黄绿色黏痰 20～30ml，腥臭，多泡沫，偶带血丝，无拉丝；咳嗽、咳痰症状以夜间及晨起为著，夜间常憋醒，排痰后方可好转。伴间断发热，体温最高达 38℃，下午及夜间为著，以冬季好发，无盗汗、胸痛。3 个月前上述症状加重，痰液味臭，静置分层，最多 50ml/d，伴发热（最高 38.4℃）。1～5 岁时经常患支气管肺炎。

问题：1. 该患者咳嗽、咳痰有何临床特点？

2. 该患者咳嗽、咳痰的伴随症状有哪些？

咳嗽是呼吸道受到刺激后引发的一种保护性反射动作。通过咳嗽可将呼吸道内的病理性分泌物和外界进入呼吸道的异物排出。痰则是气管、支气管的分泌物或肺泡内的渗出物，借助咳嗽将其排出体外的动作称为咳痰。

（一）病因

1. 胸膜疾病 各种胸膜炎或胸膜受到刺激（如气胸、胸腔穿刺等）时均可引起咳嗽。

2. 呼吸系统疾病 是引起咳嗽、咳痰最常见的病因。当呼吸道黏膜受到刺激时，均可引起咳嗽。常见病因包括：①感染，如急性上呼吸道感染、肺炎、慢性支气管炎等；②肿瘤，如支气管肺癌等；③变态反应性疾病，如支气管哮喘等；④其他，如呼吸道异物吸入。

3. 循环系统疾病 左心衰竭、心包炎、心包积液、肺栓塞、肺梗死等可引起咳嗽、咳痰。

4. 中枢神经系统疾病 中枢神经系统病变如脑炎、脑膜炎可刺激大脑皮质或延髓咳嗽中枢引起咳嗽。

考点：咳嗽的病因

（二）发生机制

1. 咳嗽 是由于延髓咳嗽中枢受刺激引起的。来自耳、鼻、咽、喉、呼吸道、胸膜等的刺激，经迷走神经、舌咽神经和三叉神经的感觉神经纤维传入延髓咳嗽中枢，再经喉下神经、膈神经与脊神经分别将冲动传至咽肌、声门、膈及其他呼吸肌，引起咳嗽发生。

2. 咳痰 正常呼吸道黏膜腺体及杯状细胞分泌少量黏液，以保持呼吸道黏膜湿润。当咽、喉、气管、支气管或肺受到物理、化学、生物和过敏性等因素刺激时，引起黏膜或肺泡充血、水肿，毛细血管通透性增高，腺体分泌物增加，漏出物、渗出物与黏液、组织坏死物等混合形成的痰液，可随咳嗽动作排出。

（三）临床表现

1. 咳嗽的性质 ①干性咳嗽：指咳嗽无痰或痰量甚少，常见于急性咽喉炎、急性支气管炎初期、胸膜炎、轻症肺结核等；②湿性咳嗽：指咳嗽伴有痰液，常见于肺炎、慢性支气管炎、支气管扩张、肺脓肿等。

2. 咳嗽的时间与规律 ①突发性咳嗽：见于突然吸入刺激性气体、支气管异物等；②发作性咳嗽：多见于百日咳、支气管淋巴结结核或肿瘤压迫气管等；③周期性咳嗽：可见于慢性支气管炎或支气管扩张，且往往于清晨起床或晚上卧下时（即体位改变时）咳嗽加剧；④长期慢性咳嗽：多见于呼吸道慢性病，如慢性支气管炎、支气管扩张和肺结核等；⑤卧位加剧的咳嗽：可见于慢性左心衰竭等。

3. 咳嗽的音色 指咳嗽声音的特点。声音嘶哑的咳嗽见于声带炎症或肿瘤压迫喉返神经等；金属声样咳嗽见于肿瘤；鸡鸣样咳嗽见于百日咳。

4. 痰的性状与量 ①浆液性痰：痰液稀薄而有泡沫，是肺水肿的特征，因血浆由毛细血管渗入肺泡内致痰液略带淡红色，见于肺淤血。②黏液性痰：为黏稠灰白色或无色透明黏液，见于支气管炎、支气管哮喘等。③脓性痰：见于呼吸道化脓性感染，大量脓痰静置后分三层：上层为泡沫黏液、中层为浆液或浆液脓性、下层为脓细胞及坏死组织，见于支气管扩张、肺脓肿等。④血性痰：痰中带血或血块，或为大量鲜红色带泡沫血痰。

考点：咳嗽的性质、痰的性状和痰量

5. 痰的颜色和气味 痰液的颜色取决于其所含的成分。痰液的颜色变化及其临床意义见表 2-3。

表 2-3 痰液的颜色变化及其临床意义

痰液颜色	临床意义
铁锈色痰	肺炎球菌性肺炎（大叶性肺炎）
血性痰	肺结核、肺癌、支气管扩张
粉红色泡沫痰	肺水肿
黄色脓痰	支气管扩张、肺脓肿等化脓性感染
无色透明	急性支气管炎、支气管哮喘
绿色/翠绿色	铜绿假单胞菌感染
恶臭痰	厌氧菌感染

考点：痰液颜色改变的临床意义

（四）问诊要点

1. 病史与诱因 询问引起咳嗽、咳痰的相关病史和诱发因素，如有无刺激性气体吸入等。

2. 咳嗽、咳痰的特点 评估咳嗽发生的急缓，咳嗽的性质、音色、时间和规律，以及有无咳痰，痰液的性质、痰量、气味等；能否有效咳嗽及排痰。

3. 咳嗽、咳痰对患者的影响 长期或剧烈咳嗽可致头痛、失眠、精神萎靡、食欲减退、呼吸肌疲劳、体力下降等；咳嗽剧烈有可能引起自发性气胸或咯血。

4. 诊疗及护理经过 有无服用止咳祛痰药物及其种类、剂量、疗效等；有无采取排痰的措施及其效果。

（五）相关护理诊断/问题

1. 清理呼吸道无效 与痰液黏稠有关；与咳嗽无力有关。

2. 睡眠型态紊乱 与夜间频繁咳嗽有关。

3. 潜在并发症：自发性气胸。

四、咯 血

案例 2-5

患者，男，21 岁。因咯血 5h 就诊。5h 前，患者感到喉痒，胸部不适，随之咯出鲜红色血液约 130ml，半小时后，又咯出鲜红色血液约 35ml，其中有紫黑色小血块。接诊时患者面色苍白，精神紧张。半年前开始间或咳嗽，自觉有时午后发热，因无大碍，一直未就诊治疗，病程中无咳痰和盗汗。1 年前，曾与患开放性肺结核的同学共寝 1 周。

问题：1. 该患者咯血有何特点？咯血程度如何？

2. 该患者可能是什么病因引起的咯血？

咯血是指喉及喉以下呼吸道任何部位的出血，经口腔咯出。咯血是呼吸系统疾病常见症状之一，可表现为痰中带血、血痰及大咯血，大咯血易引起窒息和休克，危及生命。

（一）病因

1. 呼吸系统疾病 为咯血最常见的病因。

（1）支气管疾病 常见的有支气管扩张、支气管内膜结核、支气管肺癌、慢性支气管炎等。

（2）肺部疾病 如肺结核、肺炎、肺脓肿等，其中肺结核仍是我国咯血最常见的原因。

2. 循环系统疾病 常见于二尖瓣狭窄、先天性心脏病所致肺动脉高压。

3. 全身性疾病 包括：①血液病，如白血病、再生障碍性贫血等；②急性传染病，如肾综合征出血热、肺弥漫性出血型钩端螺旋体病等；③风湿免疫病，如系统性红斑狼疮、结节性多动脉炎等；④其他，如肺子宫内膜异位症。

考点：咯血常见病因

（二）发生机制

1. 呼吸系统疾病咯血 主要是炎症等病变使毛细血管通透性增高，血液渗出，出现痰中带血或小血块；肺部疾病咯血多因为病变累及小血管使管壁破裂，出现中等量咯血；若空洞壁小动脉瘤破裂，或继发的支气管扩张形成的动静脉瘘破裂，则可引起大量咯血。

2. 循环系统疾病咯血 多由于肺淤血致肺泡壁或支气管内膜毛细血管破裂，表现为小量咯血或痰中带血；若支气管黏膜下层的支气管静脉曲张破裂，常表现为大咯血；急性肺水肿时，咳浆液性粉红色泡沫样血痰。

（三）临床表现

1. 年龄特点 青壮年咯血多见于肺结核、支气管扩张等；40 岁以上有长期吸烟史的咯血患者，应高度注意支气管肺癌的可能。

2. 咯血量 一般可分为：①少量咯血，每日咯血量少于 100ml，表现为痰中带血；②中等量咯血，每日咯血量 100～500ml，咯出的血多为鲜红色，伴有泡沫或泡沫痰，咯血前多先有喉痒、胸闷、咳嗽等先兆症状；③大量咯血，每日咯血量 500ml 以上或一次咯血量为 100～500ml，表现为血液从患者的口、鼻涌出，常伴脉速、呼吸急促、出冷汗、精神紧张和恐惧，可导致休克和窒息。

考点：咯血量的判断

3. 颜色和性状 咯血为鲜红色常见于支气管扩张、肺结核、肺脓肿、出血性疾病等；粉红色泡沫痰见于肺水肿；铁锈色痰见于大叶性肺炎等；砖红色胶冻样血痰主要见于肺炎克雷伯菌肺炎。

4. 并发症 大量咯血者因失血或血液在支气管潴留，可产生各种并发症。①窒息：表现为大咯血过程中咯血突然减少或终止，气促、胸闷、烦躁不安，或紧张恐惧、大汗淋漓、面色青紫，重者意识障碍，是直接致死原因。②肺不张：咯血后出现呼吸困难、胸闷、气急、发绀、呼吸音减弱或消失。③继发感染：咯血后发热、体温持续不退、咳嗽加剧，伴肺部干、湿啰音。④失血性休克：咯血后出现脉搏增快、血压下降、四肢湿冷、烦躁不安、少尿等。

考点：窒息的临床表现

（四）问诊要点

1. 病史与诱因 有无呼吸系统疾病、循环系统疾病和血液病等引起咯血的病史；有无职业粉尘接触史、吸烟史等。

2. 咯血的特点 起病情况、持续时间、每日咯血的次数、咯血量、颜色、性状及伴随症状。

咯血须与口腔、咽部、鼻腔出血鉴别，口腔与咽部出血易观察到局部出血灶。鼻腔出血多从前鼻孔流出，常在鼻中隔前下方发现出血灶，诊断较易；鼻腔后部出血且量较多时，易被误诊为咯血，如用鼻咽镜检查见血液从后鼻孔沿咽壁下流，即可确诊。大量咯血还须与呕血相鉴别（表 2-4）。

表 2-4 咯血与呕血的鉴别

鉴别点	咯血	呕血
病史	多有呼吸系统或心脏疾病史	多有消化系统疾病史
先兆症状	喉部痒感、胸闷、咳嗽等	上腹部不适、恶心、呕吐等
出血方式	咯出	呕出，可呈喷射状
血液颜色	鲜红	暗红色、棕色，偶为鲜红色
血中混有物	痰、泡沫	食物残渣、胃液
血液酸碱反应	碱性	酸性
黑便	无，咽下较多血液时可有	有，呕血停止后仍可持续数日
出血后痰液状态	痰中带血	无痰

考点：咯血与呕血的鉴别

3. 咯血对患者的影响 有无紧张、焦虑、恐惧等心理反应及其程度；大量咯血者有无窒息、肺不张等并发症表现；有无因少量持续咯血所致的焦虑或失眠等。

4. 诊疗及护理经过 有无使用止血药物及药物种类、剂量、疗效，有无采取防止窒息的措施及其效果。

（五）相关护理诊断/问题

1. 有窒息的危险 与大量咯血所致血液潴留呼吸道有关。

2. 有感染的危险 与支气管黏膜损伤有关。

3. 焦虑 与反复咯血疗效不佳有关。

4. 潜在并发症：失血性休克、肺不张、继发感染。

五、呼 吸 困 难

案例 2-6

患者，男，58 岁。反复呼吸困难 2 年，加重 3 个月。2 年前，爬楼梯后渐感呼吸困难，以后伴发端坐呼吸，踝部水肿，其间间断服用氢氯噻嗪，效果不佳，半年前因阵发性夜间呼吸困难住院治疗 3 周。近 3 个月来呼吸困难加重，夜间只能端坐入睡，有重度水肿，体重增加 5kg。既往高血压病史 10 年。

问题：1. 该患者呼吸困难具有哪些特点？

2. 你认为导致该患者呼吸困难的原因是什么？

呼吸困难是指患者主观上感觉空气不足、呼吸费力，客观上表现为呼吸用力，呼吸频率、深度和节律的改变。重者可表现为张口抬肩，鼻翼扇动，端坐呼吸，甚至发绀，辅助呼吸肌、肋间肌、膈肌也参与呼吸运动。

（一）病因与发生机制

1. 呼吸系统疾病 常见病因为：①气道阻塞，如呼吸道的炎症、水肿、异物、肿瘤及支气管平滑肌收缩等。②肺部疾病，如肺结核、肺炎、肺水肿等。③胸廓疾病，如胸廓畸形、胸腔积液、胸膜粘连等。④神经肌肉病变，如重症肌无力、急性感染性多发性神经根炎等。⑤膈运动障碍，如大量腹水、腹腔巨大肿瘤等。发生机制主要是肺通气和（或）肺换气功能障碍导致缺氧和（或）二氧化碳潴留而引起呼吸困难。气道痉挛、狭窄甚至阻塞，胸廓与膈的运动障碍，呼吸肌的力量减弱，从而导致肺通气障碍；

肺活量降低，呼吸面积减少，呼吸膜增厚等导致肺换气功能障碍。

2. 循环系统疾病 如各种原因所致心功能不全、心包积液等可导致呼吸困难。左心衰竭发生呼吸困难的主要原因有：①肺淤血，使气体弥散功能降低；②肺泡弹性减退，使肺活量减少；③肺泡张力增高，刺激牵张感受器，通过迷走神经反射兴奋呼吸中枢；④肺循环压力升高对呼吸中枢的反射性刺激。右心衰竭导致呼吸困难的发生机制为：①右心房和上腔静脉压升高，刺激压力感受器反射性地兴奋呼吸中枢；②血氧含量减少，乳酸、丙酮酸等代谢产物增加，刺激呼吸中枢；③淤血性肝大、腹水和胸腔积液，使呼吸运动受限。

3. 中毒 如一氧化碳、有机磷农药、吗啡等中毒；尿毒症、糖尿病酮症酸中毒等。发生机制包括：①由于血中酸性代谢产物增多，刺激颈动脉窦、主动脉体化学感受器或直接刺激呼吸中枢，引起呼吸困难。②某些药物如吗啡类、巴比妥类等可抑制呼吸中枢引起呼吸困难。

4. 血液系统疾病 如重度贫血、异常血红蛋白病等。由于各种原因导致血红蛋白量减少或者结构异常，血氧含量降低而出现呼吸困难。

5. 神经精神因素 脑出血、脑外伤、脑肿瘤等可导致呼吸困难发生，其主要原因是呼吸中枢供血减少或颅内压增高。受精神、心理因素的影响也可出现呼吸困难，如癔症、焦虑等。

考点：呼吸困难的病因

（二）临床表现

1. 肺源性呼吸困难 是因呼吸系统疾病导致的呼吸困难，临床上分为 3 种类型。

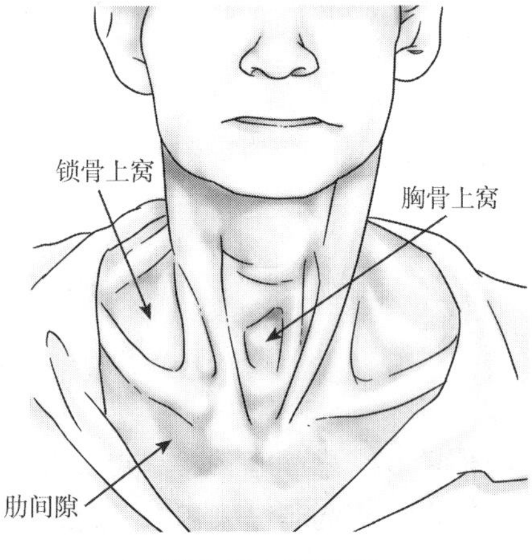

图 2-10 三凹征

（1）吸气性呼吸困难 吸气显著困难，吸气时间明显延长，可伴有干咳及高调吸气性喉鸣音，严重者因吸气期呼吸肌极度用力，胸腔负压增大，表现为胸骨上窝、锁骨上窝、肋间隙明显凹陷，称为三凹征（图 2-10）。多因喉、气管、大支气管的狭窄或梗阻所致。

（2）呼气性呼吸困难 呼气费力、缓慢、时间延长，伴有哮鸣音。多见于慢性阻塞性肺气肿、支气管哮喘等。

（3）混合性呼吸困难 吸气和呼气均费力，呼吸浅而快。见于重症肺炎、严重肺结核、胸腔大量积液或气胸等。

考点：肺源性呼吸困难的类型与特点

2. 心源性呼吸困难 主要由于左心衰竭所致，最早出现的症状是劳力性呼吸困难，活动时呼吸困难出现或加重，休息时减轻或消失。病情较重时，往往被迫采取半坐位或端坐体位呼吸。急性左心衰竭时，可出现夜间阵发性呼吸困难，表现为夜间睡眠中突感胸闷气急，被迫坐起，惊恐不安。轻者数分钟至数十分钟后症状逐渐减轻、消失；重者可见端坐呼吸、面色发绀、大汗、有哮鸣音，咳浆液性粉红色泡沫痰，两肺底有较多湿啰音，心率加快，此种呼吸困难称心源性哮喘。右心衰竭引起的呼吸困难程度较轻。

考点：心源性呼吸困难的特点

3. 中毒性呼吸困难 代谢性酸中毒时，呼吸深长而规则，可伴有鼾音，称为酸中毒大呼吸。如吗啡等阿片类物质、巴比妥类药物等中毒可出现呼吸缓慢、变浅并伴有呼吸节律异常。

4. 神经、精神性呼吸困难 神经性呼吸困难表现为呼吸变慢而深，常伴有呼吸节律的改变。精神性呼吸困难表现为呼吸频率快而表浅，因过度通气可致呼吸性碱中毒，出现口周、肢体麻木或手足搐搦，严重时可出现意识障碍。

5. 血源性呼吸困难 重度贫血时，因组织缺氧，平静状态下患者也会表现为呼吸急促、心率增快。急性大出血或休克时，呼吸加快。

（三）问诊要点

1. 病史与诱因　有无引起呼吸困难的相关病史，如心肺疾病、肾脏疾病、颅脑外伤等。

2. 呼吸困难的特点　呼吸困难发生的缓急、持续时间的长短、表现，以及与活动、体位、昼夜的关系等。

3. 呼吸困难对患者的影响　有无日常生活活动能力受限及其程度。根据患者日常生活自理能力、体力活动与呼吸困难的关系，将呼吸困难的程度分为Ⅰ～Ⅴ度（表 2-5）。此外，还要注意患者有无紧张、焦虑、恐惧、悲观和厌世等心理反应，这些反应又可引起呼吸中枢兴奋，加重呼吸困难。

表 2-5　呼吸困难的程度与日常生活自理能力的关系

等级	呼吸困难的程度	日常生活自理能力
Ⅰ度	日常生活无不适，中、重度体力活动可感气促	正常，无气促
Ⅱ度	与同龄健康人平地行走无气促，登高或上楼梯时感气促	轻度气促，但日常生活可自理，不需帮助或中间停顿
Ⅲ度	与同龄同性别健康人以同等速度在平地行走时感呼吸困难	尚可。有中度气促，日常生活虽可自理，但须停下来喘气，费时费力
Ⅳ度	以自己的步速平地行走 100m 或数分钟有呼吸困难	差。有明显呼吸困难，日常生活自理能力下降，需部分帮助
Ⅴ度	洗脸、穿衣，甚至休息时也感呼吸困难	困难。日常生活不能自理，完全需要帮助

考点：呼吸困难的程度与日常生活自理能力的关系

4. 诊疗及护理经过　已接受的诊断性检查及结果；已采取的治疗或护理措施，有无使用氧疗及方法、浓度、流量、疗效等。

（四）相关护理诊断/问题

1. 低效性呼吸型态　与呼吸道梗阻有关；与胸腔积液、气胸有关。

2. 活动耐力下降　与呼吸困难所致能量消耗增加和缺氧有关。

3. 恐惧　与严重呼吸困难所致濒死感有关。

4. 气体交换受损　与心肺功能不全有关。

六、发　绀

案例 2-7

患者，女，18 岁。因双手发绀 1h 来校医室询问健康问题。该患者 1 个多小时前与同学一起堆雪人，约 10min 后，出现双手明显发绀，无其他不适，口唇稍发绀。回教室后双手发绀减轻。近 3 年来，只要受寒都可见双手发绀，按摩双手，发绀可减轻。患者自幼较瘦弱，怕冷，没有因该症状去医院就诊。

问题：1. 该患者发绀的原因及发绀特点是什么？
2. 该患者目前存在什么健康问题？

当皮肤、黏膜毛细血管内血液中的脱氧血红蛋白浓度增高使皮肤、黏膜呈现青紫色，称为发绀。广义的发绀还包括少数由于异常血红蛋白衍生物所引起的皮肤黏膜青紫。

考点：发绀的概念

（一）病因与发生机制

1. 血液中脱氧血红蛋白增加　任何原因导致毛细血管内脱氧血红蛋白的绝对量超过 50g/L，均可出现发绀。

（1）中心性发绀　是指心、肺疾病导致动脉血氧饱和度降低所致的发绀。包括：①肺性发绀，见于各种严重呼吸系统疾病，如肺部疾病（肺炎、肺气肿、肺水肿等）、呼吸道阻塞。因肺通气、换气功能障碍而致血液在肺氧合不足，血中脱氧血红蛋白增多。②心性发绀，见于发绀型先天性心脏病，如法洛四联症等。由于心与大血管之间有异常通道，部分静脉血未经肺内氧合即经异常通道分流进入体循环动脉血中，分流量超过心排血量的1/3，即可引起发绀。

（2）周围性发绀　是指周围循环血流障碍所致的发绀。包括：①淤血性周围性发绀，见于体循环淤血、周围血流缓慢，氧在组织中被过多摄取所致的疾病，如右心衰竭、缩窄性心包炎等；②缺血性周围性发绀，见于心排血量减少的疾病和局部血流障碍性疾病，如重症休克、雷诺病等。

（3）混合性发绀　是指中心性发绀与周围性发绀并存，多见于心力衰竭。因肺淤血致肺内氧合不足及周围循环血流缓慢，血液在周围毛细血管中耗氧过多所致。

2. 血液中含有异常血红蛋白衍生物

（1）高铁血红蛋白血症　亚硝酸盐、非那西丁、苯胺等药物或化学物质，使血红蛋白分子的二价铁被三价铁取代，失去与氧结合的能力，导致高铁血红蛋白含量增加而引起发绀。

（2）硫化血红蛋白血症　在高铁血红蛋白血症的基础上，患者同时有便秘或服用硫化物者，可在肠内形成大量硫化氢，作用于血红蛋白，产生硫化血红蛋白。且硫化血红蛋白一经形成，不论在体内或体外均不能恢复为正常血红蛋白。当硫化血红蛋白达5g/L时即可导致发绀。

考点：发绀的病因与发生机制及临床特点

（二）临床表现

发绀除了表现为皮肤黏膜青紫外，还有其他表现（表2-6）。

表2-6　发绀的临床表现

发绀	临床表现
血液中脱氧血红蛋白增加	
中心性发绀	全身性，除四肢与面颊外，亦见于舌及口腔黏膜与躯干皮肤；发绀部位皮肤温暖
周围性发绀	常出现于肢体末梢与下垂部位，如肢端、耳垂与鼻尖；发绀部位皮肤冰冷，若加温或按摩使之温暖，发绀可消退
混合性发绀	中心性发绀和周围性发绀并存
血液中含有异常血红蛋白衍生物	
高铁血红蛋白血症	急骤出现，病情危重，静脉血呈深棕色，暴露于空气中也不转变为鲜红色；氧疗不能改善发绀，但静脉注射亚甲蓝溶液或大剂量维生素C，可使青紫消退
硫化血红蛋白血症	持续时间长，可达数月或更长时间，血液呈蓝褐色

（三）问诊要点

1. 病史与诱因　有无心肺疾病，了解其饮食史、服药史等，有无诱发、加重或缓解发绀的因素，有无摄入与发绀相关的药物、化学品或变质蔬菜，或在便秘时过多摄入蛋类或含硫药物等。

2. 发绀的特点　发绀出现的时间、急缓、程度、部位、皮肤的温度，局部经按摩或加温后能否消失或减轻等。

3. 发绀对患者的影响　有无呼吸困难等及其程度，有无活动耐力下降；有无紧张、恐惧、忧郁、焦虑等心理反应及其程度。

4. 诊疗及护理经过　已采取的治疗或护理措施，是否经过药物及氧疗治疗。

（四）相关护理诊断/问题

1. 活动耐力下降　与脱氧血红蛋白增多所致缺氧有关。

2. 低效性呼吸型态　与肺通气、换气、弥散功能障碍有关。

3. 气体交换受损　与心肺功能不全致肺淤血、肺水肿有关；与血液中存在异常血红蛋白衍生物有关。

七、水 肿

案例 2-8

患者，男，66岁。因反复双下肢水肿9年，腹部膨大半个月入院。患者于9年前开始出现双下肢凹陷性水肿，平卧休息后可减轻，伴有咳嗽、咳少量白色黏液痰，心悸。半个月来，体重增加4kg，腹部膨大。既往无高血压和风湿性心脏病病史。

问题： 1. 该患者主要症状及特点是什么？可能病因是什么？

2. 该患者问诊中还需要补充什么资料？

3. 该患者现存的护理问题有哪些？

人体组织间隙液体含量较正常时增多，使组织肿胀称为水肿。水肿可分布全身，也可出现在身体某一部位，前者称为全身性水肿，后者称为局部性水肿。组织间液积聚较少时，体重增加在10%以下，指压凹陷不明显，称隐性水肿（亦称非凹陷性水肿）；体重增加在10%以上，指压凹陷明显，称显性水肿（亦称凹陷性水肿，图2-11）。过多液体积聚在体腔内称积液，如胸腔积液、腹水、心包积液等。一般情况下，水肿不涵盖内脏器官的局部水肿，如脑水肿、肺水肿等。

考点：水肿的定义

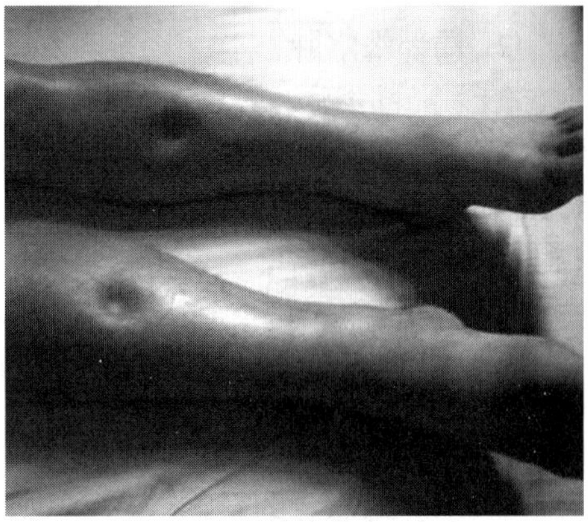

图 2-11 下肢凹陷性水肿

（一）病因

1. 全身性水肿

（1）心源性水肿 主要见于右心衰竭。

（2）肾源性水肿 主要见于肾炎与肾病。

（3）肝源性水肿 主要见于肝功能失代偿期。

（4）营养不良性水肿 主要见于慢性消耗性疾病、低蛋白血症、维生素 B_1 缺乏等。

（5）其他 黏液性水肿见于甲状腺功能减退症。经前期紧张综合征见于部分女性。糖皮质激素、雄激素、雌激素、胰岛素等应用中可出现药物性水肿。特发性水肿的原因不明，女性多见。

2. 局部性水肿 常见的有静脉阻塞性、炎症性、淋巴性、血管神经性水肿等。与局部静脉、淋巴回流受阻或毛细血管通透性增高有关。

考点：水肿的病因

（二）发生机制

正常人体中，血管内液体不断从毛细血管小动脉端滤出到组织间隙形成组织液，另外组织液又不断从毛细血管小静脉端被吸收入血管中，两者保持动态平衡。发生水肿的主要因素如下。

1. 血管内外液体交换失衡 ①毛细血管滤过压升高，如右心衰竭等。②毛细血管通透性增高，如急性肾炎等。③血浆胶体渗透压降低，如血清蛋白减少等。④淋巴回流受阻，如丝虫病等。

2. 体内外液体交换失衡 当肾小球滤过率下降和（或）肾小管重吸收增多，致使肾脏排钠、排水减少，出现水钠潴留而导致水肿。

（三）临床表现

1. 全身性水肿

（1）心源性水肿 首先出现在身体下垂部位，能起床活动者，最早出现于踝内侧，行走活动后明显，休息后减轻或消失；经常卧床者以腰骶部明显。水肿为对称性、凹陷性。重者可伴颈静脉怒张、肝大等，甚至出现胸腔积液、腹水。

（2）肾源性水肿　初为晨起时眼睑等面部疏松组织水肿，以后发展为全身水肿，其分布与体位关系不大。肾病综合征患者水肿明显，常出现胸腔积液、腹水。常伴有肾脏疾病的其他表现，如高血压、血尿、蛋白尿、肾功能不全等。

（3）肝源性水肿　主要表现为腹水，也可出现下肢水肿，向上逐渐蔓延，但头面部及上肢常无水肿。

（4）营养不良性水肿　水肿从足部开始，逐渐向上蔓延至全身。水肿发生前常有消瘦、体重减轻等。

（5）其他　①黏液性水肿为非凹陷性水肿，以眼睑、口唇、下肢胫前较明显。②经前期紧张综合征主要表现为月经前1～2周眼睑、踝部、手部轻度水肿，行经后逐渐消退。③药物性水肿主要表现为下肢或颜面水肿，严重者可出现全身性水肿，但在停药后水肿逐渐消退。④特发性水肿常发生在身体下垂部位，于直立或劳累后出现，休息后减轻或消失。

2. 局部性水肿

（1）局部炎症　常伴有局部的红、肿、热、痛等。

（2）局部静脉、淋巴回流受阻　见于血栓性静脉炎、丝虫病所致象皮肿等。

考点：水肿的临床表现

（四）问诊要点

1. 病史与诱因　询问有无心脏、肾脏、肝脏、内分泌和慢性消耗性疾病等病史；有无蛋白质摄入不足、钠盐摄入过多；有无长期大量应用糖皮质激素、雌激素等药物史；水肿是否与月经周期有关等。

2. 水肿的特点　水肿出现的时间、部位、性质、程度、进展、范围等。

3. 水肿对患者的影响　有无呼吸困难、血尿，有无消瘦、体重减轻，有无饮食、饮水的变化，有无胸围、腹围的改变，有无水肿所致皮肤溃疡或感染等；有无烦躁、焦虑等情绪反应。

4. 诊疗及护理经过　有无使用利尿剂等药物及剂量、疗效、不良反应；有无饮食、饮水的限制等。

（五）相关护理诊断/问题

1. 体液过多　与右心衰竭有关；与肝功能失代偿有关。

2. 有皮肤完整性受损的危险　与水肿所致组织、细胞营养不良有关。

3. 活动耐力下降　与胸腔积液、腹水导致的呼吸困难有关。

八、心　悸

案例 2-9

张某，女，56岁。近年来经常劳累后出现阵发性心悸，胸闷，每次持续时间20秒左右，未予重视。近3个月自觉上述症状发作频繁，每次发作持续时间延长，发作时伴有头晕、乏力、气急、心前区隐痛等症状。

问题：1. 什么是心悸？心悸发生的常见原因有哪些？

2. 心悸发作时会引起患者出现哪些心理、生理反应？

心悸是一种自觉心脏跳动不适感或心慌感。心悸时心脏搏动可增强，心率可快、可慢，可有心律失常，也可心率、心律完全正常。

考点：心悸的定义

（一）病因与发生机制

心悸的发生机制目前尚不清楚，一般认为与下列因素有关。

1. 心脏搏动增强

（1）生理性心悸　常见于精神过度紧张或剧烈活动时；大量吸烟、饮酒、饮浓茶或咖啡后；应用麻黄素、肾上腺素、氨茶碱、阿托品等药物。

（2）病理性心悸 常见于高血压心脏病、二尖瓣关闭不全、先天性心脏病等原因所致的心室肥大，使心肌收缩力增强、心排血量改变而引起心悸。其他引起心排血量增加的疾病也可引起心悸，如发热、贫血、甲状腺功能亢进症等。

2. 心律失常 是引起心悸的常见原因。①心动过速：患者感觉心慌，如窦性心动过速、阵发性心动过速等；②心动过缓：患者感觉心脏搏动强而有力，心前区不适，如高度房室传导阻滞、病态窦房结综合征等；③心律不齐：患者常有心脏停搏感，如期前收缩、心房颤动等。

3. 心力衰竭 各种原因引起的心力衰竭均可因心率加快而出现心悸。

4. 心脏神经症 因自主神经功能紊乱所致，心脏本身并无器质性病变。多见于青年女性，发病常与焦虑、紧张、激动等精神因素有关。

考点：心悸的病因与特点

（二）临床表现

生理性心悸持续时间较短，可伴胸闷等其他不适，一般不影响正常活动。病理性心悸持续时间长或反复发作，常伴有胸闷、气急、心前区疼痛、晕厥等心脏病表现。突然发生的心律失常，心悸往往较明显；慢性心律失常，由于已逐渐适应常无明显心悸。心脏神经症患者除心悸外，常伴有心率加快、胸闷、心前区刺痛或隐痛、呼吸不畅等症状；伴有头昏、头痛、失眠、健忘、疲乏、注意力不集中等神经衰弱的表现。

（三）问诊要点

1. 病史与诱因 有无与心悸发作相关的疾病史或吸烟、饮刺激性饮料及精神受刺激等诱发因素。

2. 心悸的特点 心悸发作的缓急、频率、持续时间与间隔时间、性质、程度及发作的环境等。

3. 心悸对患者的影响 有无心前区疼痛、发热、晕厥或抽搐、消瘦及出汗、呼吸困难等；发生时脉搏、呼吸、血压有无变化，以及心悸对日常生活自理能力有无影响；有无紧张、害怕、恐惧等情绪。

4. 诊疗及护理经过 是否使用抗心律失常药，有无应用电复律、人工起搏治疗，以及所采取的护理措施。

（四）相关护理诊断/问题

1. 活动耐力下降 与心悸发作所致疲乏无力有关。

2. 焦虑/恐惧 与心悸发作产生心脏停搏感有关。

3. 睡眠型态紊乱 与心悸发作导致的不适有关。

九、黄 疸

案例 2-10

患者，男，32 岁。乏力、纳差 2 周，皮肤、巩膜发黄 1 周。2 周前常感到四肢无力，食欲下降、厌油，1 周前家人发现其皮肤、黏膜黄染未加注意。近日来黄染较前加深，且皮肤瘙痒、尿色加深。2 天来有恶心、无呕吐，发热，无腹胀、腹痛、腹泻，体重减轻 1kg，睡眠较差，精神状态欠佳。

问题：1. 引起该患者皮肤、巩膜黄染的可能病因是什么？

2. 该患者现存的护理问题有哪些？

黄疸是由于血清中胆红素浓度增高，致皮肤、黏膜和巩膜黄染。正常成人血清胆红素为 1.70～17.1μmol/L。当血清胆红素升高至 17.1～34.2μmol/L，临床不易察觉，称隐性黄疸，超过 34. 2μmol/L 即出现黄疸。

考点：黄疸的概念

（一）病因

1. 溶血性黄疸 凡能引起溶血的疾病都可产生溶血性黄疸。

2. 肝细胞性黄疸 各种肝细胞严重损害的疾病均可导致黄疸发生，如病毒性肝炎、肝硬化、中毒性肝炎、败血症等。

3. 胆汁淤积性黄疸 可分为肝内性胆汁淤积和肝外性胆汁淤积，前者见于肝内泥沙样结石、癌栓、病毒性肝炎等，后者见于胆总管结石、狭窄等。

4. 先天性非溶血性黄疸 较少见。

（二）发生机制

体内的胆红素主要来源于血红蛋白。血液循环中衰老的红细胞经单核巨噬细胞系统破坏和分解，生成游离胆红素或非结合胆红素（unconjugated bilirubin，UCB），占总胆红素（total bilirubin，TB）的80%～85%。非结合胆红素与血清清蛋白结合而被输送，不溶于水，不能从肾小球滤出。通过血液循环运输至肝脏后，被肝细胞所摄取，经葡糖醛酸转移酶的作用与葡糖醛酸结合，形成胆红素葡糖醛酸酯称为结合胆红素（conjugated bilirubin，CB），为水溶性，可通过肾小球滤过从尿中排出。结合胆红素随胆汁排入肠道经肠道细菌酶的分解与还原作用，形成尿胆原。大部分尿胆原从粪便排出称粪胆原，成为粪便中的主要色素。小部分（10%～20%）尿胆原在肠道内被吸收，经门静脉回到肝内，其中大部分再转变为结合胆红素，又随胆汁排入肠内形成"胆红素的肝肠循环"，被吸收回肝的小部分尿胆原经体循环由肾脏排出体外（图2-12）。

正常情况下，血中胆红素的浓度保持相对恒定。凡胆红素生成过多，肝细胞对胆红素的摄取、结合、排泄障碍，肝内或肝外胆道阻塞等，均可致血清总胆红素浓度增高而发生黄疸。各型黄疸的发生机制如下。

1. 溶血性黄疸 红细胞破坏过多后形成大量的非结合胆红素，超过肝细胞的摄取、结合与排泄能力；同时红细胞大量破坏导致的贫血、缺氧和红细胞破坏产物，导致肝细胞代谢胆红素的能力下降，使得非结合胆红素在血中潴留，超过正常水平而出现黄疸（图2-13）。

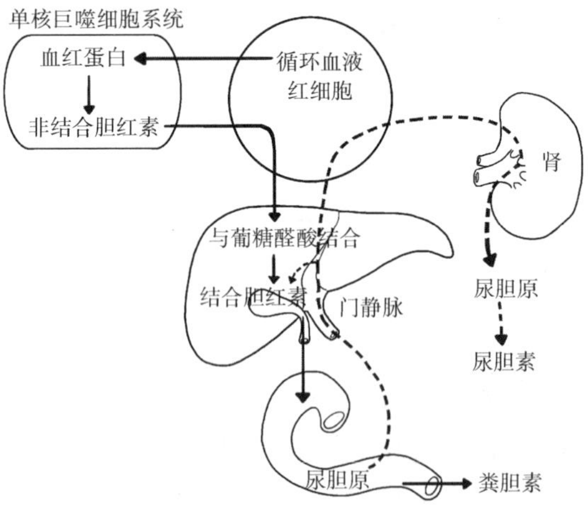

图2-12 胆红素正常代谢示意图

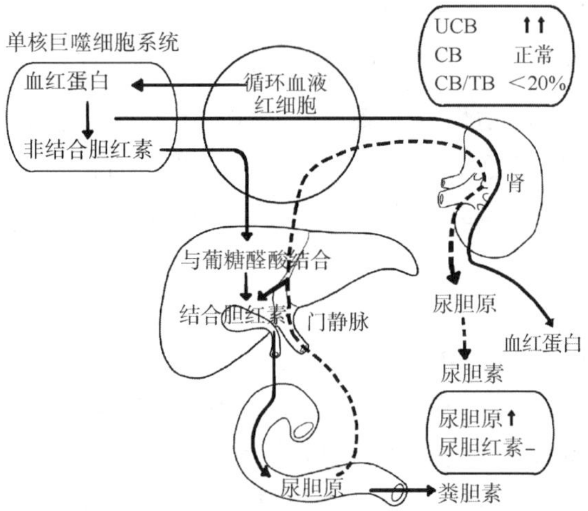

图2-13 溶血性黄疸发生机制示意图

2. 肝细胞性黄疸 由于肝细胞严重损伤使其对胆红素的摄取、结合功能降低，因而血中的非结合胆红素增加。未受损的肝细胞仍能够将部分非结合胆红素转化为结合胆红素，但因肝细胞肿胀、坏死及小胆管内胆栓阻塞等原因，使部分结合胆红素不能顺利经胆道排出而反流入血液循环中，导致血中结合胆红素也增加，从而引起黄疸（图2-14）。

3. 胆汁淤积性黄疸 由于胆道阻塞，阻塞上方胆管内压力升高，胆管扩张，导致小胆管与毛细胆管破裂，胆汁中的胆红素反流入血而使血中结合胆红素增高。此外，由于胆汁分泌功能障碍，毛细胆管的通透性增加，胆汁浓缩从而导致胆管内胆盐沉淀与胆栓形成导致肝内胆汁淤积（图 2-15）。

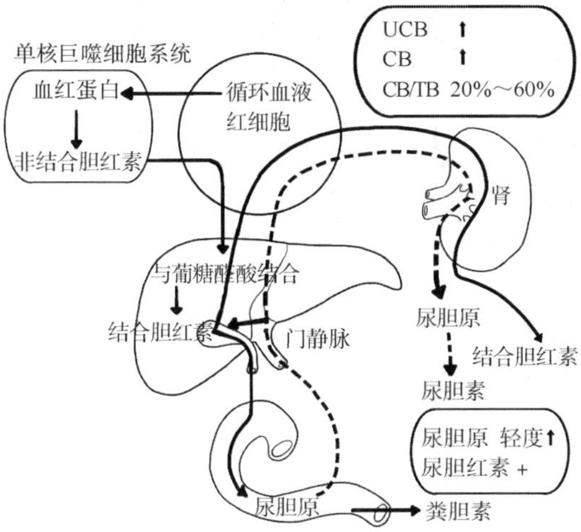

图 2-14　肝细胞性黄疸发生机制示意图

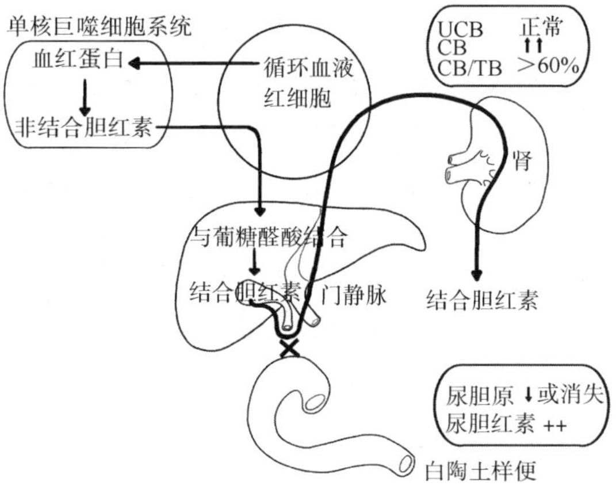

图 2-15　胆汁淤积性黄疸发生机制示意图

考点：三型黄疸的特点

（三）临床表现

不同原因所致的黄疸，其临床表现各有不同（表 2-7）。

表 2-7　各型黄疸的临床表现

黄疸类型	临床表现
溶血性黄疸	一般黄疸较轻，皮肤、黏膜呈浅柠檬色，无皮肤瘙痒。急性溶血时伴有寒战、高热、头痛、呕吐、腰痛，多有明显的贫血和血红蛋白尿（尿呈酱油色或茶色），重者出现急性肾衰竭；慢性溶血多为先天性，可伴有贫血和脾大。粪便颜色变深
肝细胞性黄疸	皮肤、黏膜呈浅黄至深黄色不等，可有轻度皮肤瘙痒。常伴有乏力、食欲减退、肝区不适或疼痛等肝脏原发病的表现
胆汁淤积性黄疸	皮肤黄疸多较严重，呈暗黄色，完全梗阻者可呈黄绿色，常有皮肤瘙痒及心动过缓，尿色深如浓茶，粪便颜色变浅或呈白陶土色
先天性非溶血性黄疸	自幼发病，部分有家族性，症状多较轻，可伴有乏力、消化不良、肝区不适。情绪、饮酒等可加重。少数有肝大，无贫血

（四）问诊要点

1. 病史与诱因　询问患者起病急缓；有无近期血制品输注史、家族遗传病史、肝炎密切接触史；有无肝、胆疾病等；询问饮食史、服药史，注意黄疸的鉴别。

2. 黄疸的特点　黄疸出现的部位、持续时间、皮肤色泽、有无瘙痒，尿液、粪便的颜色，有助于判断黄疸的类型。

3. 黄疸对患者的影响　有无发热、腹痛及其部位，有无食欲减退、肝区不适、出血倾向等，了解黄疸与发热、腹痛的关系；有无因皮肤瘙痒、出血倾向等影响到休息和睡眠；有无焦虑、恐惧、自卑等心理反应。

4. 诊疗及护理经过　已接受的诊断性检查及结果；已采取的治疗或护理措施。

（五）相关护理诊断/问题

1. 体像紊乱　与皮肤、黏膜和巩膜黄染有关。

2. 有皮肤完整性受损的危险　与皮肤瘙痒有关。

3. 睡眠型态紊乱　与黄疸所致皮肤瘙痒有关。

十、恶心与呕吐

案例 2-11

张某，男，40 岁。反复恶心、呕吐 3 年，加重 1 周。3 年前开始出现中上腹胀，反复恶心、呕吐，近 1 周来出现频繁呕吐，有反酸、嗳气，进食后腹胀加重，呕吐 3～4 次/日，量 80～100ml，含隔夜宿食。无咖啡样液体，肛门未停止排便排气。无发热、畏寒、黄疸等症状。

问题：1. 该患者突出症状是什么？首先考虑什么原因？

2. 为了确定呕吐原因，还需询问的伴随症状是什么？

恶心是一种紧迫欲吐的上腹部不适的感觉，可伴有流涎、出汗、心动过缓等迷走神经兴奋的表现，常为呕吐的先兆。呕吐是胃内容物或部分小肠内容物经食管、口腔排出体外的现象。

（一）病因

1. 反射性呕吐

（1）消化系统疾病　①口咽部刺激，如剧咳、吸烟、鼻咽部炎症等。②胃肠道疾病，如急慢性胃肠炎、消化性溃疡、幽门梗阻、肠梗阻、急性阑尾炎等。③肝胆胰疾病，如急性肝炎、肝硬化、急性胆囊炎、急性胰腺炎等。

（2）腹膜及肠系膜疾病　如急性腹膜炎、肠系膜淋巴炎等。

（3）其他系统疾病　①眼部疾病，如青光眼、屈光不正等；②循环系统疾病，如急性心肌梗死、心力衰竭等；③泌尿生殖系统疾病，如尿路结石、急性肾盂肾炎、急性盆腔炎等。

2. 中枢性呕吐

（1）颅内病变　如脑炎、脑膜炎、脑出血、脑栓塞、高血压脑病、脑挫裂伤、颅内血肿及颅内占位性病变。

（2）药物　如洋地黄、抗生素、抗肿瘤药物等。

（3）代谢与内分泌障碍　妊娠、尿毒症、糖尿病酮症酸中毒、低钠血症、低钾血症等。

3. 前庭障碍性呕吐　如迷路炎、晕动病、梅尼埃病等。

4. 精神性呕吐　如神经性厌食、癔症等。

（二）发生机制

呕吐是一系列复杂的反射动作。呕吐中枢位于延髓，包括神经反射中枢和化学感受器触发带。神经反射中枢接受来自消化道、大脑皮质、内耳前庭、冠状动脉及化学感受触发带的传入冲动，直接支配呕吐动作；化学感受器触发带接受各种外来的化学物质、药物或内生代谢产物的刺激，并由此发出神经冲动，传至呕吐中枢而引发呕吐。

整个呕吐过程可分为恶心、干呕和呕吐三个阶段。恶心时胃张力和蠕动减弱，十二指肠张力增强，可伴有或不伴有十二指肠液反流；干呕则是胃上部放松而胃窦部短暂收缩；呕吐时胃窦部持续收缩，贲门开放，腹肌收缩，腹压升高，胃被挤压，迫使胃内容物急速地从胃反流，经食管、口腔排出体外。

（三）临床表现

因病因不同，呕吐的临床表现在呕吐发生的时间、与进食的关系、呕吐的特点及呕吐物的性质等方面各有其特点。

1. 呕吐发生的时间　晨间呕吐见于妊娠妇女的早孕反应，也可见于尿毒症、慢性酒精中毒或功能性消化不良等。鼻窦炎患者因起床后脓液经鼻后孔流出刺激咽部，亦可致晨起恶心、干呕。幽门梗阻患者多在夜间出现呕吐。

2. 与进食的关系　进食过程中或餐后即刻发生少量多次呕吐，可能为精神因素所致；餐后 1h 以上呕吐称延迟性呕吐，提示胃张力下降或胃排空延迟；餐后较久或数餐后呕吐，呕吐物可有隔夜宿食，见于幽门梗阻；餐后近期呕吐，特别是集体发病者，多由食物中毒所致。

3. 呕吐的特点 喷射状呕吐多为颅内高压性疾病，较剧烈且多无恶心先兆，可伴剧烈头痛和不同程度的意识障碍；前庭功能障碍性呕吐与头部位置改变有密切关系，常伴有眩晕、眼球震颤及恶心。

4. 呕吐物的性质 幽门梗阻者呕吐物多有酸腐味；低位肠梗阻者呕吐物常有粪臭味；梗阻平面在十二指肠乳头以上者常不含胆汁，在此平面以下者常含多量胆汁；有机磷杀虫剂中毒者呕吐物有大蒜味。

考点：呕吐的病因与特点

（四）问诊要点

1. 病史与诱因 询问患者有无消化、循环、泌尿生殖系统疾病；有无急性传染病；有无颅内病变等。

2. 恶心与呕吐的特点 起病缓急、发生时间和持续时间；呕吐的方式、频率；与进食、药物、情绪等的关系；呕吐物的量、性状、颜色、气味等。根据呕吐量及性质，可确定有无消化道梗阻，并估计液体的丢失量。

3. 恶心与呕吐对患者的影响 是否伴有腹痛、腹泻、头痛、意识障碍、发热、寒战、黄疸、眩晕、眼球震颤等；长期频繁呕吐患者有无脱水；儿童、老人、病情危重和意识障碍者有无误吸而致肺部感染或窒息。

4. 诊疗及护理经过 所采取的减轻恶心与呕吐的措施及效果等。

（五）相关护理诊断/问题

1. 恶心 与急性胃炎、幽门梗阻、服用药物等有关。

2. 体液不足/有体液不足的危险 与频繁呕吐致体液丢失及摄入量不足有关。

3. 营养失调：低于机体需要量 与长期呕吐或食物摄入量不足有关。

4. 潜在并发症：窒息、肺部感染。

十一、呕血与黑便

案例 2-12

患者，男，45岁。腹胀、乏力1年，腹痛伴黑便2天，呕血5h。1年前出现腹胀、乏力，厌油腻，无腹痛，临床诊断为“肝硬化”。2天前无诱因出现腹痛，后有黑便，量约500g，5h前出现呕吐，呕吐物为暗红色液体，共5次约1000ml，伴头晕、出汗、心慌。患者母亲及哥哥均为乙型病毒性肝炎患者，幼年患“黄疸性肝炎”，嗜酒20年，每日约200ml。

问题：1. 如何区别上消化道以外原因所致的呕血或黑便？

2. 如何判断出血是否停止？

3. 主要护理诊断/问题有哪些？

呕血是指上消化道（屈氏韧带以上的消化器官，包括食管、胃、十二指肠、肝胆胰）疾病或全身性疾病所致的上消化道出血，血液经口腔呕出的现象。黑便则指上消化道出血时部分血液经肠道排出，因血红蛋白在肠道内与硫化物结合形成硫化亚铁，形成黑色的粪便。由于黑便附有黏液而发亮，类似柏油，又称柏油便。

考点：呕血与黑便的定义

（一）病因与发生机制

1. 上消化道疾病

（1）食管疾病 食管炎、食管癌、食管异物、食管损伤等。

（2）胃及十二指肠疾病 消化性溃疡、服用非甾体抗炎药和应激所引起的急性胃黏膜损害及慢性胃炎。胃癌由于癌组织缺血坏死、糜烂或溃疡侵蚀血管等原因引起出血。

（3）肝胆胰疾病　肝硬化门静脉高压所致食管胃底静脉曲张破裂，可引起出血。肝癌、胆结石、胆管癌、胰腺癌、急慢性胰腺炎合并脓肿或囊肿等均可引起出血，大量血液流入十二指肠，造成呕血与黑便。

2. 全身性疾病

（1）血液疾病　血小板减少性紫癜、白血病、血友病、弥散性血管内凝血（disseminated intravascular coagulation，DIC）等。

（2）感染性疾病　肾综合征出血热、急性重型肝炎、钩端螺旋体病等。

（3）其他　尿毒症、肺源性心脏病、系统性红斑狼疮等。

在引起呕血的病因中，以消化性溃疡最常见，其次是食管胃底静脉曲张破裂出血，再次为急性胃黏膜病变。

考点：呕血的病因

（二）临床表现

1. 呕血与黑便　呕血前常有上腹部不适及恶心，随后呕出血性胃内容物，一段时间后排出黑便。

（1）呕血的颜色　与出血量的多少及血液在胃肠道内停留时间的长短有关。出血量多、在胃肠道内停留时间短，则血色鲜红或混有血块，或为暗红色；出血量少、在胃内停留时间长，血红蛋白与胃酸作用生成正铁血红蛋白，使呕吐物呈棕褐色或咖啡色。

（2）粪便的颜色　与出血的量、速度及肠蠕动的快慢有关。出血量小，粪便颜色无改变；出血量大，且在肠道内停留时间短，呈紫红色；肠道内停留时间长，呈黑色。

2. 失血表现　轻度出血可出现头晕、畏寒，多无血压、脉搏的变化；中度出血则有头晕、心悸、出冷汗、四肢厥冷、脉搏增快等症状；重度出血可出现脉搏细速、血压下降、尿量减少、呼吸急促及休克等急性周围循环衰竭的表现。

3. 发热　大出血后可出现发热，但一般不超过38.5℃，持续3～5天。

4. 血液学改变　早期可不明显，但随着组织液的渗出及输液等，血液被稀释，血红蛋白和红细胞减少，可出现贫血表现。

考点：呕血的临床表现

（三）问诊要点

1. 病史与诱因　有无引起呕血的相关病史，如消化性溃疡、慢性肝炎等；有无饮食不节，大量饮酒，服用肾上腺皮质激素、水杨酸类药物等诱发因素。

2. 呕血的特点

（1）呕血鉴别　注意与咯血鉴别，还应与口腔、鼻腔、咽喉等部位的出血相鉴别。

（2）出血量　观察呕血与黑便的次数、量、颜色、性状及其变化，估计出血的量。出现呕血一般提示胃内积血量达 250～300ml/d；黑便提示出血量在 50～70ml/d；粪便隐血试验阳性提示出血量大于5ml/d；由于呕血与黑便常混有呕吐物与粪便，失血量难以估计，常根据全身状况综合判断（表2-8）。

考点：出血量判断

表2-8　出血量的估计与全身表现

出血程度	占总血容量（%）	出血量（ml）	症状	血压	脉搏（次/分）	尿量
轻度	<10	<500	面色苍白、头晕、乏力	正常	60～100	减少
中度	20左右	1000左右	头晕、畏寒、心悸	下降	100～120	明显减少
重度	>30	>1500	四肢厥冷、烦躁不安、出冷汗、意识模糊、呼吸深快	显著下降	>120	少尿或无尿

（3）出血部位 通常幽门以上部位出血以呕血为主，并伴有黑便；幽门以下部位出血，以黑便为主。呕血一般伴有黑便，而黑便不一定有呕血。

（4）出血是否停止 可通过呕血和黑便的次数与量是否减少或停止，临床表现是否好转或消失等进行综合判断。

3. 呕血与黑便对患者的影响 是否伴有上腹痛、肝脾大、黄疸、皮肤黏膜出血等；有无周围循环衰竭的表现，有无血液学方面的改变等；是否有紧张不安、焦虑、恐惧等情况。

4. 诊疗及护理经过 采用了何种止血措施，效果如何；是否使用止血药物，剂量多少等。

（四）相关护理诊断/问题

1. 外周组织灌注无效 与上消化道出血所致血容量不足有关。

2. 体液不足 与消化道失血有关。

3. 恐惧 与大量呕血和黑便有关。

4. 潜在并发症：休克。

十二、便 血

案例 2-13

患者，男，45岁。1个月前自觉肛门坠胀感，排便时滴血或有手纸上带血，患者便秘多年，进食刺激性食物后加重。

问题：1. 该患者发生便血最可能的原因是什么？

2. 在患者的问诊中应重点收集哪些资料，为什么？

便血是指消化道出血，血液由肛门排出的现象。便血的颜色可呈鲜红色、暗红色或黑色。少量出血无粪便颜色改变，需经粪便隐血试验才能确定者，称为隐血便。

（一）病因与发生机制

1. 上消化道疾病 见呕血与黑便的内容。

2. 下消化道疾病 引起下消化道出血的主要是肠道和肛管疾病，如肠结核、肠伤寒、急性出血性坏死性肠炎、小肠肿瘤等小肠疾病；急性细菌性痢疾、阿米巴痢疾、结肠癌、溃疡性结肠炎等结肠疾病；直肠癌、直肠息肉等直肠疾病；痔、肛裂、肛瘘、肛管损伤等肛管疾病。

3. 全身性疾病 血小板减少性紫癜、白血病、血友病、严重肝病、败血症等。

（二）临床表现

便血的临床表现因出血量、出血速度、出血部位及血液在肠道停留的时间长短而异。如出血量大、速度快，呈鲜红色；反之则呈暗红色或黑色。如肛门或肛管疾病出血血色鲜红，仅黏附于粪便表面或于排便后有鲜血滴出或喷射出；急性出血性坏死性肠炎可排出特殊腥臭味的洗肉水样血便；急性细菌性痢疾和溃疡性结肠炎多为黏液脓性鲜血便；阿米巴痢疾多为暗红色果酱样脓血便。

短时间内大量便血，可出现急性失血性贫血和周围循环衰竭的表现，但临床少见；长期慢性便血可出现乏力、头晕、心悸、气促、面色苍白等贫血表现；便血伴里急后重，即肛门坠胀感，感觉排便未净，排便频繁，但每次排便量很少，且排便后未感轻松，提示肛门、直肠疾病，见于细菌性痢疾、直肠癌等；伴发热常见于肠伤寒、肾综合征出血热、急性出血性坏死性肠炎、恶性肿瘤等。

考点：便血的临床表现

（三）问诊要点

1. 病史与诱因 有无与便血有关的病史，有无进食刺激性食物、饮食不规律、过度疲劳、精神刺激等诱发因素。

2. 便血的特点 了解和观察便血方式、颜色、性状、排便次数和量。排除药物、食物所致的黑便。

3. 便血对患者的影响 有无贫血所致的活动耐力下降；有无因反复便血不愈或预后不佳导致焦虑、恐惧等心理反应。

4. 诊疗及护理经过 已采取的有关便血的治疗或护理措施及效果。

（四）相关护理诊断/问题

1. 活动耐力下降 与便血所致贫血有关。

2. 焦虑 与长期便血病因不明有关。

十三、腹 泻

案例2-14

患者，男，30岁。腹泻、腹痛、呕吐3h就诊。6h前在路边小店就餐，3h后突发腹泻4次，为水样便，每次量约100ml，伴肠鸣音亢进。无黏液脓血便，无里急后重，腹痛以脐周为明显，便后腹痛缓解不明显，腹泻的同时有恶心、呕吐，呕吐物为胃内容物。

问题：1. 该患者主要症状及其特点是什么？

2. 引起患者腹泻的可能病因是什么？

腹泻是指排便次数增多，粪质稀薄，或带有黏液、脓血，或带有未消化的食物。正常粪便成形，色黄，排便次数为每日2～3次至每2～3日1次。如解液状便，每日3次以上，或每日粪便总量大于200g，且粪便含水量大于80%，则可认为是腹泻。腹泻可分为急性和慢性腹泻，病程超过2个月或长期反复发作者为慢性腹泻。

（一）病因

1. 急性腹泻 ①肠道疾病，常见的是由细菌、病毒、寄生虫等感染所引起的各种肠炎；急性肠道缺血等。②急性中毒，如细菌性食物中毒；毒蕈、河豚、鱼胆等生物性中毒；砷、磷、铅、汞及有机磷农药、抗癌药等化学性中毒。③全身性感染，如败血症、伤寒、副伤寒等。④其他，如变态反应性肠炎，过敏性紫癜，甲状腺危象，药物副作用如利血平、新斯的明等。

2. 慢性腹泻 ①消化系统疾病：慢性萎缩性胃炎、胃大部切除后胃酸缺乏、肠结核、慢性细菌性痢疾、阿米巴痢疾、溃疡性结肠炎、肠道肿瘤、慢性胰腺炎、肝硬化等。②全身性疾病：甲状腺功能亢进症、肾上腺皮质功能减退症、糖尿病性肠病、尿毒症、药物副作用（利血平、甲状腺素、洋地黄类药物）等。

（二）发生机制

腹泻发生机制复杂，从病理生理角度可归纳为如下几方面。①分泌性：因肠道分泌过多液体而引起，如霍乱、沙门菌属感染；②渗透性：因肠腔内渗透压增高，阻碍肠内水与电解质吸收而引起，如口服甘露醇、硫酸镁等；③渗出性：因肠黏膜炎症渗出大量黏液、脓血而引起，如各种肠道炎症性疾病（溃疡性结肠炎、肠结核等）；④动力性：因肠蠕动过快，肠内食糜停留时间过短，未被充分吸收而引起，见于肠炎、甲状腺功能亢进症、胃肠功能紊乱等；⑤吸收不良性：由于肠黏膜面积减少或吸收障碍而引起，如吸收不良综合征、小肠大部切除等。

（三）临床表现

1. 急性腹泻 起病急，病程短，每日排便可达10次以上，多呈糊状或水样便，粪便量多而稀薄，排便时常伴有肠鸣音亢进、里急后重，多为感染所致。伴有腹痛者，以感染性腹泻最为明显。小肠疾病所致的腹泻，疼痛常在脐周，便后缓解不明显；结肠疾病所致的腹泻多为下腹痛，便后常可缓解；分泌性腹泻往往无明显腹痛。

2. 慢性腹泻 起病缓慢，病程较长，常有原发疾病史，可呈持续性或呈间歇性，一般每日排便数次。常为稀便，可伴有黏液、脓血，见于慢性细菌性痢疾、炎症性肠病及肠肿瘤等；肠易激综合征粪便中带有黏液而无脓血。

考点：腹泻的临床表现

（四）问诊要点

1. 病史与诱因 有无群体发病情况；注意询问有无不洁饮食史及食用毒蕈、河豚及化学性药物等。

2. 腹泻的特点 腹泻次数、粪便量、颜色、性状和气味；有无黏液、脓血或未消化食物等；排便是否很急；排便与饮食的关系等。

3. 腹泻对患者的影响 有无发热、腹痛、恶心呕吐、里急后重、明显消瘦和腹部包块等；有无长期慢性腹泻导致的营养不良、活动耐力下降；有无恶心、腹胀等表现；有无体重下降，有无肛周皮肤糜烂、破损等；有无紧张、恐惧、焦虑等。

4. 诊疗及护理经过 了解诊治经过、用药情况及效果。

（五）相关护理诊断/问题

1. 腹泻 与肠道感染有关，与食物中毒有关。

2. 体液不足 与腹泻导致体液丢失过多有关。

3. 营养失调：低于机体需要量 与长期慢性腹泻有关。

4. 有皮肤完整性受损的危险 与排便次数增多、排泄物刺激有关。

十四、便　秘

案例 2-15

患者，男，78岁。因便秘10天就诊。1个月前因腰部扭伤腰痛难忍，整日卧床休息，食欲下降，前半个月使用开塞露、缓泻剂能勉强1周解粪便1次，呈羊粪样，10天以来使用开塞露、缓泻剂也便意全无，腹胀难忍，焦躁不安。

问题：1. 该患者的主要症状及特点是什么？可能病因是什么？

2. 该患者现存的护理问题有哪些？

便秘是指排便次数减少，每周少于3次，伴有粪便干结、排便困难。便秘为临床上常见的症状。

（一）病因与发生机制

正常排便需具备以下条件：①足够的食物量、食物中含有适量的纤维素和水分，以产生足够引起正常肠蠕动的肠内容物；②肠道内肌肉张力正常及蠕动功能正常；③排便反射正常；④参与排便的肌肉功能正常。以上任何一项条件不能满足，即可发生便秘，依据病因不同可分为功能性便秘和器质性便秘。

1. 功能性便秘 ①进食量少或食物缺乏纤维素或水分，对结肠运动的刺激减少；②因生活习惯改变、精神因素干扰了正常排便习惯；③结肠运动功能减弱，如年老体弱、活动过少；肠痉挛致排便困难，如肠易激综合征；④腹肌和盆肌张力不足导致排便动力不足；⑤滥用泻药产生药物依赖性；⑥结肠冗长，粪团内水分被过多吸收。

2. 器质性便秘 ①直肠或肛门病变致排便疼痛而惧怕排便，或引起肛门括约肌痉挛导致便秘，如肛裂、肛瘘、痔疮或肛周脓肿等；②局部病变致排便无力，如大量腹水、肌营养不良等；③结肠良性或恶性肿瘤，各种原因所致的肠梗阻、肠粘连，克罗恩病等致结肠梗阻或痉挛；④腹腔或盆腔的肿瘤压迫，如子宫肌瘤等；⑤全身性疾病使肠肌松弛，排便无力，如尿毒症、糖尿病、甲状腺功能减退症等。此外，铅中毒可引起肠肌痉挛，也可造成便秘。

（二）临床表现

1. 功能性便秘 多为慢性便秘，常无特殊表现。部分患者有口苦、食欲减退、腹胀、下腹不适，或有头晕、头痛、疲乏等神经症状，一般不严重。慢性习惯性便秘多见于中老年人，尤其是经产妇，可能与肠肌、腹肌和盆底肌的张力减弱有关。严重者排出粪便坚硬如羊粪，排便时可有左下腹或下腹痉挛性疼痛和下坠感，常可在左下腹触及痉挛的乙状结肠。

2. 器质性便秘 常为急性便秘，可有原发疾病的表现，患者多有腹痛、腹胀、恶心、呕吐，多见于各种原因所致的肠梗阻。

考点：便秘的临床表现

（三）问诊要点

1. 病史与诱因 有无与便秘相关的疾病史，有无进食量过少、食物缺乏纤维素、活动量少、精神紧张、生活环境改变、长期服用泻药等诱因。

2. 排便的特点 排便频度及费力程度，粪便性状、量，并与既往排便情况相比较。

3. 便秘对患者的影响 有无肛周疼痛、消瘦、贫血等；有无痔疮、肛裂及出血等；有无因便秘产生精神紧张、恐惧、焦虑、抑郁等心理反应。

4. 诊疗及护理经过 有无采取促进排便的相关措施及其效果等。

（四）相关护理诊断/问题

1. 便秘 与饮食中纤维素量过少、运动量过少、排便环境改变等有关。

2. 组织完整性受损 与便秘所致肛周组织损伤有关。

十五、抽搐与惊厥

案例 2-16

患儿，女，4个月。上午家人发现其意识突然丧失，全身肌肉强直，呼吸暂停，持续时间2min，大小便失禁。无发热、呕吐。出生时因头盆不称难产后，辅助以产钳助产术娩出，产后评分良好，但其头顶部有1个2cm×3cm血肿，经治疗与护理后消失。病前无其他外伤、发热、特殊药物服用史。家族中无癫痫等疾病史。

问题：1. 该患儿肢体抽搐的原因是什么？

2. 目前该患儿的护理诊断有哪些？

抽搐与惊厥均属于不随意运动，是指全身或局部骨骼肌发作性的不自主的抽动或强烈收缩，常可引起关节运动和强直。当肌肉收缩表现为非自主的强直性与阵挛性时，称惊厥，常为全身性、对称性，伴或不伴意识丧失。

（一）病因与发生机制

抽搐与惊厥的发生可能与大脑运动神经元的异常放电有关。异常放电主要由神经元膜电位的不稳定引起，可由代谢、营养、脑皮质肿物或瘢痕等激发，并与遗传、免疫、内分泌、微量元素、精神因素等有关。常见病因如下。

1. 脑部疾病 ①感染：脑炎、脑膜炎、脑脓肿等。②外伤：产伤、颅脑外伤等。③肿瘤：原发性脑肿瘤、脑转移瘤等。④血管疾病：脑栓塞、脑出血、蛛网膜下腔出血、脑血栓形成等。⑤寄生虫病：脑囊虫病、脑型疟疾等。

2. 全身性疾病 ①感染：中毒性细菌性痢疾、急性感染所致的小儿高热惊厥、急性胃肠炎、败血症、破伤风、狂犬病等。②心血管疾病：高血压脑病或阿-斯综合征等。③中毒：尿毒症、肝性脑病等内源性中毒；酒精、苯、铅、有机磷杀虫药等外源性中毒。④代谢障碍：低血糖状态、低钙血症、低镁血症等。⑤其他：系统性红斑狼疮，突然停用安眠药、抗癫痫药，热射病，溺水，触电等。

3. 神经症 如癔症性抽搐和惊厥。

（二）临床表现

1. 全身性抽搐 以全身性骨骼肌痉挛为主要表现，多伴有意识障碍。①癫痫大发作：表现为意识突然丧失，全身肌肉强直，呼吸暂停，继而四肢阵挛性抽搐，呼吸不规则，大小便失禁，发绀，发作约半分钟自行停止，也可反复发作甚至呈持续状态。发作停止后不久意识恢复，醒后有头痛、全身乏力、肌肉酸痛等症状。②癔症性发作：发作前常有生气、情绪激动或各种不良刺激等诱因，发作样式不固定，时间较长，无大小便失禁和舌咬伤等症状。

2. 局限性抽搐 以身体某一局部肌肉收缩为主要表现，多见于手足、口角、眼睑等部位。低钙血症所致手足抽搐发作时，腕及手掌指关节屈曲，指间关节伸直，拇指内收，呈“助产士手”；踝关节伸直，足趾下屈，足呈弓状，似“芭蕾舞足”。

惊厥可致跌伤、舌咬伤、大小便失禁等；短期频繁发作可致高热；伴意识障碍者可因呼吸道分泌物、呕吐物吸入或舌后坠堵塞呼吸道引起窒息。严重惊厥由于骨骼肌强烈收缩，机体氧耗量显著增加，加之惊厥所致呼吸改变可引起缺氧。

考点：抽搐的临床表现

（三）问诊要点

1. 病史与诱因 询问有无与抽搐和惊厥相关的疾病病史或精神刺激、高热等诱发因素。

2. 抽搐与惊厥的特点 抽搐是全身性还是局限性、持续强直性还是间歇阵挛性；发作频率、持续和间隔的时间；发作时有无意识障碍，有无舌咬伤、跌伤等情况。

3. 抽搐与惊厥对患者的影响 有无剧烈头痛、呕吐、血压增高等；有无体温过高、大小便失禁等；有无焦虑、恐惧及因发作时失态而致自卑、难堪等心理反应。

4. 诊疗及护理经过 是否就诊，接受过何种治疗措施及效果等。

（四）相关护理诊断/问题

1. 有受伤的危险 与惊厥发作时不受控制的强直性肌肉收缩和意识丧失有关。

2. 有窒息的危险 与惊厥发作致呼吸道分泌物误吸、惊厥发作致舌后坠堵塞呼吸道有关。

3. 恐惧 与不可预知的惊厥发作有关。

十六、意 识 障 碍

案例 2-17

患者，男，45 岁，平素好酒，逢酒必醉。前日下午外出赴宴未归，次日早晨 6 时路人发现其睡卧路边，满身酒味，即送到医院。身体评估：呼之不应，无自主运动，压迫眶上神经有痛苦表情，鼾声呼吸，瞳孔扩大，对光反射存在。

问题： 1. 该患者的意识状态如何？其意识障碍属于哪种类型？

2. 你判断是什么原因所致？

意识障碍是指人对周围环境及自身的识别和观察能力出现障碍。可表现为嗜睡、意识模糊、昏睡、谵妄和昏迷。

（一）病因与发生机制

正常意识有两个组成部分。①意识内容：指大脑皮质功能活动，包括记忆、思维、定向力和情感等，以及通过视、听、语言和复杂运动等与外界保持密切联系的能力。意识状态的正常与否取决于大脑半球功能的完整性。②意识的“开关”：特异性上行投射系统（感觉传导路径）和非特异性上行投射系统（脑干网状结构）起到意识“开关”作用，意识“开关”系统可激活大脑皮质并使之维持一定水平的兴奋性，使机体处于觉醒状态而产生意识。任何原因引起脑细胞代谢紊乱，导致网状结构功能损害和脑活动功能减退，均可发生意识障碍。

1. 重症急性感染 ①全身性感染：败血症、中毒性细菌性痢疾、中毒性肺炎、伤寒等；②颅脑感染：脑炎、脑膜炎、脑膜脑炎、颅内静脉窦感染等。

2. 颅脑的非感染性疾病 ①脑血管疾病：脑出血、脑栓塞、脑血栓形成、蛛网膜下腔出血、高血压脑病等；②颅内占位性病变：原发性或转移性颅内肿瘤、脑脓肿等；③颅脑损伤：脑挫裂伤、脑震荡、颅骨骨折等；④癫痫。

3. 外源性中毒 如一氧化碳、镇静催眠药、有机磷农药、酒精和吗啡等中毒。

4. 内分泌与代谢性疾病 如尿毒症、肝性脑病、肺性脑病、糖尿病酮症酸中毒、低血糖等。

5. 心血管疾病 严重心律失常引起阿-斯综合征、重度休克等。

6. 其他 如中暑、触电、溺水、高山病等；水、电解质平衡紊乱如高氯性酸中毒、低氯性碱中毒、低钠血症等。

（二）临床表现

1. 嗜睡 是最轻的意识障碍，是一种病理性倦睡，患者处于持续的睡眠状态，能被唤醒并正确回答问题和做出各种反应，但当刺激去除后很快又再入睡。

2. 意识模糊 是较嗜睡为深的一种意识障碍，患者意识水平轻度下降，能保持简单的精神活动，但对时间、地点、人物的定向能力发生障碍。

3. 昏睡 是接近于人事不省的意识状态，患者处于熟睡状态而不易唤醒，在压迫眶上神经、摇动身体等强烈刺激下可被唤醒，但很快又入睡，醒时答话含糊或答非所问。

4. 昏迷 是最严重的意识障碍，表现为意识持续的中断或完全丧失。可分为：①浅昏迷，意识大部分丧失，随意运动丧失、对周围事物及声光刺激无反应、对强烈疼痛刺激可有痛苦和防御反应，角膜反射、瞳孔对光反射、咳嗽反射、吞咽反射等生理反射存在；②中昏迷，对周围事物及各种刺激无反应，对剧烈刺激可有防御反应，角膜反射减弱、瞳孔对光反射迟钝，无眼球运动；③深昏迷，意识完全丧失，对各种刺激全无反应，全身肌肉松弛，深、浅反射均消失。

5. 谵妄 是一种以兴奋性增高为主的高级神经中枢急性功能失调状态，表现为意识模糊、定向力丧失、幻觉、错觉、躁动不安、言语杂乱等。可发生在急性感染的高热期，也可见于某些药物中毒等。

考点：意识障碍的临床表现

（三）问诊要点

1. 病史与诱因 询问有无急性感染、高血压、动脉粥样硬化、糖尿病、肝肾疾病、癫痫、颅脑损伤等病史；有无服毒及毒物接触史；有无外伤、感染、药物使用、精神刺激等诱因。

2. 意识障碍的类型和程度 通过交谈、疼痛及声光刺激等了解其思维、记忆、情感、定向能力、反射能力等功能改变，正确判断意识障碍的类型和严重程度。

也可按格拉斯哥昏迷量表（Glasgow coma scale，表 2-9），从睁眼，语言和运动三个方面对意识障碍程度进行量化评分。总分范围为 3～15 分，14～15 分为正常；8～13 分表示患者已有程度不等的意识障碍；总分 3～7 分（不包括 3 分）表示患者已呈现轻度昏迷状态；总分等于 3 分表示患者呈现深度昏迷。

表 2-9 格拉斯哥昏迷量表

评分项目	反应	记分	实得分
睁眼反应	正常睁眼	4	
	对声音刺激有睁眼反应	3	
	对疼痛刺激有睁眼反应	2	
	对任何刺激无睁眼反应	1	
运动反应	可按指令完成动作	6	
	对疼痛刺激能定位	5	
	对疼痛刺激有肢体退缩反应	4	
	疼痛刺激时肢体过屈（去皮质强直）	3	
	疼痛刺激时肢体过伸（去大脑强直）	2	
	对疼痛刺激无反应	1	
语言反应	能准确回答时间、地点、人物等定向问题	5	
	能说话，但不能准确回答时间、地点、人物等定向问题	4	
	言语不当，但字意可辨	3	
	言语模糊不清，字意难辨	2	
	对任何刺激无语言反应	1	

3. 意识障碍对患者的影响 有无发热、头痛、呕吐、感觉障碍及运动障碍等；有无肌肉萎缩、关节僵硬、肢体畸形等；有无粪便失禁、尿失禁等；患者有无恐惧和绝望，家属有无不安、惧怕等心理。

4. 诊疗及护理经过 询问保持呼吸道通畅、氧疗、留置导尿管、抗感染等治疗和护理措施的应用效果等。

（四）相关护理诊断/问题

1. 急性/慢性意识障碍 与神经系统病变、严重感染、代谢紊乱及中毒等有关。

2. 有受伤的危险 与脑组织受损导致的意识障碍有关。

自 测 题

A_1/A_2型题

1. 采集护理病史时获得重要线索主要依靠（ ）
   A. 全面的护理体检 B. 详细询问病史
   C. 作血、尿、便常规检查 D. 仔细阅读门诊病历
   E. 先进的医疗仪器检查
2. 患者，女，20 岁。叙述其腹部疼痛 2h，出现发热、呕吐半小时，其主诉为（ ）
   A. 腹痛 2h，伴发热、呕吐半小时
   B. 腹痛、发热、呕吐
   C. 发热及腹痛、呕吐
   D. 发热、呕吐半小时，腹痛 2h
   E. 发热、呕吐及腹痛
3. 患者，女，50 岁，蒙古族。只会讲蒙古语，不懂汉语，胸闷、气短 3 天就诊。护士在问诊时，不恰当的做法是（ ）
   A. 请人做翻译
   B. 借助手势等非语言沟通手段
   C. 请懂汉语的家人介绍患者的情况
   D. 请家属概括描述患者的讲述
   E. 反复核实患者所讲述的信息
4. 引起发热最主要的原因为（ ）
   A. 感染性发热
   B. 免疫反应所致发热
   C. 吸收热
   D. 自主神经功能紊乱所致发热
   E. 皮肤散热障碍
5. 患者，男，40 岁。畏寒发热 1 周，每日体温最高在 39.9～40.2℃，最低体温 37.8℃，试问该热型属于下列哪一种（ ）
   A. 稽留热 B. 弛张热

C. 间歇热　　D. 回归热
E. 波状热
6. 主诉的含义是（　　）
A. 指患者的主要症状或体征及看病时间
B. 指患者的主要症状及其起病时间
C. 指患者的主要症状或体征及其持续时间
D. 指患者的主要症状或体征及其发作频率
E. 指患者的主要症状或体征及其严重程度
7. 长期卧床的慢性心功能不全患者，其水肿的分布特点是（　　）
A. 以踝内侧明显　　B. 以胫前部明显
C. 以颜面部明显　　D. 以腰背部、骶尾部明显
E. 以四肢明显
8. 患者，男，76 岁。肺源性心脏病病史 15 年，因呼吸道感染导致右心衰竭住院。护士在身体评估时发现患者双下肢水肿，引起其水肿的主要机制是（　　）
A. 血浆蛋白降低
B. 淋巴回流受阻
C. 毛细血管内压力增高
D. 下肢静脉血栓形成
E. 下肢动脉受阻
9. 患者痰液有恶臭，判断为何种细菌感染（　　）
A. 肺炎球菌　　B. 铜绿假单胞菌
C. 厌氧菌　　D. 化脓菌
E. 真菌
10. 患者，男，44 岁。反复咳嗽、咳痰、咯血，偶有发热 1 个月。痰量较大，放置后可分层。引起患者咳嗽、咳痰的原因是（　　）
A. 呼吸道感染　　B. 支气管扩张
C. 肺炎　　D. 肺结核
E. 肺癌
11. 下列哪项对鉴别咯血和呕血最有意义（　　）
A. 前驱症状　　B. 血中混有物
C. 血量　　D. 粪便的颜色
E. 血的颜色
12. 患者，女，32 岁。劳力性心悸、气促 8 年，1 周前受凉后症状加重，洗脸、穿衣，甚至休息时也感觉呼吸困难，伴咳嗽、痰中带血。下肢有水肿。该患者的呼吸困难属于（　　）
A. 肺源性呼吸困难　　B. 心源性呼吸困难
C. 中毒性呼吸困难　　D. 血源性呼吸困难
E. 神经精神性呼吸困难
13. 严重缺氧而发绀不明显见于（　　）
A. 肺结核　　B. 自发性气胸
C. 肺炎　　D. 急性肺水肿
E. 严重贫血
14. 患者有慢性阻塞性肺疾病病史 15 年，洗漱时发现口唇、颜面部、手指发绀，提示患者血液中脱氧血红蛋白绝对值（　　）
A. ＞30g/L　　B. ＞50g/L　　C. ＞5g/L
D. ＞25g/L　　E. ＞15g/L
15. 患者，女，26 岁。月经期均感心悸、气短，口唇苍白。引起心悸的原因最大可能是（　　）
A. 精神焦虑　　B. 甲状腺功能亢进症
C. 心脏病　　D. 贫血
E. 低血糖
16. 患者，女，35 岁。聚餐 8h 后，出现频繁呕吐，呕吐物具有刺鼻酸臭味，含有大量未消化食物。导致呕吐的原因可能性较大的是（　　）
A. 神经症　　B. 颅内高压
C. 妊娠呕吐　　D. 幽门梗阻
E. 胃肠炎
17. 患者，男，36 岁。患胃溃疡 7 年。排柏油样粪便 1h 就诊，提示 24h 失血量至少（　　）
A. 5ml　　B. 10ml　　C. 60ml
D. 100ml　　E. 250ml
18. 患者，男，37 岁。如厕时排出鲜血便，提示其病变位于（　　）
A. 食管　　B. 胃
C. 十二指肠　　D. 空肠
E. 直肠或肛门
19. 临床上患者出现黄疸时，其血中总胆红素量为（　　）
A. ＜3.4μmol/L　　B. 3.4～6.8μmol/L
C. 6.8～17.1μmol/L　　D. 17.1～34.2μmol/L
E. ＞34.2μmol/L
20. 患者，男，33 岁。肝区不适、食欲减退、厌油腻、恶心、呕吐，皮肤、黏膜明显发黄 1 周。胆红素检查提示结合胆红素和非结合胆红素都增加。该黄疸属于（　　）
A. 溶血性　　B. 肝细胞性
C. 肝内阻塞性　　D. 肝外阻塞性
E. 先天性
21. 患者，女，27 岁。饭后经常腹泻，食量较大、爱饥饿，消瘦、情绪不稳定，拟诊甲状腺功能亢进症。该患者的腹泻属于（　　）
A. 吸收不良性腹泻　　B. 动力性腹泻
C. 渗出性腹泻　　D. 渗透性腹泻
E. 分泌性腹泻
22. 患者，女，33 岁。孕 34 周。因便秘、下肢水肿 2 周就诊。护士解释其便秘原因最合理的是（　　）
A. 下肢水肿　　B. 活动量减少
C. 饮食纤维素减少　　D. 妊娠期子宫压迫

E. 直肠病变

23. 患者，男，18 岁。在歌厅唱歌时突发尖叫一声倒地，口吐白沫，全身抽搐，口唇发绀，意识丧失。患者全身抽搐的原因是（ ）

A. 精神紧张 B. 虚脱
C. 低血糖 D. 癫痫大发作
E. 癔症发作

24. 患者，女，10 岁。高热 2h，幻觉、错觉、定向障碍、胡言乱语、躁动不安 1h，患者处于（ ）

A. 谵妄状态 B. 昏睡状态
C. 意识模糊 D. 嗜睡状态
E. 浅昏迷状态

A_3/A_4型题

（25、26 题共用题干）

患者，女，46 岁。风湿性心脏病病史 8 年。突然咳出大量血痰急诊住院。患者 3 个月来经常出现体力不支，心慌气短。今天早晨散步后突然咳出大量血痰，心慌气短加重，端坐呼吸，被家人急送入院。

25. 依据患者表现的特点，咳出大量血痰的原因是（ ）

A. 风湿性心脏病 B. 体力活动强度过大
C. 晨练准备不当 D. 左心衰竭
E. 散步时间过长

26. 下列哪项是患者血痰的主要特征（ ）

A. 鲜红色 B. 暗红色
C. 砖红色 D. 含血块
E. 粉红色泡沫样

（27、28 题共用题干）

患者，男，66 岁。肺源性心脏病病史 8 年。今日晨练后发现脱鞋费力，用手按压脚踝部凹陷，自觉体力不支，心慌气短。

27. 依据患者的表现，导致其脱鞋费力，用手按压脚踝部凹陷的直接原因是（ ）

A. 体力不支 B. 心慌
C. 下肢水肿 D. 心力衰竭
E. 散步时间过长

28. 该患者首要的护理问题是（ ）

A. 心排血量减少 B. 体液过多
C. 组织灌注不良 D. 活动无耐力
E. 自理能力缺陷

案例分析题

29. 患者，男，60 岁，油漆工。咳嗽、咳痰 2 个月，痰中带血 1 周。2 个月前无明显诱因出现刺激性咳嗽，咳少量灰白色黏痰，伴右胸背胀痛，无畏寒、发热、心悸、盗汗，曾于附近诊所按呼吸道感染治疗。1 周来间断痰中带血，有时血多痰少，但无大量咯血。起病以来无明显消瘦，近日稍感疲乏，食欲尚可，大小便正常。既往无肺炎、结核病病史。吸烟 30 余年，每日 20 支左右。入院后该患者被确诊为“支气管肺癌”。

问题：1. 该患者主要的症状是什么？
2. 请针对主要症状概述问诊要点。

30. 患者，男，45 岁。间歇性乏力、纳差 8 年，黑便、呕血 3 天，意识不清、乱语躁动 4h 入院。患者 8 年前常于喝酒、劳累后出现乏力，腹胀，食欲减退，厌油腻，牙龈出血，双下肢间断性水肿。3 天前因搬家劳累突感上腹部不适，恶心、呕吐，呕吐鲜红色血液，量约 800ml，解黑色粪便约 300ml，急送当地乡卫生院治疗，仍有呕血、黑便，渐出现神情淡漠，寡言。4h 前突然意识不清，躁动不安，胡言乱语，急转入市第一医院。患者 15 年前于健康体检中查出乙肝表面抗原阳性，平素嗜酒。

问题：1. 针对该患者提出 4 个主要护理问题。
2. 提出本例的首优护理问题。

（王 奇 李双玲）

第3章
身体评估

学习目标

1. 素质目标　培养尊重、爱护患者，保护患者隐私的意识；具备良好的沟通能力和团结协作精神；树立一切以患者为中心的服务理念和精益求精的敬业精神。

2. 知识目标　掌握身体评估的基本方法、原则和注意事项；掌握一般状态、头颈部、胸部和腹部评估的内容及临床意义；熟悉神经系统、脊柱与四肢评估的内容、方法和临床意义；了解生殖器、肛门与直肠评估的方法和内容。

3. 能力目标　能正确、熟练、系统地进行身体评估，并进行准确描述；能依据所见所查，辨识临床常见异常体征，并分析和确定护理诊断/问题。

第1节　概　　述

身体评估是评估者运用自己的感官或使用简单的辅助工具（听诊器、叩诊锤、血压计、体温计、压舌板等）对评估对象进行系统观察和检查，客观了解人体健康状况的最基本检查方法。身体评估的基本方法有视诊、触诊、叩诊、听诊和嗅诊。

一、身体评估的基本方法

案例 3-1

张某，女，19岁。发热、咳嗽2天，门诊以“支气管肺炎”收入院。主管护士已详细问诊健康史，接下来要进行身体评估。

问题： 1. 为什么要对该患者实施身体评估？

2. 身体评估的方法有哪些？

（一）视诊

视诊是用视觉来观察评估对象全身或局部状态的诊断方法。视诊简便易行，可提供重要的诊断资料和线索，评估者通过视诊可直观发现某些护理问题。视诊分为全身视诊和局部视诊，全身视诊观察评估对象的一般状态和全身性的体征，如年龄、发育、营养、体形、意识状态、面容、体位、姿势和步态等；局部视诊则是对评估对象身体某一局部进行更为细致和深入观察，以补充全身视诊的不足，如皮肤、黏膜颜色的变化，舌苔、头颈、胸廓、腹部、四肢、肌肉、骨骼和关节的异常等。但对特殊部位（如鼓膜、眼底、胃肠黏膜）则需用某些仪器（如耳镜、检眼镜、内镜）帮助检查。视诊最好在明亮的自然光线下进行，若在夜间普通灯光下观察就不易辨别皮肤的黄疸和轻度发绀、苍白和某些皮疹，此外，侧面来的光线也有助于检查搏动或肿物的轮廓。

（二）触诊

触诊是评估者通过自己的手与评估对象体表部位进行接触后的感觉或评估对象的反应，来判断其有无异常的检查方法。触诊的应用范围很广，其中腹部检查最为常用。触诊既能进一步确定视诊所见，又可补充视诊所不能察觉的变化，如体温、湿度、波动感、摩擦感、弹性，以及包块的位置、压痛、大小、轮廓、表面性质、硬度和移动度等。因手的感觉以指腹和掌指关节掌面的皮肤最敏感，故触诊时多用这两个部位。

1. 触诊方法 根据触诊部位及目的不同，分为浅部触诊法和深部触诊法。

（1）浅部触诊法 评估者将一只手（一般是右手）轻轻放在被检查的部位上，利用掌指关节和腕关节的协同动作，轻柔地进行滑行轻压触摸，浅部触诊的深度约为 1cm。

浅部触诊法适用于体表浅在病变、关节、软组织，以及浅部的动脉、静脉、神经、阴囊、精索等。浅部触诊法一般不会引起评估对象痛苦和肌肉紧张，因此更有利于检查腹部有无压痛、抵抗感、搏动、包块和某些肿大的内脏器官等（图 3-1）。

（2）深部触诊法 检查时评估者将一只手或双手重叠放置于评估对象的被检查部位，由浅入深，逐渐加压以达深部。深部触诊法触及的深度常在 2cm 以上，有时深达 5cm。适用于腹部内脏器官的检查。根据检查目的和手法的不同可分为以下四种方法。

1）深部滑行触诊法：评估者以自然并拢的右手示指、中指和环指的末端逐渐触向腹腔器官或包块，并在其上做上下左右的滑动触摸。如为肠管或条索状包块，则向与长轴相垂直方向做滑动触诊。此检查法常用于腹腔深部肿块和胃肠病变的检查。

2）双手触诊法：评估对象腹肌松弛，评估者左手三指并拢平置于腹壁，右手置于被检查的器官或包块的后部，并将被检查部位向左手方向托起，以便左手触诊（图 3-2）。此法需要注意配合评估对象的腹式呼吸，常用于肝、脾、肾和腹腔肿块的检查。

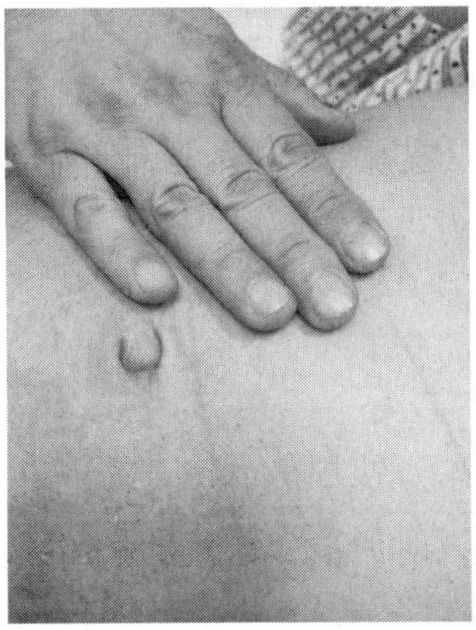

图 3-1 浅部触诊法

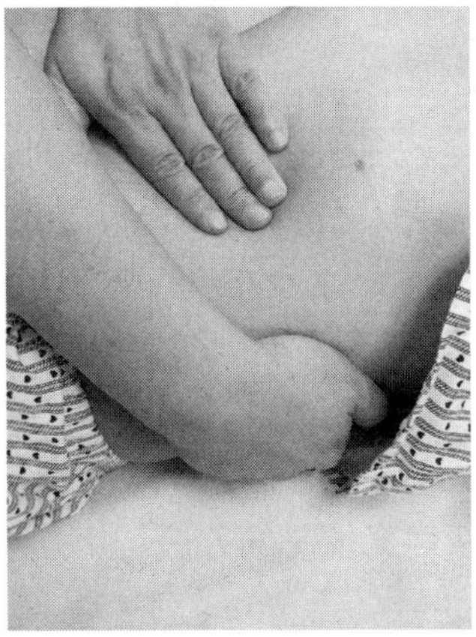

图 3-2 双手触诊法

3）深压触诊法：评估对象腹肌松弛，评估者右手示指和中指并拢，垂直地逐渐用力深压腹壁被检查的部位，以确定腹腔内的压痛点，如阑尾压痛点、胆囊压痛点、输尿管压痛点等。

4）冲击触诊法：又称浮沉触诊法。此法一般仅用于大量腹水时肝脏、脾脏难以触及者。检查时评估者右手并拢，将右手 3～4 个手指放置于腹壁上拟检查的部位，与腹壁呈 70°～90°，做数次急速而较有力的冲击动作，感知到腹腔内器官在指端浮沉的感觉。因为当手指急速冲击时，可使腹水在腹腔器官表面暂时移去，肝脏随之浮起并与指端接触，从而被评估者感知到。冲击触诊时会使评估对象感到不适，操作时应避免用力过猛。

考点：触诊的主要方法

2. 注意事项

（1）准备工作要做好 触诊前应向评估对象说明触诊的目的以使评估对象配合。行下腹部检查时，应嘱评估对象排尿，必要时排便，以免将充盈的膀胱和粪团误认为腹腔肿块。

（2）评估站位要正确　检查时评估者和评估对象都应采取适宜的位置才能获得满意的效果。评估者一般应站在评估对象的右侧，面向评估对象以便随时观察其面部表情的变化。

（3）评估对象要放松　评估对象取仰卧位，消除评估对象的紧张情绪，让其双腿稍屈即可使腹部放松。

（4）评估手法要专业　触诊时评估者手要温暖，动作轻柔，由浅入深，由轻到重，由远及近，尽量避免和减轻评估对象的痛苦。要结合解剖生理学和病理学等知识，手脑并用、边触诊边思考、反复推敲确认，最后明确病变性质和器官。

（三）叩诊

叩诊是用手指叩击或手掌拍击被检查部位的表面，使之震动而产生音响，根据震动和音响的特点来判断被检查部位的器官有无异常。叩诊主要用于胸部和腹部检查。

1. 叩诊方法　根据叩诊部位的不同，评估对象采取相应的体位。如叩诊胸部时可取卧位或坐位，叩诊腹部时常取仰卧位。叩诊时应充分暴露被检查部位，肌肉放松，自上而下，从一侧至另一侧，并注意两侧对称部位的比较。根据叩诊的手法和目的不同，叩诊可分为直接叩诊法和间接叩诊法。

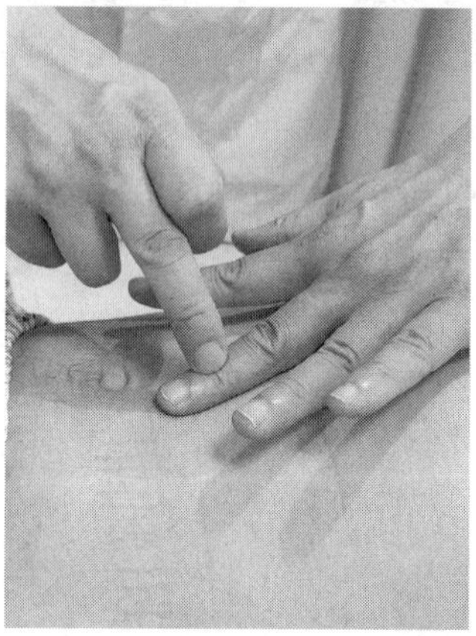

图 3-3　间接叩诊法

（1）间接叩诊法　是广泛采用的方法，评估者的左手中指第二指节紧贴于叩诊部位，其他手指稍微抬起，勿与体表接触；右手指自然弯曲，以中指指端叩击左手中指第二指骨的前端，叩击方向与被叩诊部位的体表垂直。叩诊时应以腕关节与掌指关节的运动为主，前臂保持不动，避免肘关节及肩关节参与运动。叩击动作要灵活、短促、富有弹性。叩击后右手中指立即抬起，以免影响音响效果（图 3-3）。一个部位每次只需连续叩击 2～3 次，如未明确，可再次连续叩击 2～3 次。叩击力量要均匀适中，使产生的声音一致，才能正确判断叩击音的变化。对范围较小、位置较浅的病变或脏器，宜用轻叩诊法，如确定心脏、肝脏的相对浊音界；对范围较大、位置较深的病变或脏器，需用中等强度叩诊法，如确定心脏、肝脏的绝对浊音界；当病灶部位很深，约达 7cm 时，则应采用锤叩诊法。锤叩诊时，评估者将左手掌平置于受检部位，右手握拳后用其尺侧缘叩击左手背，观察并询问评估对象有无疼痛。

（2）直接叩诊法　评估者用右手中间三指掌面或指端直接拍击被检查的部位，借拍击所产生的音响和指下的震动感来判断病变情况的方法。此方法适用于评估胸部或腹部面积较广的病变，如气胸、大量胸腔积液或腹水等。

2. 叩诊音　叩诊时因被叩击部位的组织或器官密度、弹性、含气量及与体表距离的不同可产生不同的音响。根据音响强弱、长短、高低的不同将叩诊音分为清音、浊音、实音、鼓音和过清音。叩诊音的特点和临床意义见表 3-1。

表 3-1　各种叩诊音的特点和临床意义

叩诊音	声音强度	音调	持续时间	正常存在部位	临床意义
清音	较强	低	较长	正常肺部	无
浊音	较弱	较高	较短	心脏、肝脏被肺覆盖的地方	见于肺不张、肺炎
鼓音	强	低	长	胃泡区及腹部	见于肺空洞、气胸
实音	最弱	最高	最短	心脏、肝脏	见于胸腔积液、肺实变
过清音	最强	最低	最长	无	见于肺气肿

考点：叩诊音的种类及临床意义

（四）听诊

听诊是用耳或借助于听诊器听取评估对象身体器官发出的声音来判断正常与否的一种检查方法，常用于心血管、肺脏及胃肠道等的评估，分为直接听诊法和间接听诊法。

1. 直接听诊法 是在听诊器问世前的古老听诊法，即评估者用耳直接贴附在被检查部位的体表上听诊，这种方法所听到的体内声音非常微弱，因受限于环境条件，现已很少使用。

2. 间接听诊法 是采用听诊器进行听诊的检查方法。此法方便，可在任何体位时使用，而且对器官运动的声音还能起到放大作用。

听诊器作为间接听诊法的主要工具，是由耳件、体件及软管三部分组成的。体件有两种类型：一种是钟型，适用于听取低调声音，如二尖瓣狭窄的隆隆样舒张期杂音；另一种是膜型，适用于听诊高调的声音，如呼吸音、主动脉瓣关闭不全的杂音等。

听诊时环境要安静、温暖、避风。寒冷可引起评估对象肌束颤动，出现附加音，影响听诊效果，如环境气温较低时要将体件温暖后再行听诊。检查时应根据病情嘱评估对象采取适当体位，对衰弱不能起床者，为减少翻身痛苦，以使用膜型听诊器为佳。听诊前应注意耳件方向是否正确，管腔是否通畅。体件要紧贴于被检查部位，避免与皮肤摩擦而产生附加音。此外，听诊时注意力要集中，心脏听诊时要解除呼吸音的干扰，肺部听诊时要排除心音的干扰。

考点：听诊的注意事项

（五）嗅诊

嗅诊是通过嗅觉判断发自评估对象的异常气味与疾病之间关系的方法。这些异常气味来自评估对象的皮肤、黏膜、口腔、呼吸道、呕吐物、排泄物、脓液与血液。嗅诊时评估者将评估对象散发的气味扇向自己的鼻部，然后仔细判断气味的特点和性质。临床上常见的气味来源和临床意义见表 3-2。

表 3-2 常见的气味来源和临床意义

来源	临床意义
呼吸气味	酒味见于酒精中毒；大蒜味见于有机磷农药中毒；氨味见于尿毒症；烂苹果味见于糖尿病酮症酸中毒
口腔气味	口臭见于肺脓肿、支气管扩张、胃炎等
汗液	酸性汗液见于风湿性关节炎、长期服用非甾体抗炎药等
痰液	血腥味见于大量咯血；恶臭味见于支气管扩张或肺脓肿
脓液	恶臭味见于气性坏疽、厌氧菌感染
呕吐物	强烈宿食酸味见于幽门梗阻、胃潴留；粪臭味见于肠梗阻及胃结肠瘘；酒味主要见于醉酒后
尿液	烂苹果味见于糖尿病酮症酸中毒；大蒜味见于有机磷农药中毒；腐臭味见于膀胱癌；鼠尿味见于苯丙酮尿症

考点：常见的气味来源及临床意义

二、身体评估的注意事项

1. 评估环境安静、舒适，具有私密性。
2. 评估者衣着整洁，检查前洗手。
3. 评估前向评估对象介绍自己的身份。
4. 评估者一般站在评估对象右侧。
5. 评估结束后就检查结果向评估对象作必要的解释和说明。
6. 根据病情变化随时复查。

第2节 一般状态评估

一般状态评估是对评估对象全身情况的概括性观察。评估方法以视诊为主，辅以触诊或借助简单的工具如体温计、血压计、听诊器等进行检查。评估的内容包括性别、年龄、生命体征、发育与体形、营养状态、意识状态、面容与表情、体位和步态等。

一、性别、年龄、生命体征

案例 3-2

患者，男，63岁。黄疸、厌食6个月，反复腹胀、纳差2周，门诊以“肝硬化”收入院，主管护士已详细问诊健康史，接下来要对其进行身体评估。

问题： 1. 该患者可能出现何种营养问题，如何评估？

2. 该患者可能存在何种面容？

（一）性别

性别一般以性征即可区别。正常成人的性别不难判断，但在检查中要注意某些疾病的发生与性别密切相关。

1. 某些疾病可致性征改变 如肾上腺皮质肿瘤或长期使用肾上腺皮质激素，可使女性男性化；肝硬化、肾上腺皮质肿瘤可使男性乳房女性化。

2. 性染色体的数目或结构异常可引起两性畸形 即外生殖器和其他性征兼有两性特征。

3. 性别与某些疾病的发病率有关 如甲状腺功能亢进症、系统性红斑狼疮女性较为多见；胃癌、食管癌则男性多见；而血友病几乎都见于男性，女性罕见。

（二）年龄

一般通过问诊即可获知年龄。特殊情况下（昏迷、死亡或故意隐瞒）时可通过观察皮肤、皱纹、毛发颜色、牙齿状态等了解评估对象年龄。年龄与疾病发生及预后也有密切关系，如佝偻病、麻疹、猩红热、气管异物等多见于儿童；风湿热、原发性肺结核多见于青少年；动脉粥样硬化、恶性肿瘤、高血压多见于老年人。此外，年龄还与预后相关，如儿童白血病的预后就明显优于老年人。

（三）生命体征

生命体征包括体温、脉搏、呼吸、血压，作为评价是否存在生命活动及其质量的重要指标，作为观察病情变化的重要征象，是身体评估的必检项目。

1. 体温 是指人体内部的温度，通过测量体表特定部位的温度来反映其变化，许多疾病往往伴随有体温的异常改变。常用的体温测量工具主要有水银体温计和电子体温计两种，前者测量结果准确但用时较长，后者用时短但测量结果与真实体温稍有偏差。每次身体评估均应记录体温，测量方法通常分为以下三种（表3-3）。

表3-3 体温测量方法和临床应用

项目	测量方法	时间（min）	正常值（℃）	临床应用
口测法	将消毒过的体温计放置在舌下，紧闭上下唇	5	36.3～37.2	结果可靠，不适宜婴幼儿或神志不清者
肛测法	取侧卧位，先将肛门体温计的头端用润滑剂润滑，再缓缓插入肛门，深度约为体温计长度的一半	5	36.5～37.7	结果稳定，肛测法一般较口测法读数高0.2～0.5℃，适宜婴幼儿或神志不清者
腋测法	将体温计头端置于评估对象腋窝顶部，嘱其用上臂将体温计夹紧	10	36.0～37.0	操作简便安全，不容易发生交叉感染，为临床最常用的一种体温测量方法

链 接 体温测量误差原因分析

1. 口测法测量前曾喝过热水或冷水。

2. 腋测法上臂未将体温计夹紧，未擦干汗液，未移去附近的冰袋、热水袋等影响局部温度的物品或以冷、热毛巾擦拭腋部。

3. 测温前未将体温计汞柱甩到36℃以下。

生理情况下体温是有一定波动的。早晨体温略低，下午略高，在24h内波动幅度一般不超过1℃；运动或进食后体温略高；老年人体温略低；月经期前或怀孕期妇女体温略高，而排卵日的体温较低。

临床意义：受生理、环境等诸多因素影响，正常体温可在一定温度范围内波动，但一般不会超过1℃。当体温高于或低于正常值就称为体温异常，前者称为发热，见于感染（如新型冠状病毒感染、扁桃体炎等）、创伤、恶性肿瘤、脑血管意外等；后者称为体温过低，见于休克、严重营养不良、甲状腺功能减退症或长时间暴露于低温条件下。

考点：体温的正常范围、测量时间、测量注意事项

2. 脉搏、呼吸、血压 其测量方法和正常值见《基础护理学》。

二、发育与体形

（一）发育

发育是否正常通常以年龄、智力和体格成长状态（如身高、体重及第二性征等）之间的关系来判断。发育正常者年龄和体格成长状态之间的关系是均衡的，第二性征与年龄是匹配的。正常发育与种族、遗传、内分泌、营养状况等因素有着密切的关系。正常人各年龄组的身高与体重之间有一定的关系。

1. 成人发育正常的指标 ①头长约等于身高的1/8或1/7；②胸围约等于身高的1/2；③双上肢水平展开的指间距离约等于身高；④坐高和下肢长度相等。

身高测量方法（裸足站立测量法）：身体保持挺直，头保持中立，脚跟、臀、肩和枕部接触墙壁，然后测量脚底与头顶最高点水平线的垂直距离，身高以厘米（cm）记录，一般精确至0.5cm。

2. 身高异常

（1）线性生长过速 如骨骺闭合之前常为垂体分泌的生长激素过多所致，使体格异常高大，也称巨人症；如骨骺闭合之后生长激素还过度分泌，则导致手、足、头骨、下颌等扩大和软组织增生，但身高不再增加，这种情况称为肢端肥大症。

（2）身材矮小症 常见于生长激素分泌不足、机体反应低下或营养障碍等。如由于腺垂体分泌的生长激素不足导致的体格异常矮小，称为垂体性侏儒症；如为甲状腺激素分泌不足导致的体格矮小和智力低下，称为呆小病。

（3）身高比例失调 ①马方综合征（Marfan syndrome）：患者身材较高，体形较瘦，颅骨长窄，指骨细长，手臂展开时指间距离大于身高。②克兰费尔特综合征（Klinefelter syndrome）：患者身材高、四肢长，下半身等于上半身，手臂展开时指间距离小于身高。

考点：发育正常与否的判断方法

（二）体形

体形指身体各部发育的外观表现，临床上把成年人的体形分为三种，各种体形的特点见表3-4。

表3-4 各种体形的特点

体型	别名	特点
正力型	匀称型	身体结构均匀、适中
无力型	瘦长（豆芽菜）型	身材高瘦，颈细肩窄，胸廓扁平，腹上角小于90°
超力型	矮胖型	体格矮壮，颈粗肩宽，胸廓宽阔，腹上角大于90°

三、营养状态

案例 3-3

11 月龄男童，在儿保科进行身体评估时结果如下：体重 6.5kg，身高 70cm，头围 40cm，纳差，面色及口唇苍白。小儿母亲代诉纯母乳喂养，未添加辅食。

问题：1. 该小儿营养状况如何？

2. 如何对该小儿母亲进行健康指导？

（一）评估方法

营养状态与食物的消化、吸收、代谢等密切相关，是判断健康与否的指标之一。营养状态的评价根据皮肤、毛发、皮下脂肪情况等进行综合判断，同时也不能忽视其性别、年龄、身高及体重等情况，在一定时间内监测体重的变化可反映机体的营养状态。最简便而迅速的方法是观察皮下脂肪充实程度，最适宜的部位是前臂屈侧或上臂背侧下 1/3 处（图 3-4）。

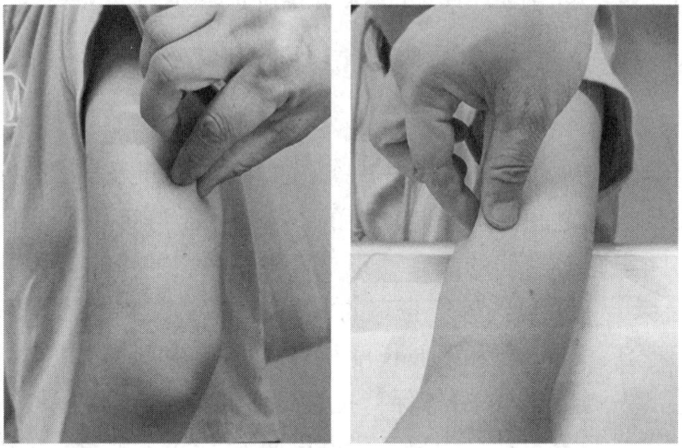

图 3-4 营养状况检查方法

（二）营养状态的分级

营养状态在临床上分为良好、中等、不良三个等级。各级的特点见表 3-5。

表 3-5 营养状态分级及各级的特点

级别	特点
良好	皮肤黏膜红润、弹性良好，皮下脂肪丰满而有弹性，指甲、毛发润泽，肋间隙及锁骨上窝深浅适中，股部和肩胛部肌肉丰满
不良	皮肤黏膜干燥、弹性降低，皮下脂肪较薄，肌肉松弛，毛发稀疏，肋间隙、锁骨上窝凹陷，肩胛骨和髂骨突出
中等	介于良好与不良之间

考点：营养状态的评价方法与分级

（三）营养状态的异常

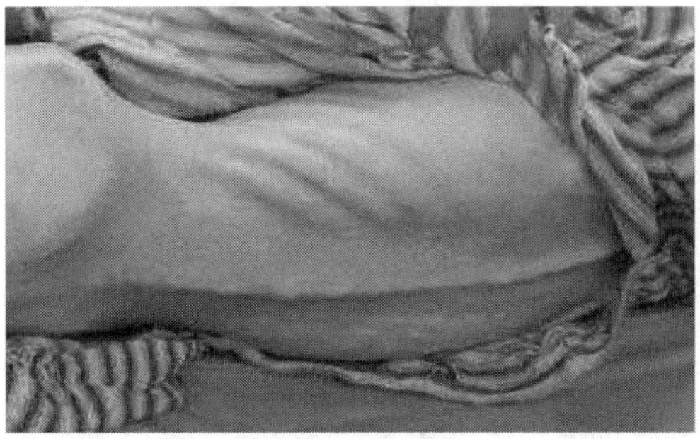

图 3-5 恶病质

1. 营养不良 常见摄食不足和（或）消耗增多。一般轻微或短期的疾病不易导致营养不良，出现营养不良者多见于长期或严重的疾病，如食管、胃、肠、肝、胆和胰腺疾病；长期活动性肺结核、恶性肿瘤、代谢障碍（如糖尿病）和某些内分泌疾病（如甲状腺功能亢进症）均可引起消耗增多而导致营养不良。当体重低于正常的 10%时称为消瘦，极度消瘦者称为恶病质（图 3-5）。

2. 营养过度 体内中性脂肪积聚过多，主要表现为体重增加，超过标准体重的20%以上称为肥胖。肥胖的主要原因是摄入热量过多，超过消耗量；此外，内分泌、遗传、生活方式和精神因素也与肥胖有一定关系。肥胖一般分为单纯性和继发性两类。单纯性肥胖者带有一定的遗传倾向，全身脂肪均匀分布，一般无异常表现。继发性肥胖多由某些内分泌疾病所致，如肥胖性生殖无能综合征、肾上腺皮质功能亢进症、甲状腺功能减退症等可引起一定特征的肥胖及其他异常表现。

考点：消瘦、肥胖的评价标准

链 接 体重指数

体重指数（BMI）是目前国际上常用的衡量人体胖瘦程度及是否健康的一个标准，计算方法是用体重（千克，kg）除以身高（米，m）的平方得出的数字（kg/m^2）。《中国成人超重和肥胖预防控制指南（2021）》中公布：BMI 18.5～23.9kg/m^2 为体重正常，BMI 24～27.9kg/m^2 为超重，BMI ≥28kg/m^2 为肥胖。而世界卫生组织公布的标准为：BMI 18.5～24.9kg/m^2 为正常，25～29.9kg/m^2 为超重，≥30kg/m^2 为肥胖。

四、意识状态

意识是大脑功能活动的综合表现，即对环境的知觉状态。正常人意识清晰，定向力正常，反应、思维和情感正常，语言流利、表达准确。凡是能影响大脑功能活动的疾病均可引起程度不等的意识改变，称为意识障碍。根据意识障碍的程度可将其分为嗜睡、意识模糊、昏睡及昏迷。意识障碍的临床表现见第 2 章第 2 节。

五、面容与表情

面容指面部呈现的状态，表情是在面部或姿态上情感情绪变化的表现。健康人表情自然，神态自若。当机体患病后可表现为淡漠、烦躁、痛苦或忧郁的表情和面容，常见异常面容的特点和临床意义见表 3-6。

表 3-6 常见异常面容的特点和临床意义

异常面容	特点	临床意义
急性病容	面色潮红，烦躁不安，鼻翼扇动，表情痛苦	急性感染性疾病，如肺炎链球菌肺炎、流行性脑脊髓膜炎等
慢性病容	面容憔悴，面色晦暗或苍白，目光暗淡	慢性消耗性疾病，如肿瘤、肝硬化、严重结核病等
肝病面容	面容消瘦，面色晦暗，脸颊有褐色色素沉着	慢性肝病
贫血面容	面色苍白，唇舌色淡，表情疲惫	各种原因所致的贫血
二尖瓣面容	面色晦暗，双颊紫红，口唇轻度发绀	风湿性心脏瓣膜病二尖瓣狭窄
甲状腺功能亢进面容	面容惊愕，眼裂增宽，眼球突出，兴奋不安，烦躁易怒（图 3-6）	甲状腺功能亢进症
黏液性水肿面容	颜面水肿苍白，脸厚面宽，目光呆滞，反应迟钝，眉毛、头发稀疏，舌体肥胖	甲状腺功能减退症或长期服用糖皮质激素
肢端肥大症面容	头颅增大，面部变长，下颌增大并前突，眉弓及两颧骨隆起，耳鼻增大，唇舌肥厚	肢端肥大症
满月面容	面圆如满月，皮肤发红，常伴痤疮（图 3-7）	皮质醇增多症或长期服用糖皮质激素
伤寒面容	表情淡漠，反应迟钝，呈无欲状态	伤寒
苦笑面容	牙关紧闭，面肌痉挛，呈苦笑状	破伤风
病危面容	面容枯槁，面色苍白或呈铅灰色，表情淡漠，目光晦暗，眼眶凹陷，鼻骨峭耸	大出血、严重休克、脱水等

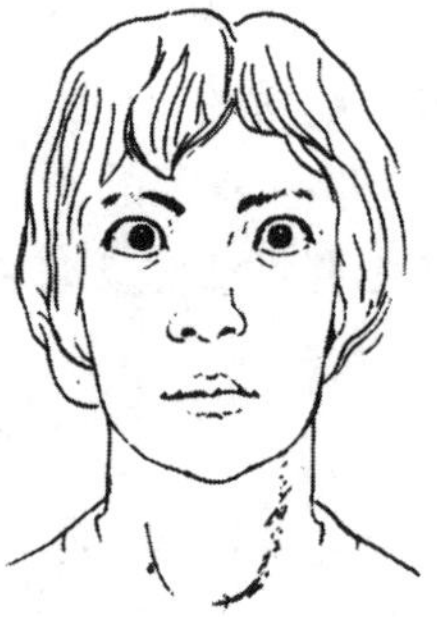

图 3-6　甲状腺功能亢进面容

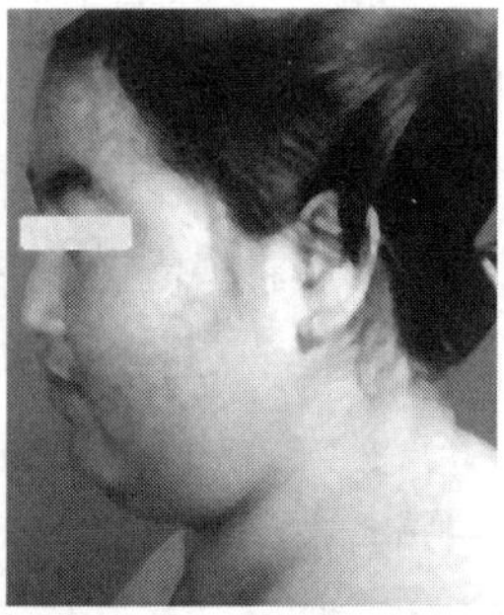

图 3-7　满月面容

考点：常见异常面容的特点

六、体　　位

案例 3-4

患者，男，68 岁。劳累后呼吸困难 12 年，加重 1 个月。12 年前重体力劳动后出现呼吸困难，逐渐明显，伴有胸闷、心悸，1 个月前夜间经常憋醒，需坐起才能缓解呼吸困难。有吸烟史 40 年。诊断：慢性肺源性心脏病。

问题： 1. 为什么坐起来可以缓解呼吸困难？

2. 该患者常会采取何种体位？

体位是指评估对象身体所处的状态。体位的改变对某些疾病的诊断具有一定的意义。常见的体位有以下几种。

1. 自主体位　身体不受限制，活动自如，见于正常人、轻症或疾病早期患者。

2. 被动体位　患者不能自如调整或变换身体的位置，见于极度衰竭或意识丧失者。

3. 强迫体位　患者为减轻疾病所致的痛苦，被迫采取的某种特殊体位，临床上常见的强迫体位的特点和临床意义见表 3-7。

表 3-7　常见的强迫体位的特点和临床意义

强迫体位	特点	临床意义
强迫仰卧位	患者仰卧，双腿屈曲，以减轻腹部肌肉的紧张度	急性腹膜炎
强迫俯卧位	患者俯卧以减轻脊背肌肉的紧张度	脊柱疾病
强迫侧卧位	胸膜疾病患者多采取患侧卧位，借以限制患侧的胸廓活动，从而减轻疼痛，同时有利于健侧代偿呼吸	一侧胸膜炎和大量胸腔积液
强迫坐位（端坐呼吸）	患者坐于床沿，双腿下垂，减少回心血量和心脏负担，以减轻呼吸困难	心、肺功能不全
强迫蹲位	患者在活动过程中，因感到呼吸困难和心悸而采取蹲距位或膝胸位以缓解症状	先天性发绀型心脏病
强迫停立位	在步行时突然心前区疼痛发作，患者被迫立刻站住，并以手按抚心前部位，待症状缓解后才能继续行走	心绞痛
辗转体位	腹痛时辗转反侧，坐卧不安	胆石症、胆道蛔虫病、肾绞痛
角弓反张位	颈及脊背肌肉强直，头向后仰，背过伸，躯干如弓形	破伤风及脑膜炎

考点：各种强迫体位的临床意义

七、步　　态

步态指走动时所表现的姿态。某些疾病可导致步态发生异常改变，常见异常步态的特点和临床意义见表 3-8。

表 3-8　常见异常步态的特点和临床意义

异常步态	特点	临床意义
蹒跚步态	走路时身体左右摇摆如鸭步	佝偻病、进行性肌营养不良或双侧先天性髋关节脱位
醉酒步态	走路时躯干重心不稳，步态紊乱，形如醉酒	小脑疾病、酒精中毒
共济失调步态	起步时一脚高抬，骤然垂落，且双目下视，脚间距很宽，摇晃不稳，闭目时不能保持平衡	脊髓结核等脊髓疾病
慌张步态	起步后小步急速趋行，身体前倾，越走越快，有难以止步之势	帕金森病
跨阈步态	患足下垂，行走时必须要高抬下肢才能起步	腓总神经麻痹
剪刀步态	由于双下肢肌张力增高，移步时下肢内收过度，两腿交叉呈剪刀状	脑性瘫痪与截瘫
间歇性跛行	步行中，因下肢突发性酸痛乏力，患者被迫停止行走，需休息片刻方能继续行走	高血压、动脉硬化

第 3 节　皮肤、浅表淋巴结评估

一、皮　　肤

案例 3-5

患者，男，45 岁。近 1 个月出现食欲下降，有时伴有恶心、呕吐，疲倦乏力，体重下降，面色晦暗黝黑。查体发现在前胸、手背等处出现了针头大小至数厘米不等的血管痣。患者有乙型病毒性肝炎病史 15 年。

问题： 1. 该患者前胸皮肤的改变是什么症状？产生的原因是什么？

2. 该患者可能患的疾病是什么？

皮肤是身体与外界环境之间的屏障，具有一定的生理功能。当外界环境改变、皮肤本身发生病变或其他疾病等因素可导致皮肤组织结构和（或）生理功能发生变化。皮肤评估方法以视诊为主，有时需要配合触诊检查，如皮肤温度、湿度评估。

（一）颜色

皮肤颜色与毛细血管的分布、血液的充盈程度、色素量的多少、皮下脂肪的厚薄有关。

1. 苍白　多因血液中血红蛋白含量降低、末梢毛细血管痉挛或充盈不足所致，以面部、口腔黏膜和甲床明显。见于寒冷、惊恐、贫血、休克、虚脱及主动脉瓣关闭不全。

2. 发红　多因毛细血管扩张充血、血流加速、红细胞数量增多所致。生理情况下见于情绪激动、运动、饮酒后等；病理情况下见于发热性疾病（如肺炎球菌性肺炎、肺结核、猩红热）、阿托品及一氧化碳中毒等。皮肤持久性发红见于皮质醇增多症及真性红细胞增多症。

3. 发绀　皮肤发绀是由于血液中还原血红蛋白增多或异常血红蛋白病引起的。皮肤呈青紫色，出现于舌、口唇、耳郭、面颊及肢端。

4. 黄染　皮肤、黏膜呈黄色称为黄染，见于黄疸、胡萝卜素浓度增高和某些药物影响，其区别见表 3-9。

表 3-9　皮肤、黏膜黄染的区别

类别	发生原因	出现部位及特点	临床意义
黄疸	胆红素浓度增高	最先出现于巩膜及软腭黏膜，近角膜缘黄染淡，远角膜缘黄染重	胆道阻塞、肝细胞损害或溶血性疾病
胡萝卜素浓度增高	胡萝卜素浓度增高	多在手掌、足底和前额，巩膜无黄染	停止食用富含胡萝卜素的蔬菜和果类，黄染可逐渐消退
药物影响	长期服用含有黄色素的药物，如呋喃类药物	皮肤发黄，严重者可出现巩膜黄染，近角膜缘黄染重，远角膜缘黄染浅	停药后皮肤黄染逐渐消退

5. 色素沉着 指由于表皮基底层的黑色素增多，使部分或全身皮肤色泽加深。生理情况下，身体外露部分及乳头、腋窝、关节、生殖器、肛门周围等处皮肤色素较深，如果这些部位的色素明显加深，或其他部位出现色素沉着，则提示病理征象，常见于慢性肾上腺皮质功能减退症，也可见于肝硬化、肝癌晚期及长期使用某些药物（如砷剂）等。怀孕妇女面部、额部可发生棕褐色对称性色素斑，称为妊娠斑；老年人可出现全身或面部的散在色素斑，称为老年斑。

6. 色素脱失 皮肤丧失原有色素称为色素脱失，临床上常见的色素脱失有如下几种。

（1）白癜风 为多形性大小不等的色素脱失斑片，发生后可逐渐扩大，但进展缓慢，无自觉症状也不引起生理功能改变。

（2）白斑 多为圆形或椭圆形色素脱失斑片，面积一般不大，常发生于口腔黏膜及女性外阴部，部分可发生癌变。

（3）白化病 是指由于先天性酪氨酸酶合成障碍引起的全身皮肤和毛发色素脱失的遗传性疾病。

（二）湿度、温度和弹性

1. 湿度 皮肤湿度与汗腺分泌功能有关，出汗多者皮肤湿润，出汗少者则皮肤干燥。正常人皮肤比较湿润，并随周围环境的温度、湿度的变化而改变，在气温高、湿度大的环境里出汗增多，这是正常的调节功能。在病理情况下出汗过多、过少或无汗则具有临床意义。①多汗：见于风湿病、结核病、甲状腺功能亢进症、佝偻病等；②冷汗：手脚皮肤发凉而大汗淋漓，见于休克、虚脱；③盗汗：夜间睡后出汗，见于结核病；④少汗及无汗：见于维生素 A 缺乏、硬皮病、尿毒症和脱水等。

2. 温度 评估皮肤温度采用触诊方法，常以指背触摸评估对象皮肤进行评估。常见的异常有：①全身皮肤发热，见于发热、甲状腺功能亢进症；②局部皮肤发热，见于疖、痈等炎症；③全身皮肤发冷，见于休克、甲状腺功能减退症；④肢端发冷，见于雷诺病。

3. 弹性 皮肤弹性与年龄、营养状态、皮下脂肪及组织间隙液体含量有关。儿童及青年皮肤弹性好，中年以后弹性减弱，老年人皮肤弹性差。评估时用拇指和示指将评估对象手背或前臂内侧皮肤捏起，松手后如皮肤皱褶立即平复，为弹性正常，如皱褶平复缓慢，为弹性减弱，后者见于长期慢性消耗性疾病或严重脱水者。发热时血液循环加速，周围血管充盈，可使皮肤弹性增加。

（三）皮疹

皮疹种类多样，应注意皮疹出现与消失时间、发展顺序、部位、形态、大小、颜色，压之是否褪色，平坦或隆起，有无瘙痒及脱屑等。皮疹是诊断某些传染病、皮肤病、药物过敏的重要依据。常见皮疹的特点及临床意义见表 3-10。

表 3-10 常见皮疹的特点及临床意义

皮疹	特点	临床意义
斑疹	局部皮肤发红，一般不凸起于皮面	斑疹伤寒、丹毒、风湿性多形性红斑
玫瑰疹	是斑疹的一种，呈圆形，鲜红色，直径 2～3mm，压之褪色，松开时又复出现，多出现于胸腹部	伤寒和副伤寒的特征性皮疹
丘疹	实质性皮肤隆起伴有皮肤颜色改变	药物疹、麻疹及湿疹等
斑丘疹	在丘疹周围有皮肤发红的底盘	风疹、猩红热和药物疹
荨麻疹	为稍隆起皮面的苍白色或红色局限性水肿，大小、形态不一，伴瘙痒	速发性皮肤变态反应所致，见于各种过敏反应

考点：玫瑰疹的特点及临床意义

（四）压疮

压疮是由于局部组织长时间受压，血液循环障碍，局部持续缺血、缺氧、营养不良而导致的软组织溃烂和坏死的病理现象。压力是导致压疮最基本和最重要的因素，故压疮又称为压力性溃疡。多见于枕部、耳郭、肩胛部、肘部、髋部、骶尾部、膝关节内外侧、内外踝、足跟等身体易受压部位，按照损伤程度可分为3期：淤血红润期、炎性浸润期和溃疡期，溃疡期又分为浅度溃疡期和坏死溃疡期。

（五）皮肤黏膜出血

皮肤、黏膜下出血，可有不同形态。若出血直径<2mm称为瘀点；3～5mm为紫癜；>5mm为瘀斑；片状出血并伴皮肤显著隆起称为血肿。临床常见于血液系统疾病、重症感染、毒物或药物中毒等。

考点：不同形态皮肤黏膜出血的判断

（六）蜘蛛痣与肝掌

皮肤小动脉末端分支性扩张所形成的血管痣，形似蜘蛛，称为蜘蛛痣（图3-8）。多出现于上腔静脉分布的区域内，如面、颈、手背、上臂、前胸和肩部等处。检查时用棉签或牙签压迫蜘蛛痣的中心，其辐射状小血管网即消退，去除压力后又复出现（图3-9）。一般认为蜘蛛痣的出现与肝脏对雌激素的灭活作用减弱有关，见于慢性肝炎、肝硬化。

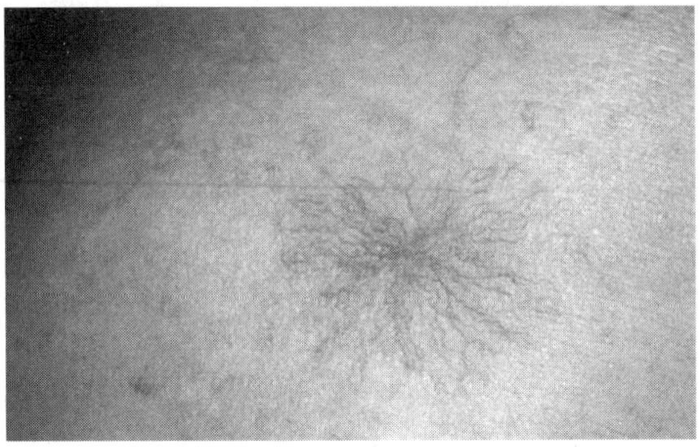

图3-8 蜘蛛痣

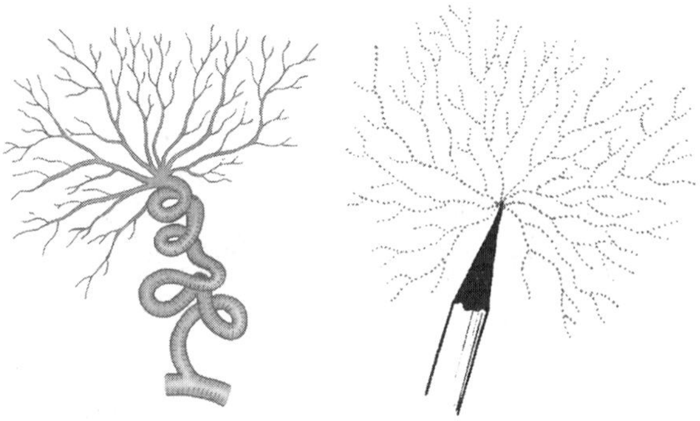

图3-9 蜘蛛痣检查方法

慢性肝病患者手掌大小鱼际肌常发红，加压后褪色，称为肝掌，发生机制与蜘蛛痣相同。某些人身上出现一个或几个蜘蛛痣不一定具有临床意义，健康妇女在妊娠期也可出现。

考点：蜘蛛痣和肝掌的概念、分布、产生原因及临床意义

（七）水肿

皮下组织的细胞及组织间隙内液体积聚过多称为水肿。根据水肿程度可分为轻、中、重三度，其特点见表3-11。

表3-11 水肿的分度及特点

分度	特点
轻度	仅见于眼睑、眶下软组织、胫骨前、踝部皮下组织，指压后可见组织轻度下陷，恢复较快
中度	全身明显水肿，指压后可出现明显的或较深的组织下陷，平复缓慢
重度	全身组织严重水肿，身体低位皮肤紧张发亮，甚至有液体渗出，伴有胸腔、腹腔等浆膜腔积液，外阴部也可见严重水肿

二、浅表淋巴结

案例3-6

患者，男，64岁。上腹隐痛6个月，消化不良、疲乏无力2个月，黑便2周，进行性消瘦。查体：严重贫血貌，左侧锁骨上窝扪及2个淋巴结肿大，大小约为1.5cm×2.0cm，粘连、质地坚硬，上腹软，左上腹及剑突下明显压痛，未触及包块。

问题：1. 左侧锁骨上淋巴结肿大的临床意义是什么？

2. 该患者可能患什么疾病？

淋巴结分布于全身，一般仅能评估身体浅表淋巴结的变化。正常浅表淋巴结较小，直径多在0.2～0.5cm，质地柔软，表面光滑，无粘连、无压痛，不易触及。

（一）浅表淋巴结的分布

浅表淋巴结呈组群分布，一个组群的淋巴结收集一定区域的淋巴液。淋巴结收集淋巴液的范围见表3-12。颈部、腋窝和腹股沟淋巴结的分布区域见图3-10～图3-12。

表3-12　浅表淋巴结的分布及其收集淋巴液的范围

分布	收集范围
耳后、乳突区	头皮
颈深部淋巴结上群（胸锁乳突肌上部）	鼻咽部
颈深部淋巴结下群（胸锁乳突肌下部）	咽喉、气管、甲状腺等处
锁骨上淋巴结群左侧	食管、胃等
锁骨上淋巴结群右侧	气管、胸膜、肺等
下颌下淋巴结群	口腔底部、颊黏膜、牙龈等
颏下淋巴结群	颏下三角区内组织、唇和舌部
腋窝部淋巴结群	躯干上部、乳腺、胸壁等处
腹股沟部淋巴结群	下肢及会阴部

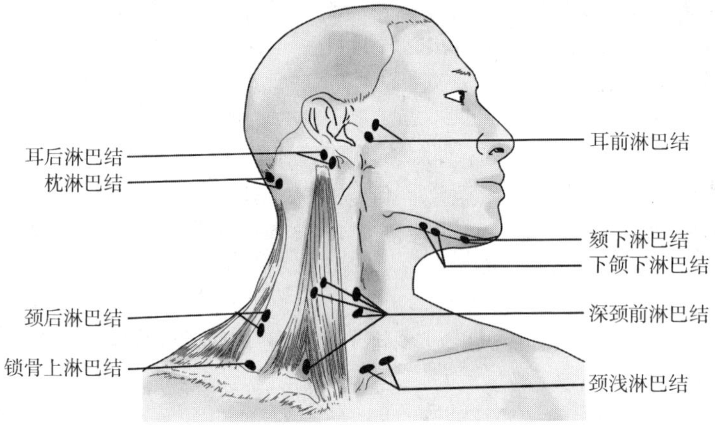

图3-10　颈部淋巴结分布

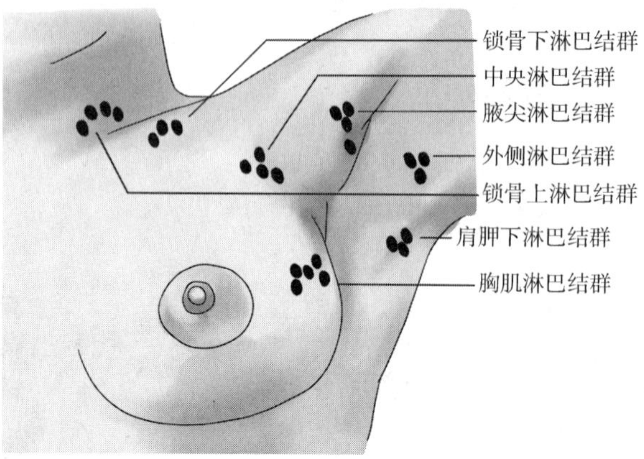

图3-11　腋窝淋巴结分布

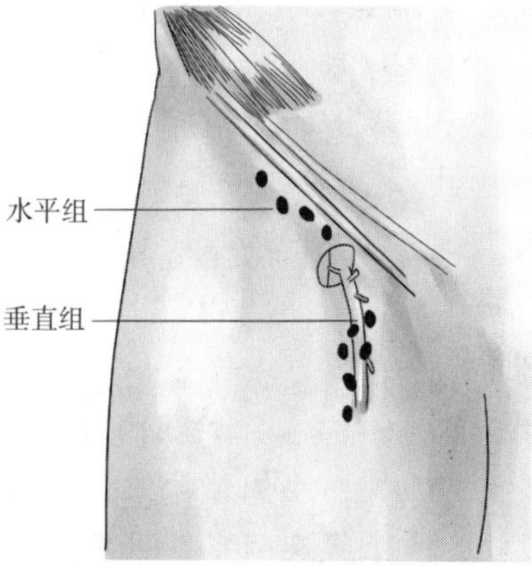

图3-12　腹股沟淋巴结分布

（二）评估与方法顺序

1. 评估顺序 主要采用浅部触诊法，按一定的顺序进行评估，以免遗漏。顺序一般为耳前、耳后、乳突区、枕骨下区、下颌下、颏下、颈前三角、颈后三角、锁骨上窝、腋窝、滑车上、腹股沟、腘窝。发现淋巴结肿大时要注意其部位、大小、数目、硬度、有无压痛、活动度，以及局部皮肤有无红肿、瘢痕和瘘管等。

2. 评估方法 触诊是淋巴结评估的主要方法。评估者将示、中、环三指并拢，其指腹平放于被检部位的皮肤上进行滑动触诊检查。颈部淋巴结评估：站在评估对象前面或背后，手指紧贴检查部位，由浅及深进行滑动触诊，嘱评估对象头稍低，或偏向检查侧，以使皮肤或肌肉松弛，有利于触诊。锁骨上淋巴结评估：评估对象取坐位或卧位，头部稍向前屈，用双手进行触诊，左手触诊右侧，右手触诊左侧，由浅部逐渐触摸至锁骨后深部（图 3-13）。腋窝淋巴结评估：评估对象前臂稍外展，评估者以右手检查左侧，以左手检查右侧，触诊时由浅及深至腋窝各部，按腋尖群、中央群、胸肌群、肩胛下群和外侧群的顺序进行（图 3-14）。滑车上淋巴结评估：以左（右）手扶托评估对象左（右）前臂，以右（左）手向滑车上由浅及深进行触摸。

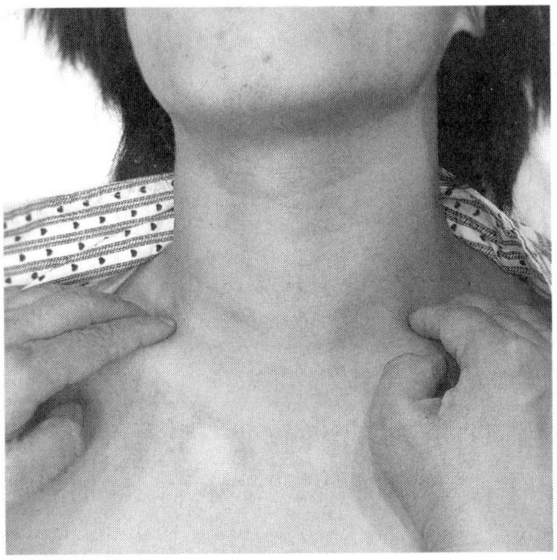

图 3-13 触诊锁骨上淋巴结

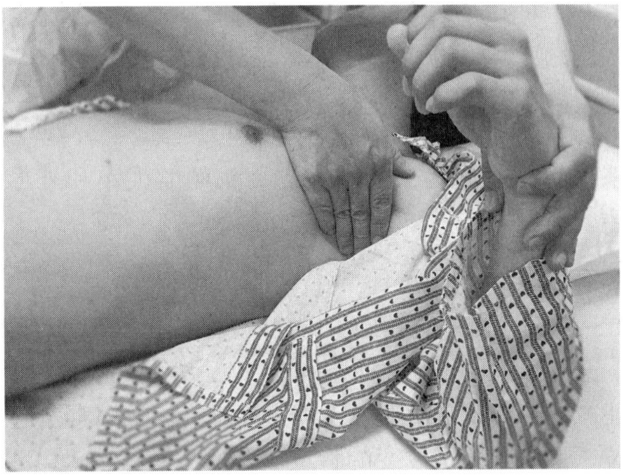

图 3-14 触诊腋窝淋巴结

（三）临床意义

1. 局部淋巴结肿大的原因和特点

（1）非特异性淋巴结炎 由引流区域的某种急、慢性炎症引起，如急性化脓性扁桃体炎、牙龈炎等可引起颈部淋巴结肿大。急性炎症初始，肿大的淋巴结柔软，有压痛，表面光滑，无粘连，肿大至一定程度即停止。慢性炎症时，淋巴结较硬，最终淋巴结可缩小或消退。

（2）淋巴结结核 肿大的淋巴结常发生于颈部血管周围，多发性，质地稍硬，大小不等，可相互粘连或与周围组织粘连；如发生干酪性坏死，可触及波动感；晚期破溃后形成瘘管，愈合后可形成瘢痕。

（3）恶性肿瘤淋巴结转移 因恶性肿瘤所致的肿大淋巴结质地坚硬，或有橡皮样感，表面可光滑或突起，与周围组织粘连，不易推动，一般无压痛。胸部肿瘤如肺癌可向右侧锁骨上淋巴结群转移；胃癌多向左侧锁骨上淋巴结群转移，此处系胸导管进入颈静脉的入口，这种肿大的淋巴结称为菲尔绍淋巴结（Virchow lymph node），常为胃癌、食管癌转移的标志。

2. 全身性淋巴结肿大的原因和特点 肿大的淋巴结可遍及全身，大小不等，多无压痛，无粘连，罕有化脓破溃者。常合并有肝大、脾大，可见于传染性单核细胞增多症，淋巴瘤，各型急、慢性白血病。

考点：淋巴结评估方法及肿大的临床意义

链 接 世界淋巴瘤宣传日

随着环境污染的加重、生活节奏的加快，淋巴瘤的发病率越来越高，死亡率也呈上升趋势，并且呈现年轻化趋势。淋巴瘤，是源于淋巴网状系统的恶性肿瘤，分为霍奇金淋巴瘤和非霍奇金淋巴瘤两类，是一种并不为人们所熟知的疾病。国际淋巴瘤联盟、世界卫生组织从2004年起，将每年的9月15日定为“世界淋巴瘤宣传日”，旨在帮助民众识别淋巴瘤的早期症状，做到早发现、早诊断、早治疗。

第4节 头部、面部和颈部评估

一、头 部

案例 3-7

患儿，男，9月龄。儿保科身体评估：体重8kg，身高70cm，头围43cm，前额突出，头顶平坦，母亲诉纯母乳喂养，未添加辅食及维生素D。

问题： 1. 该小儿头颅存在哪种异常？可能导致的原因是什么？

2. 该患儿可能患有的疾病是什么？

头部评估内容为头发与头皮、头颅的大小和外形变化及头部的运动情况，评估方法以视诊和触诊为主。

（一）头发与头皮

1. 头发 评估时需注意头发的颜色、疏密度、有无脱发等情况。头发的颜色、曲直、疏密度可因种族、遗传因素而不同，儿童和老年人头发较稀疏，头发逐渐变白是老年性改变。脱发可由斑秃、甲状腺功能减退症等疾病引起，也可由物理、化学因素引起，如放射治疗和抗癌药治疗等。评估时应注意发生部位、形状与头发改变的特点。

2. 头皮 评估时需分开头发，观察头皮颜色，有无头皮屑、头癣、外伤、血肿、瘢痕等情况。

（二）头颅

头颅的大小以头围来衡量，即自眉间向后经枕骨粗隆绕头一周的长度（用软尺量取）。头围大小与脑的发育密切相关，新生儿为34cm，出生后前半年增加8～10cm，后半年增加2～4cm，2岁时达48cm，此后增长放慢，5岁时为50cm，15岁时接近成人54～58cm。矢状缝及其他颅缝多在出生后6个月内骨化，骨化过早会影响颅脑的发育。头颅异常可为某种疾病的典型体征。常见头颅异常的特点及临床意义见表3-13。

表 3-13 常见头颅异常的特点及临床意义

头颅异常	特点	临床意义
小颅	头围小于同性别、同年龄组平均头围的2个标准差	囟门过早闭合（正常者多在12～18个月闭合）
巨颅	额、顶、颞及枕部突出膨大呈圆形（常伴颈静脉充盈），颜面相对较小	脑积水。颅内压增高，压迫眼球，形成双目下视，巩膜上部外露的特殊表情，称落日现象
尖颅	由于矢状缝与冠状缝过早闭合，致头顶部尖突高起，与颜面比例异常	阿佩尔综合征（Apert syndrome），即尖颅并指（趾）畸形
方颅	前额左右突出、头顶平坦呈方形	小儿佝偻病或先天性梅毒
变形颅	发生于中年人，以颅骨增大变形为特征，同时伴长骨的骨质增厚与弯曲	佩吉特病（Paget disease）

（三）头部运动异常

头部的运动异常一般经视诊即可发现。头部活动受限，见于颈椎疾病；头部不随意的颤动，见于帕金森病；与颈动脉搏动节律一致的点头运动（又称 de Musset 征），见于严重主动脉瓣关闭不全。

二、面　部

（一）眼

1. 眼眉　正常人眉毛的疏密不完全相同，一般内侧与中间比较浓密，眉毛过于稀疏或脱落，见于黏液性水肿和腺垂体功能减退症。

2. 眼睑　正常睁眼时两侧眼裂相等，闭眼时上下眼睑闭合，无眼睑水肿、包块、倒睫等。眼睑异常及临床意义见表 3-14。

表 3-14　眼睑异常及临床意义

眼睑异常	临床意义
睑内翻	由于瘢痕形成，使睑缘向内翻转，见于沙眼
上睑下垂	双侧上睑下垂见于先天性上睑下垂、重症肌无力；单侧多为动眼神经麻痹所致，见于脑炎、脑脓肿、脑外伤、白喉等
眼睑闭合障碍	双侧眼睑闭合障碍见于甲状腺功能亢进症；单侧见于面神经麻痹
眼睑水肿	轻度或初发水肿常在眼睑表现出来，见于肾炎、慢性肝病、营养不良、贫血、血管神经性水肿等

3. 结膜　分为睑结膜、穹窿部结膜和球结膜三部分。结膜的评估宜在自然光线下进行，评估上睑结膜时需翻转眼睑，翻眼睑时动作要轻巧、柔和，以免引起评估对象痛苦和流泪。

正常结膜为粉红色，常见的异常改变包括：结膜充血发红可见血管充盈，见于结膜炎、角膜炎；结膜苍白，见于贫血；结膜发黄，见于黄疸；结膜有颗粒与滤泡，见于沙眼；结膜出现散在出血点，见于亚急性感染性心内膜炎；如伴充血、分泌物，见于急性结膜炎；若有大片的结膜下出血，可见于高血压、动脉硬化、出血性疾病；球结膜水肿见于颅内压增高、肺性脑病、重症水肿等。

4. 巩膜　正常巩膜呈瓷白色，黄疸时巩膜可首先发黄。血液中黄色色素成分增多时也可出现黄染，一般只出现在角膜周围。

5. 角膜　正常角膜无色透明，表面光滑、湿润、无血管。评估时用斜照光观察透明度，注意有无云翳、白斑、软化、溃疡、新生血管等。角膜软化见于婴幼儿营养不良、维生素 A 缺乏症等；角膜边缘及周围出现灰白色混浊环，多见于老年人，故称老年环，是类脂质沉积的结果，无临床意义；角膜边缘若出现黄棕色或棕褐色的色素环，环的外缘较清晰，内缘较模糊，称角膜色素环（凯-弗环，Kayser-Fleischer ring），是铜代谢障碍的结果，见于肝豆状核变性及铜中毒。

6. 虹膜　为眼球葡萄膜的最前部分，呈圆盘形，中央有瞳孔，虹膜内有瞳孔括约肌与扩大肌，能调节瞳孔的大小，正常虹膜纹理呈放射状排列。纹理模糊或消失见于炎症、水肿或萎缩；虹膜形态异常或有裂孔，见于虹膜前粘连、外伤、先天性虹膜缺损等。

案例 3-8

患者，男，40 岁。骑摩托车时不慎撞到石头致头部受伤，出现进行性意识障碍 1h。身体评估：右侧瞳孔 6mm，对光反射消失，左侧瞳孔 3mm，对光反射迟钝，对疼痛刺激无任何反应。头颅 CT 示硬脑膜下血肿。

问题：该患者瞳孔发生了什么变化，其临床意义是什么？

7. 瞳孔　正常为圆形，双侧等大、等圆，直径为 2.5～4.0mm。瞳孔括约肌收缩使瞳孔缩小，由动眼神经的副交感神经纤维支配；瞳孔扩大肌收缩使瞳孔扩大，由交感神经支配。检查瞳孔时应注意其形状、大小、位置，双侧是否等圆、等大，以及对光反射、调节与集合反射等。

（1）形状及大小　青光眼或眼内肿瘤时，瞳孔可呈椭圆形；虹膜粘连时其形状可不规则。生理情况下，婴幼儿、老年人及成年人在光亮处瞳孔较小，青少年、成年人精神兴奋或在暗处瞳孔扩大。瞳孔缩小见于虹膜炎症、有机磷农药中毒、药物反应（如毛果芸香碱、吗啡、氯丙嗪）等；瞳孔扩大见于外伤、颈交感神经刺激、青光眼绝对期、视神经萎缩、药物影响（如阿托品、可卡因）等。瞳孔大小不等，常提示有颅内病变，如脑外伤、脑肿瘤、脑疝等。双侧瞳孔散大并伴有对光反射消失为濒死状态的表现。

（2）对光反射　分为直接对光反射和间接对光反射。嘱评估对象注视前方，通常用手电筒照射其一侧瞳孔，正常被照时双侧瞳孔立即收缩，移开光源后瞳孔复原，光照侧及另一侧分别称直接、间接对光反射灵敏。对光反射迟钝见于脑炎、脑膜炎、脑血管病等，完全消失见于深昏迷。

（3）调节与集合反射　嘱评估对象注视 1m 外的目标（常用竖立的示指），然后将目标逐渐移近眼球（距眼球 20cm 处），正常瞳孔逐渐缩小，称为调节反射。如同时双侧眼球向内聚合，称为集合反射。动眼神经功能损害时，调节反射和集合反射均消失。

考点：瞳孔正常直径；病理情况下瞳孔变化的临床意义

8. 眼球　评估时注意眼球的外形与运动。

（1）眼球突出　双侧眼球突出主要见于甲状腺功能亢进症；单侧眼球突出多由于局部炎症或眶内占位性病变所致，偶见于颅内病变。

（2）眼球下陷　双侧下陷见于严重脱水；单侧下陷见于霍纳综合征（Horner syndrome）或眼球萎缩。

（3）眼球运动　评估者将手指或棉签置于评估对象眼前方 30～40cm 处，嘱评估对象固定头部，眼球随目标方向移动，按水平向左、左上、左下、水平向右、右上、右下 6 个方向的顺序进行。眼球运动受动眼神经、滑车神经、展神经三对脑神经支配。这些神经麻痹时，就会出现眼球运动障碍，并伴有复视。由支配眼肌运动的神经麻痹产生的斜视，称为麻痹性斜视，多由脑炎、脑膜炎、脑脓肿、脑血管病所致。双侧眼球发生一系列有规律的快速往返运动，称眼球震颤。眼球运动的速度起始时缓慢，称为慢相；复原时迅速，称快相。运动方向以水平方向为常见，垂直和旋转方向较少见。评估时嘱评估对象眼球随评估者手指所示方向（水平或垂直）运动数次，观察是否出现震颤。

（4）眼压　有指测法和眼压计测压法两种。指测法时，先让评估对象向下看（不能闭眼），评估者两示指交替轻按上眼睑，其余手指放在额部及颧部。指测法发现眼球张力异常，则需用眼压计进一步测量。眼压增高见于颅内压增高、青光眼；眼压降低见于各种原因所致的严重脱水，眼球萎缩。

（二）耳

耳是听觉和平衡器官，分外耳、中耳、内耳三个部分。

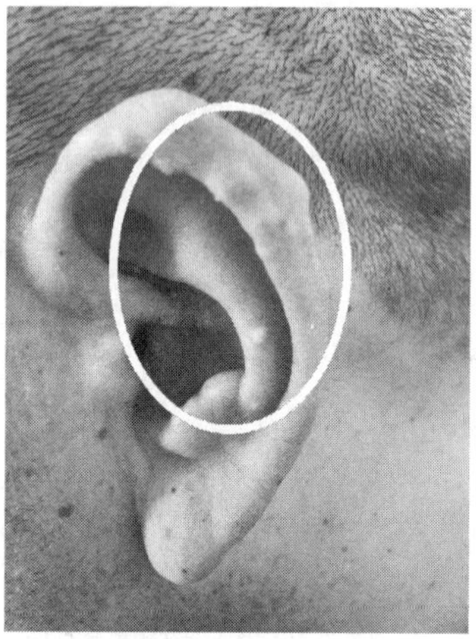

图 3-15　耳痛风石

1. 耳郭及外耳道　注意有无耳郭畸形、耳前瘘管、耳屏压痛、耳周围淋巴结肿大。耳郭红肿热痛，见于急性炎症。耳郭皮下触及小而硬的结节，见于痛风，为尿酸盐沉着所致，称痛风石（图 3-15）。注意外耳道有无红肿、分泌物、出血、溢脓等。如外耳道局部红肿、耳屏有压痛，见于外耳道疖肿。有脓液流出并有全身症状，则应考虑急性中耳炎。有血液或脑脊液流出，应考虑颅底骨折、中耳肿瘤、局部外伤。

2. 鼓膜　先将耳郭拉向上后方，使外耳道变直，然后插入耳镜进行观察，正常鼓膜平坦，颜色灰白，呈圆形，注意其是否有内陷、外凸、颜色改变及穿孔等。

3. 乳突　外壳由骨密质组成，内腔为大小不等的骨松质小房，乳突内腔与中耳道相连。化脓性中耳炎引流不畅时，可蔓延成乳突炎，检查时可发现耳郭后方皮肤红肿，乳突明显压痛，有时可见瘘管或瘢痕。严重时，可继发耳源性脑脓肿或脑膜炎。

考点：乳突炎的临床特点

4. 听力 可用粗测法了解评估对象的听力。在静室内嘱评估对象闭目坐于椅子上，用手指堵塞一侧耳道，评估者手持机械手表或以拇、示指互相摩擦，自1m外渐至评估对象耳部，直到评估对象听到声音为止。测量距离，与正常人对照，正常时一般约在1m处即可听到机械手表的声音或捻指声。听力减退见于耳道有耵聍或异物、局部或全身血管硬化、听神经损害、耳硬化等。

（三）鼻

1. 鼻外观 评估时需注意其形态、皮肤颜色。鼻骨破坏、鼻梁塌陷者称鞍鼻，见于鼻骨发育不良、鼻骨骨折或先天性梅毒。外鼻普遍性增大见于黏液性水肿、肢端肥大症等。鼻翼扩大、鼻腔堵塞、鼻梁增宽变平呈蛙状，称蛙状鼻，见于多发性或肥大性鼻息肉。鼻梁皮肤出现红色斑块，并向两侧面颊部蔓延呈蝴蝶形，见于系统性红斑狼疮。鼻尖及鼻翼部皮肤出现红色斑块，并出现毛细血管扩张、丘疹等，称酒渣鼻。吸气时鼻孔张大，呼气时鼻孔回缩，称鼻翼扇动，可见于呼吸困难或高热患者。

2. 鼻腔 评估时用左手将鼻尖轻轻上推，右手持手电筒分别照射左、右鼻腔。应注意鼻腔是否通畅，鼻前庭有无分泌物、出血，黏膜有无红肿、糜烂、溃疡、结痂，鼻中隔有无偏曲。急性鼻黏膜肿胀、充血，并伴鼻塞、流涕，见于急性鼻炎。慢性鼻黏膜肿胀，多为黏膜组织肥厚，见于各种因素引起的慢性鼻炎。黏膜萎缩、鼻腔分泌物减少、鼻甲缩小、黏膜干燥、鼻腔扩大伴嗅觉减退或消失，见于慢性萎缩性鼻炎。鼻出血多为单侧，见于外伤、鼻腔感染、血管损伤、鼻中隔偏曲、鼻咽癌等。双侧鼻出血多由全身性疾病引起，如血液病（血小板减少性紫癜、再生障碍性贫血、血友病等）、某些传染病（肾综合征出血热、伤寒等）、高血压、肝脾疾病、维生素C或维生素K缺乏症等。若女性发生周期性鼻出血则应考虑子宫内膜异位症。

3. 鼻窦 为鼻腔周围含气的骨质空腔，共四对，均有窦口与鼻腔相通。引流不畅时，易发生鼻窦炎，出现鼻塞、流涕、头痛和鼻窦压痛。评估各鼻窦区压痛时，评估者用双手拇指分别按压两侧鼻窦，其余四指置于两侧固定头部，双手拇指用力按压，并询问有无压痛，也可用中指指腹叩击相应区域（蝶窦除外，因其解剖位置较深，不能在体表进行检查），并询问有无叩击痛。各鼻窦区压痛检查方法见表3-15。

表3-15 各鼻窦区压痛检查方法

部位	评估方法
额窦	评估者双手置于两侧颞部，双手拇指分别置于评估对象左右眼眶上方稍内，用力向后按压
筛窦	评估者双手置于颞部耳郭处，双手拇指置于评估对象鼻根部与眼内角处向内后方按压
上颌窦	评估者双手置于评估对象两侧耳后，双手拇指分别置于左右眼眶下缘之左右颧部向后按压

（四）口

1. 口唇 健康人口唇红润，有光泽。常见病理情况：①口唇苍白，为毛细血管充盈不足或血红蛋白含量减低，见于虚脱、主动脉瓣关闭不全和贫血；②口唇颜色深红，为血液循环加速、毛细血管过度充盈所致，见于急性发热性疾病；③口唇发绀，为血液中脱氧血红蛋白增加所致，见于心力衰竭、呼吸衰竭等；④口唇干燥并有皲裂，见于严重脱水；⑤口唇疱疹，为口腔黏膜与皮肤交界处发生的成簇小水疱，半透明，初发时有痒或刺激感，后立即出现疼痛，1周左右即结棕色痂，愈后不留瘢痕，多为单纯疱疹病毒感染所引起，常见于肺炎球菌性肺炎、感冒、流行性脑脊髓膜炎、疟疾等；⑥唇裂，为先天性发育畸形；⑦口角歪斜，见于面神经瘫痪或脑血管意外；⑧口唇突然发生非炎症性、无痛性肿胀，见于血管神经性水肿；⑨口角糜烂，见于维生素B_2缺乏；⑩口唇肥厚增大，见于呆小病（克汀病）、黏液性水肿及肢端肥大症等。

2. 口腔黏膜 口腔黏膜检查应在充分的自然光线下进行，也可用手电筒照明，正常口腔黏膜光洁呈粉红色。常见病理情况：①出现蓝黑色色素沉着斑片，多见于原发性肾上腺皮质功能减退症（艾迪生病，Addison's disease）；②大小不等的黏膜下出血点或瘀斑，则可能为出血性疾病或维生素 C 缺乏；③在双侧第二磨牙的颊黏膜处出现帽针头大小白色斑点，称为科氏斑（Koplik spot），为麻疹的早期特征；④黏膜疹，表现为黏膜充血、肿胀并伴有小出血点，多为对称性，见于猩红热、风疹；⑤黏膜溃疡，见于慢性复发性口疮、鹅口疮，为白色念珠菌感染，多见于衰弱的患儿或老年患者及长期使用广谱抗生素和抗癌药的患者。

3. 牙齿 应注意有无龋齿、残根、缺齿和义齿等。如发现牙齿疾病，应标明所在部位。目前临床上最常用的是牙位记录法，以"+"符号将牙弓分为上、下、左、右四区，每区恒牙以阿拉伯数字 1～8 依次代表中切牙至第三磨牙；以罗马数字Ⅰ～Ⅴ依次代表每区的乳中切牙至第二乳磨牙。牙齿的色泽与形状也具有临床诊断意义，如牙齿呈黄褐色，称氟斑牙，为长期饮用含氟量过高的水所引起；如发现中切牙切缘呈月牙形凹陷且牙间隙分离过宽，称为哈钦森牙（Hutchinson tooth），为先天性梅毒的重要体征之一；单纯牙间隙过宽见于肢端肥大症。

4. 牙龈 正常牙龈呈粉红色，质坚韧且与牙颈部紧密贴合，挤压牙龈时无出血及溢脓。牙龈水肿见于慢性牙周炎，牙龈缘出血常为口腔内局部因素引起，如牙石等，也可因全身性疾病所致，如维生素 C 缺乏症、血液系统疾病等。牙龈经挤压后有脓液溢出见于慢性牙周炎、牙龈瘘管等。牙龈的游离缘出现蓝灰色点线称为铅线，是铅中毒的特征。

5. 舌 应注意舌质、舌苔及舌的活动状态。正常人舌质淡红，湿润柔软，活动自如，伸舌居中，无震颤。异常有：①舌体肥大，见于肢端肥大症和黏液性水肿；②镜面舌，表现为舌乳头萎缩，舌体变小，舌面光滑呈粉红色或红色，见于缺铁性贫血、恶性贫血、慢性萎缩性胃炎；③草莓舌，表现为舌乳头肿胀突出呈鲜红色，形如草莓，见于猩红热或长期发热者；④牛肉舌，表现为舌面绛红，呈生牛肉状，见于糙皮病（烟酸缺乏症）；⑤地图舌，表现为舌面黄色上皮细胞堆积而形成不规则隆起，状如地图，常见于维生素 B_2 缺乏症；⑥毛舌，又称黑舌，表现为舌面敷有黑色或黄褐色毛，为丝状乳头缠绕了真菌丝及其上皮细胞角化所形成，见于久病衰弱或长期使用广谱抗生素者；⑦裂纹舌，横向裂纹见于唐氏综合征（Down syndrome）、维生素 B_2 缺乏症，纵向裂纹见于梅毒性舌炎；⑧伸舌震颤，常见于甲状腺功能亢进症；⑨伸舌偏向一侧，见于舌下神经麻痹；⑩舌干燥，见于鼻部疾病、大量吸烟、阿托品作用、放射治疗后，严重者可见舌体缩小，并有纵沟，见于严重脱水，并常伴皮肤弹性减退。

案例 3-9

患者，女，6 岁。因淋雨后出现高热、咽痛、食欲缺乏 2 天就诊。身体评估：T 39℃，咽部充血，扁桃体充血肿大超过咽腭弓。

问题：1. 该患儿可能的临床诊断是什么？

2. 该患儿扁桃体属于几度肿大？

6. 咽部与扁桃体 咽部可分为鼻咽、口咽及喉咽三部分。口咽位于软腭平面之下，会厌上缘的上方，前方直对口腔，软腭向下形成前后两层黏膜皱壁，前者称舌腭弓，后者称咽腭弓。扁桃体位于舌腭弓与咽腭弓之间的扁桃体窝中，咽腭弓的后方称咽后壁。

进行咽和扁桃体检查时，嘱评估对象取坐位，头略后仰，口张大并发"啊"音，评估者用压舌板在舌前 2/3 与后 1/3 交界处迅速下压，此时软腭上抬，在照明的配合下即可见软腭、腭垂、软腭弓、扁桃体、咽后壁等。

评估时若发现咽部黏膜充血、红肿、黏膜腺分泌物增多，多见于急性咽炎。若咽部黏膜充血、表面粗糙，并可见淋巴滤泡呈簇状增殖，见于慢性咽炎。扁桃体发炎时，腺体红肿、增大，在扁桃体隐窝内有黄白色分泌物，或渗出物形成的苔片状假膜，很易剥离，这一点与咽白喉在扁桃体上所形成的假膜不同，白喉假膜不易剥离，若强行剥离则易引起出血。

扁桃体肿大分为三度：扁桃体肿大不超过咽腭弓者为Ⅰ度；超过咽腭弓者为Ⅱ度；达到或超过咽后壁中线者为Ⅲ度（图 3-16）。

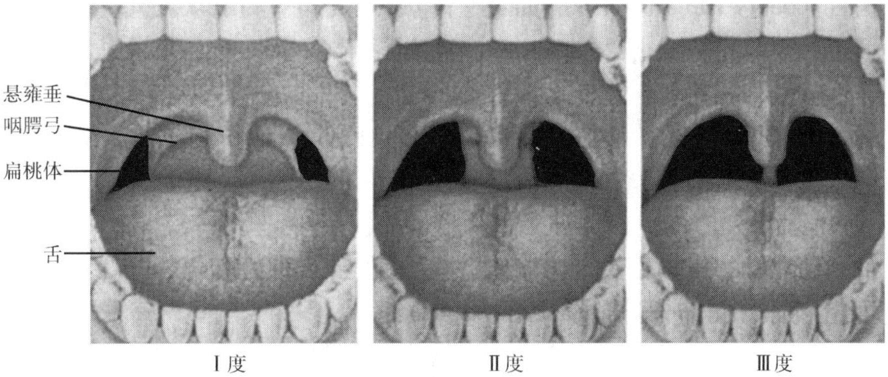

图 3-16　扁桃体肿大分度

考点：扁桃体肿大分度

7. 腮腺　位于耳屏、下颌角、颧弓所构成的三角区内，正常腮腺体薄而软，触诊时触摸不出腺体轮廓。腮腺肿大时可见到以耳垂为中心的隆起，并可触及边缘不明显的包块。腮腺导管大致位于颧骨下 1.5cm 处，横过咬肌表面，开口于上颌第二磨牙对面的颊黏膜上，评估时注意导管口有无分泌物。腮腺肿大常见于急性流行性腮腺炎和急性化脓性腮腺炎。

三、颈　　部

案例 3-10

患者，男，72 岁。反复胸闷、气促、咳嗽、咳痰 30 年，以冬春季节好发，持续数周至数月，天气转暖或经治疗后缓解。1 周前因受凉出现胸闷、气喘、咳痰，双下肢水肿，以慢性肺源性心脏病、心功能Ⅱ级收入院。身体评估：口唇发绀，颈静脉怒张，桶状胸，双肺闻及干啰音，下肢水肿。

问题： 1. 颈静脉怒张的检查方法是什么？

2. 发生颈静脉怒张的病因有哪些？

颈部评估应注意颈部的姿势与活动、颈部血管、甲状腺和气管等情况。评估对象取舒适坐位或仰卧位，平静而自然，充分暴露颈部和上胸部。评估时手法应轻柔，疑有颈椎疾病时更应注意。

（一）颈部外形、运动

正常人颈部直立，两侧对称，颈部伸屈、转动自如。瘦长者颈部较细长，矮胖者颈部较粗短。男性甲状软骨突出，女性则较平坦，转头时可见胸锁乳突肌突起。头稍后仰时，更易观察颈部是否对称、有无包块及瘢痕等。①头不能抬起，见于严重消耗性疾病晚期、重症肌无力、进行性肌萎缩等；②头部向一侧偏斜称斜颈，见于颈肌外伤、瘢痕收缩、先天性颈肌挛缩、先天性斜颈；③颈部活动受限并伴疼痛，见于软组织炎症、颈肌扭伤、颈椎结核或肿瘤等；④颈强直为脑膜受刺激的特征，见于各种脑膜炎、蛛网膜下腔出血。

（二）颈部血管

1. 颈静脉

（1）颈静脉怒张　正常人立位或坐位时颈外静脉常不显露，平卧时可稍见充盈，充盈的水平仅限于锁骨上缘至下颌角距离的下 2/3 以内。若取坐位或立位时有颈静脉充盈明显，或取 30°～45°的半卧位时静脉充盈度超过正常水平，称为颈静脉怒张（图 3-17），提示颈静脉压增高，见于右心衰竭、缩窄性心

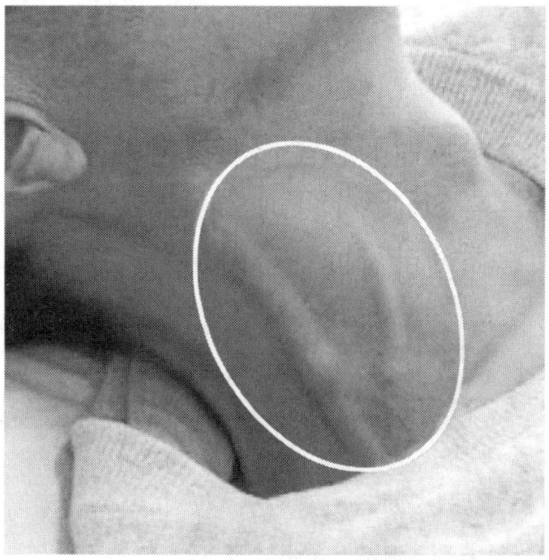

图 3-17 颈静脉怒张

包炎、心包积液或上腔静脉阻塞综合征。

考点：颈静脉怒张的检查方法、临床意义

（2）颈静脉搏动 正常情况下不会出现颈静脉搏动，但在三尖瓣关闭不全伴颈静脉怒张时，可看到颈静脉搏动，其搏动柔和，范围弥散，触诊时无搏动感，可与颈动脉搏动相鉴别。

2. 颈动脉 正常人在安静状态下不易看到颈动脉搏动，多在剧烈活动后心排血量增加时可见。安静状态下出现颈动脉的明显搏动，多见于主动脉瓣关闭不全、甲状腺功能亢进症及严重贫血者。

3. 颈部血管听诊 在颈部大血管处听到收缩期杂音，应考虑颈动脉或椎动脉狭窄，多由大动脉炎或动脉硬化引起；若在锁骨上窝处听到杂音，可能为锁骨下动脉狭窄，见于颈肋压迫；若在锁骨上窝处听到连续性静脉"嗡鸣"音，可能为颈静脉流入上腔静脉口径较宽的球部所产生的生理性杂音，用手指压迫颈静脉即可消失。

（三）甲状腺

案例 3-11

患者，女，35 岁。心悸、低热、多汗、消瘦 1 个月。身体评估发现甲状腺Ⅱ度肿大，质地柔软，触诊有震颤，听诊有血管杂音。

问题： 1. 该患者的临床诊断可能是什么？

2. 如何对该患者进行甲状腺检查？

甲状腺位于甲状软骨下方，呈蝶状紧贴在气管的两侧，重 15～20g（图 3-18）。甲状腺表面光滑、柔软，不易触及，随吞咽动作而在正常位置做上下移动，借此可与颈前其他包块鉴别。

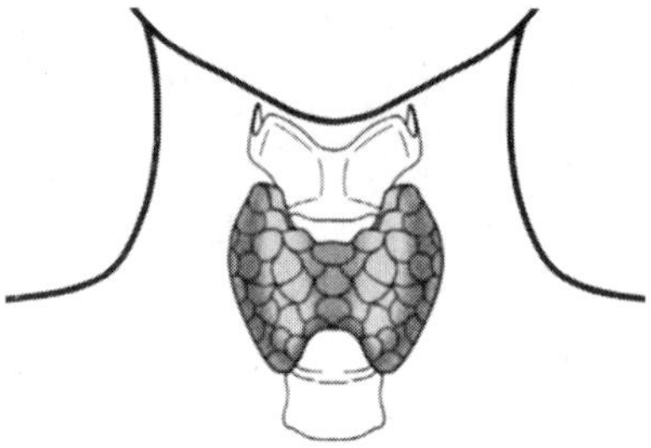

图 3-18 甲状腺位置

1. 甲状腺评估方法

（1）视诊 观察甲状腺的大小和对称性。正常人甲状腺外观不明显，女性甲状腺在青春发育期可略增大。不易辨认时，嘱评估对象双手放于枕后，头向后仰，再行观察。

（2）触诊 可进一步了解甲状腺的大小及性质。评估时评估者站在评估对象的前面或后面均可（图 3-19）。

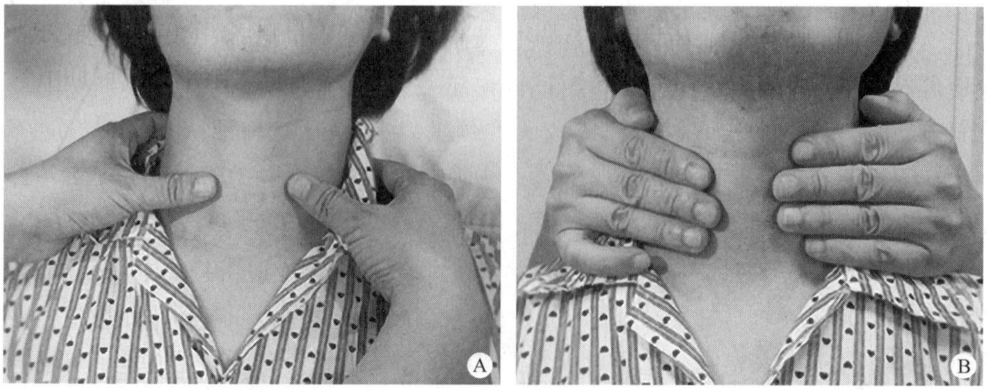

图 3-19 甲状腺触诊

A. 前面触诊法；B. 后面触诊法

评估者站在评估对象后面检查时，评估对象取坐位，颈部放松，头微前屈，评估者两手拇指分别置于其颈后，两手示指、中指置于环状软骨下气管两侧，分别触诊甲状腺峡部及左右叶。①检查峡部时，评估者站在评估对象前面用拇指或站在评估对象后面用示指从颈静脉切迹向上触摸，可触及气管前软组织，判断有无增厚，再请评估对象做吞咽动作，可触及气管前软组织在手指下滑动，判断有无增大和肿块。②检查甲状腺侧叶时，一手拇指（站在评估对象前面）或示指与中指（站在评估对象后面）施压于一侧甲状软骨，将气管推向对侧，另一手示指与中指或拇指在对侧胸锁乳突肌后缘向前推挤甲状腺侧叶，拇指或示指与中指在前缘触诊甲状腺，再配合吞咽动作，重复检查。检查动作宜轻柔，避免由于重压引起疼痛、咳嗽、憋气。

甲状腺肿大可分为三度：不能看出肿大但能触及者为Ⅰ度；能看到肿大又能触及，但在胸锁乳突肌以内者为Ⅱ度；超过胸锁乳突肌外缘者为Ⅲ度（图 3-20）。

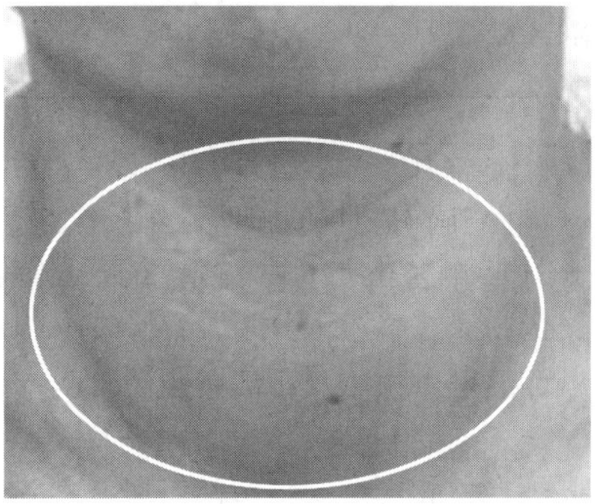

图 3-20 甲状腺肿大

考点：甲状腺检查方法、分度及临床意义

（3）听诊　当触到甲状腺肿大时，用钟型听诊器直接放到肿大的甲状腺上，如能听到低调的连续性静脉嗡鸣音，对诊断甲状腺功能亢进症很有帮助。对弥漫性甲状腺肿伴功能亢进者，还可听到收缩期动脉杂音。

2. 甲状腺肿大病因

（1）单纯性甲状腺肿　腺体肿大显著，多为弥漫性，也可为结节性，不伴甲状腺功能亢进症体征。

（2）甲状腺功能亢进症　肿大的甲状腺质地柔软，触诊时可有震颤，听诊可有血管杂音。

（3）甲状腺癌　触诊时包块可有结节感，不规则，质硬，移动受限。

（4）慢性淋巴细胞性甲状腺炎　亦称桥本甲状腺炎，呈弥漫性或结节性肿大，在肿大的腺体后缘可触到颈总动脉搏动。

（5）甲状旁腺腺瘤　甲状旁腺位于甲状腺之后，发生腺瘤时可使甲状腺突出，并随吞咽动作移动，故需结合临床表现或相关检查加以鉴别。

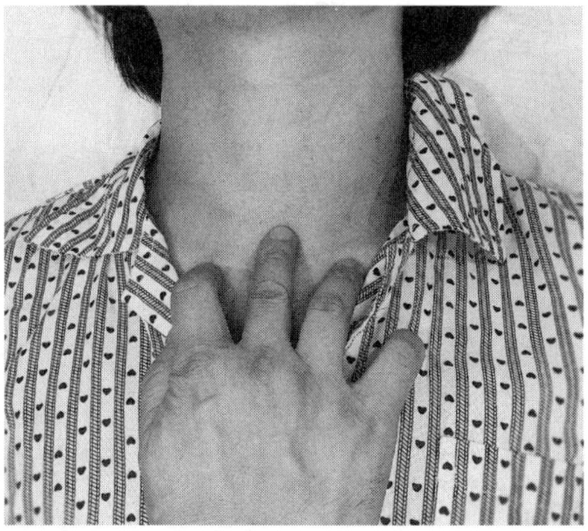

图 3-21 气管检查

（四）气管

健康人的气管位于颈前正中部。检查时评估对象取舒适坐位或仰卧位，使颈部处于自然伸直状态，评估者面对评估对象，以示指及环指分别置于左右胸锁关节上，将中指置于胸骨上窝气管正中处，观察中指是否位于示指与环指正中央（图 3-21）。两侧距离不等，表示气管有移位，根据气管偏移方向，可判断病变的位置。大量胸腔积气、积液，纵隔肿瘤，以及单侧甲状腺肿大时，可将气管推向健侧；肺不张、肺纤维化、胸膜粘连可将气管拉向患侧。

考点：气管偏移的临床意义

第 5 节　胸部评估

胸部是指颈部以下腹部以上的区域。胸部评估的内容包括胸壁、胸廓、乳房、肺、胸膜、心脏和血管等。评估时应在安静、温暖和光线充足的环境中进行。视病情和检查需要，评估对象取坐位或卧位，尽可能暴露整个胸部，按视、触、叩、听顺序进行。一般先评估前胸部及两侧胸部，然后再评估背部，自上而下，注意两侧对比。

一、胸部的体表标志

胸廓内含有心脏、肺脏等重要脏器，为了能够准确地记录或描述胸廓内部脏器的轮廓和位置，以及异常体征的部位和范围，需借助胸廓上的体表标志予以确定，包括骨骼标志、人工划线、自然陷窝和解剖区域。

（一）骨骼标志

胸廓由锁骨、胸骨、12 对肋骨和 12 个胸椎组成。

1. 颈静脉切迹 又称胸骨上切迹，位于胸骨柄的上方。正常情况下气管位于切迹正中（图 3-22）。

2. 胸骨角 又称 Louis 角。由胸骨柄与胸骨体的连接处向前突起而成（图 3-22）。其两侧分别与左、右第 2 肋软骨相连接，为前胸壁计数肋骨和肋间隙的重要标志。也是支气管分叉、心房上缘和上下纵隔交界的重要标志，相当于第 4 或 5 胸椎的水平。

3. 肋间隙 为 2 个肋骨之间的空隙，用以标记病变部位的水平位置。大多数肋骨可在胸壁上触及，唯第 1 对肋骨前部因与锁骨重叠，常不能触到。

4. 腹上角 又称胸骨下角，为左右肋弓在胸骨下端汇合形成的夹角（图 3-22），为 70°～110°。瘦长体形者角度较锐，矮胖体形者较钝，深吸气时可稍增宽。

5. 脊柱棘突 为后正中线的标志（图 3-23）。以第 7 颈椎棘突最为突出，其下即为胸椎的起点，常以此处作为计数胸椎的标志。

6. 肩胛骨 位于后胸壁脊柱两侧第 2～8 肋，其最下端称肩胛下角。评估对象取直立位两上肢自然下垂时，肩胛下角平第 7 或第 8 肋骨水平，或相当于第 8 胸椎水平（图 3-23），为后胸壁计数肋骨的重要标志。

7. 肋脊角 为第 12 肋骨与脊柱构成的夹角（图 3-23），一般为 45°，其前方为肾和上输尿管所在区域。

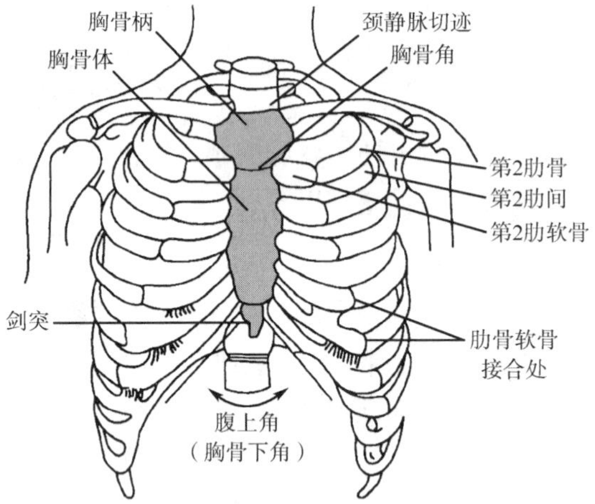

图 3-22 前胸壁骨骼标准

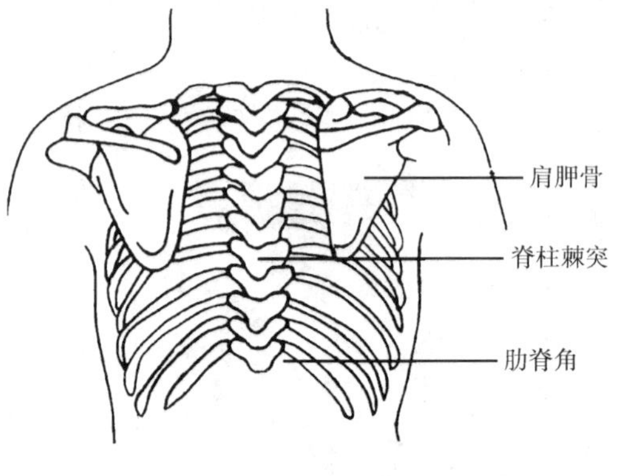

图 3-23 后胸壁骨骼标志

考点：胸骨角、第 7 颈椎棘突、肩胛下角的体表标志及临床意义

（二）人工划线

1. 前正中线 即胸骨中线，为通过胸骨正中的垂直线（图 3-24）。

2. 锁骨中线（左、右） 为通过锁骨的肩峰端与胸骨端两者中点的垂直线（图 3-24）。

3. 腋前线（左、右） 为通过腋窝前皱襞沿前侧胸壁向下的垂直线（图 3-25）。

4. 腋中线（左、右） 自腋窝顶点，于腋前线和腋后线之间中点向下的垂直线（图 3-25）。

5. 腋后线（左、右） 为通过腋窝后皱襞沿后侧胸壁向下的垂直线（图 3-25）。

6. 后正中线 即脊柱中线，为通过椎骨棘突或沿脊柱正中下行的垂直线（图 3-26）。

7. 肩胛线（左、右） 为两臂自然下垂时通过左、右肩胛下角的垂直线（图 3-26）。

（三）自然陷窝和解剖区域

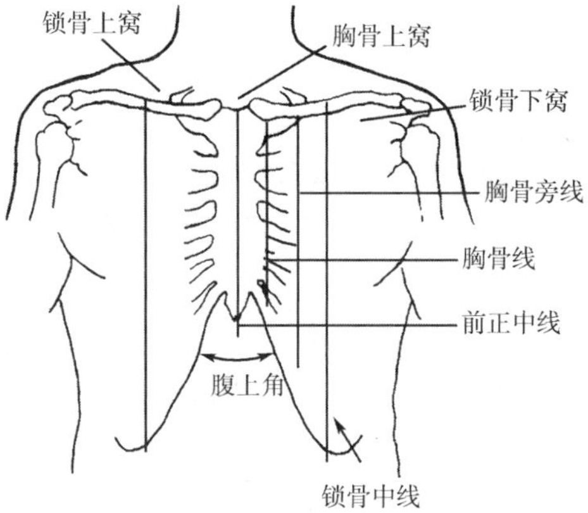

图 3-24　前胸壁自然陷窝和人工划线

1. 胸骨上窝　为胸骨柄上方的凹陷（图 3-24），气管位于其后正中。

2. 锁骨上窝（左、右）　为锁骨上方的凹陷（图 3-24），相当于两肺上叶肺尖的上部。

3. 锁骨下窝（左、右）　为锁骨下方的凹陷（图 3-24），相当于两肺上叶肺尖的下部。

4. 腋窝(左、右)　为上肢内侧与胸壁相连的凹陷部(图 3-25)。

5. 肩胛上区（左、右）　为肩胛冈以上的区域（图 3-26），其外上界为斜方肌的上缘，相当于上叶肺尖的下部。

6. 肩胛间区（左、右）　为两肩胛骨内缘之间的区域。后正中线将此区分为左右两部分（图 3-26）。

7. 肩胛下区（左、右）　为两肩胛下角的连线与第 12 胸椎水平线之间的区域，后正中线将此区分为左右两部分（图 3-26）。

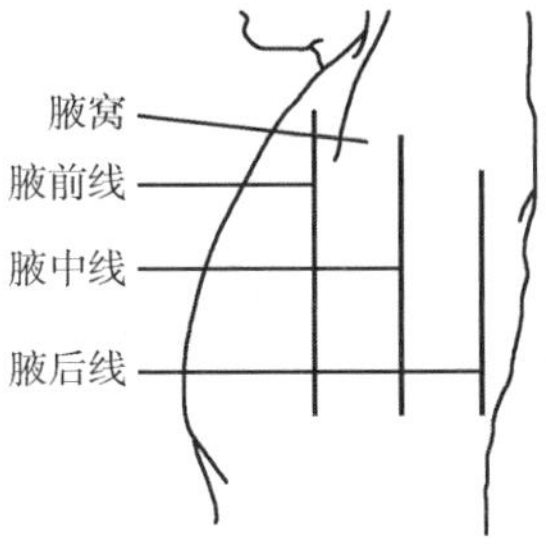

图 3-25　侧胸壁自然陷窝和人工划线

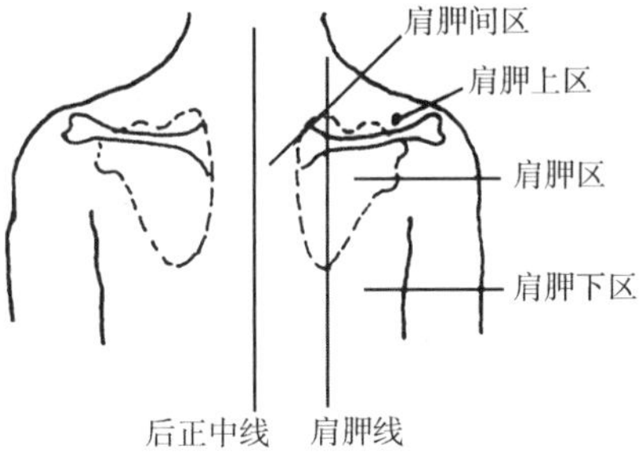

图 3-26　后胸壁自然陷窝和人工划线

二、胸壁、胸廓与乳房

（一）胸壁

评估胸壁主要是通过视诊和触诊来完成的。除营养状态、皮肤、淋巴结、骨骼和肌肉外，还应注意评估以下内容。

1. 胸壁静脉　正常胸壁无明显静脉可见，当上腔静脉或下腔静脉血流受阻建立侧支循环时，胸壁静脉充盈或曲张。上腔静脉阻塞时，静脉血流方向自上而下；下腔静脉阻塞时，血流方向自下而上（静脉血流方向检查方法见本章第 7 节腹部评估）。

2. 皮下气肿　气管、肺或胸膜破裂后，气体自病变部位逸出，积存于胸壁皮下组织时称为胸壁皮下气肿。以手按压皮下气肿部位的皮肤，引起气体在皮下组织内移动，可出现捻发感或握雪感。用听诊器按压皮下气肿部位时，可闻及类似捻动头发的声音。

3. 胸壁压痛　正常人胸壁一般无压痛。肋间神经炎、肋软骨炎、胸壁软组织炎及肋骨骨折的患者，受累的局部胸壁可有压痛。骨髓异常增生者，常有胸骨下端压痛及叩击痛，见于白血病患者。

（二）胸廓

案例 3-12

患者，男，55 岁。反复咳嗽、咳痰 10 余年。身体评估：胸廓的前后径与左右径之比约为 1∶1。

问题：该患者的胸廓外形是否正常？

正常成人胸廓两侧大致对称，呈椭圆形。成人胸廓前后径较左右径短，两者之比约为 1∶1.5。正常人的胸廓外形及常见的胸廓外形改变见图 3-27。

1. 扁平胸 胸廓呈扁平状，前后径短于左右径的一半。见于瘦长体形者，亦可见于慢性消耗性疾病，如肺结核、肿瘤晚期等。

2. 桶状胸 胸廓前后径增加，与左右径几乎相等，甚至超过左右径，呈圆桶状。肋骨的斜度较小，肋间隙增宽且饱满，腹上角增大，且呼吸时改变不明显（图 3-27）。见于肺气肿患者，亦可发生于老年人或矮胖体形者。

考点：扁平胸、桶状胸的特点及临床意义

3. 佝偻病胸 为佝偻病所致的胸廓改变，多见于儿童。其表现如下。

（1）鸡胸 胸廓前后径略长于左右径，其上下距离较短，胸骨下端前突，胸廓前侧壁肋骨凹陷，形似鸡的胸廓（图 3-27）。

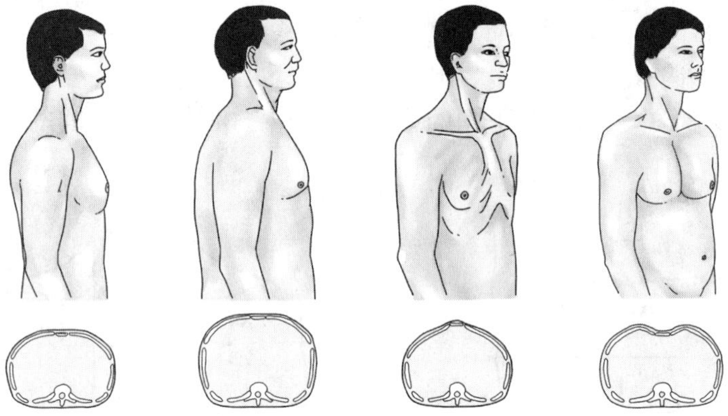

图 3-27 几种不同胸廓横断面示意图

（2）佝偻病串珠 沿胸骨两侧各肋软骨与肋骨交界处隆起，形似串珠状。

（3）肋膈沟 下胸部前面的肋骨外翻，自剑突沿膈附着部位的胸壁向内凹陷形成沟状带。

链 接 维生素 D 缺乏性佝偻病

维生素 D 缺乏性佝偻病是由于缺乏维生素 D 引起钙磷代谢失常的一种慢性营养性疾病。主要表现为生长较快部位的骨骼改变、肌肉松弛和易惊等。其特征是生长着的长骨干骺端软骨板和骨组织钙化不全，维生素 D 不足使成熟骨钙化不全。主要发生在 2 岁以内（尤其是 3～18 个月的）婴幼儿，可通过母婴晒太阳和补充维生素 D 得以预防。

4. 漏斗胸 胸骨剑突处显著内陷，形似漏斗（图 3-27），多为先天性。

5. 胸廓一侧变形 单侧膨隆，多见于大量胸腔积液、气胸等；单侧凹陷，见于肺不张、广泛性胸膜增厚和粘连、肺纤维化等。

6. 胸廓局部隆起 见于心脏明显扩大、大量心包积液等。

7. 脊柱畸形引起的胸廓改变 多因脊柱前凸、后凸或侧凸，导致胸廓两侧不对称，肋间隙增宽或变窄。见于先天畸形、脊柱外伤和脊柱结核等。

（三）乳房

案例 3-13

患者，女，50 岁。右乳房外上象限可扪及 2cm×3cm 大小肿块，质硬，无压痛，活动性差，皮肤有“橘皮样”改变。

问题：1. 该患者最可能的临床诊断是什么？

2.“橘皮样”改变的病理变化是什么？

正常儿童及男性乳房一般不明显，乳头位置大约位于锁骨中线第4肋间隙。正常女性在青春期乳房逐渐增大，呈半球形，乳头呈圆柱状。评估时评估对象取坐位或仰卧位，充分暴露胸部，先视诊后触诊。为方便描述和记录，以乳头为中心做一水平线和垂直线，将乳房分为内上、内下、外上和外下4个象限，在外上象限有一突出部分为乳房尾部（图3-28）。

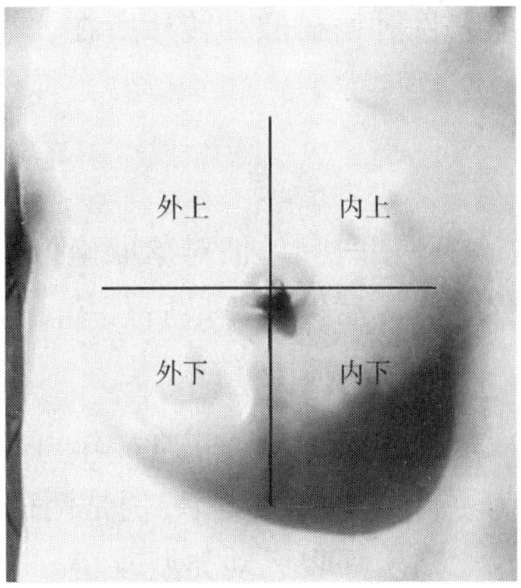

图3-28 乳房分区示意图

1. 视诊

（1）对称性 正常女性坐位时两侧乳房基本对称。评估时应注意两侧乳房大小、形状及乳头位置是否对称。两侧乳房不对称者，可见于乳房发育不全、先天畸形、炎症或肿瘤等。

（2）乳房皮肤 皮肤发红提示局部炎症，常伴有局部肿、热、痛。皮肤呈深红色，不伴疼痛，面积多超过一个象限，提示乳腺癌。乳腺癌因癌细胞浸润阻塞乳房淋巴管而引起淋巴水肿，此时毛囊及毛囊孔明显下陷，局部皮肤外观可呈“橘皮样”改变。乳房局部皮肤回缩，又称“酒窝征”，若无炎症或外伤史，可能为乳腺癌早期体征。此外还应注意乳房有无溃疡、瘢痕或色素沉着。

（3）乳头 注意乳头位置、大小、两侧是否对称、有无回缩与分泌物。乳头回缩如系自幼发生，为发育异常；如为近期发生，则可能为病理性，如乳腺癌或炎性病变。乳头出现分泌物提示乳腺导管有病变。乳头出现血性分泌物见于肿瘤，黄色分泌物见于乳腺炎等。

（4）腋窝和锁骨上窝 是乳房淋巴引流最重要的区域，应注意详细观察腋窝和锁骨上窝有无包块、红肿、溃疡、瘘管和瘢痕等。

2. 触诊 评估对象取坐位或仰卧位。坐位评估时，先两臂下垂，然后两臂高举超过头部或双手叉腰接受检查。仰卧位评估时，在肩下垫小枕头以抬高肩部，使乳房能较对称地位于胸壁上，以方便检查。触诊先由健侧乳房开始，后检查患侧。评估者的手指并拢，用指腹轻施压力，以旋转或来回滑动的方式进行触诊。检查左侧乳房时，由外上象限开始沿顺时针方向，由浅至深触诊整个乳房，最后触诊乳头（图3-29）。同法触诊右侧乳房，但沿逆时针方向进行。触诊乳房时，应着重注意以下几个方面。

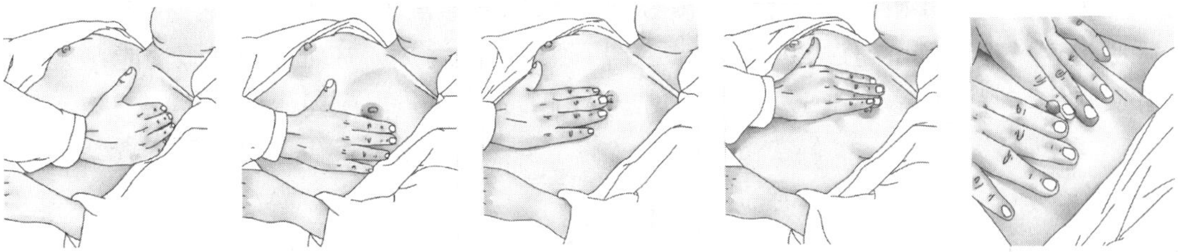

图3-29 乳房触诊（仰卧位）

（1）质地与弹性 青年女性乳房柔韧、质地均匀一致；老年女性乳房多松弛，有结节感；月经期乳房小叶充血，触诊有紧绷感；妊娠期乳房增大并有柔韧感；哺乳期乳房呈结节感。若硬度增加和弹性消失，提示皮下组织存在病变，如炎症或新生物浸润。

（2）压痛 乳房局部压痛可见于炎症性病变，乳腺癌较少出现压痛。

（3）包块 触及包块应注意其部位、大小、数目、外形、质地、活动度及压痛等。一般良性肿瘤多呈中等硬度，表面光滑，形态较规则，界线清楚，活动度好；恶性肿瘤表面不规则，质硬，无明显压痛，活动度差。

乳房触诊后，还应仔细触诊腋窝、锁骨上窝及颈部的淋巴结有无肿大或其他异常，因其为乳房炎症或恶性肿瘤扩散和转移所在。

考点：乳房的视诊与触诊

三、肺和胸膜

评估时嘱评估对象取坐位、仰卧位或侧卧位，充分暴露胸部。评估顺序一般为先上后下，左右对比，先前胸，后侧胸，最后背部。按照视诊、触诊、叩诊、听诊顺序进行。

（一）视诊

1. 呼吸运动 正常成年男性和儿童的呼吸以膈运动为主，形成腹式呼吸；成年女性呼吸以肋间肌运动为主，形成胸式呼吸。通常两种呼吸运动不同程度地同时存在，但疾病状态下呼吸运动可发生以下改变。

（1）呼吸运动类型改变 肺、胸膜、胸壁疾病如肺炎、胸膜炎和肋骨骨折时，胸式呼吸减弱，而腹式呼吸增强；腹膜炎、大量腹水、腹腔内巨大肿瘤或妊娠晚期，则腹式呼吸减弱，而胸式呼吸增强。

案例 3-14

患儿，男，5 岁。在玩耍误吞小玻璃球时，突然发生严重呼吸困难，口唇发绀，立即被送入医院急诊科。身体评估：R 30 次/分，口唇、面色发绀，并有三凹征。

问题：该患儿为何突然出现严重呼吸困难？

（2）呼吸困难

1）吸气性呼吸困难：上呼吸道部分阻塞时，气流进入肺内不畅，吸气时肺内负压增高，吸气时间延长，严重时引起胸骨上窝、锁骨上窝及肋间隙向内凹陷，称“三凹征”，常见于气道阻塞、气管异物等。

2）呼气性呼吸困难：下呼吸道阻塞时，气流呼出不畅，呼气需要费力，呼气时间延长，常见于阻塞性肺疾病和支气管哮喘等。

3）混合性呼吸困难：见于广泛肺部病变导致呼吸面积减少，换气功能受影响，吸气和呼气均感费力，呼吸频率增快。见于重症肺炎、大量胸腔积液等。

考点：吸气性呼吸困难、呼气性呼吸困难的特点及临床意义

2. 呼吸频率 正常成人静息状态下，呼吸频率为 12～20 次/分，呼吸与脉搏之比为 1∶4；新生儿呼吸频率为 40～45 次/分，随年龄增加而逐渐减慢。常见呼吸频率异常表现为呼吸过速与呼吸过缓（图 3-30）。

（1）呼吸过速 呼吸频率超过 20 次/分，见于剧烈运动、发热、贫血、甲状腺功能亢进症等。

（2）呼吸过缓 呼吸频率低于 12 次/分，见于麻醉镇静剂过量、颅内压增高等。

考点：呼吸频率异常表现

案例 3-15

患者，女，60 岁。头晕、乏力 4h，可闻及烂苹果气味，测血糖值为 22mmol/L。

问题：该患者最可能出现何种异常呼吸类型？

3. 呼吸深度

（1）呼吸浅快 见于肺炎、胸膜炎、胸腔积液、气胸、呼吸肌麻痹、严重鼓肠、腹水和肥胖等（图 3-30）。

（2）呼吸深大 亦称库斯莫尔呼吸（Kussmaul respiration），表现为呼吸深大而节律规整，见于严重代谢性酸中毒。

考点：库斯莫尔呼吸的临床意义

4. 呼吸节律 正常成人静息状态下，呼吸节律基本是均匀而整齐的。常见的呼吸节律改变如下。

（1）潮式呼吸 亦称陈-施呼吸（Cheyne-Stokes respiration）。表现为呼吸由浅慢变为深快，再由深快逐渐变为浅慢，随之出现 5～30s 呼吸暂停，如此周而复始（图 3-31），多见于中枢神经系统疾病，如脑炎、颅内压增高及尿毒症等。其机制是由于呼吸中枢兴奋性降低，使调节呼吸的反馈系统失常所致。

潮式呼吸常提示病情危重，预后不良，亦可见于老年人深睡时。

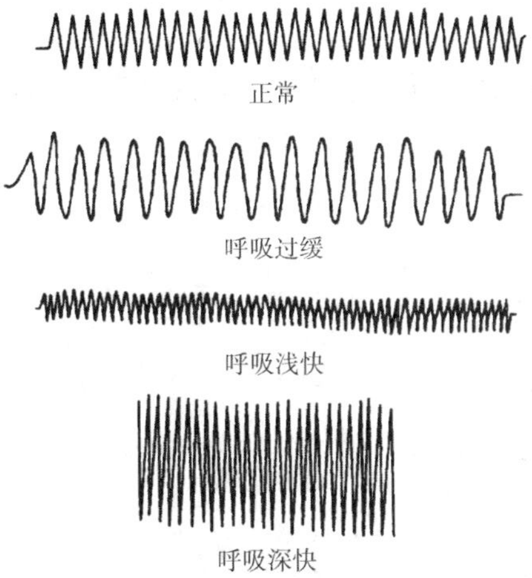

图 3-30 呼吸频率和深度变化

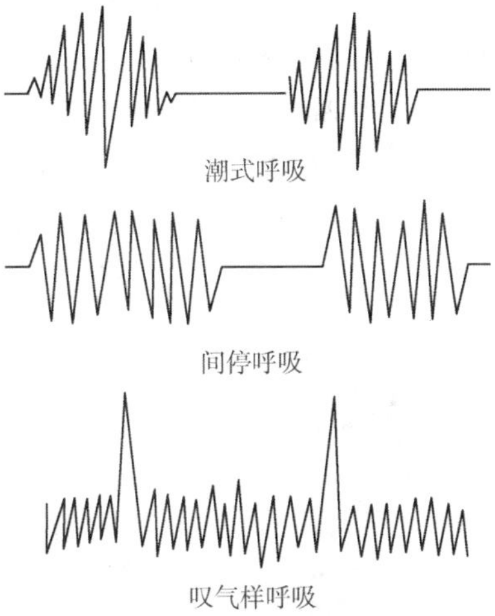

图 3-31 呼吸节律变化

（2）间停呼吸　亦称比奥呼吸（Biot breathing）。表现为有规律地呼吸几次后，突然停止一段时间后又开始呼吸，如此周而复始（图 3-31）。其发生机制同潮式呼吸，但更为严重，预后多不良，常在临终前发生。

链　接　潮式呼吸和间停呼吸的发生机制

潮式呼吸和间停呼吸这两种呼吸呈周期性、节律性变化的发生机制与呼吸中枢兴奋性降低，使调节呼吸的反馈系统失常有关。只有当缺氧严重，二氧化碳潴留至一定程度时，才能刺激呼吸中枢兴奋，促使呼吸恢复和加强；当积聚的二氧化碳呼出后，呼吸中枢又失去有效的兴奋性，使呼吸又再次减弱进而暂停。

（3）叹气样呼吸　表现为在一段正常呼吸中插入一次深大呼吸，并常伴有叹气声（图 3-31），常见于神经衰弱、精神紧张、抑郁症等。

（二）触诊

案例 3-16

患者，女，35 岁。诊断为结核性胸膜炎，左侧大量胸腔积液。

问题：进行身体评估时，肺与胸膜触诊可发现哪些阳性体征？

1. 胸廓扩张度　即呼吸时的胸廓动度。主要测量评估对象在平静呼吸和深呼吸时两侧胸廓动度是否对称。一般在胸廓前下部呼吸运动最大的部位进行检查。评估者两手置于评估对象胸廓前下部对称部位，左、右拇指对称性指向中线（与前正中线的距离相等），手掌和其余四指伸展置于前侧胸壁，嘱评估对象做深呼吸运动，观察和比较两手的动度是否一致（图 3-32）。正常情况下，平静呼吸或深呼吸时，随胸廓活动，双侧拇指呈对称性离合。一侧胸廓扩张度降低见于大量胸腔积液、气胸、胸膜增厚和肺不张等。双侧胸廓扩张度降低见于双侧胸膜增厚、肺气肿等；双侧胸廓扩张度增强见于呼吸运动增强，如发热、代谢性酸中毒等。

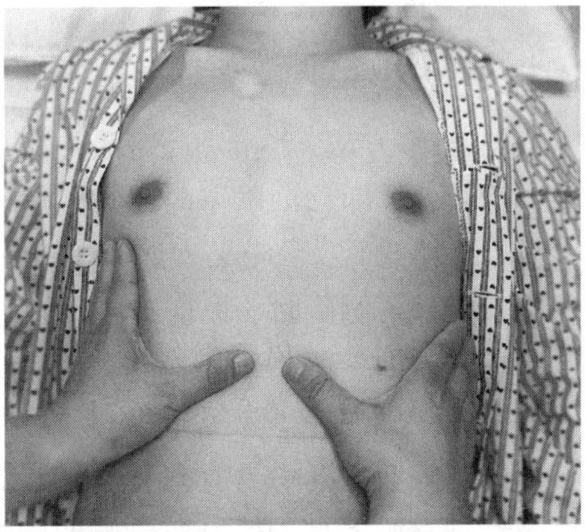

图 3-32 胸廓扩张度的评估方法

2. 语音震颤

（1）形成机制　发音时，声波沿气管、支气管及肺泡传至胸壁引起的共鸣振动，可用手触及，称语音震颤，亦称触觉语颤。根据其强度变化，可判断胸内病变的性质。

（2）评估方法　评估者将双手掌尺侧缘或掌面轻贴在评估对象胸廓两侧对称部位，嘱其用同等强度重复发“yi”的长音，然后双手交叉重复一次，自上而下，先前胸后背部，比较两侧相应部位语音震颤是否对称，有无增强或减弱（图 3-33）。正常情况下，两侧语音震颤基本一致。

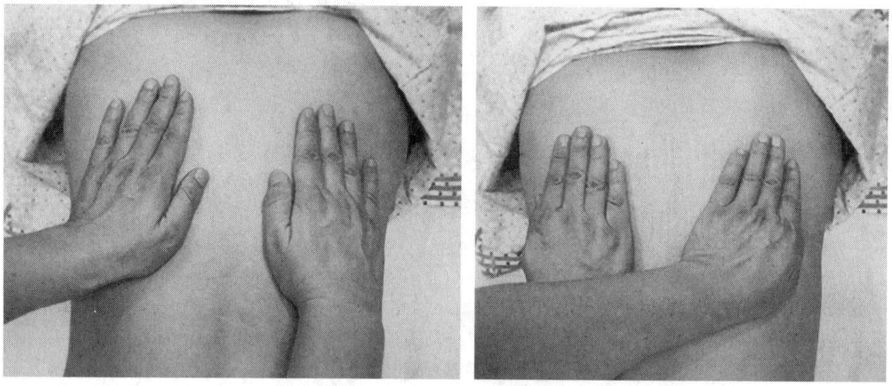

图 3-33　语音震颤的评估方法

（3）临床意义

1）语音震颤增强：①肺组织实变，如大叶性肺炎实变期、大片肺梗死；②靠近胸壁的肺内大空洞及周围有炎性浸润，如空洞性肺结核、肺脓肿。

2）语音震颤减弱或消失：①肺泡内含气量增多，如肺气肿；②支气管阻塞，如阻塞性肺不张；③大量胸腔积液或气胸；④严重的胸膜增厚、粘连及胸壁皮下气肿等。

考点：语音震颤改变的临床意义

3. 胸膜摩擦感　正常时胸膜脏层和壁层之间滑润，呼吸运动时不产生摩擦感。当胸膜有炎症时，因纤维蛋白沉积于胸膜，使其表面粗糙，呼吸时脏层胸膜和壁层胸膜相互摩擦，触诊时有皮革相互摩擦的感觉，称为胸膜摩擦感。在患侧腋下第 5～6 肋间较易触及，屏住呼吸，摩擦感消失。

（三）叩诊

案例 3-17

患者，男，68 岁。因“慢性阻塞性肺疾病，肺部感染”入院。身体评估：桶状胸，肋间隙增宽，呼吸运动减弱，语言震颤减弱。

问题：1. 对该患者肺部进行评估时，还应进行哪些内容评估？

2. 肺部评估可能发现哪些阳性结果？

1. 叩诊方法　胸部叩诊有间接叩诊法和直接叩诊法，间接叩诊法较为常用。叩诊时评估对象取坐位或仰卧位。叩诊前胸壁时，胸部稍向前挺；叩诊侧胸壁时，双臂上举置于头部；叩诊背部时，上身略前倾，头稍低，双手交叉抱肘。顺序应自上而下，依次叩诊前胸、侧胸和背部。注意上下左右进行对比。叩诊前胸、两侧胸时，板指应与肋间隙平行；叩诊肩胛间区时，板指应与脊柱平行；叩诊肩胛下角水平以下的部位时，板指仍保持与肋间隙平行。

2. 正常叩诊音　正常的肺部叩诊音为清音，其音调高低及音响强弱与肺含气量、胸壁厚薄及邻近器官的影响有关。一般前胸上部较下部稍浊；右上肺较左上肺稍浊；左侧腋前线下方因靠近胃泡叩诊区呈鼓音；右肺下部因受肝脏影响叩诊音稍浊；背部较前胸部稍浊（图 3-34）。

考点：正常肺部叩诊音

3. 肺部异常叩诊音 正常肺的清音区范围内出现浊音、实音、过清音或鼓音即为异常叩诊音，提示肺、胸膜或胸壁有病理改变。异常叩诊音的类型取决于病变的性质、范围大小及部位的深浅。

（1）浊音或实音 见于肺部含气量减少、肺内不含气的占位性病变或胸膜病变，如肺炎、肺结核、肺不张、肺水肿、肺肿瘤、胸腔积液及胸膜增厚等。

（2）过清音 见于肺泡含气量增多及肺组织弹性减弱的疾病，如肺气肿。

（3）鼓音 常见于气胸，也见于肺内空腔性病变，其腔径大于3cm，且靠近胸壁，如空洞性肺结核、肺脓肿等。

4. 肺界的叩诊

（1）肺上界 即肺尖宽度。自斜方肌前缘中央部开始叩诊为清音，逐渐叩向外侧，当音响由清变浊时，即为肺上界的外侧终点。再由上述中央部叩向内侧，直至清音变为浊音时，即为肺上界的内侧终点。该清音带宽度即为肺尖宽度，正常为 4～6cm（图 3-35）。肺上界变窄或叩诊浊音，常见于肺结核所致的肺尖浸润。肺上界变宽，叩诊呈过清音，常见于慢性阻塞性肺疾病。

（2）肺前界 正常肺前界相当于心脏的绝对浊音界。右肺前界相当于胸骨线的位置，左肺前界相当于胸骨旁线第 4～6 肋间隙的位置。两肺前界浊音区扩大，多见于心脏扩大、心肌肥厚、主动脉瘤等；两肺前界浊音区缩小，多见于慢性阻塞性肺疾病。

（3）肺下界 正常人平静呼吸时两侧肺下界大致相同，在锁骨中线、腋中线和肩胛线上分别位于第6、8 和 10 肋间隙。正常肺下界的位置可因体形、发育情况的不同而有差异，如矮胖体形者的肺下界可上升 1 个肋间隙，瘦长体形者可下降 1 个肋间隙。病理情况下，肺下界上移见于肺不张、大量腹水等；肺下界下移见于肺气肿。

肺下界移动范围相当于膈的移动范围。评估时先于评估对象平静呼吸时在肩胛线上叩出肺下界的位置，做一标记，然后嘱评估对象分别在深吸气与深呼气之后，屏住呼吸，重新叩出肺下界并做出标记。最高点与最低点之间的距离即肺下界移动范围，正常为 6～8cm。肺下界移动度减小见于：①肺组织弹性减弱或消失，如肺气肿；②肺组织萎缩，如肺纤维化、肺不张；③肺组织炎症和水肿。当大量胸腔积液、气胸及广泛胸膜增厚粘连时，肺下界移动范围不能叩出。膈神经麻痹者，肺下界移动度亦消失。

考点： 正常肺下界移动范围及其改变的临床意义

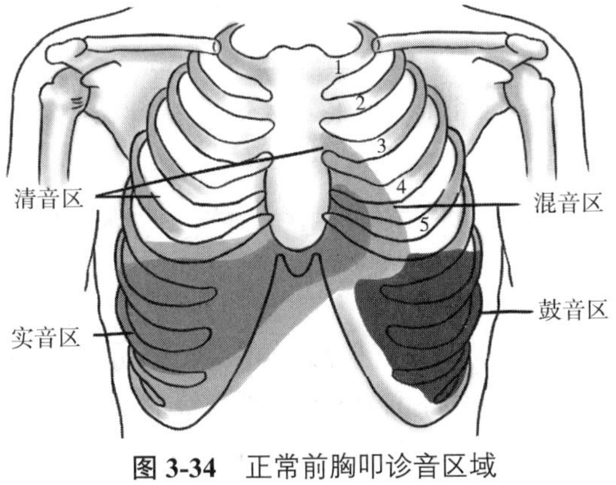

图 3-34 正常前胸叩诊音区域

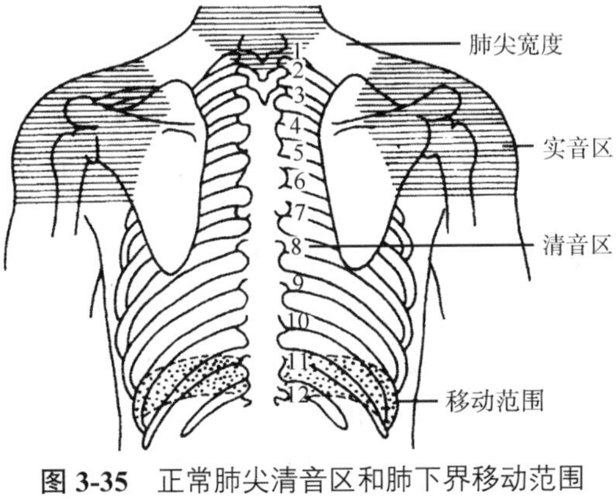

图 3-35 正常肺尖清音区和肺下界移动范围

（四）听诊

案例 3-18

患者，男，20 岁。受凉 10h 后出现寒战、高热、胸痛、咳嗽，咳少量铁锈色痰。身体评估：T 40℃，R 28 次/分，右下肺呼吸运动减弱，语颤增强、叩诊呈浊音，可闻及病理性支气管呼吸音及湿啰音，肝脾肋下未触及。

问题： 1. 该患者最可能的临床诊断是什么？

2. 应作何种必要的身体评估？

肺部听诊时，评估对象取卧位或坐位，微张口做均匀呼吸，必要时做深呼吸或咳嗽数次后听诊。听诊顺序由肺尖开始，自上而下，从前胸到侧胸再到背部，注意左右对称部位进行对比。

1. 正常呼吸音 有支气管呼吸音、支气管肺泡呼吸音和肺泡呼吸音（图 3-36）。

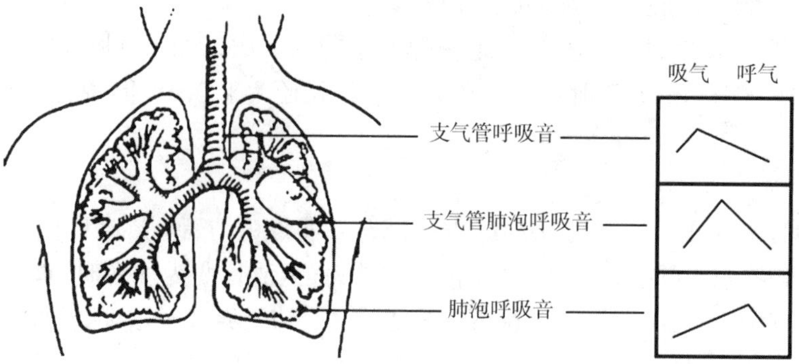

图 3-36 三种正常呼吸音的分布图

（1）支气管呼吸音 是吸入气流经声门、气管、主支气管时形成湍流所产生的声音，类似抬高舌后呼气时发出的“ha”音。其特点为音响强而高调，吸气相短于呼气相。正常人于喉部、胸骨上窝、背部第 6～7 颈椎、第 1～2 胸椎附近可闻及。

（2）支气管肺泡呼吸音 是兼有支气管呼吸音与肺泡呼吸音两者特点的混合性呼吸音。其吸气音与肺泡呼吸音相似，但音调略高、音响略强；呼气音与支气管呼吸音相似，但强度较弱、音调较低、时间较短。正常人于胸骨两侧第 1～2 肋间、肩胛间区第 3～4 胸椎水平、肺尖前后部可闻及。

（3）肺泡呼吸音 吸气时气流经气管、支气管进入肺泡，冲击肺泡壁，使肺泡由松弛变为紧张，呼气时又由紧张变为松弛，这种由肺泡的弹性变化和气流振动形成的声音为肺泡呼吸音，似上齿咬下唇时发出的“fu”音。其特点为柔和吹风样，吸气时，音响较强，音调较高，时相较长；呼气时，音响较弱，音调较低，时相较短。正常人除支气管呼吸音和支气管肺泡呼吸音以外的大部分肺野均可闻及肺泡呼吸音。

考点：正常呼吸音的辨别

链 接 肺泡呼吸音的正常差异

男性肺泡呼吸音较女性为强，儿童肺泡呼吸音较老年人为强，瘦长体形者较矮胖体形者为强，乳房下部和肩胛下部最强，肺尖与肺下缘区域较弱。

2. 异常呼吸音 有以下几种。

（1）异常肺泡呼吸音

1）肺泡呼吸音减弱或消失：由于进出肺泡内的空气流量减少、流速减慢或呼吸音传导障碍所致，可在双侧、单侧或局部出现。常见于：①胸廓活动受限，如胸痛、胸膜炎等；②呼吸肌疾病，如重症肌无力、膈麻痹等；③呼吸道阻塞，如喉头水肿、气管肿瘤、炎症等；④压迫性肺膨胀不全，如胸腔积液、气胸等；⑤腹部疾病，如大量腹水、腹腔巨大肿瘤等。

2）肺泡呼吸音增强：由于通气功能增强，进入肺泡的气体流量增多或流速加快所致。双侧增强见于剧烈运动、发热、贫血、代谢亢进等。当一侧肺组织有病变使呼吸音减弱时，健侧肺代偿性通气增强，肺泡呼吸音增强。

3）呼气音延长：由于下呼吸道部分阻塞、痉挛或肺组织弹性减弱等导致呼气阻力增加或呼气驱动力减弱所致，见于支气管哮喘、慢性阻塞性肺疾病等。

4）粗糙性呼吸音：为支气管黏膜轻度水肿或炎症浸润，致使管腔内壁不光滑或狭窄，气流进出不畅所致，见于支气管或肺部炎症的早期。

5）断续性呼吸音：又称齿轮呼吸音，是肺内有局部性炎症或小支气管狭窄，导致空气不能均匀进入肺泡，使吸气音有短促的不规则间歇，见于肺结核、肺炎等。

（2）异常支气管呼吸音　在正常肺泡呼吸音听诊部位闻及支气管呼吸音，即为异常支气管呼吸音，又称管状呼吸音。常见于：①肺组织实变，如大叶性肺炎实变期；②肺内大空腔，如肺脓肿或空洞性肺结核；③压迫性肺不张。

考点：异常支气管呼吸音的临床意义

链　接　阻塞性肺不张和压迫性肺不张

阻塞性肺不张多由气管或支气管阻塞引起。完全阻塞后18～24h肺泡腔内气体被血液吸收，因而肺泡塌陷，肺体积缩小，肺泡腔内可产生渗液，肺组织实变。

压迫性肺不张多由胸腔内大量积液或积气，导致肺被压缩而引起肺不张。此外，也可见于胸内肿物、大量腹水和腹腔内巨大肿物。

（3）异常支气管肺泡呼吸音　在正常肺泡呼吸音听诊部位闻及支气管肺泡呼吸音，即为异常支气管肺泡呼吸音。见于支气管肺炎、肺结核、大叶性肺炎早期或胸腔积液上方肺膨胀不全的区域。

3. 啰音　是呼吸音以外的附加音，正常情况下并不存在。按性质不同分为干啰音和湿啰音两种类型。

（1）干啰音

1）形成机制：是由于气管、支气管或细支气管狭窄或部分阻塞，气流吸入或呼出时发生湍流所产生的声音（图3-37）。

2）听诊特点：吸气与呼气时均可闻及，以呼气时明显，音调较高，持续时间较长，强度、性质和部位易改变，瞬间内数量可明显增加。

3）分类：按音响的性质可分为两种。①鼾音：又称低调干啰音，音调低而响亮，似熟睡时的鼾声，多发生于气管或主支气管。②哮鸣音：又称高调干啰音，类似于鸟鸣、飞箭或哨笛音，多发生于较小支气管或细支气管。

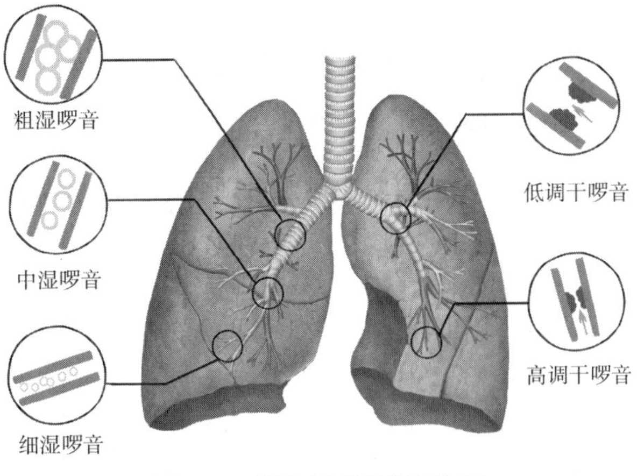

图3-37　啰音形成机制示意图

4）临床意义：发生于双侧肺部的干啰音，常见于支气管哮喘、慢性喘息性支气管炎和心源性哮喘等。局限性干啰音由局部支气管狭窄所致，常见于支气管内膜结核、支气管肺癌、支气管异物等。

（2）湿啰音

1）形成机制：①是呼吸时气体通过呼吸道内的稀薄分泌物如渗出液、痰液、黏液和脓液等，形成的水泡破裂所产生的声音，故又称水泡音；②是细小支气管壁因分泌物黏着而陷闭，当吸气时突然张开重新充气所产生的爆裂音（图3-37）。

2）听诊特点：①吸气、呼气均可听到，以吸气末明显；②一次可连续多个出现，断续而短暂；③部位较恒定，性质不易变，咳嗽后可减轻或消失；④大、中、小水泡音或其中两种可同时存在。

3）分类：按呼吸道管径大小和管腔内渗出物的多少分为粗、中、细湿啰音和捻发音。湿啰音的分类及特点见表3-16。

表 3-16 湿啰音的分类及特点

分类	特点
粗湿啰音	又称大水泡音。发生于气管、主支气管或空洞部位，多出现在吸气早期
中湿啰音	又称中水泡音。发生于中等支气管，多出现在吸气中期
细湿啰音	又称小水泡音。发生于小支气管或肺泡，多出现在吸气末期
捻发音	极细而均匀一致，类似在耳边用手指捻搓头发时发出的声音，发生于细支气管或肺泡，多出现在吸气终末

4）临床意义：局限性湿啰音，提示局部病变，如支气管扩张症、肺结核或肺炎等；两侧肺底湿啰音，见于左心功能不全所致的肺淤血、支气管肺炎；两肺布满湿啰音，见于急性肺水肿。

考点：湿啰音的临床意义

4. 语音共振 也称听觉语音，同语音震颤产生的机制相似，通过听觉感受，较触诊更为敏感。评估时嘱评估对象重复发出“yi”的长音，喉部发音产生的振动经气管、支气管、肺泡传导至胸壁，用听诊器可听到柔和而不清楚的弱音。听诊时应上下左右比较。语音共振改变的临床意义同语音震颤。

5. 胸膜摩擦音 与胸膜摩擦感产生机制相同。其声音颇似用一手掩耳，以另一手在其手背上摩擦时听到的声音，特点为吸气和呼气时均可闻及，以吸气末或呼气初最为明显，屏气时消失。深呼吸或在听诊器体件上加压时，摩擦音可增强。摩擦音可发生于任何部位，以前下侧胸壁最易闻及。胸腔积液增多时，两层胸膜被分开，摩擦音可消失。胸膜摩擦音常见于结核性胸膜炎、肺梗死、胸膜肿瘤和尿毒症等。

（五）肺与胸膜常见疾病的体征

肺与胸膜常见疾病的体征见表 3-17。

表 3-17 肺与胸膜常见疾病的体征

疾病	胸廓	呼吸运动	气管位置	语音震颤	叩诊音	呼吸音	啰音
大叶性肺炎	对称	患侧减弱	居中	患侧增强	浊音	支气管呼吸音	湿啰音
肺气肿	桶状	双侧减弱	居中	双侧减弱	过清音	减弱、呼气音长	多无
支气管哮喘	对称	双侧减弱	居中	双侧减弱	过清音	减弱、呼气音长	哮鸣音
肺不张	患侧平坦	患侧减弱	移向患侧	减弱或消失	浊音	减弱或消失	无
胸腔积液	患侧饱满	患侧减弱	移向健侧	减弱或消失	实音	减弱或消失	无
气胸	患侧饱满	患侧减弱或消失	移向健侧	减弱或消失	鼓音	减弱或消失	无

考点：肺实变、肺气肿、胸腔积液、气胸的常见体征

四、心　　脏

心脏评估是身体评估的重要组成部分。评估时，嘱评估对象取卧位、半卧位或坐位，在安静、光线充足的环境里进行，并按照视诊、触诊、叩诊、听诊的顺序依次进行。

案例 3-19

患者，男，60 岁。高血压病史 15 年，头晕、心慌、气促 1 周，以“高血压心脏病”收入院。身体评估：心前区无隆起，心尖搏动位于左侧第 6 肋间锁骨中线外 0.5cm 处。

问题：该患者心尖搏动位置是否正常？如不正常其原因是什么？

（一）视诊

1. 心前区外形 正常人心前区外形与右侧相应部位对称，无异常隆起或凹陷。儿童时期患心脏疾

病伴心脏增大者，可将发育中的胸壁向外挤推而致心前区隆起，成人患有大量心包积液时，心前区可饱满。

2. 心尖搏动 是心脏收缩时，心尖向前冲击前胸壁相应部位，使肋间软组织向外搏动而形成。

（1）正常心尖搏动 位于左侧第5肋间锁骨中线内0.5～1.0cm处，搏动范围的直径为2.0～2.5cm。观察心尖搏动时，需注意其位置、强度和范围。部分正常人可看不到心尖搏动（胸壁厚或被乳房遮盖）。

考点：正常心尖搏动的位置及范围

（2）心尖搏动移位

1）生理性因素：心尖搏动的位置可因体位和体形的影响而有所变化。

链 接 心尖搏动生理性改变

取仰卧位时心尖搏动略上移，左侧卧位时可左移2.0～3.0cm，右侧卧位时可右移1.0～2.5cm；矮胖体形者、小儿及妊娠者，心脏常呈横位，心尖搏动向外上方移位；瘦长体型者，心脏呈垂位，心尖搏动向内下方移位。

2）病理性因素：①心脏疾病：左心室增大时，心尖搏动向左下方移位；右心室增大时，心尖搏动向左移位；全心增大时，心尖搏动向左下方移位，并伴心界向两侧扩大。②肺和胸膜疾病：一侧胸腔积液或气胸，心尖搏动移向健侧；一侧肺不张或胸膜粘连，心尖搏动移向患侧。③腹部疾病：大量腹水或腹腔巨大肿瘤等使横膈抬高，心尖搏动随之向上移位。

考点：心尖搏动位置改变的临床意义

（3）心尖搏动强度及范围的改变

1）生理情况：胸壁厚或肋间隙窄者，心尖搏动较弱，范围缩小；胸壁薄或肋间隙宽者，心尖搏动较强，范围较大；儿童、成年人剧烈运动或情绪激动时，心尖搏动增强，搏动范围增大。

2）病理情况：心尖搏动减弱或消失见于扩张型心肌病、心肌梗死、肺气肿、心包积液、气胸、左侧胸腔大量积液等疾病；心尖搏动增强、范围增大见于左心室肥大、甲状腺功能亢进症、发热和严重贫血等。

3. 心前区异常搏动 正常人心前区无异常搏动，以下是临床上常见的异常搏动。

（1）胸骨左缘第3～4肋间出现搏动 多见于先天性心脏病所致的右心室肥厚，如房间隔缺损等。

（2）剑突下搏动 见于肺源性心脏病伴右心室肥大或腹主动脉瘤。

（3）胸骨左缘第2肋间搏动 见于肺动脉高压。

（二）触诊

案例 3-20

患者，女，24岁。劳累后心悸、气促5年。身体评估：心前区无隆起，心尖部可触及舒张期震颤，心率86次/分，心律整齐。

问题：该患者发生舒张期震颤的最可能原因是什么？

心脏触诊除可进一步验证视诊的结果外，尚可发现心脏病特有的震颤及心包摩擦感。触诊时手要温暖，评估者先用右手全手掌置于评估对象心前区开始检查，然后逐渐缩小到手掌尺侧（小鱼际）或示指、中指指腹并拢进行触诊，以准确定位。触诊的内容包括心尖搏动的位置、强度、范围，有无震颤和心包摩擦感。

1. 心尖搏动 触诊心尖搏动的位置、强弱和范围，较视诊更准确，尤其在视诊看不清心尖搏动的情况下，触诊常能发现。由于心尖搏动的凸起标志着心室收缩期的开始，故可用触诊来判断震颤、心音和杂音出现的时相，亦可了解心率和心律。左心室肥大时，触诊的手指可被强有力的心尖搏动抬起，称抬举性心尖搏动，为左心室肥大的重要体征。

考点：抬举性心尖搏动

2. 震颤 触诊时手掌尺侧或手指指腹感觉到的一种细微振动感，与在猫喉部摸到的呼吸震颤类似，又称"猫喘"，为器质性心血管疾病的特征性体征之一。震颤的发生是由于血液经狭窄的口径或循异常的方向流动形成湍流（漩涡），使瓣膜、血管壁或心腔壁振动传至胸壁所致。发现震颤时应注意其出现的部位、发生的时期（收缩期、舒张期或连续性）。由于触诊对低频振动较灵敏，而听诊对高频振动较灵敏，因此，有震颤时一定可以听到杂音，但有杂音时不一定能触到震颤，常见于某些先天性心脏病或心脏瓣膜狭窄（表 3-18）。

表 3-18 心前区震颤的临床意义

时相	部位	常见疾病
收缩期	胸骨右缘第 2 肋间	主动脉瓣狭窄
	胸骨左缘第 2 肋间	肺动脉瓣狭窄
	胸骨左缘第 3～4 肋间	室间隔缺损
舒张期	心尖区	二尖瓣狭窄
连续性	胸骨左缘第 2 肋间	动脉导管未闭

考点：震颤及其临床意义

3. 心包摩擦感 是心前区于胸骨左缘第 4 肋间触及的一种与胸膜摩擦感相似的心前区摩擦振动感，在收缩期及舒张期均能触及，以收缩期、前倾坐位或呼气末更为明显。心包摩擦感是由于急性心包炎时纤维蛋白渗出导致心包表面粗糙，心脏收缩时脏层与壁层心包膜相互摩擦产生的振动传至胸壁所致。

（三）叩诊

案例 3-21

患者，女，40 岁。心悸、气短，不能平卧 3 天，风湿性心脏病、二尖瓣狭窄病史 10 年。

问题： 1. 请叙述心界叩诊的正确手法。

2. 该患者的心浊音界可能会发生怎样的改变？

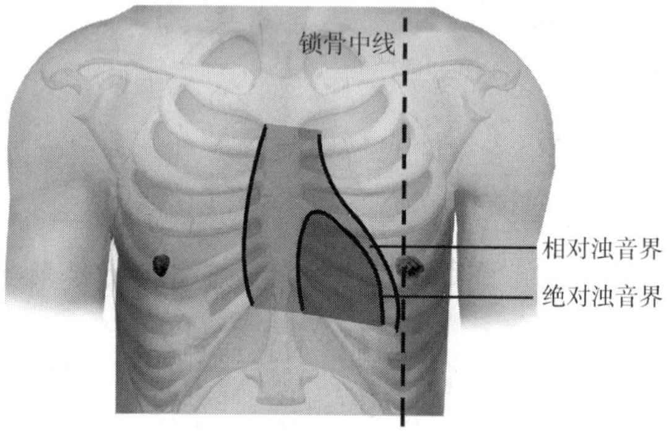

图 3-38 心脏绝对浊音界和相对浊音界

心脏叩诊用于确定心界的大小、形状及其在胸腔内的位置。心脏浊音界包括相对浊音界和绝对浊音界。心脏左右缘被肺遮盖的部分，叩诊呈浊音，其边界为相对浊音界，而不被肺遮盖的部分叩诊呈绝对浊音（实音），其边界为绝对浊音界。通常心脏相对浊音界，反映心脏的实际大小和形态（图 3-38）。

1. 叩诊方法 叩诊时，采用间接叩诊法，评估对象取仰卧位或坐位。取仰卧位时，评估者板指与肋间平行；取坐位时，板指与肋间垂直。叩诊时以轻叩为宜，力度适中，用力均匀，按先左后右，由外向内，自下而上的顺序，以听到声音由清音变为浊音来确定心界。叩诊心脏左界时，从心尖搏动最强点外 2～3cm 处开始，由外向内逐渐叩诊，当叩诊音由清音变为浊音时，提示已达心脏边界，用笔做一标记，如此逐个肋间自下向上叩诊，直至第 2 肋间。叩诊心脏右界时，先沿锁骨中线自上而下叩出肝上界，然后于其上一肋间（通常为第 4 肋间）开始，由外向内叩出浊音界，做一标记，再按肋间依次向上叩至第 2 肋间。用硬尺测量前正中线至各标记点的垂直距离，再测量左锁骨中线距前正中线的距离，以记录心脏相对浊音界的位置。

2. 正常心浊音界 正常成人心脏相对浊音界至前正中线的距离见表 3-19。

表 3-19 正常成人心脏相对浊音界至前正中线的距离

右界（cm）	肋间	左界（cm）
2～3	Ⅱ	2～3
2～3	Ⅲ	3.5～4.5
3～4	Ⅳ	5～6
	Ⅴ	7～9

注：左锁骨中线距前正中线 8～10cm。

3. 心浊音界各部的组成 心脏左界第 2 肋间处相当于肺动脉段，第 3 肋间为左心耳，第 4～5 肋间为左心室，其中主动脉与左心室交接处向内的凹陷，称心腰部。右界第 2 肋间相当于升主动脉和上腔静脉，第 3 肋间以下为右心房（图 3-39）。

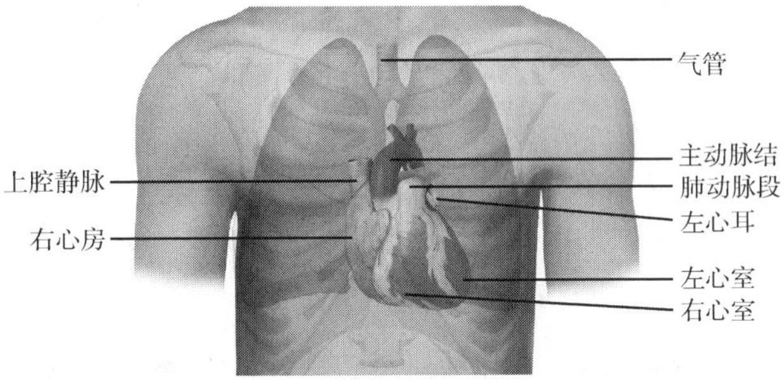

图 3-39 心脏各部位在胸壁上的投影

4. 心浊音界的改变 心浊音界大小、形状和位置可因心脏病变或心外因素的影响而发生改变。

（1）心脏病变

1）左心室增大：心浊音界向左下扩大，心腰部加深近似直角，心界呈靴形，常见于主动脉瓣关闭不全，称主动脉型心或靴形心（图 3-40），也可见于高血压心脏病。

2）右心室增大：轻度增大时仅使绝对浊音界增大；显著增大时，相对浊音界向左右两侧扩大，以向左扩大明显，常见于肺源性心脏病。

3）左、右心室增大：心浊音界向两侧增大，且左界向左下增大，称普大型心，常见于扩张型心肌病、全心衰竭和重症心肌炎等。

4）左心房增大与肺动脉段扩大：胸骨左缘第 2～3 肋间心浊音界向外扩大，使心腰部饱满或膨出，心界呈梨形，常见于二尖瓣狭窄，称二尖瓣型心或梨形心（图 3-41）。

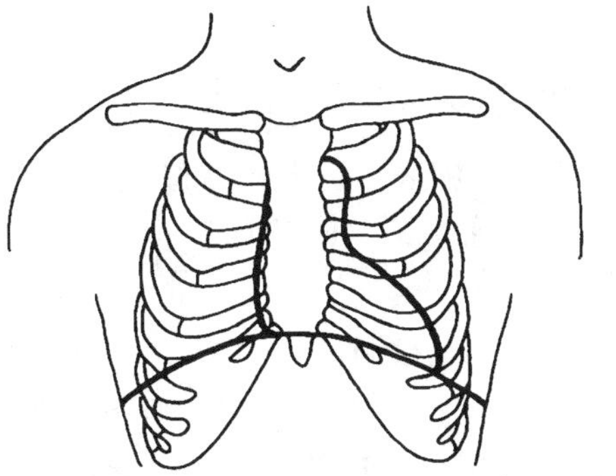

图 3-40 主动脉型心浊音界（靴形心）

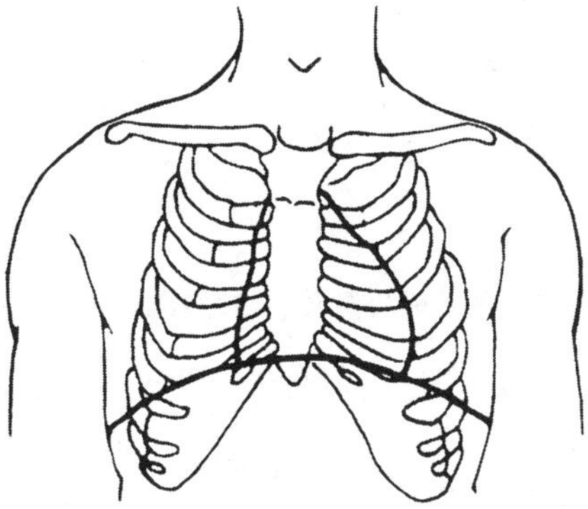

图 3-41 二尖瓣型心浊音界（梨形心）

5）心包积液：心包积液达一定量时，心界向两侧扩大，并随体位改变而发生变化。坐位时心浊音界呈三角烧瓶样（图 3-42），仰卧位时心底部浊音区明显增宽呈球形（图 3-43），此种变化为心包积液的特征性体征。

考点：二尖瓣狭窄、主动脉瓣关闭不全及心包积液的心浊音界的改变

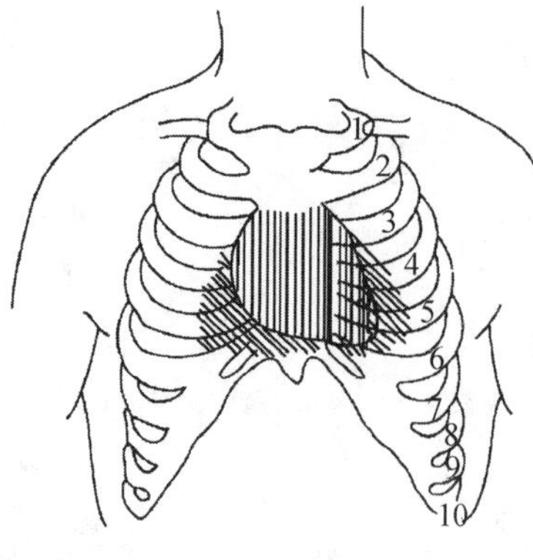

图 3-42　坐位心包积液的心浊音界

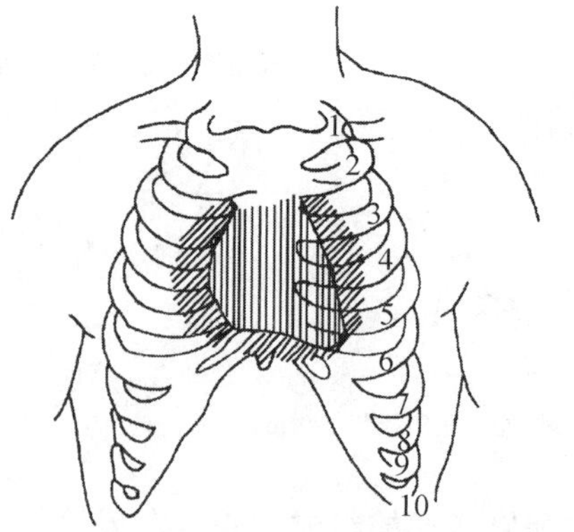

图 3-43　仰卧位心包积液的心浊音界

（2）心外因素　大量胸腔积液或气胸时，患侧的心界叩不出，健侧心界向外移位；肺气肿时，心浊音界变小或叩不出；腹腔大量积液或巨大肿瘤时，膈上抬，心脏呈横位，心界向左扩大。

（四）听诊

听诊是心脏评估最重要的且较难掌握的方法。听诊心脏时，环境应安静，评估对象取卧位或坐位，必要时可改变体位，做深呼吸或适当运动后听诊，以便更好地辨别心音或杂音。

案例 3-22

某男性，40 岁。健康体检，P 68 次/分，心律整齐。

问题：1. 评估对象心率是否正常？如何听诊心率？

2. 如何正确听诊心脏各瓣膜。

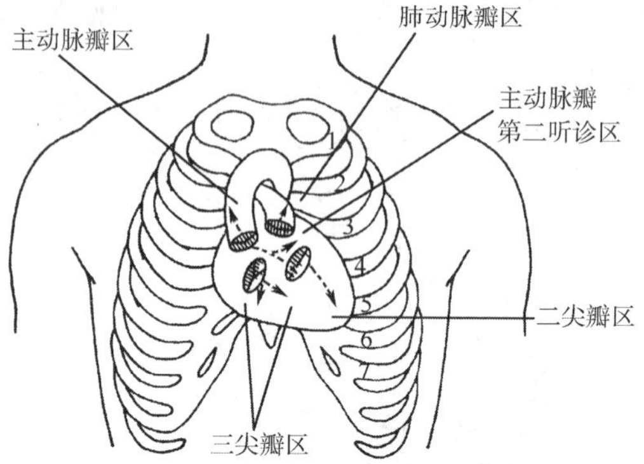

图 3-44　心脏瓣膜的体表投影和心脏瓣膜听诊区

1. 心脏瓣膜听诊区　心脏各瓣膜开放与关闭时所产生的声音，沿血流方向传导至胸壁不同部位，在体表听诊最清楚的部位即为该心脏瓣膜听诊区，与其瓣膜口在胸壁上的投影不完全一致，通常有 5 个心脏瓣膜听诊区（图 3-44）。

（1）二尖瓣区　位于心尖搏动最强点，又称心尖区。

（2）肺动脉瓣区　位于胸骨左缘第 2 肋间。

（3）主动脉瓣区　位于胸骨右缘第 2 肋间。

（4）主动脉瓣第二听诊区　位于胸骨左缘第 3～4 肋间。

（5）三尖瓣区　位于胸骨体下端左缘，即胸骨左缘第 4～5 肋间隙。

考点：心脏各瓣膜听诊区及位置

2. 听诊顺序　通常自二尖瓣区开始，依次听诊肺动脉瓣区、主动脉瓣区、主动脉瓣第二听诊区和三尖瓣区。

3. 听诊内容　包括心率、心律、心音、额外心音、心脏杂音和心包摩擦音等。

（1）心率　为每分钟心搏的次数。一般在心尖部听取第一心音，计数 1min。正常成年人在安静、清醒的状态下，心率多为 60～100 次/分，3 岁以下儿童多在 100 次/分以上，老年人稍慢。成年人心率超过 100 次/分，婴幼儿心率超过 150 次/分称为心动过速，可见于运动、情绪激动时，也可见于发热、贫血、甲状腺功能亢进症、心力衰竭和休克等。心率低于 60 次/分称为心动过缓，可见于运动员，也可见于颅内压增高、甲状腺功能减退症、房室传导阻滞或普萘洛尔等药物作用。

考点： 正常心率

（2）心律　为心脏跳动的节律。正常成年人心律基本规则，部分青少年和儿童可出现随呼吸改变的心律，吸气时心率增快，呼气时减慢，称窦性心律不齐，一般无临床意义。听诊能够发现的心律失常以期前收缩和心房颤动最常见。

1）期前收缩：是在规则心律基础上突然提前出现的心音。听诊特点：①规则心律基础上，心音提前出现，后有一个较长间歇期；②提前出现的心跳的第一心音增强，第二心音减弱；③长间歇后出现的第一个心跳的第一心音减弱，第二心音增强。生理情况下，情绪激动、酗酒、疲劳等可出现一过性期前收缩；病理情况下见于各种器质性心脏病、洋地黄中毒及低钾血症等。

期前收缩规律出现，每一次正常心跳之后出现一次期前收缩，称为二联律；每两次正常心跳之后出现一次期前收缩，称为三联律。

2）心房颤动：是由心房内异位节律点发出异位冲动产生的多个折返所致。听诊特点：①心律绝对不规则；②第一心音强弱不等；③脉率少于心率，称脉搏短绌。心房颤动常见于二尖瓣狭窄、冠心病或甲状腺功能亢进症等。

考点： 期前收缩、二联律、三联律和心房颤动的听诊特点

（3）心音　按其在心动周期中出现的先后顺序依次命名为第一心音（S_1）、第二心音（S_2）、第三心音（S_3）和第四心音（S_4）。通常只能听到 S_1 和 S_2，S_3 可在部分健康儿童和青少年中闻及，而 S_4 多属病理性，一般不易闻及。

1）S_1：出现在心室收缩早期时，由二尖瓣和三尖瓣关闭引起的振动所产生。S_1 的出现标志着心室收缩期的开始。听诊特点：①音调较低钝；②强度较响；③所占时间较长（持续约 0.1s）；④与心尖搏动同时出现；⑤心尖部听诊最清楚。

2）S_2：出现在心室舒张早期，由于主动脉瓣和肺动脉瓣关闭引起的振动所产生。S_2 的出现标志着心室舒张期的开始。听诊特点：①音调较高而脆；②强度较 S_1 弱；③所占时间较短（约 0.08s）；④在心尖搏动之后出现；⑤心底部听诊最清楚。

（4）心音改变及临床意义

1）心音强度改变

A. S_1 强度改变：S_1 强度与心肌收缩力、心室充盈情况、瓣膜弹性及位置有关。S_1 增强常见于二尖瓣狭窄，主要是由于舒张期心室充盈减慢、减少，以致在心室开始收缩时二尖瓣位置低垂，加之心室收缩时间缩短、左心室内压力上升加速，造成瓣膜关闭振动幅度大所致。另外，高热、甲状腺功能亢进症时，由于心肌收缩加快、增强，也可使 S_1 增强。S_1 减弱常见于二尖瓣关闭不全，由于左心室舒张期过度充盈，二尖瓣位置较高，活动幅度减小所致。其他如心肌炎、心肌病、心肌梗死和心力衰竭等疾病由于心肌收缩力减弱致 S_1 低钝。S_1 强弱不等常见于心房颤动和完全性房室传导阻滞。

B. S_2 强度改变：S_2 强度主要取决于主动脉和肺动脉内压力、半月瓣的弹性和完整性。S_2 包括主动脉瓣区第二心音（A_2）和肺动脉瓣区第二心音（P_2），通常 A_2 在主动脉瓣区最清楚，P_2 在肺动脉瓣区最清晰。一般情况下，青少年 $P_2>A_2$，成年人 $P_2=A_2$，而老年人 $P_2<A_2$。A_2 增强，由主动脉压力增高所致，主要见于高血压、动脉粥样硬化等。P_2 增强，由肺动脉压力增高所致，主要见于慢性肺源性心脏病、二尖瓣狭窄伴肺动脉高压等疾病。A_2 减弱是由于主动脉压力降低所致，主要见于主动脉瓣狭窄、主动脉瓣关闭不全等。P_2 减弱，为肺动脉压力降低所致，主要见于肺动脉瓣狭窄、肺动脉瓣关闭不全等。

2）心音性质改变：心肌严重病变时，S_1 失去原有低钝的特征而与 S_2 相似，可形成“单音律”。当心率增快，收缩期与舒张期时限几乎相等，听诊类似钟摆声，称为钟摆律。由于此音也与胎儿心音

类似，故又称胎心律。一旦出现钟摆律，常提示心肌严重受损，病情危急，见于重症心肌炎和大面积急性心肌梗死等。

3）心音分裂：听诊时出现一个心音分裂为两个心音的现象称为心音分裂。①S_1 分裂：是由于左、右心室收缩明显不同步，二尖瓣和三尖瓣的关闭时间相距 0.04s 以上所致，常见于右束支传导阻滞；②S_2 分裂：是由于主动脉瓣和肺动脉瓣关闭明显不同步所致，在肺动脉瓣区听诊较明显，生理情况下见于健康儿童和青少年，于深吸气末可闻及，病理情况下见于二尖瓣关闭不全、室间隔缺损等。

（5）额外心音　指在正常的 S_1 和 S_2 之外出现的附加心音，多属病理性。多出现在舒张期，也可出现在收缩期，以舒张早期额外心音最多见，临床意义也较大。因额外心音发生在 S_2 之后，与原有的 S_1 和 S_2 组成三音律，在心率＞100 次/分时，犹如马奔跑时的蹄声，故又称为舒张早期奔马律。其发生是由于心室舒张期负荷过重，心肌张力减低与顺应性减退，心室舒张时血液快速充盈引起心室壁振动所致，是心肌严重受损的重要体征之一。此外，人工器材在心脏的植入，可产生医源性额外心音，常见的有人工瓣膜音和人工起搏音。

考点：舒张早期奔马律的临床意义

案例 3-23

患者，女，42 岁。心慌气短病史 21 年，2 天前突然咳粉红色泡沫痰约 150ml。身体评估：面色轻度发绀，P 90 次/分，心尖搏动向左移位，心尖部可触及舒张期震颤，叩诊心浊音界呈梨形，听诊心尖部可闻及较局限的隆隆样舒张期杂音。

问题：1. 应首先考虑的疾病是什么？

2. 听诊心脏杂音时应注意分析哪些内容？

（6）心脏杂音　是指在心音与额外心音之外，在心脏收缩或舒张过程中出现的异常声音，其特点为持续时间长，频率、强度不同。可与心音分开或相连续，甚至完全掩盖心音。

1）杂音的产生机制：杂音是由于血流速度加快、瓣膜口狭窄或瓣膜关闭不全、心脏或大血管之间的血流通道异常或心腔内有漂浮物等，使血流由正常的层流变为湍流，进而形成漩涡，撞击心壁、瓣膜、腱索或血管壁，使之振动，从而在相应部位产生声音（图 3-45）。

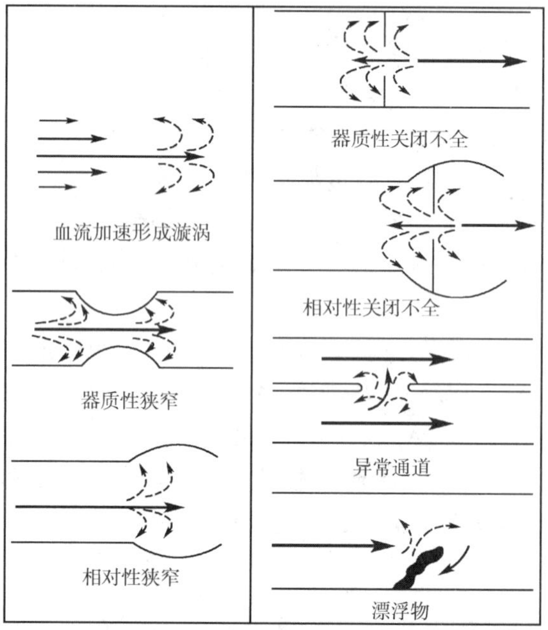

图 3-45　心脏杂音产生机制示意图

2）杂音听诊要点：当听到杂音时，应根据其最响部位、出现时期、性质、传导方向、强度，以及与呼吸、体位和运动的关系等方面来分析判断其临床意义。

A. 最响部位：杂音的最响部位常与病变部位有关。一般来说，杂音在某瓣膜听诊区最响，则提示该瓣膜有病变。

B. 时期：发生在 S_1 和 S_2 之间的杂音，称为收缩期杂音；发生在 S_2 与下一心动周期的 S_1 之间者，称为舒张期杂音；杂音在收缩期和舒张期连续出现者，称为连续性杂音。一般认为，舒张期杂音和连续性杂音均为器质性杂音，而收缩期杂音则有器质性和功能性两种可能。

C. 性质：指杂音的音色和音调。杂音的音色常以吹风样、隆隆样、叹气样、机器样、乐音样等声音来描述。按音调高低可形容为柔和与粗糙。一般而言，功能性杂音较柔和，器质性杂音较粗糙。不同音色与音调的杂音，反映不同的病变，如心尖区舒张期隆隆样杂音是二尖瓣狭窄的特征；心尖区粗糙的吹风样全收缩期杂音，常提示二尖瓣关闭不全；主动脉瓣区舒张期叹气样杂音提示主动脉瓣关闭不全；机器样杂音见于动脉导管未闭。

D. 传导：杂音可沿血流方向传导，根据杂音最响部位及其传导方向，可判断杂音来源及其病理性质。如二尖瓣关闭不全的杂音向左腋下传导，主动脉瓣狭窄的杂音向颈部传导，而二尖瓣狭窄的心尖区隆隆样杂音则较局限，不向他处传导。

E. 强度：即杂音的响度。杂音的强弱与多种因素有关。①狭窄程度：一般狭窄越重，杂音越强，若严重狭窄导致通过的血流极少，杂音反而减弱或消失。②血流速度：血流速度增快时杂音可增强。③压力阶差：狭窄的瓣膜口或心室内异常通道两侧的压力阶差越大，杂音越强；反之，则杂音越弱。

收缩期杂音强度通常采用 Levine 6 级分级法表示（表 3-20）。记录杂音强度时，以杂音的级别为分子，6 为分母，如杂音强度为 3 级，应记录为 3/6 级杂音。一般认为 3/6 级及以上的收缩期杂音多为器质性，但应结合杂音的性质、粗糙程度、是否传导等综合判断。舒张期杂音多为器质性，一般不分级。

表 3-20 杂音强度分级（Levine 6 级分级法）

级别	响度	听诊特点	震颤
1	很轻	很弱，安静环境下仔细听诊才能听出	无
2	轻度	较易听到的杂音	无
3	中度	较为明显的杂音	无
4	响亮	响亮的杂音	有
5	很响	很响亮的杂音，但听诊器离开胸壁即听不到	明显
6	震耳	震耳的杂音，即使听诊器稍离开胸壁也能听到	明显

F. 体位、呼吸和运动对杂音的影响：体位改变、运动或深吸气、呼气及屏气等动作可使某些杂音增强或减弱，有助于杂音的判别。①体位改变：左侧卧位可使二尖瓣狭窄的舒张期杂音更明显；前倾坐位可使主动脉瓣关闭不全的舒张期叹气样杂音更明显；仰卧位可使二尖瓣、三尖瓣和肺动脉瓣关闭不全的舒张期杂音更明显。②呼吸：深吸气时，胸腔负压增加，回心血量增加，右心室排血量增加，从而使三尖瓣、肺动脉瓣等与右心相关的杂音增强；深呼气时与左心相关的杂音增强；深吸气后紧闭声门并用力做呼气动作（也称瓦尔萨尔瓦动作，Valsalva maneuver）时，胸腔压力增高，回心血量减少，由瓣膜产生的杂音多数都减轻。但肥厚型梗阻性心肌病的杂音增强。③运动：运动时心率增快，血流加速，心肌收缩力增强，心排血量增加，可使器质性杂音增强。

3）杂音的临床意义

A. 收缩期杂音：①二尖瓣区：根据产生杂音的部位有无器质性病变可分为功能性杂音和器质性杂音。功能性杂音较常见，可见于部分正常人、剧烈运动等生理情况下，也可见于发热、贫血、甲状腺功能亢进症等病理情况下。听诊特点为性质柔和、吹风样，一般在 2/6 级以下。相对性杂音如因左心室扩大所致的二尖瓣相对性关闭不全，亦属于功能性杂音，见于高血压心脏病、扩张型心肌病、冠心病等，杂音特点为吹风样，性质较柔和。而器质性杂音主要见于风湿性心脏病二尖瓣关闭不全，听诊特点为吹风样，性质粗糙、响亮、高调，多占据全收缩期，强度常在 3/6 级以上，并向左腋下或左肩胛下传导，呼气末、左侧卧位时明显。②三尖瓣区：大多由于右心室扩大所致的三尖瓣相对性关闭不全引起，极少数为器质性病变。听诊特点为吹风样，性质柔和，吸气时增强，3/6

级以下。③主动脉瓣区：为粗糙喷射性收缩期杂音，向颈部传导，常伴有震颤，多见于主动脉瓣狭窄。④肺动脉瓣区：肺动脉瓣狭窄时，可产生器质性杂音。听诊特点为响亮、粗糙、3/6 级以上，伴有震颤。⑤其他部位：室间隔缺损时，可在胸骨左缘第 3～4 肋间闻及响亮而粗糙的收缩期杂音，常伴震颤。

考点：功能性与器质性收缩期杂音的鉴别

B. 舒张期杂音：多数是由于瓣膜器质性损害所致。①二尖瓣区：可因器质性或相对性二尖瓣狭窄引起。器质性主要见于风湿性心脏病二尖瓣狭窄，听诊特点为舒张中晚期隆隆样杂音，左侧卧位易闻及，较局限，常伴震颤及 S_1 增强。相对性杂音最常见于主动脉瓣关闭不全引起的二尖瓣相对性狭窄，听诊特点为性质柔和，无震颤，不伴 S_1 增强。②主动脉瓣区：主要见于主动脉瓣关闭不全，听诊特点为舒张早期叹气样杂音，于主动脉瓣第二听诊区最清晰，前倾坐位及呼气末屏住呼吸时更明显，杂音向心尖部传导。③肺动脉瓣区：器质性病变引起者少见，多由肺动脉高压、肺动脉扩张致肺动脉瓣相对关闭不全引起，听诊特点为吹风样或叹气样，于胸骨左缘第 2 肋间最响，平卧或吸气时增强，常见于二尖瓣狭窄伴明显肺动脉高压、肺源性心脏病等。

C. 连续性杂音：常见于动脉导管未闭，在胸骨左缘第 2 肋间稍外侧最响，听诊特点为杂音于 S_1 后不久开始，持续整个收缩期和舒张期，其间不中断，性质响亮、粗糙、似机器转动。

（7）心包摩擦音　指心包由于炎症或其他原因发生纤维蛋白沉积而粗糙，在心脏搏动时壁层与脏层心包互相摩擦而出现的声音。心包摩擦音性质粗糙、音调较高、类似用指腹摩擦耳郭的声音，与心脏搏动一致，与呼吸无关，屏气时摩擦音仍存在，可据此与胸膜摩擦音相鉴别。心包摩擦音可在整个心前区闻及，但以胸骨左缘第 3～4 肋间最清楚，坐位前倾及呼气末更明显。心包摩擦音常见于各种感染性心包炎，也可见于尿毒症、心肌梗死等。

考点：心包摩擦音听诊的特点及临床意义

第 6 节　周围血管评估

周围血管评估内容主要包括脉搏、血压、周围血管征和血管杂音。

一、脉　　搏

案例 3-24

患者，女，28 岁。心前区闷痛伴呼吸困难 15 天，以“心包积液”入院。身体评估：脉搏随深吸气逐渐减弱甚至消失，呼气时又有所加强。

问题：1. 该患者的脉搏为哪种异常脉搏？

2. 常见的异常脉搏有哪些？

动脉血管随心脏的收缩和舒张活动而相应出现扩张和回缩的搏动，称为动脉搏动，简称脉搏。检查脉搏主要采用触诊的方法。检查时，应选择浅表动脉，临床上常选用桡动脉。常用并拢的示指、中指和环指的指腹进行触诊。

（一）脉率

正常人脉率与心率一致，安静状态下为 60～100 次/分。脉率的生理和病理变化及其临床意义与心率基本一致。正常人脉率等于心率，但在某些心律失常，如心房颤动、频发室性期前收缩等情况下，由于部分心搏的搏出量过少，使周围动脉不能产生搏动，则出现脉率少于心率，即为脉搏短绌。

（二）脉律

脉律可反映心脏冲动的节律。正常人的脉律较规则，有窦性心律不齐的脉搏可随呼吸发生改变，即吸气时脉率增快，呼气时减慢。各种心律失常时，则出现脉率不规则，如期前收缩呈二联律或三联律者可出现二联脉、三联脉；心房颤动者脉律绝对不规则，且强弱不等，常有脉搏短绌；房室传导阻滞者可出现脉搏脱漏。

（三）紧张度与动脉壁状态

脉搏的紧张度与动脉收缩压高低有关。检查时，常将三指指腹扪脉后，用近心端手指压迫阻断血流，逐渐施压直至远端手指触不到脉搏，此时，近端手指完全阻断动脉搏动所施的压力，即为脉搏的紧张度。正常人动脉管壁光滑、柔软，并有一定弹性；动脉硬化明显时，动脉壁变硬、弹性丧失，呈迂曲的索条状或呈结节状。

（四）强弱

脉搏的强弱与心脏每搏输出量、脉压和周围血管阻力的大小有关。每搏输出量增加、脉压增大、周围血管阻力减低时，脉搏有力而振幅大，称为洪脉，见于高热、甲状腺功能亢进症、主动脉瓣关闭不全等；反之，脉搏减弱，称为细脉，见于心力衰竭、休克、主动脉狭窄等。

（五）脉搏波形

脉搏搏动的情况可用脉波仪描记出具有一定形态的曲线，这一曲线称为脉搏的波形，临床上，也可用触诊来粗略地估计脉搏的波形。

1. 水冲脉 脉搏骤起骤降，急促而有力，犹如潮水涨落，故名水冲脉。检查时，紧握评估对象手腕掌面，将其前臂抬高过头，感受桡动脉的搏动。如感知明显的水冲脉，表明脉压增大，主要见于主动脉瓣关闭不全，亦可见于严重贫血、甲状腺功能亢进症等。

2. 交替脉 指节律规则而强弱交替出现的脉搏。其机制是心肌收缩力强弱交替所致，是左心衰竭的重要体征之一。

3. 奇脉 吸气时，脉搏明显减弱甚至消失的现象称为奇脉，常见于心包积液、缩窄性心包炎所致心脏压塞时。产生机制是心脏压塞患者吸气时由于右心舒张受限，回心血量减少，无法弥补肺循环血流量增加的需要，致使肺静脉流入左心房的血量减少，形成吸气时脉搏减弱或消失的现象。

4. 脉搏消失 即无脉，见于严重休克、多发性大动脉炎或肢体动脉栓塞。

考点：水冲脉、交替脉、奇脉的临床特征

二、血 压

血压通常指体循环动脉血压，是重要的生命体征之一。

（一）血压的标准

目前我国成年人采用的高血压标准是根据临床及流行病学资料界定的，根据《中国高血压防治指南（2018年修订版）》公布的标准，规定如下（表3-21）。

表3-21 成年人血压水平的定义和分类

类型	收缩压（mmHg）		舒张压（mmHg）
正常血压	<120	和	<80
正常高值	120～139	和（或）	80～89
高血压	≥140	和（或）	≥90

续表

类型	收缩压（mmHg）		舒张压（mmHg）
1级高血压（轻度）	140～159	和（或）	90～99
2级高血压（中度）	160～179	和（或）	100～109
3级高血压（重度）	≥180	和（或）	≥110
单纯收缩期高血压	≥140	和	<90

注：当收缩压和舒张压分属不同级别时，以较高的分级为准；单纯收缩期高血压也可按照收缩压水平分为1、2、3级。

（二）血压变动的临床意义

1. 高血压 指在未使用降压药的情况下，18 岁以上成年人收缩压≥140mmHg 和（或）舒张压≥90mmHg，若仅收缩压达到标准则称单纯收缩期高血压。患者既往有高血压病史，目前正在使用降压药物，虽然血压<140/90mmHg，仍应诊断为高血压。临床上多数高血压为原发性高血压，部分为继发性高血压，多见于肾实质病变、肾动脉狭窄、嗜铬细胞瘤、妊娠中毒症等。

2. 低血压 血压低于 90/60mmHg 时称为低血压。部分健康人，血压长期低于 90/60mmHg，但无任何不适症状，属于生理性低血压。病理性低血压可见于休克、急性心肌梗死、心脏压塞等。

3. 双侧上肢血压差异常 正常双侧上肢血压相似或有轻度差异，若大于 10mmHg 则属异常，多见于多发性大动脉炎或先天性动脉畸形等。

4. 上下肢血压差异常 正常下肢血压高于上肢血压达 20～40mmHg，如下肢血压等于或低于上肢血压，则提示相应部位动脉狭窄或闭塞，见于主动脉缩窄、胸腹主动脉型大动脉炎等。

5. 脉压改变 正常成人脉压为 30～40mmHg，当脉压>40mmHg 为脉压增大，多见于甲状腺功能亢进症、主动脉瓣关闭不全、动脉硬化、严重贫血等。脉压<30mmHg 为脉压减小，见于主动脉瓣狭窄、心包积液、心力衰竭、休克等。

三、周围血管征

案例 3-25

患者，女，50 岁。3 个月前始感疲乏无力，夜间失眠，怕热多汗，食欲亢进。2 周后出现低热，体重下降，突眼，诊断为甲状腺功能亢进症。身体评估：BP 135/80mmHg，周围血管征阳性。

问题： 1. 该患者为什么会出现周围血管征？

2. 该患者可能出现的周围血管征有哪些？

周围血管征是脉压增大时出现的体征，主要见于主动脉瓣关闭不全、甲状腺功能亢进症、严重贫血等脉压增大的疾病。除了可扪及水冲脉外，还有以下体征。

1. 枪击音 将听诊器胸件放在浅表大动脉（常选择股动脉或肱动脉）处，可闻及与心跳一致短促如射枪的声音，称为枪击音。

2. 杜柔双重杂音 是将听诊器胸件置于股动脉上，稍加压力，在收缩期与舒张期皆可闻及的吹风样杂音。

3. 毛细血管搏动征 用手指轻压评估对象指甲甲床末端，或以清洁玻片轻压口唇黏膜，若出现红、白交替的节律性微血管搏动现象，称毛细血管搏动征。

考点： 毛细血管搏动征阳性的临床意义

四、血管杂音

血管杂音的发生机制与心脏杂音相同，是血流加速或者血流紊乱形成湍流，引起血管壁振动所致。

临床上多见的是动脉血管杂音，静脉杂音一般不明显。常见的动脉杂音见于以下疾病。

1. 甲状腺功能亢进症 在肿大的甲状腺上闻及连续性嗡鸣动脉杂音。

2. 多发性大动脉炎 常在受累动脉的狭窄部分听到收缩期动脉杂音。

3. 肾动脉狭窄 在上腹部及腰背部闻及收缩期动脉杂音。

第7节 腹部评估

腹部范围是上起横膈，下至骨盆，由腹壁、腹腔和腹腔脏器构成。腹腔容纳着多个系统和器官，主要为消化系统、泌尿系统、生殖系统，如肝、胆、胰、脾、肾等重要器官。在正常情况下，各脏器分别占据一定的解剖部位，它们可互相重叠也可有较大的变异。由于触诊会引起胃肠蠕动增加，使肠鸣音发生变化影响到听诊结果，因此，腹部评估按照视诊、听诊、叩诊和触诊顺序进行，其中以触诊最为重要。

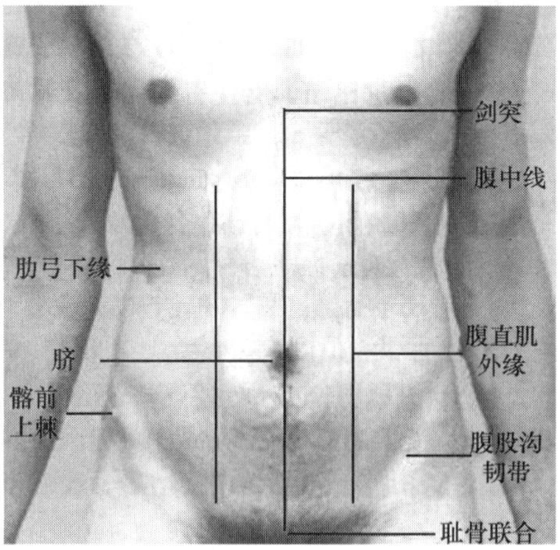

图 3-46 腹部体表标志示意图

一、腹部体表标志及分区

（一）体表标志

为了准确描述腹腔脏器的位置和范围，需要借助腹部体表的自然标志，其部位及临床意义见图 3-46、表 3-22。

表 3-22 腹部体表标志的部位及意义

标志	部位	临床意义
剑突	胸骨下端的软骨	肝脏测量的标志
肋弓下缘	第 8～10 肋软骨	腹部分区及肝脏、脾脏测量
脐	腹部的中心，平第 3～4 腰椎	腹部分区及腰椎穿刺、阑尾压痛点的定位标志
髂前上棘	髂嵴前方突出点	腹部九区法标志及骨髓穿刺部位
腹直肌外缘	相当于锁骨中线的延续	胆囊点的定位
腹中线	正中线的延续	腹部四区法的垂直线
腹股沟韧带	腹部两侧下部	寻找股动脉、股静脉的标志
耻骨联合	两耻骨间的纤维软骨连接	腹部体表的下界
肋脊角	第 12 肋骨与脊柱的夹角	评估肾区叩击痛的部位

（二）腹部分区

临床用体表标志将腹部划分为若干区，借以大致标出腹部各脏器的正常位置及病变体征的部位和范围，常用的是四区法和九区法。

1. 四区法 通过脐分别划一水平线与一垂直线，两线相交，将腹部分为四个区，即左上腹、左下腹、右上腹、右下腹（图 3-47）。各区所含的器官见表 3-23。

表 3-23 腹部四区及所含器官

分区	器官
左上腹部	肝左叶、脾、胃、小肠、胰体、胰尾、左肾、左肾上腺、结肠脾区、部分横结肠、腹主动脉、大网膜
左下腹部	乙状结肠、部分降结肠、小肠、女性的左侧卵巢及输卵管、男性的左侧精索、淋巴结
右上腹部	肝脏、胆囊、幽门、十二指肠、小肠、胰头、结肠肝曲、右肾、右肾上腺
右下腹部	盲肠、阑尾、部分升结肠、回肠下端、女性的右侧卵巢及输卵管、男性的右侧精索

2. 九区法 用两条水平线和两条垂直线，将腹部分为九个区。上面的水平线为两肋弓下缘连线，下面的水平线为两侧髂前上棘的连线。左右两条垂直线是在髂前上棘至腹正中线的水平线的中点上所做的垂直线，这四条线相交将腹部分成九个区（图 3-48）。

九区法主要脏器分布情况见图 3-49、表 3-24。

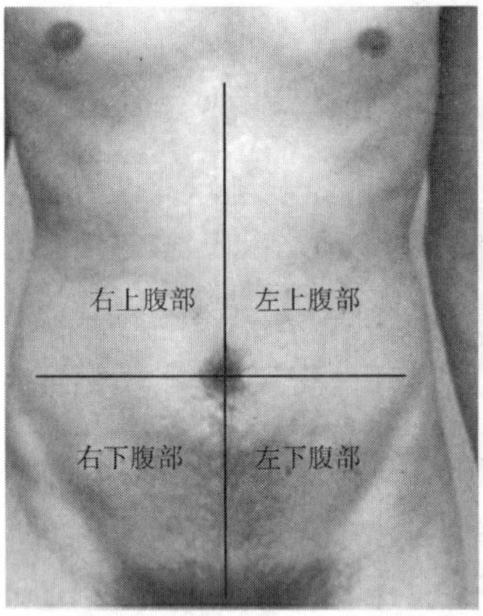

图 3-47 腹部体表四区法示意图

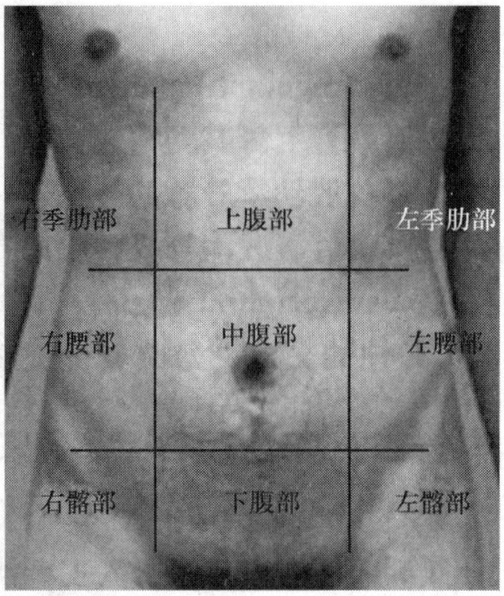

图 3-48 腹部体表九区法示意图

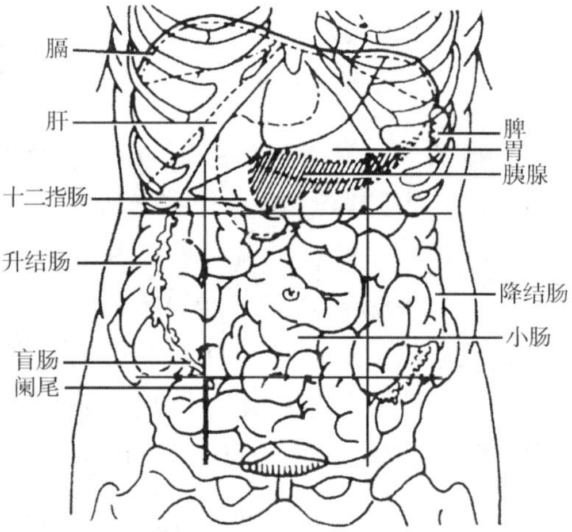

图 3-49 腹部脏器位置分布示意图

表 3-24 腹部九区及所含器官

分区	器官
右季肋部（右上腹部）	肝右叶、胆囊、结肠肝曲、右肾、右肾上腺
右腰部（右侧腹部）	升结肠、小肠、右肾
右髂部（右下腹部）	盲肠、阑尾、回肠下端、女性的右侧卵巢及输卵管、男性的右侧精索
上腹部	肝左叶、胃幽门端、十二指肠、大网膜、横结肠、胰头和胰体、腹主动脉
脐部（中腹部）	大网膜、肠系膜、部分横结肠、十二指肠下部、空肠和回肠、输尿管、腹主动脉
下腹部	回肠、胀大的膀胱、增大的子宫、乙状结肠、输尿管
左季肋部（左上腹部）	脾、胃、结肠脾曲、胰尾、左肾、左肾上腺
左腰部（左侧腹部）	降结肠、空肠或回肠、左肾
左髂部（左下腹部）	乙状结肠、女性的左侧卵巢及输卵管、男性的左侧精索、淋巴结

二、腹部评估的方法及内容

案例 3-26

患者，男，42 岁。3 年前出现食欲减退、恶心、呕吐、腹胀、消瘦、乏力等不适。身体评估发现：肝病面容，皮肤干枯粗糙，巩膜轻度黄染，胸部有 1 颗蜘蛛痣，肝掌，腹部膨隆，腹壁静脉曲张，脾脏左肋缘下 2cm，质地较硬，移动性浊音阳性。临床诊断为晚期肝硬化。

问题：该患者腹部视诊、叩诊和触诊检查中发现晚期肝硬化的体征有哪些？

（一）视诊

评估前嘱评估对象排空膀胱，室内温暖，光线适宜，最好是自然光。评估对象取低枕仰卧位，双手置于身体两侧，充分暴露全腹，进行全面和细致的观察。评估者站在评估对象的右边，按顺序自上而下进行视诊。腹部视诊的内容有腹部外形、呼吸运动、腹壁静脉、胃肠型及蠕动波和腹部搏动等。

1. 腹部外形 健康成年人仰卧位时腹部外观平坦，左右对称。直立时，腹部可稍隆起，约与胸部齐平。仰卧位时，前腹壁与肋弓和耻骨联合的前缘相平，腹左右径与胸左右径相齐，称腹部平坦，常见于发育营养良好的青壮年和成年人。腹部稍呈圆形凸出于肋缘至耻骨联合的同一水平面，称腹部饱满，常见于小儿和肥胖者。前腹壁稍内凹，低于肋缘至耻骨联合的水平面，称腹部低平，多见于老年人和消瘦者。

（1）腹部膨隆　仰卧位时前腹壁明显高于肋缘至耻骨的水平面，称腹部膨隆。腹部膨隆可分为下列两种。

1）全腹膨隆：全腹隆起呈球形或椭圆形，肥胖者腹壁脂肪过多而增厚，使脐部明显凹陷；腹腔内病变所致全腹膨隆者，腹壁无增厚，但脐部凸出。引起腹部膨隆的原因可见于：①腹水：当腹腔内有大量积液（腹水），仰卧位时腹壁松弛，液体下沉于腹腔两侧，致腹部扁平而宽，呈蛙腹状（图 3-50），且腹部外形随体位变化而改变。常见于肝硬化门静脉高压症、心功能不全、缩窄性心包炎、结核性腹膜炎等。②肠内积气：腹部呈球形，两侧腰部膨出不明显，转动体位时其形状无改变，多见于肠梗阻、肠麻痹等。③气腹：腹部呈均匀性膨大如球状，见于胃肠穿孔、人工气腹等。④腹腔内巨大包块：全腹膨隆呈球形或呈尖凸状，如足月妊娠。巨大卵巢囊肿、畸胎瘤等。

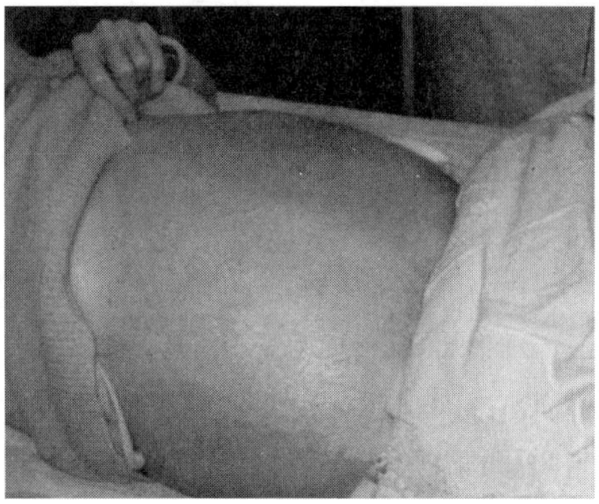

图 3-50　蛙腹

2）局部膨隆：应注意局部膨隆部位与相应脏器的关系，视诊时应注意其膨隆的部位、外形、有无搏动及与呼吸、体位变化的关系。局部膨隆的原因有：①右上腹部膨隆，见于肝肿瘤、肝脓肿、肝淤血和胆囊肿大等；②上腹部膨隆，见于各种原因所致的肝大、胃癌、胃扩张和胰腺囊肿等；③左上腹部膨隆，多见于脾大；④下腹部膨隆，见于妊娠子宫、子宫肌瘤和尿潴留，后者经导尿后膨隆可立即消失。

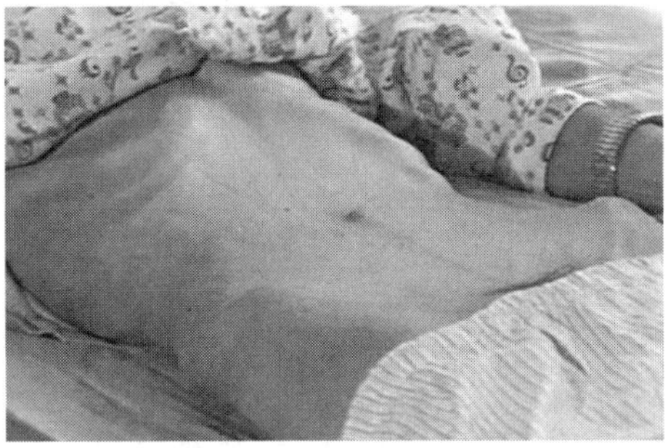

图 3-51　舟状腹

（2）腹部凹陷　仰卧位时前腹壁明显低于肋缘至耻骨联合的平面，称腹部凹陷，分为全腹凹陷和局部凹陷。前者为前腹壁呈明显内凹几乎贴近脊柱，而肋弓、髂嵴和耻骨联合异常显露，全腹呈舟状，称舟状腹（图 3-51），多见于结核病、恶性肿瘤等慢性消耗性疾病。局部凹陷较少见，可见于手术后腹壁瘢痕收缩、切口疝等。

考点：蛙腹、舟状腹的概念及临床意义

链　接　腹围的测量

全腹膨隆时，应定期测量其腹围，以观察其演变情况。测量方法：让评估对象排尿后平卧，用软尺在脐水平绕腹 1 周，测得其周长即为腹围；也可经腹部最膨隆处绕腹 1 周，测得的周长为最大腹围。通常以厘米为单位。

2. 呼吸运动　正常人腹壁随呼吸运动而上下起伏，称为腹式呼吸。男性及儿童以腹式呼吸为主；女性以胸式呼吸为主。腹式呼吸减弱见于腹膜炎症、大量腹水、巨大腹内肿瘤、急性腹痛、腹肌和膈痉挛强直等；腹式呼吸消失见于溃疡病穿孔或膈麻痹等。腹式呼吸增强少见，见于肺、胸膜疾病时胸式呼吸受限使之代偿性增强。

3. 腹壁静脉　正常人的腹壁静脉不显露，在较瘦或肤白的人，腹壁静脉常隐约可见，但无曲张征象。正常时，脐水平线以上的腹壁静脉，血流方向由下向上经胸壁静脉和腋静脉流入上腔静脉，脐水平线以下的腹壁静脉，血流方向由上向下经大隐静脉流入下腔静脉。腹壁静脉曲张最常见于门静脉回流受阻，其次见于上腔静脉或下腔静脉回流受阻。

（1）检查方法　将右手示指和中指并拢（或用两手的示指）紧压在曲张无分支的静脉上，然后两手指沿静脉分别向上、下两个不同方向推移，至一定距离后，两指间静脉已排空，此时抬起一手指，而另

一手指仍紧压在静脉上，如果被排空的这段静脉很快充盈，表示血流方向是从放松手指一端流向紧压的手指一端，可交替进行，比较观察（图 3-52）。

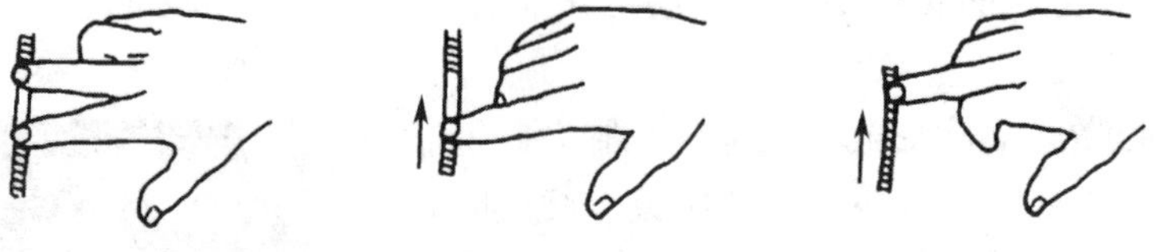

图 3-52 测定曲张静脉血流流向示意图

（2）血管阻塞部位的判断 ①门静脉高压：曲张的腹壁静脉以脐为中心向四周放射，脐水平以上自下而上，脐水平以下自上而下（图 3-53）。门静脉阻塞时，偶可见到自脐部向四周蜿蜒的一簇曲张静脉，称海蛇头（水母头），是门静脉高压症的体征之一。②下腔静脉梗阻：脐水平线以下的腹部静脉血流方向由下而上（图 3-54）。③上腔静脉梗阻：脐水平线以上的腹部静脉血流方向由上而下（图 3-55）。

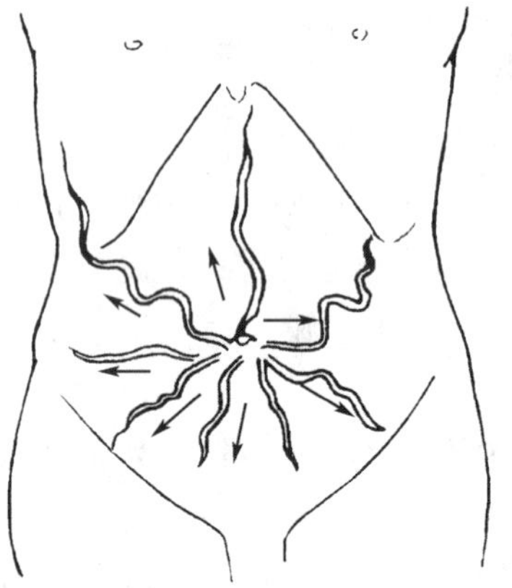

图 3-53 门静脉高压时静脉血流流向图

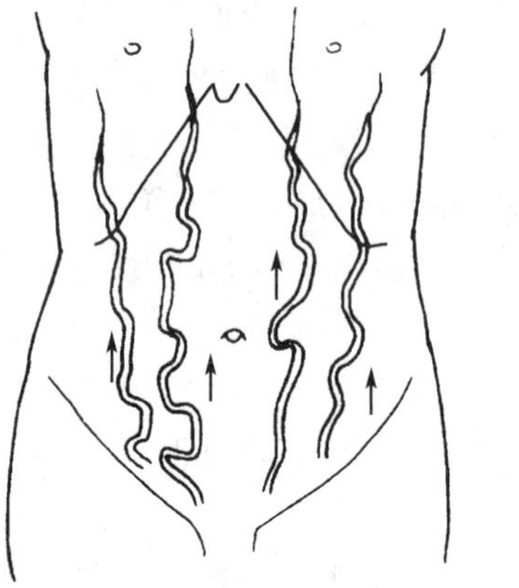

图 3-54 下腔静脉梗阻时静脉血流流向图

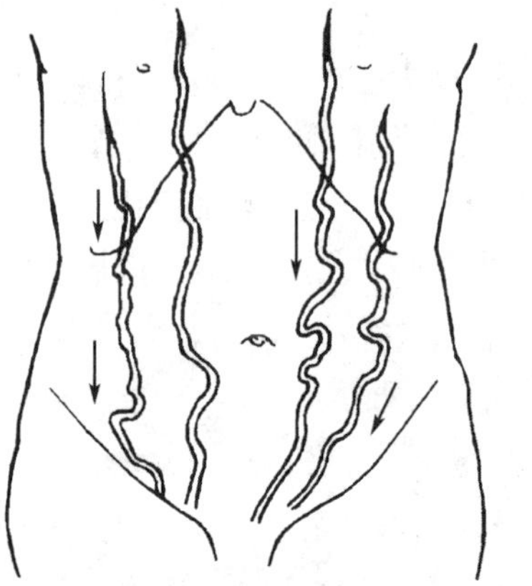

图 3-55 上腔静脉梗阻时静脉血流流向图

考点： 腹壁静脉曲张的判断及临床意义

4. 胃肠型及蠕动波 正常情况下，看不见胃肠型及蠕动波。当胃肠道发生梗阻时，梗阻近端的胃或肠段饱满而隆起，可显示明显的轮廓，称为胃型或肠型，并伴有该部位的蠕动增强，可见蠕动波。幽门梗阻时，可见自左肋缘下开始缓慢向右推进的较大蠕动波，到达右腹直肌下消失。肠梗阻时，在腹壁上可以看到肠蠕动波及肠型。小肠梗阻所致的蠕动波均见于脐部，可见明显的肠蠕动波，全腹膨胀，伴以“咕噜”样肠鸣音。肠麻痹时，蠕动波消失。

（二）听诊

腹部听诊的主要内容有肠鸣音、振水音、血管杂音等，全面听诊腹部各区，尤其是上腹部、脐部和右下腹。

1. 肠鸣音 当肠管蠕动时，肠内气体和液体随之流动，产生一种气过水声，称为肠鸣音。肠鸣音听诊部位以右下腹为主，以脐部最清楚。正常情况下每分钟 4～5 次，其频率、强度及音调变异较大。异常肠鸣音的特点及临床意义见表 3-25。

表 3-25 异常肠鸣音的特点及临床意义

分类	特点	临床意义
肠鸣音活跃	每分钟超过 10 次，音调不特别高亢	急性肠炎、胃肠道大出血、服泻药后
肠鸣音亢进	每分钟 10 次以上，其音响亮，音调高亢，可闻及叮当声或金属音	机械性肠梗阻

续表

分类	特点	临床意义
肠鸣音减弱	数分钟才能听到1次	老年性便秘、腹膜炎、低钾血症、胃肠动力减弱
肠鸣音消失	持续3～5min未能听到1次	急性腹膜炎、电解质紊乱、麻痹性肠梗阻

2. 振水音 是指胃内气体与液体相互撞击而发出的“咣啷、咣啷”的声音。

（1）评估方法 评估对象取仰卧位，评估者将听诊器体件放在评估对象的上腹部，或用一只耳凑近此处，然后将稍弯曲并拢的四指迅速地连续冲击评估对象的上腹部。有时也可用两手左右摇晃评估对象的上腹部，可听到振水音。

（2）临床意义 正常人进食较多量的液体后即可出现振水音。如果空腹或饭后6～8h以上仍可闻及振水音，则表示胃排空不良，有较多液体潴留，常见于幽门梗阻、胃扩张等。

3. 血管杂音 正常人腹部一般听不到血管杂音，如果听到则提示为病理性血管杂音，可分为动脉性血管杂音和静脉性血管杂音。

（1）动脉性血管杂音 如在腹中部听到收缩期喷射样杂音，常提示腹主动脉瘤或腹主动脉狭窄。前者可在受检部位触及搏动性包块；后者则搏动减弱，常合并下肢血压降低和足背动脉减弱甚至消失。如在左、右上腹部闻及收缩期血管杂音，可能为肾动脉狭窄。如在下腹部两侧闻及喷射样血管杂音，常提示髂动脉狭窄。当肝癌压迫肝动脉或腹主动脉时，也可在包块部位听到吹风样杂音。

（2）静脉性血管杂音 为一种连续的嗡鸣声，无收缩期与舒张期之分，常出现于脐周或上腹部，尤其是腹壁静脉曲张处，为门静脉高压时有侧支循环形成所致，见于肝硬化患者。

考点：肠鸣音次数判断及临床意义、振水音的临床意义

（三）触诊

案例3-27

患者，男，48岁。乏力、腹胀、食欲减退、消瘦半年，症状加重10天入院。身体评估：T 37.9℃，P 90次/分，R 22次/分，BP 128/78mmHg，神清，肝病面容，巩膜轻度黄染，前胸、颈部蜘蛛痣各1枚，腹部膨隆，呈蛙腹状，腹壁静脉曲张，腹软，无压痛，肝肋下未触及，脾肋下1cm，质韧，移动性浊音阳性。20年前曾患乙型病毒性肝炎。

问题：1. 如何对患者进行肝脏触诊？

2. 请说出肝脏触诊的内容有哪些？

触诊是腹部评估的主要方法，可用单手触诊法或双手触诊法。触诊的主要内容为腹壁紧张度、压痛和反跳痛、肝脏和脾脏等腹内脏器情况。

评估对象取仰卧位，头垫低枕，两手平放于躯干两侧，两膝屈起并稍分开，张口缓缓做腹式呼吸，保持腹肌松弛。评估者站在评估对象右侧，检查时，动作轻柔，由浅入深，从健侧开始，逐渐移向病变区域，并进行比较。一般先从左下腹部开始，循逆时针方向至右下腹，再至脐部，对腹部各区进行细致触诊，边触诊边观察评估对象的反应与表情。

1. 腹壁紧张度 正常人腹部虽稍有张力，但触之柔软，易压陷。若按压腹壁时，阻力较大，有明显的抵抗感，多为炎性或化学性物质刺激腹膜引起的腹肌反射性痉挛所致。

（1）腹壁紧张度增加 ①全腹紧张度增加：多见于胃肠穿孔或实质脏器破裂所致急性弥漫性腹膜炎，此时腹壁常强直，甚至硬如木板，称为板状腹。全腹紧张度增加，触之如揉面团一样，称为揉面感或柔韧感，常见于结核性腹膜炎，亦可见于癌性腹膜炎。②局部腹壁紧张度增加：常见于腹内脏器的炎症侵及邻近腹膜所致，如急性阑尾炎（右下腹肌紧张）、急性胆囊炎（右上腹肌紧张）。

（2）腹壁紧张度减弱 按压腹壁时，感到腹肌松软无力，失去弹性。见于慢性消耗性疾病、经产妇

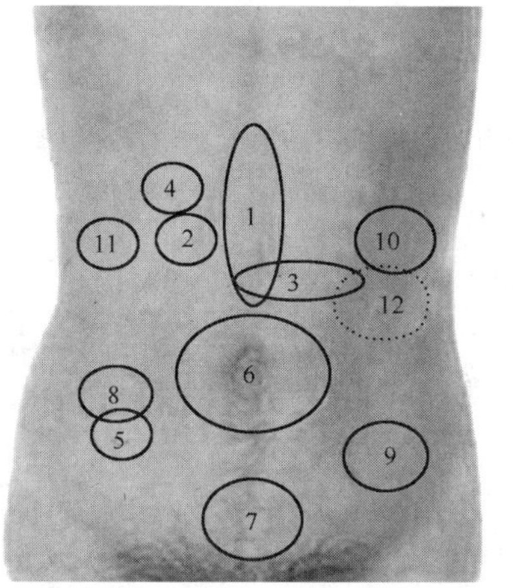

图 3-56 腹部疾病常见的压痛点示意图
1. 胃炎或胃溃疡压痛点；2. 十二指肠溃疡压痛点；3. 胰腺炎压痛点；4. 急性胆囊炎压痛点；5. 阑尾炎压痛点；6. 小肠疾病压痛点；7. 膀胱或子宫病变压痛点；8 .回盲部炎症或结核的压痛点；9. 乙状结肠炎症压痛点；10. 脾或结肠脾曲病变压痛点；11. 肝或结肠肝曲病变压痛点；12. 胰腺炎的腰部压痛点

或过度肥胖、年老体弱、腹肌发育不良者等。

2. 压痛及反跳痛

（1）压痛　由浅入深触压腹部引起疼痛，称为腹部压痛，提示腹壁、腹腔内有病变或其他疾病牵扯腹膜。压痛局限于一点，称压痛点，可因腹壁或腹腔内脏器病变所致。出现压痛的部位常为病变所在部位。临床上凡腹膜受炎性刺激，脏器迅速肿大或有炎性改变，空腔器官痉挛，以及腹壁组织病变等，都可触到不同程度的压痛。压痛点往往是病变所在部位，故其有定位诊断价值，腹部疾病常见的压痛点见图 3-56。

（2）反跳痛　触诊腹部出现压痛后，手指可于原处稍停片刻，待压痛感觉趋于稳定后，然后迅速将手抬起，若评估对象感觉疼痛加剧，并有痛苦表情，称为反跳痛。反跳痛是腹膜壁层已受炎症累及的征象，提示局限性或弥漫性腹膜炎。当腹内脏器的炎症尚未累及壁层腹膜时，可仅有压痛而无反跳痛。临床上将压痛、反跳痛、腹肌紧张合称为“腹膜刺激征”，是腹膜炎症病变的可靠体征。

考点： 腹壁紧张度、压痛、反跳痛的临床意义

3. 肝脏触诊　肝脏触诊时，嘱评估对象取仰卧位，两下肢屈曲，腹壁放松，做深而均匀的腹式呼吸。

（1）触诊方法　①单手触诊法：评估者站在评估对象右侧，面向其头部，右手掌指关节伸直，将中间三指的指端并齐，平放在右锁骨中线上，肝下缘处的下方，用示指前端外侧指腹触诊肝脏，让评估对象深呼吸。当呼气时，指端压向深部；吸气时，施压的指端于原位向肋缘方向触探。如此反复，自下而上逐渐触向肋缘，直到触及肝缘或肋缘为止。同法在前正中线上触诊肝左叶。②双手触诊法：评估者位置同单手触诊法，左手置于评估对象右后腰部并从后向前托起，拇指张开，置于季肋部。右手同单手触诊法，触诊应自两侧髂前上棘连线水平的右腹直肌外缘开始，让评估对象做慢而深的腹式呼吸动作，左右手配合。此法亦可用于左侧卧位检查，适用于腹壁较厚或有腹水的肝大患者。必要时，用并拢的左手指垂直加压于右手背面，协助其压向深部。

链　接　钩指触诊法

钩指触诊法适用于儿童和腹壁较薄弱者，评估者站在评估对象右肩旁，面向足趾，将右手掌放在右前胸下部，右手除拇指外第 2～5 指并拢弯曲呈钩状，嘱评估对象做腹式呼吸，评估者随其深吸气而进一步屈曲指关节，使指腹更易触及肝下缘。

（2）触诊内容　触及肝脏时，应注意其大小、质地、边缘与表面状态、有无压痛等。①大小：正常人在右锁骨中线上不能触及肝下缘，少数瘦长体形者可触及，但应在 1cm 以内。剑突下可触及肝下缘，多在 3cm 以内。肝下缘超过上述标准，如肝上界正常或升高，提示肝大。弥漫性肝大见于肝炎、肝淤血、脂肪肝等。局限性肝大，见于肝脓肿、肝肿瘤及肝囊肿等。②质地：肝质地分为质软、中等硬度和质硬 3 级。质软者如触口唇，见于正常肝；质韧者如触鼻尖，见于急性肝炎、脂肪肝、慢性肝炎、肝淤血；质硬者触之如前额，见于肝硬化和肝癌。③边缘与表面状态：正常肝表面光滑，边缘薄而整齐且厚薄一致。表面不光滑，呈不均匀的结节状，边缘锐薄不整齐见于肝硬化或肝肿瘤。肝表面光滑，边缘圆钝见于肝淤血、脂肪肝。④压痛：正常肝脏无压痛。肝包膜有炎症反应或受到牵拉可致肝区压痛，见于肝炎、肝淤血或肝癌。

（3）常见疾病肝脏触诊特征　①急性肝炎：轻度肝大，表面光滑，边缘钝，质稍韧。②肝淤血：中度肝大，表面光滑，边缘圆钝，质韧，有压痛。当右心功能不全引起肝脏淤血肿大时，按压肿大肝脏可使颈静脉怒张更加明显称肝颈静脉回流征阳性。③肝硬化：早期肝大，晚期缩小，质较硬，表面不光滑，

边缘锐而不整齐，无压痛。④肝癌：进行性增大，表面高低不平，有大小不等的结节或巨块，边缘不整，质地坚硬，有不同程度的压痛。⑤肝脓肿：触诊有囊性感，压痛明显。

考点：肝脏触诊的方法及内容

4. 胆囊触诊　正常人胆囊不能触及。胆囊肿大时，在右肋缘下腹直肌外缘可触及呈梨形或卵圆形、表面光滑、张力较高的包块，随呼吸上下移动，质地视病变性质而定。①胆囊肿大，有囊性感和明显压痛，见于急性胆囊炎。②胆囊肿大，有囊性感，无压痛，见于壶腹周围癌。③胆囊增大，有实体感者，见于胆囊结石或胆囊癌。可用单手滑行触诊法或钩指触诊法，触诊要领与肝脏触诊相同。

墨菲征（Murphy sign）检查：评估者以左手掌平放于评估对象的右肋缘部，以拇指指腹勾压于腹直肌外缘与右肋缘交界处（胆囊点），然后嘱评估对象缓慢深吸气，如在吸气过程中因疼痛而突然屏气，则称墨菲征阳性（图3-57）。可见于急性胆囊炎。胆囊肿大有实性感觉，见于胆囊结石或胆囊癌。

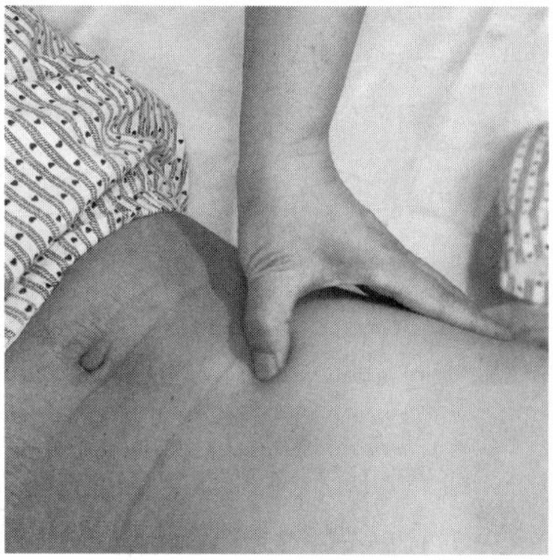

图3-57　胆囊压痛点触诊

考点：胆囊触诊的方法及临床意义

5. 脾脏触诊　常采用双手触诊法，注意脾脏大小、形态、质地、表面、压痛等。

（1）触诊方法　评估对象取仰卧位，两腿稍屈曲，评估者右手自评估对象前方绕过，手掌置于其左腰部第9～11肋处，将脾从后向前托起；左手掌平放于脐部，与肋弓垂直，以稍微弯曲的手指末端轻轻压向腹部深处，并随评估对象的腹式呼吸运动，有节奏地进行触诊检查，逐步由下向上接近左肋弓缘（图3-58）。若脾轻度肿大而仰卧位不易触到时，可让评估对象改用右侧卧位，双下肢屈曲，此时用双手触诊法较易触到。

（2）触诊内容

1）脾脏的测量：脾大时应测量3条线以判断其大小（表3-26、图3-59）。

表3-26　脾脏的测量

测量线	内容
第Ⅰ线（甲乙线）	左锁骨中线上测量左肋弓缘至脾下缘间的距离，轻度脾大时用此线（图3-59中的标注Ⅰ）
第Ⅱ线（甲丙线）	左锁骨中线与左肋弓交点到最远脾尖端之间的距离，中度以上肿大者用此线（图3-59中的标注Ⅱ）
第Ⅲ线（丁戊线）	脾脏右缘至正中线的距离，如脾脏右缘超过前正中线以“+”表示，如未超过以“–”表示（图3-59中的标注Ⅲ）

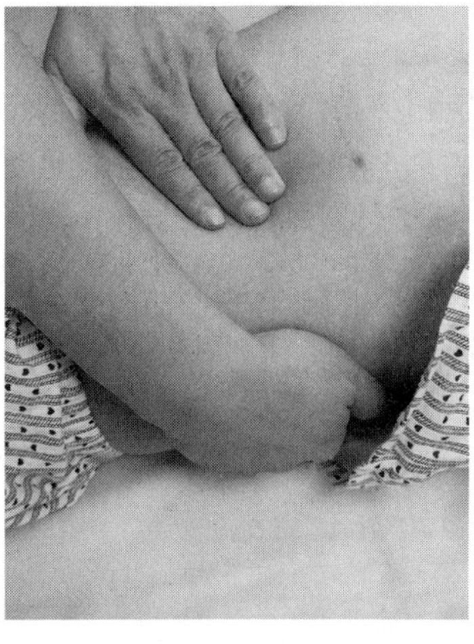

图3-58　脾脏双手触诊

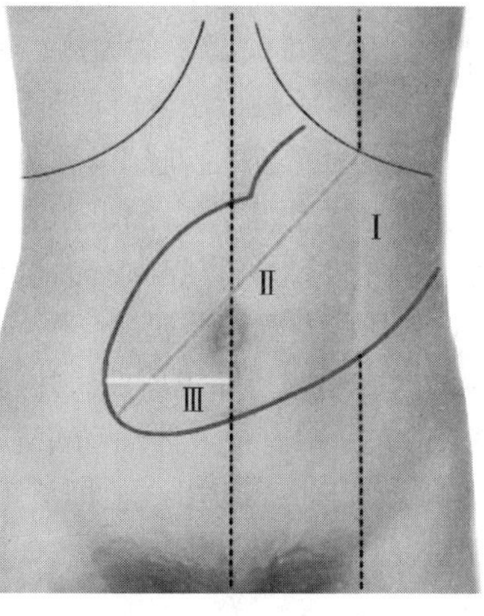

图3-59　脾大的测量

2）脾脏的分度及临床意义：见表 3-27。

表 3-27 脾脏的分度及临床意义

分度	标准	临床意义
轻度	深吸气时脾脏下缘不超过肋下 2cm	急慢性肝炎、伤寒、感染性心内膜炎等
中度	深吸气时脾脏下缘超过肋下 2cm，但不超过脐水平	肝硬化、慢性淋巴细胞白血病、淋巴瘤等
高度	深吸气时脾脏下缘超过脐水平或前正中线（巨脾）	慢性粒细胞白血病、慢性疟疾等

考点：脾脏触诊的方法、记录、分度及临床意义

6. 肾脏触诊 正常人的肾脏一般不能被触及。瘦长体形者有时可触及右肾下极。肾脏病理性肿大可见于肾脏脓肿、肾盂积水或积脓、多囊肾、肾脏肿瘤、肾脏炎症等。触诊肾脏时要注意其大小、形状、硬度、表面状态、敏感性和移动度等。

当肾和尿路有炎症或其他病变时，可在一些部位出现压痛点：①季肋点，在第 10 肋前端；②上输尿管点，在脐水平线上腹直肌外缘；③中输尿管点，在两髂前上棘连线与通过耻骨结节所作垂直线的相交点，相当于输尿管进入骨盆腔之处；④肋脊点，在脊柱外缘和第 12 肋骨下缘交角处，又称肋脊角；⑤肋腰点（肋腰角），在第 12 肋骨下缘和腰肌外缘的交角处。肋脊点和肋腰点是肾炎性疾病，如肾盂肾炎、肾脓肿或肾结核等常出现的压痛点。输尿管结石时，可于上输尿管点、中输尿管点出现压痛（图 3-60）。

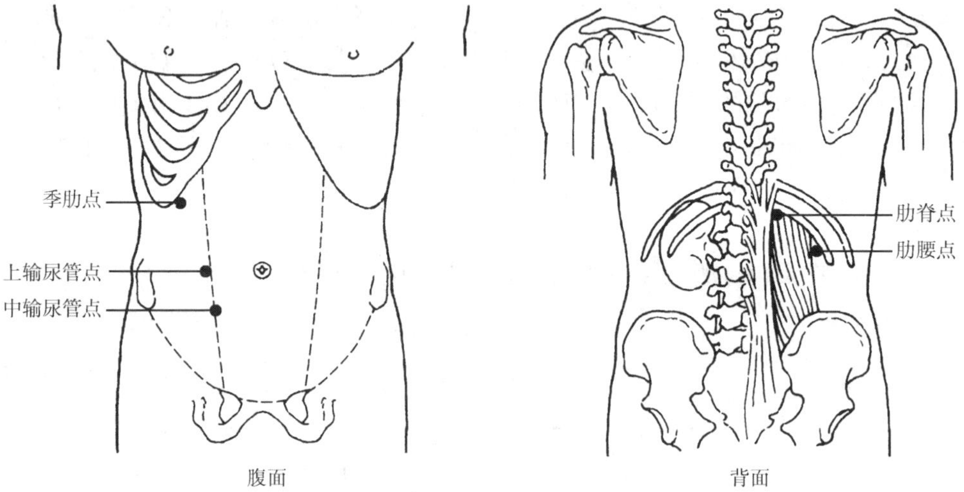

图 3-60 肾脏、输尿管疾病压痛点

7. 膀胱触诊 正常膀胱空虚时隐于盆腔内，不易触及，只有在膀胱充盈增大时可在下腹中部触及，并有尿意。膀胱触诊多采用单手触诊法。评估对象取仰卧位，双下肢屈曲，评估者以右手自脐开始向耻骨联合方向触摸。触诊特点为充盈的膀胱呈扁圆形或圆形，有囊性感，不能用手推移，按压时评估对象感到憋胀，有尿意。膀胱胀大常见于尿路梗阻、脊髓病。

8. 液波震颤 腹部评估时，当腹腔内有大量游离液体时，用手叩击腹部，可感到液波震颤，或称为波动感。评估对象取仰卧位，双下肢屈曲，平静呼吸，评估者站在评估对象右侧。评估者以左手掌面贴于评估对象一侧腹壁，右手四指并拢屈曲，用指端叩击对侧腹壁（或以指端冲击式触诊），如有大量液体存在，则贴于腹壁的左手掌有被液体波动冲击的感觉，即波动感。为防止腹壁本身的震动传至对侧，可让另一人将手掌尺侧缘压于脐部腹中线上即可阻止。此法检查腹水，需有 3000～4000ml 以上液量才能查出，不如移动性浊音敏感。

（四）叩诊

腹部叩诊的主要目的是叩知某些脏器的大小、位置及叩痛，胃肠道充气情况，腹腔内有无积气、积

液和包块等，可证实和弥补视诊和触诊的不足。一般多采用间接叩诊法。

1. 腹部叩诊音　正常腹部叩诊除肝、脾区呈浊音外，其余部分均为鼓音。胃肠高度胀气、人工气腹和胃肠穿孔等鼓音范围可扩大。肝、脾或其他脏器极度肿大、腹腔内肿瘤和大量腹水时，鼓音范围缩小，病变部位可出现浊音或实音。

2. 肝脏叩诊

（1）叩诊方法　嘱评估对象平静呼吸，沿其右锁骨中线由肺部清音区向下进行叩诊，当叩诊音由清音转为浊音时则为肝上界，称为肝相对浊音界，是肝的实际上界；当浊音转为实音时，即为肝脏绝对浊音界（相当于肺下界）。由腹部鼓音区沿右锁骨中线向上进行叩诊，由鼓音转为浊音处即为肝下界。

（2）正常肝脏上下界　匀称体形者，正常肝上界在右锁骨中线上第5肋间，下界位于右肋弓下缘。肝上、下界间距为9～11cm；矮胖体形者肝脏上、下界均可高1个肋间；瘦长体形者则可低1个肋间。

（3）肝浊音界变化的临床意义　①肝浊音界扩大：见于病毒性肝炎、肝淤血、肝癌、肝脓肿等；②肝浊音界缩小：见于急性或亚急性肝坏死、肝硬化和胃肠胀气等；③肝浊音界消失代之以鼓音：是急性胃肠穿孔的一个重要征象，多由于肝表面覆有游离气体所致；④肝浊音界上移：见于右肺纤维化、右下肺不张、严重腹水和鼓肠等；⑤肝浊音界下移：见于右侧胸腔大量积液、肺气肿、右侧张力性气胸等。

3. 膀胱叩诊　当膀胱充盈时，在耻骨联合上方可叩得浊音，当尿液排出后叩诊为鼓音。妊娠子宫、卵巢囊肿或子宫肌瘤时，在膀胱区叩诊均为浊音，应注意鉴别。

4. 移动性浊音　当腹腔内游离腹水在1000ml以上时，因重力关系，仰卧位时液体多积聚在腹腔两侧，此处叩诊呈浊音，而腹中部叩诊呈鼓音。当变换为侧卧位时，腹水流向侧卧的下部，肠管上浮，故下部叩诊呈浊音，上侧腹部转为鼓音（图3-61），见于肝硬化腹水、结核性腹膜炎等。

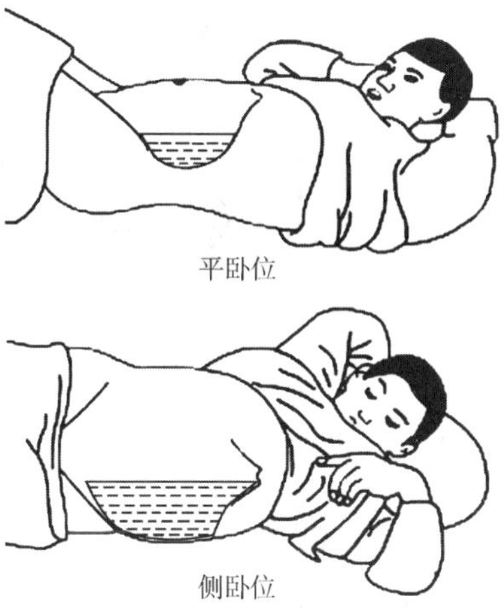

图3-61　移动性浊音叩诊原理示意图

考点：移动性浊音、肝浊音界变化的临床意义

5. 叩击痛　以左手掌平放在某脏器的体表相应部位上，右手握拳用由轻到中等力度向左手背进行叩击，如患者感到疼痛即为叩击痛。正常人各脏器无叩击痛。若肝区或胆囊区有叩击痛，见于肝炎、肝脓肿、胆囊炎等。肾区叩击痛见于肾炎、肾盂肾炎、肾结核及肾周围炎等。

第8节　肛门、直肠和男性生殖器评估

一、肛门、直肠

案例3-28

患者，男，38岁。因不明原因的腹痛，便血1个月就诊。便血颜色为鲜红色，黏附于粪便表面，考虑为直肠癌。

问题： 1. 最简便有效的评估方法是什么？

2. 若为直肠癌，直肠指诊可能会发现什么？

（一）体位

肛门与直肠评估时可根据具体病情和需要，让评估对象采取不同的体位，以便达到检查的目的。①膝胸位：评估对象两肘关节屈曲，置于检查床上，胸部尽量接近床面，两膝关节屈曲成直角跪于检查床

图 3-62　肘膝位

上，臀部抬高（图 3-62），此体位最常用，适用于检查前列腺、精囊及乙状结肠镜检查等；②左侧卧位：评估对象向左侧卧在检查床上，右腿向腹部屈曲，左腿伸直，臀部靠近检查床边缘（图 3-63），评估者位于其背部进行检查，适用于病重、年老体弱或女性患者；③仰卧位或膀胱截石位：评估对象仰卧于检查床上，臀部垫高、两腿屈曲、抬高并外展（图 3-64），适用于重症体弱者、膀胱直肠窝的检查及直肠双合诊等；④蹲位：评估对象蹲成排粪便时的姿势，屏气向下用力，适用于直肠脱出、内痔及直肠息肉等的检查。

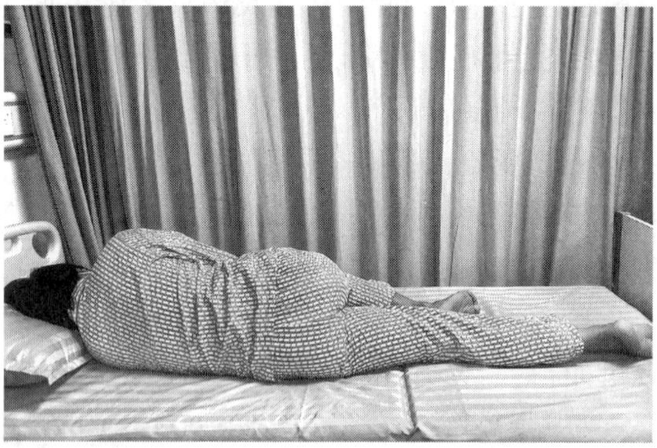
图 3-63　左侧卧位

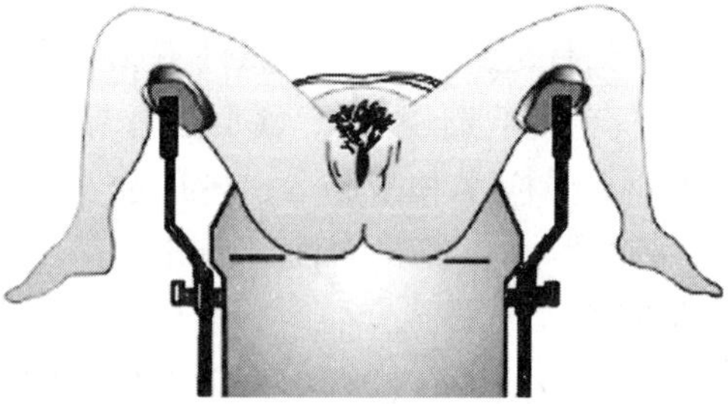
图 3-64　膀胱截石位

考点：肛门与直肠疾病检查的常用体位

（二）评估方法

肛门与直肠的评估以视诊和触诊为主，必要时辅以内镜检查。

1. 视诊　评估者用手分开评估对象臀部，观察肛门及其周围皮肤颜色及皱褶，正常颜色较深，皮肤完整、皱褶呈放射状。收缩肛门括约肌时皱褶更明显，做排便动作时皱褶变浅。另外还应观察肛门周围有无脓血、黏液、肛裂、外痔、瘘管口或脓肿等。

（1）肛门闭锁与狭窄　多见于新生儿先天性畸形，狭窄也可因感染、外伤、手术瘢痕收缩所致。

（2）肛门外伤及感染　多见于外伤或手术后。肛门周围有红肿及压痛，常为肛门周围脓肿。

（3）肛裂　是肛管下段（齿状线以下）深达皮肤全层的纵行及梭形裂口或感染性溃疡。评估对象自觉疼痛尤其是排便时更加明显，常因惧痛而抑制便意，致使粪便干燥，排出的粪便周围常附有少许鲜血，检查时肛门有明显触压痛。

（4）痔　是直肠下端黏膜下或肛管边缘皮下的内痔静脉丛或外痔静脉丛扩大和曲张所致的静脉团，多见于成年人。痔块脱出、嵌顿、水肿、感染时，可有剧烈疼痛。①内痔：是位于肛管齿状线以上的直肠上静脉曲张所致，表面被直肠下段黏膜所覆盖，在肛门内口可查到柔软的紫红色包块，排便时突出肛门外，患者常有粪便带血、痔块脱出等；②外痔：是位于肛管齿状线以下的直肠下静脉曲张所致，表面被肛管皮肤覆盖，在肛门外口可见紫红色柔软包块，常感觉疼痛；③混合痔：是位于肛管齿状线上、下的静脉丛扩大、曲张所致，其上部被直肠黏膜覆盖，下段被肛管皮肤覆盖，具有内、外痔的特点。

考点：痔的临床特点

（5）肛门直肠瘘　简称肛瘘，是直肠、肛管与肛门皮肤相通的瘘管，多为肛管或直肠周围脓肿与结核所致，不易愈合。检查时可见肛门周围皮肤有瘘管开口，在直肠或肛管内可见瘘管的内口伴有硬结。

（6）直肠脱垂　又称脱肛，是指肛管、直肠甚至乙状结肠下端的肠壁部分或全层向外翻出而脱出于肛门外。检查时嘱评估对象取蹲位，观察肛门外有无突出物，做屏气排便动作时，肛门外更易看到紫红色球状突出物，此即直肠部分脱垂（黏膜脱垂）；若突出物呈椭圆形块状物，表面有环形皱襞，即为直肠完全脱垂（直肠壁全层脱垂）。

2. 触诊 对肛门和直肠的触诊检查通常称为肛门指诊或直肠指诊。评估对象体位可根据具体病情及要求采取肘膝位、左侧卧位或仰卧位。触诊时评估者右手戴手套或仅右手示指戴指套，并涂以适量润滑剂，如肥皂液、凡士林或液体石蜡等，先将示指置于肛门外口轻轻按摩，等评估对象肛门括约肌放松后，评估者以示指指腹徐徐插入肛门、直肠内。先检查肛门及括约肌的紧张度，再检查肛管及直肠的内壁，注意有无压痛及黏膜是否光滑、有无肿块及搏动感。男性还可触诊前列腺及精囊，女性则可检查子宫颈、子宫、输卵管，必要时配用双合诊。直肠指诊常有以下异常发现：①触痛显著，见于肛裂和感染；②触痛伴有波动感，见于肛门、直肠周围脓肿；③触及柔软、光滑而有弹性的包块，多为直肠息肉；④触及坚硬的包块，应考虑直肠癌；⑤指诊后指套表面带有黏液、脓液或血液，说明有炎症或伴有组织破坏，必要时应取其涂片作镜检或细菌学检查，以助诊断。

考点：直肠指诊的临床意义

二、男性生殖器

男性生殖器包括阴茎、阴囊、前列腺、精囊等。阴囊内有睾丸、附睾、精索等。检查时充分暴露下身，双下肢应取外展位，先检查外生殖器（阴茎及阴囊），随后检查内生殖器（前列腺及精囊）。

案例 3-29

患者，男，72 岁。因排尿困难、尿频、夜尿增多、排尿无力 1 年就诊。B 超检查示前列腺Ⅰ度增大，诊断为良性前列腺增大。

问题：1. 前列腺触诊应采取什么体位？

2. 前列腺触诊的内容有哪些？

（一）外生殖器

1. 阴茎 为前端胀大的圆柱体，分为头、体、根三部分，正常成年人阴茎长 7～10cm，由两个阴茎海绵体和一个尿道海绵体构成。阴茎皮肤薄而软，并有显著的伸缩性，阴茎海绵体充血后使阴茎变粗、变硬，称为勃起。

（1）包皮 阴茎的皮肤在阴茎颈前向内翻转覆盖于阴茎表面称为包皮。成年人包皮不应掩盖尿道口，翻起后应露出阴茎头，若不能翻起露出尿道外口或阴茎头，称为包茎，多为先天性包皮口狭窄或炎症、外伤后粘连所致。若包皮过长超过阴茎头，但翻起后能露出阴茎头，称为包皮过长。包皮过长，特别是包茎易引起尿道外口或阴茎头感染、包皮嵌顿，甚至可诱发阴茎癌。

（2）阴茎头与阴茎颈 阴茎前端膨大部分为阴茎头或称龟头。阴茎头的底边凸隆游离称为阴茎头冠，冠后较细部称为阴茎颈。检查时应尽量将包皮上翻暴露全部阴茎头及阴茎颈，观察其表面色泽，有无充血、水肿、分泌物及结节等。正常人阴茎头应红润、光滑，无红肿及结节。如有硬结并伴有暗红色溃疡、易出血，或融合为菜花状，应考虑可能为阴茎癌。阴茎颈处发现单个椭圆形硬质溃疡称为下疳，愈后可留有瘢痕。阴茎颈也是尖锐湿疣的好发部位。

（3）尿道口 检查时用拇指和示指将尿道口分开。正常尿道口黏膜红润、清洁、无分泌物。如尿道口红肿、附着分泌物或有溃疡，且有触痛，多见于淋球菌或其他病原体感染所致的尿道炎；尿道口狭窄多由先天性畸形或炎症粘连所致；尿道口位于阴茎腹面多由尿道下裂所致。

（4）阴茎大小与形态 成年人阴茎过小（婴儿型）见于垂体功能或性腺功能不全，在儿童期阴茎过大为“性早熟”现象（成人型），真性性早熟见于促性腺激素过早分泌，假性性早熟见于睾丸间质细胞瘤，后者不产生精子。

2. 阴囊 阴囊壁由多层组织构成，为腹壁的延续部分。皮色深暗多皱褶，外有少量阴毛，富有汗腺及皮脂腺。阴囊内中间有一隔膜将其分为左右两个囊腔，每个囊内含有精索、睾丸、附睾。检查时评估对象取立位或仰卧位，两腿稍分开。评估者将双手的拇指置于阴囊前面，其余四指放在阴囊后面，双手同时触诊，检查以下内容。

（1）精索　呈柔软的圆形条索状结构，由腹股沟管外口延续至附睾上端，它由输精管、提睾肌、动脉、静脉、精索神经及淋巴管等组成。精索在左、右阴囊腔内各有一条，位于附睾上方，正常呈柔软的索条状，无压痛。若输精管呈串珠样改变，见于输精管结核；若有挤压痛且局部皮肤红肿，多为急性精索炎；靠近附睾的精索触及硬结，常由丝虫病所致；精索有蚯蚓团样感，则为精索静脉曲张的特征。

（2）睾丸　是产生精子的器官，左、右各一，椭圆形，表面光滑柔韧。检查时应注意大小、形状、硬度及有无触压痛，并作两侧对比。睾丸急性肿痛且压痛明显者，多为外伤或急性睾丸炎、流行性腮腺炎、淋病等炎症所致，很少有化脓。一侧睾丸肿大、质硬并有结节，应考虑睾丸肿瘤。睾丸萎缩可由流行性腮腺炎、外伤后遗症及精索静脉曲张所致，睾丸过小常由先天性或内分泌异常所致，如肥胖性生殖无能症。

如果睾丸未降入阴囊内而在腹腔、腹股沟管内或阴茎根部、会阴部等处，称为隐睾症。如果在阴囊内未触及睾丸，则应仔细寻找，可能在上述部位触及，且多较正常柔软而小。隐睾以一侧为多，也有双侧者。若为双侧，则可影响生殖器官及第二性征的发育。正常小儿可因受冷，提睾肌强烈收缩，使睾丸暂时隐匿于阴囊内或腹股沟管内，检查时可从腹股沟向下将睾丸推入阴囊。嘱小儿咳嗽，有时也可使睾丸降入阴囊。无睾丸常见于性染色体数目异常所致的先天性无睾症，为单侧或双侧。双侧无睾症患者生殖器官及第二性征均不发育。

考点：隐睾症的病因

（3）附睾　位于睾丸后外侧，上端膨大为附睾头，下端细小如囊锥状为附睾尾。附睾是储存精子和促进精子成熟的器官。慢性附睾炎时可触及附睾肿大，有结节，稍有压痛；急性炎症时肿痛明显，因常并发急性睾丸炎，因此睾丸也肿大，触诊时不易分清附睾和睾丸。若触及附睾呈结节状之硬块，并伴有输精管增粗且呈串珠状，多为附睾结核。结核灶可与阴囊皮肤粘连，破溃后形成瘘管不易愈合。

（二）内生殖器

1. 前列腺　位于膀胱下方，耻骨联合后约 2cm 处，是包绕尿道根部的实质性附属性腺，形状像前后稍扁的栗子，其上端宽大，下端细小，后面较平坦，正中有纵行浅沟，将其主体部分分为左、右两叶。尿道从前列腺中纵行穿过，前列腺排泄口开口于尿道前列腺部。检查时评估对象取肘膝卧位或左侧卧位，评估者戴手套或指套，并涂以润滑剂，用示指徐徐插入肛门，向腹侧触诊。正常成年人前列腺距肛门 4cm，质韧而有弹性，左、右两叶之间可触及中央沟。前列腺增大可分为三度：Ⅰ度增大如鸽蛋大小，前列腺突入直肠距离为 1～2cm，中央沟变浅；Ⅱ度增大如鸡蛋大小，前列腺突入直肠距离为 2～3cm，中央沟消失；Ⅲ度增大如鸭蛋大小，前列腺突入直肠距离＞3cm，中央沟明显隆起。若前列腺增大而表面光滑、质韧、无压痛及粘连，见于老年人的良性前列腺增大，常有排尿困难或不畅。前列腺增大且有明显压痛，多见于急性前列腺炎。前列腺增大、质硬，并可触及坚硬结节者，多为前列腺癌。

前列腺触诊时可同时做前列腺按摩，以留取前列腺液。方法为触诊时示指做向前、内方向横向按摩数次后，再沿正中沟向尿道外口方向滑行挤压，可见前列腺液从尿道口流出，收集标本立即送检。

考点：前列腺增大的临床意义

2. 精囊　位于前列腺上方，其排泄管与输精管末端汇成射精管。正常精囊柔软、光滑，肛门指诊一般不易触及。精囊病变常继发于前列腺病变。前列腺炎累及精囊时，精囊可触及条索状肿胀并有压痛；

前列腺结核累及精囊时，则可触及精囊表面呈结节状。精囊也是前列腺癌最易侵犯的器官，因此疑为前列腺癌的患者应仔细检查精囊。

第9节 脊柱与四肢评估

一、脊 柱

脊柱是支撑人体，维持躯体各种姿势的重要支柱，并作为躯体活动的枢纽。由 7 个颈椎、12 个胸椎、5 个腰椎、5 个骶椎、4 个尾椎组成。脊柱有病变时表现为局部疼痛、姿势或形态异常及活动度受限等。脊柱评估时评估对象取站立位和坐位，按视诊、触诊、叩诊的顺序进行。

案例 3-30

患者，男，39 岁。强直性脊柱炎病史 8 年。主诉胸、腰椎关节强直僵硬，晚上睡觉翻身困难，手指、膝、手腕、肩关节肿痛，早上手指僵直 1h。

问题： 1. 对该患者进行脊柱评估，应重点注意哪些方面？

2. 脊椎关节强直僵硬主要反映脊柱哪个方面的异常？

（一）脊柱弯曲度

1. 生理性弯曲 正常人直立时，从侧面查看脊柱有 4 个生理弯曲，类似“S”形，即颈段稍向前凸、胸段稍向后凸、腰椎明显向前凸、骶椎则明显向后凸（图 3-65）。让评估对象取站立位或坐位，从后面查看脊柱有无侧弯。轻度侧弯时需借助触诊确定，用示、中指或拇指沿脊椎棘突以适当的压力往下划压，划压后皮肤出现一条红色充血痕，以此痕为标准，查看脊柱有无侧弯。正常人脊柱无侧弯。除以上方法检查外还应侧面查看脊柱各部形态，了解有无前后凸出畸形。

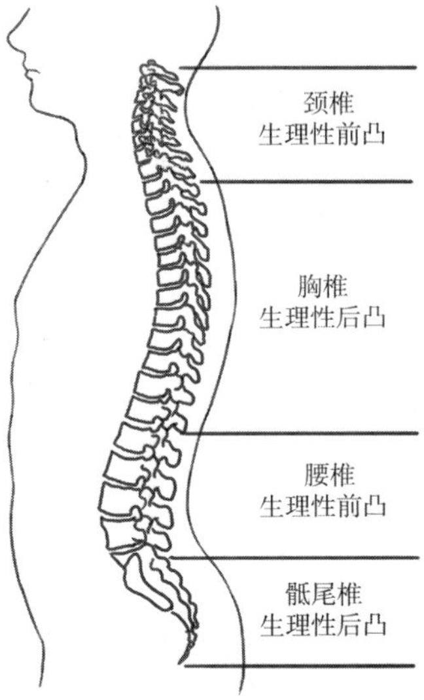

图 3-65 脊柱正常生理弯曲

2. 病理性变形

（1）颈椎变形 颈部检查需观察自然姿势有无异常，如立位时有无侧偏、前屈、过度后伸和僵硬感。颈侧偏见于先天性斜颈，患者头向一侧倾斜，患侧胸锁乳突肌隆起。

（2）脊柱后凸 脊柱过度后弯称为脊柱后凸，亦称为驼背，多发生于胸段脊柱（图 3-66）。脊柱后凸时前胸凹陷，头颈部前倾。脊柱胸段后凸的原因甚多，表现也不完全相同，常见病因有佝偻病、结核病、强直性脊柱炎、脊椎退行性变、脊柱外伤等。

链 接 强直性脊柱炎的临床特征

强直性脊柱炎是一种慢性进行性疾病，主要表现为：①腰痛、晨僵，活动后改善，休息不能改善；②腰椎额状面和矢状面活动受限；③胸廓活动度低于相应年龄、性别的正常人；④骶髂关节炎。

（3）脊柱前凸 脊柱过度向前凸出性弯曲，称为脊柱前凸。多发生在腰椎部位，表现为腹部明显向前突出，臀部明显向后突出，多由于晚期妊娠、大量腹水、腹腔巨大肿瘤、第 5 腰椎向前滑脱、髋关节结核及先天性髋关节后脱位等所致。

（4）脊柱侧凸 脊柱离开后正中线向左或右偏曲，侧凸严重时可出现肩部及骨盆畸形。根据侧凸发生部位不同，分为胸段侧凸、腰段侧凸及胸腰段联合侧凸（图 3-67）；并根据侧凸的性质分为姿势性侧凸和器质性侧凸两种，其特点和原因见表 3-28。

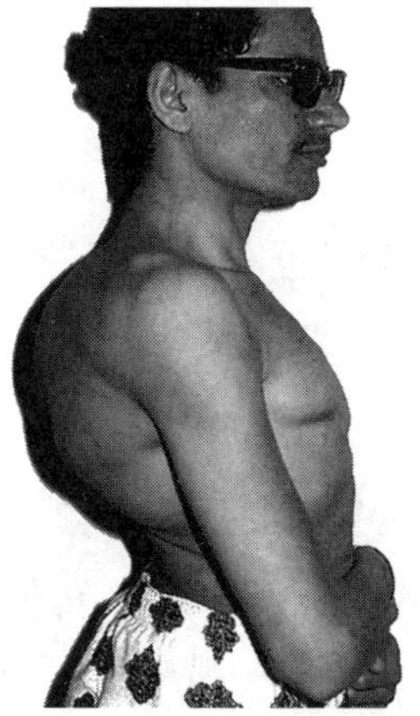

图 3-66　脊柱后凸畸形

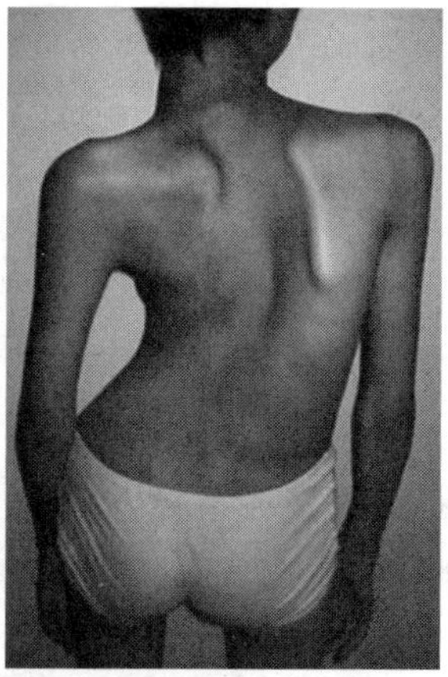

图 3-67　脊柱侧凸畸形

表 3-28　脊柱侧凸的特点和原因

类型	特点	原因
姿势性侧凸	脊柱结构无异常，改变体位可使侧凸纠正	①儿童发育期坐、立姿势不良。②代偿性侧凸可因一侧下肢明显短于另一侧所致。③坐骨神经性侧凸，多因椎间盘突出，改变体位，放松对神经根压迫的一种保护性措施，突出的椎间盘位于神经根外侧，腰椎突向患侧；位于神经根内侧，腰椎突向健侧。④脊髓灰质炎后遗症等
器质性侧凸	改变体位不能使侧凸纠正	先天性脊柱发育不全，肌肉麻痹，营养不良，慢性胸膜肥厚、胸膜粘连及肩部或胸廓的畸形等

（二）脊柱活动度

1. 正常活动度　正常人体脊柱有一定活动度，但各部位活动范围明显不同。颈椎段和腰椎段的活动范围最大；胸椎段的活动范围最小；骶椎和尾椎已融合成骨块状，几乎无活动性。

2. 活动受限　检查颈椎活动度时，评估者需固定评估对象肩部，嘱其做前屈后仰、侧弯及左右旋转，颈及软组织有病变时，活动常不能达以上范围，否则有疼痛感，严重时出现僵直。颈椎活动受限常见于：①颈部肌纤维织炎及韧带受损；②颈椎病；③结核或肿瘤浸润；④颈椎外伤、骨折或关节脱位。检查腰椎活动度时，应固定受检者臀部，使髋关节不参与运动。腰椎活动受限常见于：①腰部肌纤维织炎及韧带受损；②腰椎椎管狭窄；③椎间盘突出；④腰椎结核或肿瘤；⑤腰椎骨折或脱位。若有脊柱外伤可疑骨折或关节脱位者，应避免脊柱活动，防止损伤脊髓。

（三）脊柱压痛与叩击痛

1. 压痛　嘱评估对象取端坐位，身体稍向前倾。评估者以右手拇指从枕骨粗隆开始自上而下逐个按压脊椎棘突及椎旁肌肉，正常时每个棘突及椎旁肌肉均无压痛。如有压痛，提示压痛部位可能有病变，并以第 7 颈椎棘突为标志计数病变椎体的位置。除脊椎外，椎旁组织有压痛也提示相应病变。

链　接　常见疾病与脊柱压痛

落枕时斜方肌中点处有压痛；颈肋综合征及前斜角肌综合征时，压痛点在锁骨上窝和颈外侧三角区内；颈部肌纤维织炎时压痛点在颈肩部，范围比较广泛。胸腰椎病变如结核、椎间盘突出及外伤或骨折，均在相应脊椎棘突有压痛，若椎旁肌肉有压痛，常为腰肌劳损或腰肌筋膜炎。

2. 叩击痛

（1）直接叩击法　即用中指或叩诊锤垂直叩击各椎体的棘突，多用于检查胸椎与腰椎。颈椎疾病，特别是颈椎骨关节损伤时，因颈椎位置深，一般不用此法检查。

（2）间接叩击法　嘱评估对象取坐位，评估者将左手掌置于其头部，右手半握拳以小鱼际肌部位叩击左手背，了解其脊柱各部位有无疼痛。叩击痛阳性见于脊柱结核、脊椎骨折及椎间盘突出等。叩击痛的部位多为病变部位，如有颈椎病或颈椎间盘突出症，间接叩诊时可出现上肢的放射性疼痛。

二、四肢与关节

四肢及其关节的评估通常运用视诊与触诊，两者相互配合，特别情况下采用叩诊和听诊。四肢检查除大体形态、长度、活动度和运动情况外，应以关节检查为主。正常人四肢与关节左右对称，形态正常，无肿胀及压痛，活动不受限。

（一）形态异常

案例 3-31

患者，男，79 岁。反复胸闷、气喘 1 年。30 年来，常年以腌菜、咸菜为主食。身体评估：神清，疲惫，颜面及口唇苍白，匙状指。心率 120 次/分，可闻及收缩期Ⅲ级吹风样杂音。实验室检查：血红蛋白 39g/L，并伴有心脏、肾脏功能重度受损。

问题：1. 导致该患者出现匙状指的可能原因是什么？

2. 该患者心脏杂音产生的原因是什么？与匙状指有关吗？

1. 匙状指　亦称反甲，表现为指甲中央凹陷，边缘翘起，指甲变薄，表面粗糙有条纹，见于缺铁性贫血、高原疾病、风湿热及甲癣等（图 3-68）。

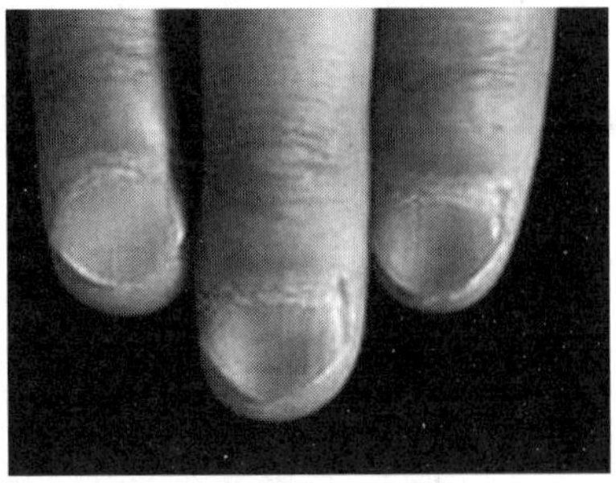

图 3-68　匙状指

2. 杵状指（趾）　手指或足趾末端增生、肥厚、增宽呈杵状膨大，指（趾）甲从根部到末端呈拱形隆起（图 3-69）。见于支气管肺癌、支气管扩张、肺脓肿、感染性心内膜炎、发绀型先天性心脏病、溃疡性结肠炎等。

3. 指关节变形

（1）梭形关节　指间关节增生、肿胀呈梭状畸形，活动受限，严重者手指及腕部向尺侧偏斜（图 3-70），见于类风湿关节炎。

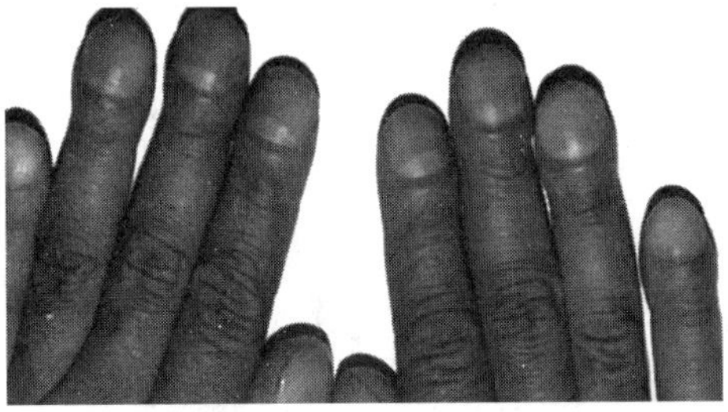

图 3-69　杵状指

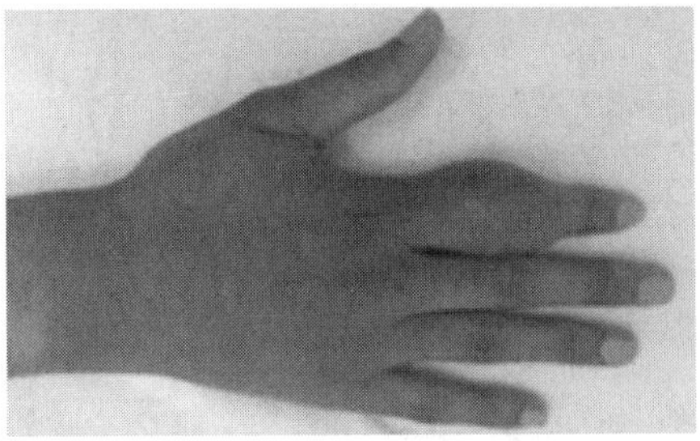

图 3-70　梭形关节

（2）爪形手　掌指关节过伸，指关节屈曲不能伸直，骨间肌和大小鱼际肌萎缩，手呈鸟爪样。见于尺神经损伤、进行性肌萎缩、脊髓空洞症及麻风等。

4. 膝关节变形　评估膝关节时应充分暴露膝关节，两侧对比观察。膝关节红、肿、热、痛及运动障碍见于急性膝关节炎；关节腔积液时，其特点为关节周围明显肿胀，触诊可出现浮髌现象。评估者用一手压迫髌上囊，将液体挤入关节腔内，另一手示指反复垂直按压髌骨，在髌上囊处感到波动，可以感到下压时髌骨触碰关节面，松开时髌骨浮起，即为浮髌试验阳性（图 3-71），提示膝关节内有中等量以上的积液。

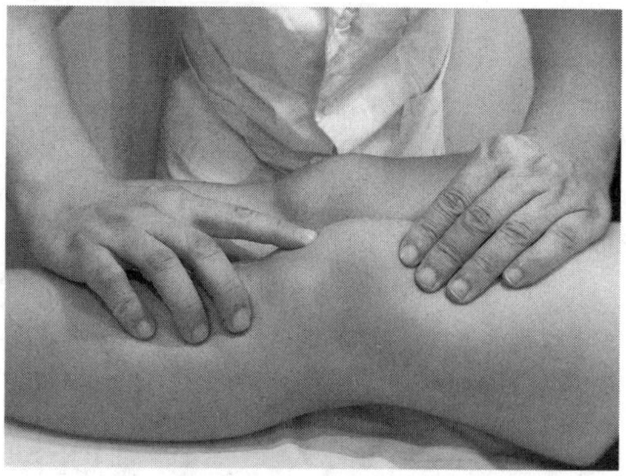

图 3-71　浮髌试验

案例 3-32

患儿，19 个月。家长述其多汗、烦躁。出生后以牛奶喂养，现已普食，没有规律服用鱼肝油，平素户外活动少。身体评估：前囟未闭，方颅，鸡胸，下肢呈“O”形腿，出牙 8 颗。实验室检查：血清钙、磷低下。

问题：1. 何谓“O”形腿？

2.“O”形腿常见于哪些疾病？本例患儿可能是哪种情况？

5. 膝内翻、外翻　正常人双脚并拢直立时，两膝及双踝均能靠拢。如双脚的内踝部靠拢时两膝部因双侧腿骨向外侧弯曲而呈“O”形，称膝内翻（图 3-72A）；当两膝关节靠近时，两小腿斜向外方呈“X”形弯曲，使两脚的内踝分离，称为膝外翻（图 3-72B）。膝内、外翻畸形见于佝偻病和大骨节病。

6. 足内、外翻　正常人当膝关节固定时，足掌可向内翻、外翻均达 35°。若足掌部活动受限呈固定性内翻、内收畸形，称为足内翻（图 3-73）。足掌部呈固定性外翻、外展，称为足外翻。足内、外翻畸形见于先天性畸形及脊髓灰质炎后遗症。

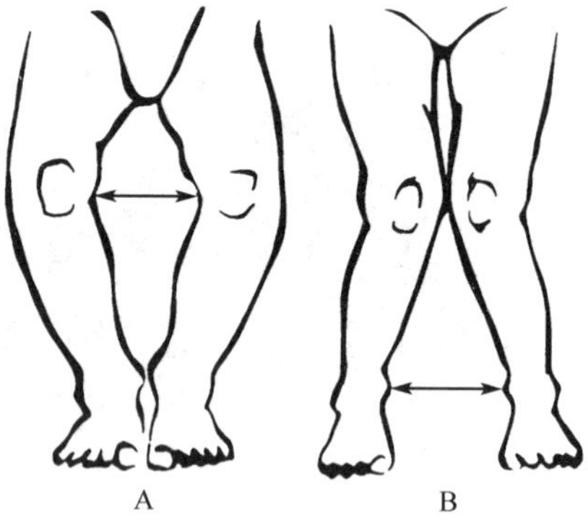

图 3-72　膝内、外翻

A. 膝内翻；B. 膝外翻

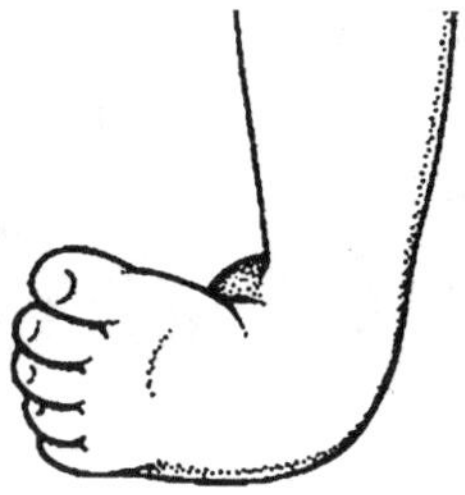

图 3-73　足内翻

考点：四肢形态异常的临床意义

（二）运动功能异常

让评估对象做不同方向的主动或被动运动，包括屈、伸、内收、外展及旋转等，观察各关节的活动幅度，注意有无活动受限和疼痛等。正常关节有一定活动范围，活动不受限。如果各关节活动不能达到各自的正常活动范围时，即为关节运动障碍。神经、肌肉损害时多表现为不同程度的自主运动障碍。关节及其周围邻近组织发生病变，如关节炎症、创伤、肿瘤及退行性变等，可引起疼痛、肌肉痉挛，关节囊及其周围组织粘连，从而导致关节的主动和被动运动障碍，从而不同程度地影响患者的日常生活能力。

第10节 神经系统评估

案例3-33

患儿，男，8岁。发热3天，伴抽搐1次入院。3天前患儿出现咽痛、咳嗽、肌肉酸痛，嗅觉和味觉功能减退，无喘息，无咳痰，发热时最高体温达41℃，伴抽搐1次，表现为意识丧失，双眼上翻，牙关紧闭，双手握拳，四肢阵挛、抽动，口周发青，同时出现嗜睡，呕吐2次，呈喷射状，为胃内容物，无咖啡样物，无大小便失禁。1周前曾随母亲在新冠疫情高风险地区旅游，其母也有类似症状。

问题：1. 根据上述病例，患者应重点做哪项身体评估？

2. 根据上述病例，列出至少3项主要的护理诊断/问题。

神经系统评估的主要内容有脑神经、运动功能、感觉功能、神经反射和自主神经功能。评估前需确认评估对象的意识状态，本章节许多检查项目需要在评估对象意识清楚的状态下进行。

一、脑 神 经

脑神经总共有12对，可分为3类神经：①感觉神经：嗅神经、视神经和位听神经；②运动神经：动眼神经、滑车神经、展神经、副神经和舌下神经；③混合神经：即兼有运动和感觉纤维的神经，如三叉神经、面神经、舌咽神经和迷走神经。检查时需按顺序进行，双侧对比，以免遗漏。

1. 嗅神经 属第Ⅰ对脑神经，司嗅觉。如无法嗅到气味即嗅觉丧失；嗅觉减退或丧失提示同侧嗅神经损害，见于颅脑创伤、前颅凹占位性病变、脑膜炎等；鼻黏膜炎症或萎缩亦可出现嗅觉减退。

2. 视神经 属第Ⅱ对脑神经，司视觉。检查内容有视力、视野、眼底三方面。

（1）视力 可应用远距离或近距离视力表评估。能看清“1.0”行视标者为正常视力，小于“1.0”者即为视力减退。

（2）视野 是评估视网膜的边缘视力，指评估对象正视前方，眼球不动时所能看到的最大范围。评估者根据自己的正常视野与评估对象比较，可粗测评估对象视野有无缺损。精确的视野测定可采用视野计。

（3）眼底 在光线较暗处用检眼镜对评估对象进行眼底观察。观察视神经乳头、视网膜、动静脉血管等变化。正常人的视神经乳头为淡红色，呈圆形或椭圆形，边界清晰，动脉较细，静脉较粗。

链 接 眼底检查

正常人的眼底明亮而具有光泽，在视网膜的后极部偏鼻侧，可以看到一个大约1.5mm直径的圆形浅红色区称为视盘（即视乳头），它是视网膜血管、神经纤维进出眼球的必经之路，在患某些眼部疾病或脑部病变时，视盘可以发生水肿，又称视乳头水肿。

眼底检查十分重要，如高血压患者眼底可见到视网膜动脉硬化，糖尿病患者眼底可见毛细血管瘤、小的出血点和渗出物，可在一定程度上反映出全身的血管改变情况。

3. 动眼神经、滑车神经、展神经 分别属第Ⅲ、Ⅳ、Ⅵ对脑神经，共同司眼球运动，合称眼球运动神经，因此可同时检查。动眼神经麻痹时，上眼睑下垂，眼球向内、上、下方活动均受限；瞳孔扩大，对光反射、调节、聚合反应均消失。滑车神经麻痹时，眼球向下及外展运动减弱，向下看时出现复视。

展神经麻痹时，眼球不能外展，出现内斜视和复视。

4. 三叉神经 属第Ⅴ对脑神经，为混合性神经，具有感觉与运动功能，共分 3 支，其感觉纤维主要分布在面部皮肤和眼、口、鼻的黏膜；运动纤维主要分布在咀嚼肌和颞肌。评估内容包括面部感觉、运动功能、角膜反射及下颌反射。

5. 面神经 属第Ⅶ对脑神经，支配面部表情肌和舌前 2/3 的味觉。

（1）运动 一侧面神经周围性损害时，病灶侧额纹减少，眼裂较大、鼻唇沟变浅，患侧不能皱额、闭眼，露齿或微笑时口角歪向健侧，鼓腮及吹口哨时患侧漏气。中枢性损害时，只出现病灶对侧下半部面肌瘫痪。

（2）味觉 面神经损害则舌前 2/3 味觉丧失。

6. 听神经 属第Ⅷ对脑神经，由司听觉的耳蜗神经和司平衡的前庭神经组成，检查的内容包括听力和前庭功能检查。

7. 舌咽神经和迷走神经 分别属第Ⅸ和第Ⅹ对脑神经。舌后 1/3 味觉和咽部感觉为舌咽神经所支配；咽喉的感觉和运动由迷走神经支配。因舌咽及迷走神经在解剖生理上有密切联系，且常同时受累，故一般同时检查。

8. 副神经 属第Ⅺ对脑神经，支配斜方肌和胸锁乳突肌，分别司耸肩和向对侧转头的动作。一侧副神经麻痹时，同一侧肩下垂，肌肉萎缩，耸肩无力，向对侧转头无力或不能，见于副神经损伤、肌萎缩等疾病。

9. 舌下神经 属第Ⅻ对脑神经，支配舌肌的运动，其作用是伸舌向前，并推向对侧。单侧舌下神经麻痹时，伸舌向患侧偏斜，常见于脑血管病变；如出现双侧舌下神经麻痹，则伸舌不能，伴吞咽困难和言语障碍。

二、运 动 功 能

运动可分为随意运动和不随意运动。随意运动由锥体束支配，不随意运动（不自主运动）由锥体外系和小脑支配。

（一）肌力与肌张力

1. 肌力 是指肌肉运动时的最大收缩力。评估时让评估对象做肢体伸屈动作，评估者从相反方向给予阻力，测试评估对象对阻力的克服力量，并注意两侧比较。

（1）肌力分级 采用分级为 0～5 级的 6 级分级法。各级的特点见表 3-29。

表 3-29 肌力分级及各级的特点

级别	特点
0 级	完全瘫痪，测不到任何的肌肉收缩
1 级	仅有肌肉轻微收缩，但无肢体运动
2 级	肢体在床面上做水平运动，但不能抬离床面
3 级	肢体能抬离床面，但不能对抗阻力
4 级	肢体能对抗阻力，但较正常差
5 级	正常肌力

（2）瘫痪 指肌力的减退或消失。

1）根据肌力减退的程度可分为不完全性瘫痪和完全性瘫痪：完全性瘫痪肌力为 0 级，不完全性瘫痪肌力为 1～4 级。

2）根据瘫痪部位分为偏瘫、单瘫、截瘫、交叉瘫。各类瘫痪的特点和临床意义见表 3-30。

表 3-30 各类瘫痪的特点和临床意义

瘫痪种类	特点	临床意义
偏瘫	一侧肢体（上下肢）有瘫痪，伴有同侧脑神经损害	脑卒中或颅内占位性病变等
单瘫	单一肢体出现瘫痪	脊髓灰质炎等
截瘫	常见双侧下肢瘫痪，病因多见脊髓横贯性损伤	脊髓外伤、脊椎结核、脊髓炎等
交叉瘫	一侧脑神经损害致对侧肢体瘫痪	脑干损害

考点：肌力分级及瘫痪的分型

2. 肌张力 指静息状态下肌肉的紧张度。

（1）评估方法 在评估对象肌肉完全松弛时，评估者先触摸评估对象肌肉的硬度初步感受肌张力是否正常，再双手握住评估对象的肢体，用不同的速度和幅度，反复做被动的伸屈和旋转运动，根据评估对象被动运动时的阻力判断肌张力的情况，以同样的方法进行两侧对比，从而得出结果。

（2）肌张力异常

1）肌张力增高：肌肉坚实，被动运动阻力增加，表现为：①痉挛状态，也称为折刀现象，此为锥体束损害的现象。②铅管样强直，见于锥体外系损害。

2）肌张力减弱：肌肉弛缓松软，被动运动时阻力减退或消失，关节运动范围扩大，可呈关节过伸现象。见于周围神经疾病、脊髓前角灰质炎及小脑病变等。

考点：肌张力评估方法及异常的临床意义

（二）不随意运动

不随意运动亦称不自主运动。指评估对象在意识清楚的情况下，随意肌不自主收缩产生的无目的的异常动作，多为锥体外系损害的表现。

1. 震颤 指躯体的某一部分出现不自主且有节律性的抖动。常见的类型如下。

（1）静止性震颤 静止时表现明显，运动时可减轻，睡眠时消失。常伴肌张力增高，见于帕金森病、肝豆状核变性等。

（2）动作性震颤 又称意向性震颤。震颤在休息时消失，动作时发生，在动作终末，越近目标时越明显，见于小脑疾病、扑翼样震颤及酒精中毒、汞中毒等。

（3）姿势性震颤 当身体维持在某一特定姿势时出现震颤，运动或休息时消失，比静止性震颤细而快，常见于甲状腺功能亢进症、肝性脑病、尿毒症等。

2. 舞蹈样运动 是一种面肌和肢体快速、粗大、无目的、无规律、突发的不对称的不自主运动，持续时间不长，睡眠时可减轻或消失。头面部表现为挤眉弄眼、伸舌、噘嘴等动作；肢体的不规则动作表现为耸肩、转颈、伸臂、抬臂、摆手、伸屈手指等动作，多见于儿童的风湿性舞蹈症等。

3. 手足徐动 为手指或足趾的一种缓慢持续的伸展扭曲动作，见于脑性瘫痪、肝豆状核变性和脑基底核变性等。

（三）共济运动

共济运动指机体为了完成某一动作所依赖的某组肌群协调一致的运动。正常随意动作必须有主动肌、拮抗肌等肌群在速度、力量方面协调一致参与运动，同时靠小脑协调功能，前庭神经、深感觉、锥体外系亦有参与调节。当上述结构发生病变，动作协调发生障碍，称为共济失调。常用的评估方法如下。

1. 指鼻试验 评估对象前臂外展伸直，嘱其以示指尖触点自己的鼻尖，动作先慢后快、先睁眼后闭眼，重复同样动作，观察其动作是否准确，正常人动作准确，无动作摇摆或动作过度。小脑半球病变时同侧指鼻不准；如睁眼时指鼻准确，闭眼时出现障碍则为感觉性共济失调。

2. 跟-膝-胫试验 评估对象取仰卧位，双下肢伸直，让其举起一侧下肢，将足跟放在对侧下肢的膝部，沿胫骨前缘向下移动至足背，先睁眼再闭眼重复进行。小脑损害时表现为该项动作不准确或摇晃不定，感觉性共济失调者则闭眼出现该动作障碍。

3. 轮替动作 嘱评估对象伸直手掌，双手快速地做旋前、旋后动作，或以一侧手掌、手背快速连续交替拍打对侧手掌。共济失调时表现为动作缓慢、不协调或笨拙。

4. 龙贝格征（Romberg sign） 嘱评估对象双足并拢站立，两臂平伸，然后嘱其闭合双眼，观察有无站立不稳现象。如出现躯体摇摆或倾斜为阳性，提示小脑病变；如睁眼时能站稳而闭目站立不稳，则为感觉性共济失调。

三、感觉功能

评估对象必须意识清醒，评估前告知评估对象感觉功能评估的方法和意义，争取其理解和配合，护士要耐心细致。评估时要求评估对象闭目，忌用暗示性提问。注意左右及远近端对比，一般从感觉缺失部位查至正常区。

（一）浅感觉

浅感觉指皮肤及黏膜的痛觉、温度觉和触觉。

1. 痛觉 用大头针的针尖以均匀的力量轻刺评估对象皮肤，让其回答具体的感受，并注意两侧对比，评估后记录感觉障碍的类型（正常、过敏、减退或消失）和范围。痛觉障碍见于脊髓丘脑侧束损害。

2. 温度觉 用盛有冷水（5～10℃）及热水（40～45℃）的玻璃试管分别交替接触皮肤，由评估对象说出"冷"或"热"的感觉。正常人能明确辨别冷热的感觉，温度觉障碍见于脊髓丘脑侧束损害。

3. 触觉 用棉签轻触评估对象的皮肤或黏膜，让其回答有无一种轻痒的感觉。正常人对轻触感觉灵敏。触觉障碍见于脊髓后索病变。

（二）深感觉

深感觉是指肌肉、肌腱和关节等深部组织的感觉，包括运动觉、位置觉和震动觉。

1. 运动觉 评估对象闭目，评估者轻轻夹住其手指和足趾两侧，上下移动 5°左右，令其说出肢体被动运动（"向上"或"向下"）的方向，如发现有障碍可加大活动幅度，或测试较大关节。运动觉障碍见于脊髓后索病变。

2. 位置觉 评估对象闭目，评估者将其肢体放置在一定位置，嘱其说出所放位置，或用另一肢体模仿。位置觉障碍见于脊髓后索病变。

3. 震动觉 将震动的音叉置于评估对象肢体的骨隆突处，如内外踝、腕关节、髋骨、锁骨、胫骨、膝盖、桡尺骨茎突等处，询问有无震动的感觉，注意要上、下对比，左、右对比。正常人有共鸣性震动感。震动觉障碍见于脊髓后索损害。

（三）复合感觉

复合感觉包括皮肤定位觉、两点辨别觉、体表图形觉及实体觉。这些感觉是经大脑皮质综合分析来完成的，又称皮质感觉。

1. 皮肤定位觉 用于测定触觉定位能力。评估者用手指轻触评估对象皮肤某处，让评估对象用手指出被触的位置。皮肤定位觉障碍见于皮质病变。

2. 两点辨别觉 以钝脚分规轻轻刺激皮肤上的两点（注意不要造成疼痛），检测评估对象辨别两点的能力，再逐渐缩小两脚间距，直到评估对象感觉为一点时，测其实际的间距，然后两侧进行比较。正常情况下，手指的辨别间距为 2mm，舌为 1mm，脚为 3～8mm，手掌为 8～12mm，后背则为 40～60mm。当触觉正常而两点辨别觉障碍时则为额叶病变。

3. 体表图形觉 嘱评估对象闭目，评估者用竹签或笔杆在评估对象皮肤上画一几何图形（圆形、方形、三角形等）或数字，观察评估对象能否辨别。如有障碍提示丘脑水平以上病变。

4. 实体觉 是测试手对实物的大小、形状、性质的识别能力。评估时嘱评估对象闭目，将物体如铅笔、钥匙、橡皮等置于评估对象手中，让其触摸后说出物体的名称。实体觉障碍见于皮质病变。

四、神经反射

机体受到刺激所产生的不自主反应称反射。神经反射是通过反射弧来完成的，反射弧包括感受器、传入神经元、中枢、传出神经元、效应器五部分。当反射弧中任一环节发生病变时，都可使反射减弱或消失；而锥体束以上部位病变，可导致一些反射活动因失去抑制而出现反射亢进。反射包括生理反射与病理反射，根据刺激部位的深浅不同，生理反射又可分为深反射和浅反射。神经反射检查有助于神经系统疾病的定位诊断。

案例 3-34

患者，女，46 岁。既往高血压病史，在家宴时突然倒地，当时意识清醒，自己从地上爬起来，后因左侧肢体无力再次跌倒，闭目，呼之不应，并出现大小便失禁，对光反射和角膜反射迟钝。

问题： 1. 角膜反射属于哪一类神经反射？

2. 角膜反射及对光反射迟钝的临床意义是什么？

（一）生理反射

1. 浅反射 刺激皮肤或黏膜引起的反射称为浅反射，包括角膜反射、腹壁反射、提睾反射和跖反射，各浅反射的检查方法、正常表现和临床意义或节段定位见表 3-31。

表 3-31 浅反射的检查方法、正常表现和临床意义或节段定位

浅反射	检查方法	正常表现	临床意义或节段定位
角膜反射	用棉签絮轻触角膜	眼睑闭合	脑桥病损
腹壁反射	用钝头竹签在腹壁上按上、中、下三个部位迅速由外向内轻划腹壁皮肤	腹壁肌收缩	上部反射消失见于胸髓 7～8 节病损，中部反射消失见于胸髓 9～10 节病损，下部反射消失见于胸髓 11～12 节病损
提睾反射	用钝头竹签由下而上轻划男性股内侧上方皮肤	同侧睾丸上提	一侧反射减弱或消失见于锥体束病变、腹股沟疝等；双侧反射减弱或消失见于腰脊髓 1～2 节以上病变
跖反射	用钝头竹签由后向前划足底外侧至小趾掌关节处再转向趾侧	足趾向跖面屈曲	骶髓 1～2 节病损

考点： 浅反射的内容及临床意义

案例 3-35

患者，男，43 岁。1 天前因交通事故颈部受伤，后出现颈部不适，双手麻木，颈部活动明显受限。身体评估：双侧肱二头肌、肱三头肌、桡骨膜反射均亢进，双侧霍夫曼征明显阳性，双侧膝反射明显亢进。颈椎磁共振检查提示：颈椎椎间盘突出。

问题： 1. 该患者出现深反射亢进的原因是什么？

2. 试推断病变可能发生的部位是哪里？

2. 深反射 亦称腱反射或牵张反射，指刺激骨膜和肌腱引起的反射，因骨膜、肌腱处于人体较深部位，故称深反射。深反射减弱或消失多见于器质性病变，亦可见于反射弧任何部位的病变，如末梢神经炎、神经根炎、脊髓前角灰质炎、重症肌无力、深昏迷或肌营养不良症等，同时也是下运动神经元瘫痪的重要体征。深反射亢进多因锥体束受损（上运动神经元瘫痪）不能对深反射弧起抑制作用，刺激有关骨膜、肌腱时出现异常现象。各深反射的检查方法、正常表现和节段定位见表 3-32。

表 3-32 深反射的检查方法、正常表现和节段定位

深反射	检查方法	正常表现	节段定位
肱二头肌反射	评估者左手托扶评估对象前臂屈曲 90°的肘部，左手拇指置于肘部的肱二头肌肌腱上，右手持叩诊锤叩击自己的左手拇指（图 3-74）	肱二头肌收缩，前臂屈曲	颈髓5～6节
肱三头肌反射	评估对象肘部屈曲，评估者左手托住评估对象肘关节，以叩诊锤直接叩击评估对象鹰嘴上方的肱三头肌肌腱（图 3-75）	肱三头肌收缩，前臂伸展	颈髓6～7节
桡骨骨膜反射	评估对象前臂置于半屈半旋前位，评估者用叩诊锤轻轻叩其桡骨茎突（图 3-76）	肱桡肌收缩而致前臂旋前、屈肘	颈髓5～6节
膝反射	坐位检查时评估对象双小腿自然下垂与大腿成直角，或卧位时评估者用左手置于腘窝处托起双下肢，右手持叩诊锤叩击其髌骨下方的股四头肌肌腱（图 3-77）	小腿伸展	腰髓2～4节
跟腱反射（踝反射）	评估对象取仰卧位，髋关节、膝关节均微屈曲，下肢呈外旋外展位，评估者左手托住评估对象足掌，使足呈过伸位，右手持叩诊锤叩击其跟腱（图 3-78）	腓肠肌收缩，足向跖面屈曲	骶髓1～2节

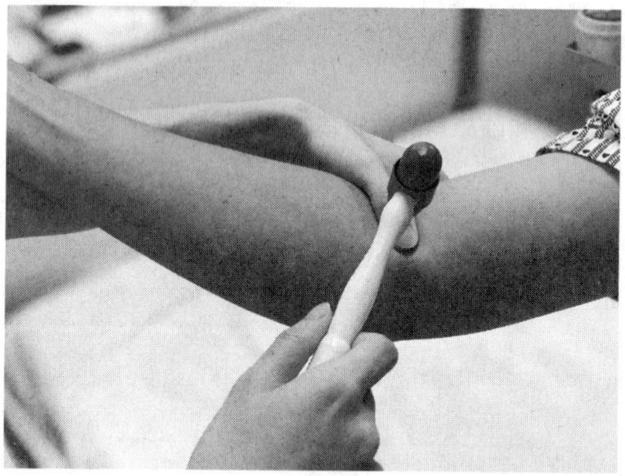
图 3-74 肱二头肌反射

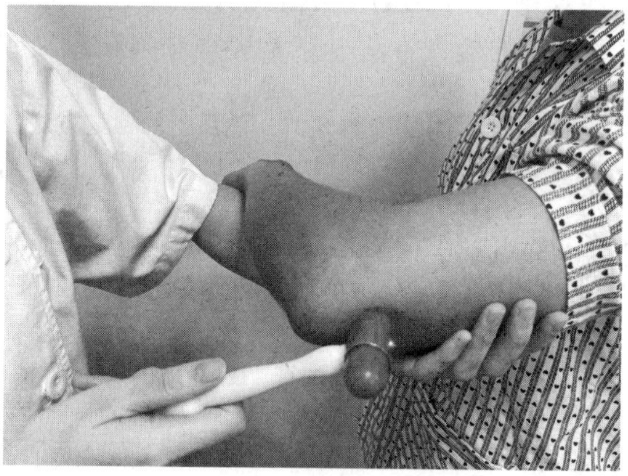
图 3-75 肱三头肌反射

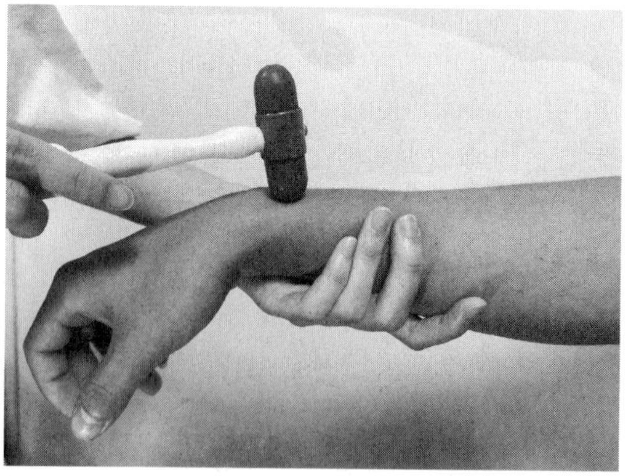
图 3-76 桡骨骨膜反射

考点：深反射的内容及节段定位

3. 阵挛 常见的阵挛有踝阵挛和髌阵挛。由于锥体束以上病变导致深反射高度亢进，继而出现阵挛，即相关肌肉发生节律性收缩。

（1）髌阵挛 评估对象取仰卧位，下肢伸直，评估者用拇指和示指按住其髌骨上缘，并用力向下快速推动数次，并保持向下的推力。如髌骨发生上下颤动即为髌阵挛。

（2）踝阵挛　评估对象取仰卧位，下肢的髋关节、膝关节稍屈曲，评估者左手将其踝部托起，右手持其足掌前端，突然用力向足背屈曲并持续施压于足底，如出现腓肠肌节律性收缩使足部呈现交替性屈伸动作即为踝阵挛（图 3-79）。

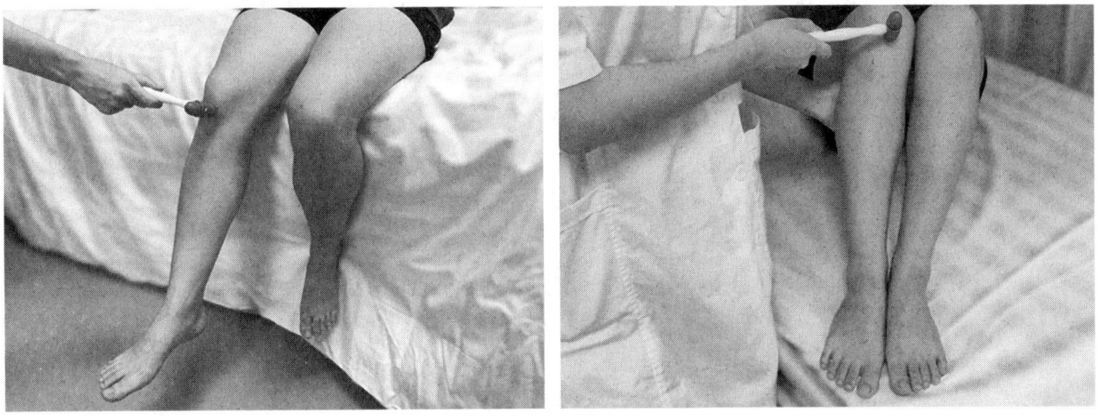

图 3-77　膝反射

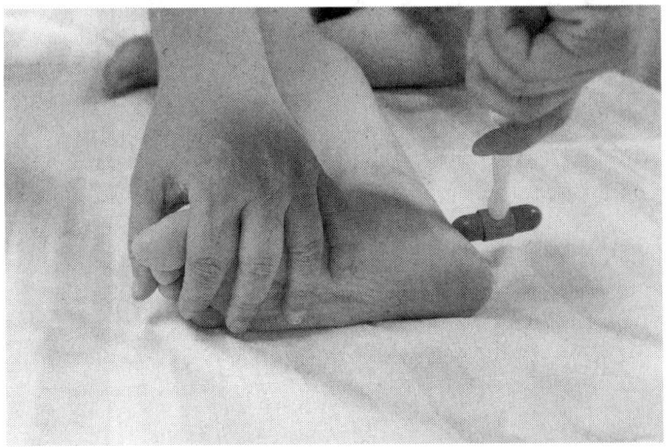

图 3-78　跟腱反射

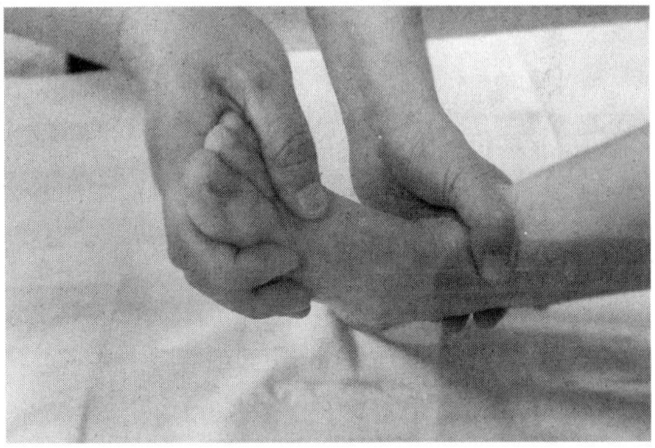

图 3-79　踝阵挛

链　接　如何更好地引出生理反射？

当评估对象精神紧张或注意力集中于评估部位时，可使反射受到抑制，影响反射的引出。在评估时，可向评估对象提出一些与评估无关的问题或嘱其做深呼吸、咳嗽等动作，转移其注意力，这样对检查部位较易引出正常生理反射。

（二）病理反射

病理反射是指锥体束损害时，大脑失去了对脑干和脊髓的抑制功能而出现的异常反射。1 岁半以内的婴幼儿因神经系统发育不完善，也可以出现上述反射现象，不属于病理性。临床常用的病理反射检查如下所述（图 3-80）。

案例 3-36

患者，女，68 岁。突然晕倒 2h，晕倒后马上清醒，在来诊路上呕吐 1 次，为胃内容物，伴有轻度头痛，大小便正常。既往有高血压、冠心病病史。身体评估：双侧巴宾斯基征阳性，左下肢肌力Ⅳ级。CT 示：左侧基底节区腔隙性脑梗死。

问题：1. 巴宾斯基征阳性有什么意义？

2. 该评估对象肌力是否正常？应如何评价？

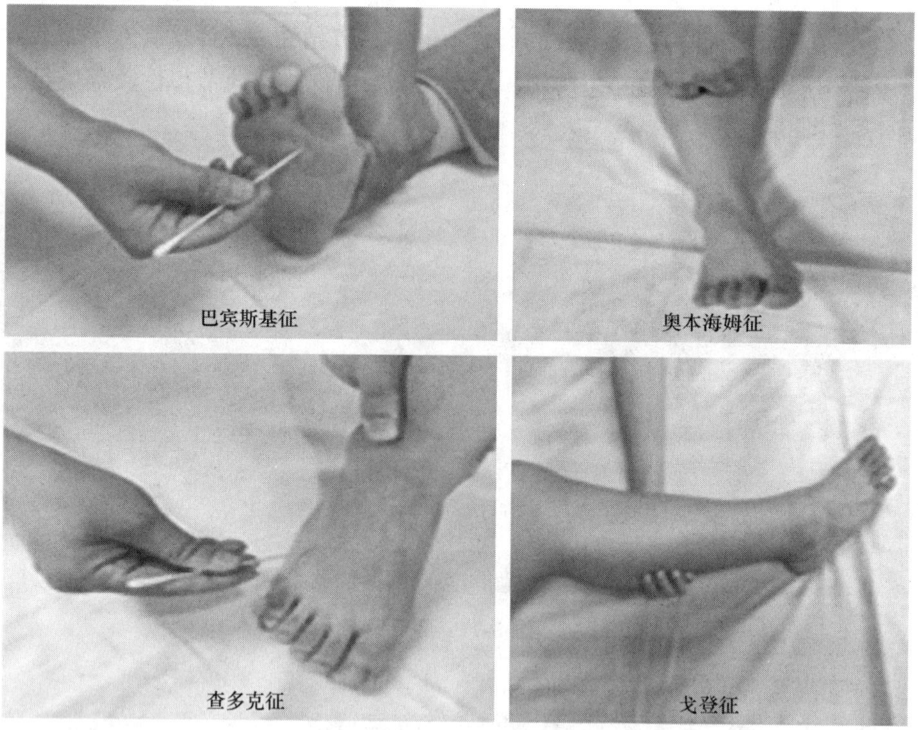

图 3-80 病理反射

1. 巴宾斯基征（Babinski sign） 评估时用钝头竹签由后向前划评估对象足底外侧缘，至小趾跖关节处转向趾侧。阳性表现为踇趾向足背屈曲，其余四趾扇形展开。

2. 查多克征（Chaddock sign） 以钝头竹签划过评估对象足背外侧缘时，阳性表现同巴宾斯基征。

3. 奥本海姆征（Oppenheim sign） 评估对象取仰卧位，评估者以拇指和示指沿评估对象的胫骨前缘自上而下推压，阳性表现同巴宾斯基征。

4. 戈登征（Gordon sign） 评估者以适当的力量，用手捏挤评估对象腓肠肌，阳性表现同巴宾斯基征。

5. 霍夫曼征（Hoffmann sign） 评估者左手握持评估对象腕关节上方，右手示、中指夹住评估对象中指的中指节，向上方提拉使腕部轻度过伸，再用拇指指甲迅速弹刮评估对象中指的指甲，阳性表现为拇指屈曲内收，可伴其余四指轻度掌屈。此征为上肢的锥体束征，多见于颈髓病变。

考点：病理反射的检查方法及临床意义

（三）脑膜刺激征

案例 3-37

患儿，男，4 岁。发热、呕吐半个月，间断抽搐 5 天。颈项强直（+），克尼格征（–）。血常规：白细胞 21.6×10^9/L，中性粒细胞 92%。脑脊液白细胞 480×10^6/L，淋巴细胞 80%，中性粒细胞 20%，糖 1.2mmol/L，氯化物 95mmol/L。

问题：该患儿有颈强直阳性，首先应考虑为何种原因所致？

脑膜刺激征为脑膜受刺激的体征。见于脑膜炎及蛛网膜下腔出血。常见的脑膜刺激征检查方法和阳性表现见表 3-33。

表 3-33 脑膜刺激征检查方法和阳性表现

脑膜刺激征	检查方法	阳性表现
颈强直	评估对象取仰卧位，下肢伸直，评估者以手托其枕部，评估对象被动屈颈以测试颈肌的抵抗力（图 3-81）	评估对象下颏不能贴近前胸，或屈颈时有抵抗感，或评估对象感到颈后疼痛，则为阳性
布鲁津斯基征（Brudzinski sign）	同颈强直检查方法（图 3-82）	如屈颈同时双下肢膝关节、髋关节出现屈曲，则为阳性
克尼格征（Kernig sign）	评估对象取仰卧位，评估者将一侧的髋关节、膝关节屈曲成直角，左手固定住膝关节，右手握住踝部将小腿尽量上抬（图 3-83）	如小腿与大腿夹角不能伸到 135°，并且感到小腿疼痛或屈肌发生痉挛，则为阳性

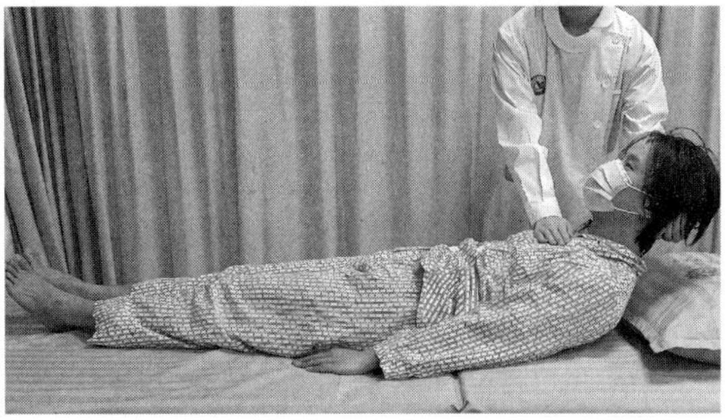

图 3-81 颈项强直

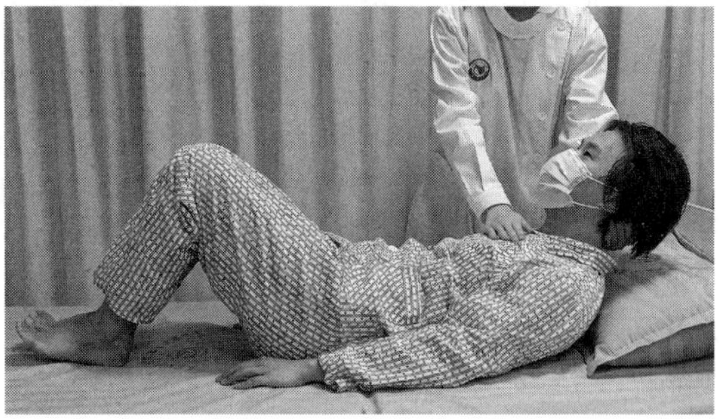

图 3-82 布鲁津斯基征

考点：脑膜刺激征的内容及阳性表现

五、自主神经功能

自主神经包括交感神经与副交感神经两大系统，主要功能是支配内脏器官和内分泌腺、汗腺，调节内脏功能和腺体分泌。自主神经功能评估包括一般检查和自主神经反射等。

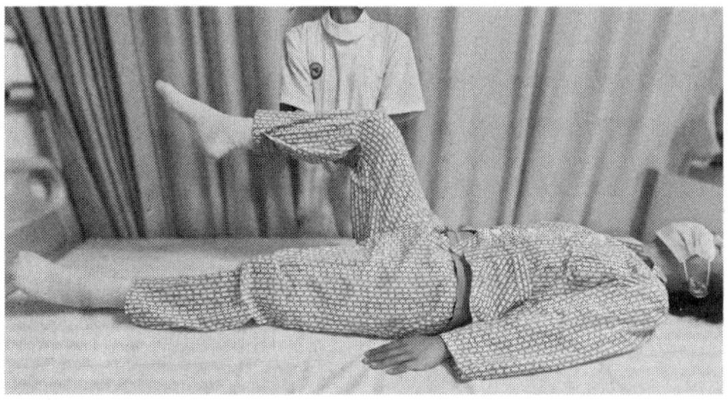

图 3-83 克尼格征

（一）一般检查

检查内容包括皮肤及黏膜、毛发和指（趾）甲、出汗情况等。

1. 皮肤与黏膜 皮肤和黏膜能反映自主神经功能是否正常，检查时注意有无以下改变：①皮肤颜色：苍白、发绀、潮红等；②皮肤质地：潮湿、干燥、脱屑等；③皮疹；④水肿；⑤溃疡等。

2. 毛发和指（趾）甲 有无多毛、毛发稀疏、脱毛，指（趾）甲变厚、变形、脱落等。

3. 出汗 有无全身或局部多汗、少汗或无汗。

（二）自主神经反射

1. 眼心反射 压迫一侧眼球数十秒后，迷走神经兴奋性增高使心率减慢的现象称为眼心反射。检查方法：嘱评估对象取仰卧位，闭目静卧片刻，计数脉率，然后评估者用右手的示指和中指分别置于评估对象的两侧眼球，逐渐加压，以评估对象无痛感为度，压迫 20～30s 后，再数脉率，正常每分钟可减慢 10～12 次。如减少超过 12 次/分提示迷走神经功能亢进，如压迫后脉率不减少甚至增加，提示交感神经功能亢进。

2. 卧立位试验 分别于评估对象卧位和直立位时计数脉率。由卧位到直立位时，脉率增加超过 10～12 次/分为交感神经兴奋性增强；由直立位到卧位，脉率减慢超过 10～12 次/分则为迷走神经兴奋性增强。

3. 颈动脉窦反射 评估对象取仰卧位或坐位，平静后计数脉率。让其头部稍转向欲压迫的对侧。评估者位于评估对象身后，用手指压迫颈总动脉分支部（相当于胸锁乳突肌上 1/3 处），由前方逐渐向颈椎横突方向压迫，压迫时应于 5～30s 逐渐增加手指的压力，然后计数脉率。正常时脉率可减慢 6～10 次/分，反射增强说明迷走神经功能亢进。

4. 竖毛反射 将冰块放在评估对象颈后或腋窝皮肤上数秒后，可见到局部竖毛肌收缩，毛囊隆起呈鸡皮状。因竖毛肌是由交感神经支配，故可根据竖毛反射障碍的部位来判断交感神经功能障碍的范围大小。

5. 皮肤划痕试验 用钝头竹签在皮肤上适当加压划一条线，数秒后出现白条纹（血管收缩）稍后为红条纹，为正常反应。如划线后的白条纹持续时间超过 5min，提示交感神经兴奋性增高。如红色划痕迅速出现、持续时间较长、明显增宽甚至隆起，提示副交感神经兴奋性增高。

自 测 题

A_1/A_2 型题

1. 正常肺野叩诊音为（　　）
   A. 鼓音　B. 过清音　C. 浊音　D. 清音　E. 实音
2. 触诊腹水患者的肝脾时，触诊手法应为（　　）
   A. 深压触诊法　B. 双手触诊法　C. 滑行触诊法　D. 浅部触诊法　E. 冲击触诊法
3. 视诊检查要求在哪种光线下进行（　　）
   A. 强光　B. 避光　C. 紫光　D. 自然光　E. 以上均可
4. 患者，男，34 岁，果农。昏迷 1h，可闻到刺激性蒜味，可能的疾病是（　　）
   A. 酒精中毒　B. 肝性脑病　C. 有机磷农药中毒　D. 尿毒症　E. 糖尿病酮症酸中毒
5. 患儿，女，6 岁。支气管哮喘病史 2 年，半小时前接触花粉后胸闷、咳嗽、呼吸困难，护士为其进行身体评估时，可能出现的叩诊音是（　　）
   A. 清音　B. 浊音　C. 鼓音　D. 实音　E. 过清音
6. 处于熟睡状态，不易唤醒，虽在强烈刺激下可被唤醒，但很快又入睡，醒时答非所问是指（　　）
   A. 嗜睡　B. 意识模糊　C. 昏睡　D. 昏迷　E. 谵妄
7. 患者，女，18 岁。面色晦暗，双颊紫红，口唇轻度发绀。该患者为何种面容（　　）
   A. 病危面容　B. 肝病面容　C. 肾病面容　D. 二尖瓣面容　E. 慢性病容
8. 患者，男，74 岁。反复咳嗽、咳痰 18 年，近 5 年来劳累后心悸、气促。入院时发绀明显，呼吸困难，护士应协助患者采用的体位是（　　）
   A. 自动体位　B. 强迫坐位　C. 被动体位　D. 强迫卧位　E. 强迫蹲位
9. 玫瑰疹见于（　　）
   A. 伤寒　B. 猩红热　C. 药物过敏　D. 风湿热　E. 麻疹
10. 患者，男，18 岁。高热、咽痛 1 天。身体评估：颈前扪及 2 个 1cm×1.5cm 淋巴结，柔软，有压痛，表面光滑，无粘连，则可能是（　　）
    A. 淋巴结核　B. 单核细胞增多症　C. 白血病　D. 淋巴瘤　E. 非特异性淋巴结炎
11. 患者，女，18 岁。腹痛、四肢皮肤出现紫癜 2 天，诊断为过敏性紫癜。紫癜指皮肤出血直径（　　）
    A. ＜2mm　B. 2～4mm　C. 3～5mm　D. ＞5mm　E. 加压后褪色
12. 瘀点与充血性皮疹最主要的区别是（　　）
    A. 压之是否褪色　B. 是否高出皮肤表面　C. 直径大小　D. 分布的部位　E. 血小板计数是否正常
13. 患者，男，70 岁。咳嗽、痰中带血半年，影像血检查提示肺癌，则最有可能在哪处触及淋巴结肿大（　　）
    A. 滑车上淋巴结　B. 右锁骨上淋巴结　C. 腋窝淋巴结　D. 腹股沟淋巴结　E. 颌下淋巴结
14. 颈静脉怒张常见于（　　）
    A. 肝硬化　B. 左心衰竭　C. 肺结核　D. 心律失常　E. 右心衰竭
15. 患儿，男，8 月龄。身体评估发现其前额左右突出，头顶平坦呈方形，则该儿可能患有（　　）

A. 马方综合征 B. 脑积水 C. 脑肿瘤
D. 佝偻病 E. 变形性骨炎

16. 患者，男，45 岁。鼻尖和鼻翼皮肤发红、血管扩张、组织肥厚，常见于（ ）
A. 猩红热 B. 酒渣鼻
C. 系统性红斑狼疮 D. 二尖瓣面容
E. 皮质醇增多症

17. 甲状腺肿大时与颈前其他包块的鉴别，下列哪项最重要（ ）
A. 甲状腺位于甲状软骨下方
B. 甲状腺表面光滑
C. 甲状腺可随吞咽动作上下移动
D. 甲状腺可呈弥漫性、对称性肿大
E. 甲状腺肿大的程度多在胸锁乳突肌以内

18. 患者，男，75 岁。慢性阻塞性肺疾病病史 5 年，今晨因咳嗽后突发胸痛，随即出现胸闷、呼吸困难，身体评估发现气管向右侧移动，可能的是（ ）
A. 左侧气胸 B. 左侧肺不张
C. 心包积液 D. 左侧胸腔积液
E. 右侧胸膜粘连

19. 肺气肿时胸廓的改变是（ ）
A. 扁平胸 B. 漏斗胸
C. 桶状胸 D. 鸡胸
E. 胸部不对称

20. 乳房皮肤毛囊及毛囊孔明显下陷，呈“橘皮样”，无红、肿、热、痛，常见于（ ）
A. 急性乳腺炎 B. 乳腺癌
C. 乳腺囊肿 D. 先天性畸形
E. 乳腺纤维瘤

21. 语音震颤增强见于（ ）
A. 肺气肿 B. 肺实变
C. 支气管阻塞 D. 胸膜肥厚
E. 气胸

22. 胸膜摩擦感与心包摩擦感的鉴别要点是（ ）
A. 有无心脏病病史
B. 患者体质状况
C. 屏气时摩擦感是否消失
D. 咳嗽后摩擦感是否消失
E. 变动体位摩擦感是否消失

23. 患者，男，32 岁。听诊双肺满布湿啰音，见于（ ）
A. 肺炎 B. 肺气肿
C. 胸腔积液 D. 肺结核
E. 肺水肿

24. 正常人心尖搏动范围的直径为（ ）
A. 0.5～1.0cm B. 1.0～1.5cm
C. 1.5～2.0cm D. 2.0～2.5cm
E. 2.5～3.0cm

25. 抬举性心尖搏动常见于（ ）
A. 心肌炎 B. 左心室肥大
C. 右心室肥大 D. 左心房肥大
E. 心肌梗死

26. 患者，女，23 岁。听诊器距胸壁一定距离也能听到粗糙的吹风样杂音，其杂音是（ ）
A. 2/6 级 B. 3/6 级 C. 4/6 级
D. 5/6 级 E. 6/6 级

27. 二尖瓣狭窄最具特征的听诊是（ ）
A. 心尖区 S_1 亢进
B. 肺动脉瓣区 P_2 亢进
C. 心尖部舒张期隆隆样杂音
D. 左心房肥大
E. 心尖搏动向左移位

28. 患者，女，18 岁。游走性关节疼痛 5 年，伴心悸、气促 1 年。身体评估：双颊暗红，心尖区可触及舒张期震颤，心浊音界呈梨形，心尖区可闻及舒张期杂音，最可能的诊断是（ ）
A. 二尖瓣狭窄 B. 二尖瓣关闭不全
C. 三尖瓣狭窄 D. 三尖瓣关闭不全
E. 主动脉瓣关闭不全

29. 患者，女，45 岁。气促、心前区不适 2 年。身体评估：P 94 次/分，听诊心律绝对不规则、第一心音强弱不等，心率 110 次/分。该患者的脉搏为（ ）
A. 交替脉 B. 水冲脉
C. 奇脉 D. 短绌脉
E. 不整脉

30. 患者，女，45 岁。因心悸气短、呼吸困难半年入院，身体评估：脉压增大，可触及水冲脉，在安静状态下出现颈动脉明显搏动，可能的诊断是（ ）
A. 高血压 B. 甲状腺功能亢进症
C. 严重贫血 D. 三尖瓣关闭不全
E. 主动脉瓣关闭不全

31. 中度脾大是指（ ）
A. 深吸气时脾下缘不超过肋下 3cm
B. 脾下缘超过肋下 2cm 至脐水平线以上
C. 脾下缘超过脐水平线以下
D. 脾右缘超过前正中线
E. 脾下缘在肋下刚触及

32. 患者，男，36 岁。转移性右下腹疼痛伴恶心 2 天。身体评估：T 38.5℃，心肺正常，右下腹麦氏点压痛、反跳痛明显，伴局部腹肌紧张，该患者可能是（ ）
A. 急性小肠炎 B. 急性阑尾炎
C. 急性输尿管炎 D. 急性胆囊炎
E. 急性腹膜炎

33. 患者，男，32 岁。左上腹痛伴恶心、呕吐 12h。昨晚饮酒后，出现左上腹隐痛，2h 后疼痛加剧，呈持续性刀割样，并向左腰背部放射，伴恶心，呕吐，吐后疼痛无缓解。身体评估：T 39.5℃，P 100 次/分，R 30 次/分，BP 90/70mmHg；精神萎靡，表情痛苦；腹膜刺激征（+）。腹膜刺激征是指（　　）

A. 腹部膨隆、肠鸣音消失

B. 全腹部有压痛、呼吸运动减弱

C. 腹肌紧张、压痛、反跳痛

D. 腹部压痛、肠鸣音消失

E. 腹部肌紧张

34. 患者，女，62 岁。肝硬化病史 5 年，近月来出现明显乏力，恶心、腹胀。身体评估：面色晦暗，消瘦，上胸及颈部各见 1 枚蜘蛛痣，腹部膨隆，移动性浊音阳性。移动性浊音阳性提示腹水量达到（　　）

A. 100ml　B. 300ml　C. 500ml

D. 700ml　E. 1000ml 及以上

35. 患者，男，50 岁。肛门疼痛 5 天，加剧 1 天。检查发现肛周皮肤完整、发红，触及肛周有压痛、波动感。该患者可能是什么情况（　　）

A. 肛瘘　B. 肛周脓肿

C. 肛裂　D. 痔疮

E. 肛门直肠瘘

36. 出现杵状指常见的呼吸系统疾病是（　　）

A. 慢性支气管炎　B. 慢性阻塞性肺疾病

C. 支气管哮喘　D. 支气管扩张

E. 肺癌

37. 下列不属于深反射的是（　　）

A. 肱二头肌反射　B. 肱三头肌反射

C. 膝反射　D. 跟腱反射

E. 腹壁反射

38. 用一定力量挤压腓肠肌，可见踇趾缓缓背伸，其余四趾呈扇形展开，此阳性反应为（　　）

A. 查多克征　B. 戈登征

C. 奥本海姆征　D. 巴宾斯基征

E. 霍夫曼征

39. 患者，男，35 岁。因蛛网膜下腔出血急诊入院。身体评估：做屈颈运动时，其下颏不能触及胸廓，颈部有较大的抗力，其表现是（　　）

A. 正常反应　B. 颈项强直

C. 克尼格征阳性　D. 布鲁津斯基征阳性

E. 病理反射征阳性

A_3/A_4 型题

（40、41 题共用题干）

患者，女，31 岁。干咳伴乏力、低热、夜间盗汗、体重减轻 2 月余。胸部 X 线片：右上肺阴影。疑诊“肺结核”收入院。

40. 此时叩诊该患者右上肺的叩诊音是（　　）

A. 清音　B. 浊音　C. 过清音

D. 实音　E. 鼓音

41. 在治疗过程中，患者突然大量咯血，应采取的体位是（　　）

A. 右侧卧位　B. 左侧卧位

C. 俯卧位　D. 仰卧位

E. 坐位

（42、43 题共用题干）

患者，男，40 岁。肝硬化病史 20 年，就诊时皮肤改变如下图所示。

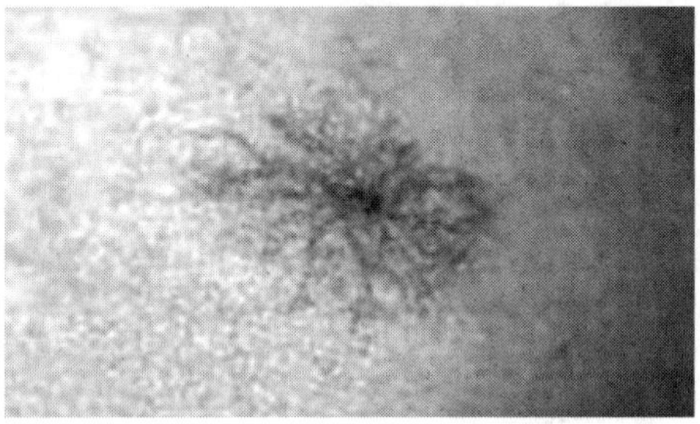

42. 该患者的皮肤改变称为（　　）

A. 玫瑰疹　B. 皮下出血

C. 蜘蛛痣　D. 压疮

E. 斑丘疹

43. 下列有关该皮肤改变的描述，不正确的是（　　）

A. 大小不等

B. 皮肤小动脉末端扩张所致

C. 多见于下腔静脉分布区

D. 雌激素增高所致

E. 多分布于头部、上臂及肩背部等处

（44、45 题共用题干）

患者，女，29 岁。心悸、易怒、多汗、食欲亢进伴消瘦半年。

44. 眼部检查时会出现下列哪一种眼征（　　）

A. 眼球下陷　B. 眼睑下垂

C. 眼球运动障碍　D. 单侧眼球突出

E. 双侧眼球突出

45. 身体评估发现患者甲状腺肿大，达到Ⅲ度，描绘正确的是（　　）

A. 不能看到只能触及

B. 能看到又能触及

C. 超过胸锁乳突肌内缘

D. 甲状腺上有结节

E. 超过胸锁乳突肌外缘

（46、47 题共用题干）

患者，男，65 岁。反复咳嗽、咳痰 12 年，近两年来劳动时出现气短，偶有踝部水肿，拟诊慢性支气管炎合并慢性阻塞性肺气肿。

46. 身体评估时，胸部可能出现的阳性体征为（　　）
A. 扁平胸　B. 语颤减弱
C. 语颤增强　D. 心浊音界扩大
E. 呼气相缩短

47. 若患者病情反复发作，肺动脉瓣听诊区 S_2 亢进，则提示（　　）
A. 右心衰竭　B. 左心衰竭
C. 肺动脉高压　D. 周围循环衰竭
E. 主动脉压升高

（48～50 题共用题干）

患者，女，28 岁。活动后出现呼吸困难伴咳嗽 2 天，既往有风湿性心脏病、二尖瓣狭窄病史 18 年。

48. 心尖部听诊可闻及的典型杂音为（　　）
A. 响亮、粗糙的收缩期吹风样杂音
B. 收缩期隆隆样杂音
C. 舒张期隆隆样杂音
D. 舒张期叹气样杂音
E. 舒张期吹风样杂音

49. 听诊最清楚的部位是（　　）
A. 心尖区　B. 胸骨左缘第 2 肋间
C. 胸骨右缘第 2 肋间　D. 胸骨左缘第 3～4 肋间
E. 胸骨左缘第 4～5 肋间

50. 胸部叩诊心脏浊音界呈（　　）
A. 球形　B. 梨形
C. 靴形　D. 烧瓶形
E. 正常形态

（51～53 题共用题干）

患者，男，45 岁。乙型病毒性肝炎病史 15 年，近 1 周来感腹胀明显。身体评估发现颈部见 1 枚蜘蛛痣，腹肌柔软，移动性浊音阳性，余未见异常。

51. 根据病史及临床表现支持下列哪项诊断（　　）
A. 肝硬化腹水　B. 卵巢囊肿
C. 肥胖　D. 肠穿孔
E. 肠梗阻

52. 1 个月后复查，患者不会出现的体征为（　　）
A. 黄疸　B. 腹壁静脉曲张
C. 肝掌　D. 消瘦
E. 肝颈静脉回流征阳性

53. 病重期间，腹部检查反跳痛阳性，但无呕吐亦无肛门停止排气提示（　　）
A. 肠套叠　B. 肠穿孔
C. 肠粘连　D. 肠梗阻
E. 急性腹膜炎

（54、55 题共用题干）

患者，女，60 岁。“头痛、呕吐伴意识障碍 1h”入院，晚餐时突发头痛，呕吐 2 次，伴有意识不清，家人送其就医，检查时压迫眼眶有躲避反应，没有言语应答，瞳孔对光反射、角膜反射存在。

54. 此时患者意识状态是（　　）
A. 深昏迷状态　B. 浅昏迷状态
C. 嗜睡状态　D. 清醒状态
E. 昏睡状态

55. 经治疗后患者意识恢复，但右下肢可以抬离床面，但不能对抗阻力，肌力为几级（　　）
A. 1 级　B. 2 级　C. 3 级
D. 4 级　E. 5 级

案例分析题

56. 患者，男，70 岁。患高血压 20 年，诊断高血压心脏病 10 年，因未按医嘱服降压药，血压控制效果欠佳。近 2 周来感心慌、气短，夜间有时突感胸闷、憋气，坐起后数分钟症状可缓解，因症状加重而入院治疗。
问题： 1. 对该患者进行心脏部位的视诊、触诊、叩诊和听诊检查可能发生什么异常体征？
2. 该患者存在的主要护理问题有哪些？

57. 患者，男，58 岁。因乏力、腹胀 6 年，加重 1 个月入院。查体发现神志清，精神欠佳，肝病面容，胸部可见蜘蛛痣，腹部膨隆，移动性浊音阳性。乙型肝炎病毒携带病史 25 年，平素吸烟和饮酒史。
问题： 1. 患者身体评估的内容有哪些？
2. 请说出肝脏触诊的内容及临床意义。

（谢　龙　周金莉　黄振华）

第4章
心理和社会评估

学习目标

1. 素质目标　具有尊重患者、爱护患者、保护患者隐私的职业精神，树立与医师、心理治疗师/咨询师等进行多学科合作的意识。

2. 知识目标　掌握心理、社会评估的主要内容及常用方法；掌握心理、社会评估相关内容的基本概念；熟悉心理、社会评估的目的和意义；了解心理、社会评估常见异常表现的类型、主要特点及临床意义。

3. 能力目标　根据患者的具体情况及心理与社会评估内容的不同特点，恰当地运用相关评估方法对患者进行心理与社会评估；根据所获资料综合分析异常表现的临床意义，并做出护理诊断。

世界卫生组织将健康定义为“一种躯体、心理和社会功能完全安好的状态，而不只是没有疾病或病症”。即人的健康包括生理、心理、社会三个方面，因此，心理、社会评估是健康评估的重要组成部分。

第1节　心理评估

案例 4-1

患者，男，40岁，农民。直肠癌行迈尔斯手术（Miles operation）术后第6天，消瘦，体重较2个月前下降10kg。经常向同病房患者叙述家中经济困难，自己住院花费太多，影响子女上学，并为此长吁短叹，食欲下降。护理查房时，患者反复询问护士腹壁造口怎么解粪便，以后能否正常走路及劳动，并对护士的解答将信将疑。对周围环境的反应心不在焉。

问题： 1. 如何对该患者进行心理评估？

2. 该患者主要的护理问题有哪些？

一、概　述

（一）心理评估的概念

心理评估是指应用心理学理论和方法对个体某一心理现象作全面、系统和深入的客观描述的过程。

（二）心理评估的目的

1. 评估个体的心理活动，尤其是疾病发生发展过程中的心理活动，如认知、情绪情感、压力与压力应对等，从而发现个体心理方面现存的或潜在的健康问题，以便于制订相应的心理干预措施。

2. 评估个体的个性心理特征，尤其是性格特征，作为选择护患沟通方式和进行心理护理的依据。

3. 评估个体的压力源、压力反应及其应对方式，以制订有针对性的护理计划，提高心理应对能力。

（三）心理评估的方法

心理评估的方法有多种，主要包括会谈法、观察法、心理测量学方法及医学检测法等。综合应用多种方法，会使收集到的资料更完整、全面，评估结果更客观、可信。

1. 会谈法　是心理评估最基本的方法，其作用为建立交谈双方相互信任和合作的关系，以及获得评估对象对其心理状况和问题的自我描述。会谈是一种有目的的会话，可分为正式会谈和非正式会谈两种类型。正式会谈是指事先通知对方，按照问题提纲有目的、有计划、有步骤地交谈；非正式会谈指日常生活或工作中，护士与患者之间的自然交谈。

2. 观察法

（1）自然观察法　是指在自然条件下，对表现心理现象的外部活动进行观察。在日常护理工作中对患者行为与心理反应的观察即自然观察。该方法要求评估者对评估对象有长期、系统和细致的观察，同时评估者要有丰富的知识和较强的分析判断能力。

（2）控制观察法　是指在特殊的实验环境下观察评估对象对特定刺激的反应。该方法需预先设计，按既定程序进行，每一评估对象都接受同样的刺激，又称实验观察法。

3. 心理测量学方法　是对人的心理和行为进行客观的、标准的测定方法，是心理评估常用的标准化手段之一。①心理测验法：是指根据一定的法则和心理学原理，使用一定的操作程序给人的认知、行为、情感等心理活动予以量化。心理测验是心理测量的工具，心理测量在心理评估中能帮助评估者了解评估对象的情绪、行为模式和人格特点。②评定量表测评：指用一套预先已标准化的测试项目（量表）来测量某种心理品质，如应用焦虑自评量表和住院患者压力评定量表对住院患者的焦虑情绪和压力状况进行评估。

4. 医学检测法　包括身体评估和各类实验室检查，如检测心率、血压、血液肾上腺皮质激素浓度等，其作用主要是为心理评估提供辅助的客观资料。

考点：心理评估常用的方法

（四）心理评估的内容

心理评估主要是对人的心理现象进行评估。心理现象包括心理过程和个性心理两大部分。心理过程，又称心理活动，分为：①内在的心理活动，是人脑对客观现实的反映过程，包括认知、情绪情感、意志三个方面；②外在的心理活动，指人在与社会及其周围环境相互作用过程中感受到的压力和采取的压力应对等。由于个体对自我的认知又称自我概念，在这里，将自我概念归为个体内在心理活动之一进行介绍。个性心理又包括个性心理特征和个性心理倾向两个方面。本节主要从认知水平、自我概念、情绪情感状态、压力与压力应对及个性等方面进行介绍。

二、认知功能评估

（一）基础知识

认知过程是人们推测和判断客观事物的心理过程，即信息加工的过程，是人最基本的心理过程，包括感知觉、记忆、思维、注意、语言、定向力等，其中思维是认知过程的核心。

1. 感知觉　是个体将来源于视、听、味、嗅、触等各种感官的刺激输入大脑并加以解释和组合，转换为有意义的方式的过程，是客观世界在人脑中的主观印象，是认识客观世界的开始。个体的感知功能主要包括视觉、听觉、味觉、嗅觉、触觉功能及痛觉等。

2. 记忆　是个体对其经验的识记、保持及再认和再现的心理过程，包括瞬时记忆、短时记忆和长时记忆。人脑记忆区损伤或衰退可导致记忆功能减退甚至丧失，如阿尔茨海默病。

3. 思维　指人脑对客观现实间接的、概括的反映，是认知活动的高级阶段。个体的思维能力主要表现在分析、综合、概括、理解、判断、推理等方面。大脑损伤或精神障碍的患者可致思维障碍，如颅脑外伤、精神分裂症患者等。

4. 注意　是心理活动对一定对象的指向和集中。分为：①无意注意，指事先没有预定目的，也不需要作意志努力的注意；②有意注意，指有预定目的，需要一定意志努力的注意。个体脑干网状结构受损可导致注意障碍。

5. 语言 是以语音为物质外壳，由词汇和语法构成并能表达人类思想的符号系统。语言的产生是指人们通过语言器官或手的活动把所要表达的思想说出来或写出来的过程，包括说话和书写两种形式。个体的语言器官受损可致言语障碍，如失语。

6. 定向力 是人们对现实的感觉，对过去、现在、未来的察觉，以及对自我存在的意识，包括时间、地点、空间及人物定向。

（二）评估

认知和感知功能的评估方法包括问诊、观察、身体评估和评定量表测评。

1. 感知功能评估 可综合应用会谈法、观察法和医学检测法。通过询问“您觉得最近视力怎么样？”“您觉得最近听力有改变吗？”等问题了解评估对象有无感知觉异常表现，同时结合观察及视力、听力等感知觉方面的医学检测，相互验证，综合分析、判断评估对象的感知觉情况。

2. 记忆功能评估 评估短时记忆时，可让评估对象重复刚才说过的话或是一组电话号码；评估长时记忆时可让评估对象叙述昨日活动轨迹或回忆其儿童时代发生的事件等。

3. 思维能力评估 思维能力评估的内容与方法见表 4-1。

表 4-1 思维能力评估的内容与方法

评估内容	评估方法
分析能力	请评估对象分析社会现象、生活事件、疾病症状产生的原因
综合能力	在其分析的基础上，让其归纳、综合
概念化能力	可在护理活动过程中进行评估，如数次健康教育后，让其总结概括其所患疾病的特征、所需的自我护理知识等，从中判断评估对象对这些知识进行概念化的能力
理解力	让评估对象按指示做一些从简单到复杂的动作，如关门，坐在椅子上，将右手放在左手的手心里，然后按顺时针方向搓擦手心等，观察能否理解和执行指令
判断力	让评估对象说出实物的属性，或评价评估对象将来打算的现实性与可行性。如询问评估对象：“你出院后准备如何争取别人的帮助？”“出院后经济上遇到困难你将怎么办？”等
推理能力	评估者必须根据评估对象年龄特征提出问题，如对 6～7 岁儿童可问他“一切木头做的东西丢在水中都会浮起来，现在这个东西丢在水里浮不起来，这个东西是什么做的？”如果儿童能回答：“不是木头做的”，表明他已初步具备演绎推理能力

4. 注意能力评估

（1）无意注意能力　可通过观察评估对象对周围环境的变化，如对所住病室来新患者，开、关灯的反应等进行判断。

（2）有意注意能力　可通过指派一些任务让评估对象去完成，如请评估对象填写入院记录等，同时观察其执行任务时的专注程度。对儿童或老年人，应着重观察其能否有意识地将注意力集中于某一具体事物。

5. 语言能力评估 可通过提问、复述、自发性语言、命名、阅读和书写等方法检测评估对象语言表达和对文字符号的理解。语言能力的评估方法和内容见表 4-2。对语言能力异常者，应根据表 4-3 的标准进一步明确语言障碍的类型。

表 4-2 语言能力的评估方法和内容

评估方法	评估内容
提问	评估者提出一些由简单到复杂，由具体到抽象的问题，观察评估对象能否理解及正确回答
复述	评估者说一简单词句，让评估对象重复说出
自发性语言	请评估对象陈述病史，观察其陈述是否流利，用字遣词是否恰当

续表

评估方法	评估内容
命名	评估者取出一些常用物品，要求评估对象说出其名称
阅读	请评估对象诵读单个或数个词、短句或一段文字，或默读一段短文或一个简单的故事，然后说出其大意。评价其读音和理解程度
书写	包括自发性书写、默写和抄写。自发性书写是要求评估对象随便写出一些简单的字、数字、自己的姓名、物品名称或短句。默写是请评估对象写出评估者口述字句。抄写是让评估对象抄写一段文字

表 4-3　语言障碍的类型及评价

类型	评价
运动性失语	由语言运动中枢病变所致。不能说话，或只能讲一两个简单的字，并用词不当，但对他人的言语和书面文字能理解
感觉性失语	自述流利，但内容不正确，不能理解他人的语言，也不能理解自己所言，发音用词错误，严重时别人完全听不懂
命名性失语	称呼原熟悉的人名、物品名的能力丧失，但他人告知名称时，能辨别对、错，能说出物品使用方法
失写	能听懂他人语言及认识书面文字，但不能书写或写出的句子有错误，抄写能力尚存
失读	丧失对视觉符号的认识能力，因此不识词句、图画，常与失写同时存在
构音困难	由发音器官病变或结构异常所致，表现为发音不清，但用词准确

6. 定向力评估　包括对评估对象时间、地点、空间和人物定向力的评估。如询问“今年是哪一年？”评估时间定向力；询问“你知道你现在在什么地方吗？”评估地点定向力；询问“我在你的左边还是右边？”可评估空间定向力；询问其名字以判断人物定向力。定向力障碍者不能将自己与时间、空间、地点联系起来。定向力障碍的先后顺序依次为时间、地点、空间和人物。

考点：认知评估的主要方面

（三）主要护理诊断/问题

1. 急性意识障碍/有急性意识障碍的危险/慢性意识障碍　与相关疾病所致的大脑综合功能障碍有关。

2. 记忆功能障碍　与脑血管疾病、慢性酒精中毒等所致的脑器质性病变有关。

3. 思维过程紊乱　与不同原因所致的神经精神障碍有关。

4. 言语沟通障碍　与思维障碍有关；与意识障碍有关；与语言中枢受损或构音器官功能障碍有关。

5. 有沟通增强的趋势　与导致沟通障碍的疾病逐渐好转有关。

三、自我概念评估

（一）基础知识

1. 自我概念的定义　是人们通过对自己内在和外在特征，以及对他人反应的感知与体验而形成的对自我的认识与评价，是个体在与其所处的心理和社会环境相互作用过程中形成的动态的、评价性的“自我肖像”。

2. 自我概念的分类　根据 Rosenberg 分类法，自我概念可分为 3 类。

（1）真实自我　是自我概念的核心，指个体对身体内外特征及社会状况的真实感知与评价，包括社会认同、自我认同、体像等。

（2）期望自我　即理想自我，我希望我成为一个什么样的人。期望自我含有真实与不真实的成分，真实成分含量越高，与真实自我越接近，个体的自我概念越好，否则可产生自我概念紊乱或自尊低下。

（3）表现自我　是真实自我的展示与表露，为 3 类自我中最富于变化的部分。人们在不同场合、不同的环境下所表露的自我不同，如初次见面和求职面试时，个体表露自我的方式和程度会与平时不同。

3. 自我概念的组成 在护理专业中，自我概念包括个人的体像、社会认同、自我认同和自尊等。

4. 自我概念的影响因素 自我概念的形成与变化受诸多因素影响，如早期生活经历、生长发育过程中的正常生理变化、个人健康状况、社会环境等。尤其临床上，患者健康状况的改变通常会影响个体对自我概念的感知。

（二）评估

1. 问诊 通过询问了解评估对象对自己身体的满意度、希望自己身体所要达到的要求、对自己身体所存在的缺陷造成的影响或威胁等；了解所从事的职业、家庭和工作情况、社会认可度；目前有无让评估对象感到忧虑、痛苦、焦虑、恐惧等的事情。

2. 观察 观察评估对象外表是否整洁、衣着是否得体，与人交谈是否有目光交流，面部表情如何，是否与其主诉一致，是否有不愿见人、不愿照镜子、不愿与他人交往、不愿看身体形象有改变的部位、不愿与别人讨论伤残或不愿听到这方面的谈论等行为表现。是否有惊慌、气促、哭泣、睡眠障碍、食欲减退等表现。

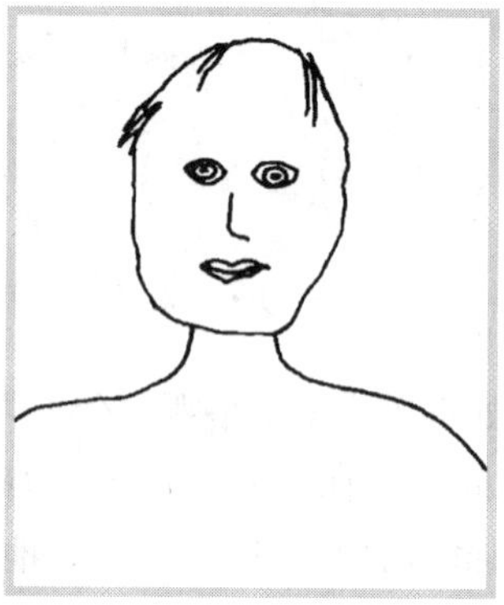

图 4-1 14 岁白血病女孩的自画像

3. 投射测验 由于儿童不能很好地理解和回答问题，宜使用投射法反映他们对自己体像的理解与认识。可以让小儿画自画像并对其进行解释，从中识别小儿对其体像改变的内心体验。图 4-1 为一位化疗后白血病患儿的自画像，严重脱发是其感知到的化疗后的主要身体意象改变。

4. 评定量表法 有些量表可直接测定个体的自我概念，或通过测定焦虑、抑郁等情绪改变间接地评估个体的自我概念水平。如 Rosenberg 自尊量表、Tennessee 自我概念量表、自我描述问卷等，但要注意每个量表都有其特定的适用范围，应用时应慎重选择。

（三）主要护理诊断/问题

1. 体像紊乱 与身体外形及功能变化有关。

2. 自我认同紊乱 与人格障碍有关。

3. 长期低自尊 与自我认同降低、事业失败、家庭矛盾等有关。

4. 情境性低自尊 与疾病或外伤导致机体功能下降等有关。

四、情绪与情感评估

（一）基础知识

情绪与情感直接反映人们的需求是否得到满足，是身心健康的重要标志，是健康评估不可缺少的内容之一。

1. 情绪与情感的定义 情绪与情感是个体对客观事物的态度体验及相应的行为反应，是人的需求是否获得满足的反映。凡是能直接或间接满足人的需要或符合人的愿望的事物，会引起愉快、喜欢、热爱等积极性质的情绪与情感；凡是与人的需要相抵触或违背人的意愿的事物，则引起厌恶、愤怒、悲哀等消极性质的情绪与情感。

2. 情绪与情感的区别与联系 情绪与情感既有区别，又有联系。情绪是情感的表达形式，具有较强的情境性、激动性和暂时性，与生理需求满足与否有关。情感是在情绪稳定的基础上建立发展起来的，具有较强的稳定性、深刻性和持久性，是与社会性需求满足与否相联系的、人类特有的心理活动。情感的深度决定着情绪表现的强度，情感的性质决定在一定情境下情绪的表现形式。

3. 情绪与情感的种类　情绪与情感的分类方法有很多种，按性质主要分为正性情绪情感和负性情绪情感。凡能提高人的工作效能，增强人的体力和精力的积极情绪与情感为正性情绪情感，如满意、喜悦、快乐、惊奇、友爱等；凡是抑制人的活动效能，削弱人的体力和精力的消极情绪与情感为负性情绪情感，如抑郁、痛苦、绝望、厌恶、自卑等。

4. 常见情绪状态　焦虑和抑郁是临床患者最常见的情绪状态。

（1）焦虑　由危险或对威胁的预料或预感而诱发。焦虑主要表现为生理和心理两方面的变化。生理方面主要有心悸、食欲下降、睡眠障碍等；心理方面则表现为注意力不集中、易激惹等。人们常以语言和非语言两种形式表达内心的焦虑。前者为直接诉说忧虑事件和原因及一些自觉症状，如心慌、出汗、头痛、胃痛、注意力无法集中等；后者有心跳、呼吸加快，姿势与面部表情紧张，神经质动作如凝视墙壁、天花板及肢端颤抖、快语、无法平静等。

（2）抑郁　是在个体失去某种重视或追求的东西时产生的情绪体验。处于抑郁状态者可有情感、认知、动机及生理等多方面的改变，具体可表现为：①情感方面，主要表现为情绪低落、心境悲观、自我感觉低沉、生活枯燥无味、哭泣、无助感；②认知方面，表现为注意力不集中、思维缓慢、不能做出决定；③动机方面，表现为过分依赖、生活懒散、逃避现实甚至产生自杀念头；④生理方面，表现为易疲劳、食欲减退、体重下降、睡眠障碍、运动迟缓及机体其他功能减退。

考点： 临床常见的不良情绪

医者仁心

甘于奉献——麻风村里的最美天使

潘美儿，女，1976 年出生，浙江省皮肤病医院麻风病区护士长。她常年工作在位于大山中的麻风病区，以非凡的勇气、耐心及对生命的敬重之心，日复一日、年复一年地护理着麻风村的患者。她善于发现患者的心理问题，注重心理健康，不仅治好了患者身上的伤痛，也治愈了他们被世俗隔离的孤独心灵。2009 年 10 月，潘美儿获第 42 届南丁格尔奖；2018 年 7 月，入选“中国好人榜”；2019 年 9 月，荣获第七届全国道德模范“全国敬业奉献模范”。

（二）评估

对情绪情感的评估可综合运用会谈、观察与测量、评定量表测评等多种方法进行。

1. 会谈　是最常用的方法，用于收集有关情绪情感的主观资料。可通过询问评估对象一些情绪方面的问题来进行评估。评估时应注意评估对象内在的感受与外在的表达是否一致，语言性表达与非语言性表达有无矛盾，必要时可询问有关的其他人员进一步核实。

2. 观察与测量　观察与测量呼吸频率、心率、血压、皮肤颜色和温度、食欲及睡眠状况等各项目，可判断情绪的变化情况。如紧张时皮肤苍白，焦虑和恐惧时多汗，抑郁时食欲减退、睡眠障碍等。评估者应在熟悉常见情绪表现的基础上，就以上各项目对评估对象进行观察和测量，以获得情绪情感的客观资料，并对会谈所收集的主观资料进行验证。

3. 评定量表测评　是评估情绪情感较为客观的方法。常用的有 Zung 焦虑自评量表（表 4-4）和 Zung 抑郁自评量表（表 4-5）。

表 4-4　Zung 焦虑自评量表

评定项目	偶尔	有时	经常	持续
1. 我感到比往常更加神经过敏和焦虑	1	2	3	4
2. 我无缘无故感到担心	1	2	3	4
3. 我容易心烦意乱或感到恐慌	1	2	3	4

续表

评定项目	偶尔	有时	经常	持续
4. 我感到我的身体好像被分成几块，支离破碎	1	2	3	4
*5. 我感到事事都很顺利，不会有倒霉的事情发生	4	3	2	1
6. 我的四肢抖动和震颤	1	2	3	4
7. 我因头痛、颈痛、背痛而烦恼	1	2	3	4
8. 我感到无力且容易疲劳	1	2	3	4
*9. 我感到很平静，能安静坐下来	4	3	2	1
10. 我感到我的心跳较快	1	2	3	4
11. 我因阵阵的眩晕而不舒服	1	2	3	4
12. 我有阵阵要昏倒的感觉	1	2	3	4
*13. 我呼吸时进气和出气都不费力	4	3	2	1
14. 我的手指和脚趾感到麻木和刺痛	1	2	3	4
15. 我因胃痛和消化不良而苦恼	1	2	3	4
16. 我必须时常排尿	1	2	3	4
*17. 我的手总是很温暖而干燥	4	3	2	1
18. 我觉得脸发热发红	1	2	3	4
*19. 我容易入睡，晚上休息得很好	4	3	2	1
20. 我做噩梦	1	2	3	4

使用说明：评估对象根据最近 1 周的实际情况在相应栏内打“√”。如文化程度太低以致看不懂问题内容，可由评估者逐项念给评估对象听，然后由评估对象自己做出评定。每一项目按 1、2、3、4 四级评分。注*号者，是用正性词陈述的，按 4→1 顺序反向计分。评定完后将 20 项评分相加，得出总分，然后乘以 1.25，取其整数部分，即得到标准总分。正常总分值为 50 分以下。50～59 分，轻度焦虑；60～69 分，中度焦虑；70～79 分，重度焦虑。

表 4-5　Zung 抑郁自评量表

评定项目	偶尔	有时	经常	持续
1. 我觉得闷闷不乐，情绪低沉	1	2	3	4
*2. 我觉得一天之中早晨最好	4	3	2	1
3. 我一阵阵地哭出来或是想哭	1	2	3	4
4. 我晚上睡眠不好	1	2	3	4
*5. 我的胃口跟以前一样	4	3	2	1
*6. 我跟异性交往时像以前一样开心	4	3	2	1
7. 我发现自己体重下降	1	2	3	4
8. 我有便秘的烦恼	1	2	3	4
9. 我的心跳比平时快	1	2	3	4
10. 我无缘无故感到疲劳	1	2	3	4
*11. 我的头脑像往常一样清楚	4	3	2	1
*12. 我觉得经常做的事情并没有困难	4	3	2	1
13. 我感到不安，心情难以平静	1	2	3	4
*14. 我对未来抱有希望	4	3	2	1

续表

评定项目	偶尔	有时	经常	持续
15. 我比以前更容易生气、激动	1	2	3	4
*16. 我觉得决定什么事很容易	4	3	2	1
*17. 我觉得自己是个有用的人，有人需要我	4	3	2	1
*18. 我的生活过得很有意思	4	3	2	1
19. 假如我死了别人会过得更好	1	2	3	4
*20. 平常感兴趣的事情我照样感兴趣	4	3	2	1

使用说明：同焦虑自评量表。正常总分值为50分以下。50～59分，轻度抑郁；60～69分，中度抑郁；70～79分，重度抑郁。

（三）主要护理诊断/问题

1. 焦虑　与担心疾病预后、环境改变有关。

2. 恐惧　与即将进行复杂的手术、神经精神障碍有关。

3. 持续性悲伤　与疾病预后不良有关。

4. 情绪失控/冲动控制无效　与疾病所致的精神困扰有关。

5. 睡眠型态紊乱　与疾病所致的情绪异常、环境改变有关。

6. 有自残/自杀的危险　与抑郁情绪有关。

五、压力与压力应对评估

（一）基础知识

1. 压力　指内外环境中的各种刺激作用于机体时所产生的非特异性反应，如心率、呼吸、血压的变化等。压力的产生必须具备两个条件：压力源和压力反应。

2. 压力源　是能够引起机体产生压力反应的所有因素，如理化因素、环境污染、疾病、应激性生活事件等。常见的压力源分类见表4-6。

表4-6　常见的压力源分类

压力源分类	因素
躯体性压力源	各种理化和生物学因素，如寒冷、炎热、噪声、射线、空气污染、饥饿、疾病、外伤、感染、衰老等
心理性压力源	各种心理冲突和心理挫折所导致的焦虑、恐惧、抑郁等
社会性压力源	自然灾害、社会环境改变、家庭及工作中的困扰和变动等
文化性压力源	由于迁移所致的生活方式、语言、饮食、风俗习惯等文化因素的改变，如迁居异地

3. 压力反应　是指由压力源导致的机体的非特异性反应，包括生理、认知、情绪和行为等方面的反应（表4-7）。

表4-7　压力反应的表现

反应	表现
生理反应	心率、收缩压、尿量、肌张力等增加，头痛、食欲减退或多食、疲乏、睡眠障碍等，继而致身心疾病，甚至死亡
认知反应	中度以上压力可致感知能力下降、注意力不集中、记忆力下降、思维迟钝、解决问题的能力下降等
情绪反应	紧张、焦虑、恐惧、抑郁、无助、自怜、愤怒及过度依赖等
行为反应	来回走动、坐立不安、抽烟、酗酒、活动频次改变、无意识动作等

4. 压力应对 是指个体解决压力和减轻压力对自身影响的过程。常用的压力应对方式有 2 种：①情感式应对，指向压力反应，倾向于采用心理防御，如否认机制或过度进食、用药、饮酒、远离压力源等行为，回避和忽视压力源，用于处理压力所致的情感问题。②问题式应对，指向压力源，倾向于通过有计划地采取行动，寻求排除或改变压力源所致影响的方法，把握压力情境中的积极特征，用于处理导致压力的情境本身（表 4-8）。

表 4-8 压力应对方式

情感式应对	问题式应对
希望事情会变好	努力控制局面
进食、吸烟、嚼口香糖	进一步分析研究所面临的问题
祈祷	寻求处理问题的其他方法
紧张	客观地看待问题
担心	尝试并寻找解决问题的最好办法
向朋友或家人寻求安慰和帮助	回想以往解决问题的办法
独处	试图从情境中发现新的意义
一笑了之	将问题化解
置之不理	设立解决问题的具体目标
幻想	接受现实
做最坏的打算	和相同处境的人商议解决问题的办法
疯狂，大喊大叫	努力改变当前情形
睡一觉，认为第二天事情就会变好	能做什么就做些什么
不担心，任何事到头来终会有好结果	让他人来处理这件事
回避	
干些体力活	
将注意力转移至他人或他处	
饮酒	
认为事情已经无望而听之任之	
认为自己命该如此而顺从	
埋怨他人	
沉思	
用药	

（二）评估

1. 问诊 重点在于了解评估对象面临的压力源、压力感知、压力应对方式及压力缓解情况。

（1）压力源 通过询问了解评估对象近期经历的重大生活事件、日常生活困扰及过去经历中的重大事件。不仅要了解评估对象所面临的压力源和数量，还应了解这些压力源对个体影响的主要顺序，以指导干预措施的制订。

（2）压力感知 通过询问评估对象对压力事件应对的态度及能否应对，了解评估对象对其所面临的压力源的认知和评价。个体对压力源的认知和评价直接影响其压力反应和应对。如果压力源被个体认为是无关或良性刺激，则不会引起压力反应。如果压力源被视为一种挑战，自己有能力应对，比被视为威胁所引起的负性压力反应小，且个体多能采取更为积极有效的应对策略。

（3）压力应对方式 通过询问评估对象采取怎样的方式缓解紧张与压力，了解评估对象缓解压力的方式。个体的社会支持度可影响其压力应对方式和应对的有效性，因此应同时询问评估对象在遇到困难时，其家人、亲友和同事中谁能给予帮助，评估其社会支持系统情况。

（4）压力缓解情况 通过询问评估对象能否有效处理目前所面临的压力，了解其应对压力的有效性。

2. 观察 观察有无压力所致的一般性生理反应、认知反应、情绪反应和行为反应。还应注意评估对象所采取的压力应对方式。

3. 身体评估 评估生命体征、皮肤情况、肠鸣音、肌张力和身体活动等情况。在压力状态下，可有皮肤的颜色、温度和湿度改变，心率增加，收缩压升高，呼吸加快或过度通气，肠鸣音增加，全身肌肉紧张伴颤抖等。

4. 评定量表测评 衡量压力对个体健康影响的常用量表有社会再适应评定量表和住院患者压力评定量表。社会再适应评定量表用于测评近 1 年不同类型的生活事件对个体的影响，预测个体出现健康问题的可能性。住院患者压力评定量表用于测评患者住院期间可能经历的压力。这两个量表主要用于压力源评估，累积分值越高，压力越大。用于评估应对方式的常用量表为 Jaloviee 应对方式量表。

（三）主要护理诊断/问题

1. 应对无效 与疾病等造成生活不能自理、应对方式不良、支持系统不足等有关。

2. 无能为力感/有无能为力感的危险 与应对方式不良、支持系统不足有关。

3. 创伤后综合征/有创伤后综合征的危险 与创伤、应对方式不良、支持系统不足等有关。

4. 无效性否认 与应对方式不良、认知障碍等有关。

5. 迁徙应激综合征/有迁徙应激综合征的危险 与迁居带来的环境改变有关。

6. 焦虑 与患病、环境改变、应对无效等有关。

六、个 性 评 估

（一）基础知识

个性是指具有一定倾向性的各种心理特征的总和。包括：①个性心理特征，包括能力、气质和性格；②个性心理倾向，包括需要、动机、理想、信念、兴趣及个体的世界观。其中，性格是个性的核心成分。性格是指个体对客观现实的稳定的态度和习惯化了的行为方式中所表现出的个性心理特征。性格可分为以下几型。

1. 内、外倾向型 ①外向型：活泼、开朗、情感外露、办事果断、善于社交、反应快，但较轻率，难于接受批评与进行自我批评；②内向型：感情深藏、待人接物谨慎、不善交际，但一旦下定决心，能锲而不舍，善于自我分析与自我批评。

2. 功能类型 即以理智、情绪、意志三种心理功能中哪一种占优势来确定其性格类型。①理智型：处事稳重，明事理、讲道理，能理智地看待一切并以此支配自己的行为；②情绪型：情绪体验深刻，较冲动、脆弱，言行举止易受情绪左右；③意志型：顽强执着，行为活动有较强的目的性、主动性、持久性和坚定性。

3. 场独立性与场依存性 ①场独立性：能主动适应环境和应对生活中的负性事件，善于克制冲动；②场依存性：被动接受环境，自控力差，易产生自卑、抑郁等不良心理及依赖行为。

（二）评估

通过会谈、观察、评定量表测评等方法进行综合评估，从中找出评估对象的性格特征和类型。①观察个体的言行、情感、意志、态度的外部表现，如开朗或活泼、感情外露或内隐、意志脆弱或坚强、做决定时依赖别人或独立完成；②与评估对象交谈以了解其在各种情况下的态度和行为表现，如询问评估对象遇到不愉快或伤心的事，是尽量说出来还是习惯闷在心里；③收集评估对象的书信、日记等，分析其对各种事物所持的观点、态度；④询问与评估对象有重要关系的他人，了解他们对评估对象性格特征的看法；⑤通过明尼苏达多相人格问卷（MMPI）、艾森克个性问卷（EPQ）、卡特尔 16 种人格因素问卷（16PF）和 Y-G 性格测验等进行测评。

（三）主要护理诊断/问题

1. 社交孤立 与个体个性内向有关。

2. 独立决策能力减弱/有独立决策能力减弱的危险 与个体内向型人格有关。

3. 有孤独的危险 与个体性格内向、喜欢独处等有关。

七、健康行为评估

（一）基础知识

1. 健康行为 是指个体有利于促进和保持健康的积极行为方式，即人们为了增强体质、维持与促进身心健康和避免疾病而进行的各种活动，如充足睡眠、合理营养、适当运动等。

2. 主要的健康行为 世界卫生组织提出的四大健康行为是不吸烟、饮酒不过量、锻炼身体和平衡膳食。戒除不良嗜好、做好安全防护、合理利用卫生服务等健康行为均有助于维持机体身心健康。

3. 危害健康的行为 是指偏离个人、他人乃至社会的健康期望，客观上不利于健康的行为，如吸烟、三高膳食或酗酒等。①不良生活方式和习惯，如饮食过度，高脂、高糖、高盐饮食，挑食，偏食，过快、过热、过硬饮食，长期缺乏运动等。②日常危害健康的行为，如吸烟、酗酒、滥用药物和不良性行为等。③不良病感行为，病感行为指个体从感知到自身有病到疾病康复全过程所表现出来的一系列行为，包括疑病行为、恐惧、讳疾忌医、不及时就诊、不遵从医嘱等。④致病行为模式，为导致特异性疾病发生的行为模式，也称为危害健康的人格类型。既往研究较多的是 A 型行为类型和 C 型行为类型。

链　接　致病行为模式

A 型行为类型者表现出 A 型人格的行为特征：争强好胜、热衷于竞争、求成心切，有较强的事业心；个性急躁，常有时间紧迫感和匆忙感，做事快、效率高；容易对人产生戒心和敌意，其冠心病发病率和复发率比非 A 型人格者高出 2～4 倍。C 型行为类型者的行为特征是退缩和防御，心情不够开朗，容易压抑、克制；研究已证实，C 型人格者比较容易罹患癌症。近年来，D 型人格也引起了人们的重视，D 型人格者的突出表现是看待问题悲观且不善于表达情感，因此总会体验到挫败感和自卑感；被证明与冠心病等心血管疾病有关。

（二）评估

可通过会谈、观察和评定量表测评等方法对评估对象的健康行为进行评估。

1. 会谈 通过询问了解评估对象是否存在危害健康的行为及其可能发生的原因。如询问饮食是否规律、有没有偏食情况、是不是经常运动等来评估是否存在不良的生活方式与习惯。

2. 观察 观察内容包括患者的健康行为或危害健康的行为发生的频率、强度和持续时间等，如饮食的量、种类，有无节食或过度饮食行为；日常活动类型、频次；有无吸烟、酗酒、吸毒行为或皮肤注射痕迹、瘢痕等。

3. 评定量表测评 健康促进生活方式问卷（HPLP），由 Walker 等编制（1987）和修订（1995），用于健康行为的测评。

（三）主要护理诊断/问题

1. 久坐的生活方式 与不良生活习惯有关。

2. 有风险的健康行为 与滥用药物、过度饮食等不良行为有关。

3. 健康自我管理无效 与健康知识缺乏、个人应对无效等有关。

4. 健康维护行为无效 与健康知识缺乏、对医护人员不信任等有关。

5. 肥胖/超重 与进食高能量饮食、缺乏足够的运动等有关。

第2节 社会评估

案例4-2

患者，女，38岁，重点中学高三英语教师。因高热、胸痛1天以肺炎球菌性肺炎入院。一入院就拉住责任护士问，“我什么时候能上课，我学生还有50天就高考了，我没有时间生病啊！我输液后先回学校布置点作业再回来，行吗？”

问题：该教师有无患者角色失调？如果有，请判断其类型。

一、概述

社会从构成上看是由环境、人口、文化、语言四大要素组成的；从规模上看社会可小至一个家，大至一座城市、一个国家。心理因素是人的内在环境因素，而社会因素却是人的外在环境因素，社会环境的任何变动或刺激必将影响到人的身心健康。因此，人不仅有自然属性，还有社会属性，而社会属性更重要。要全面认识和衡量个体的健康水平，除身体评估及心理评估外，还应进行社会评估。

（一）社会评估的目的

1. 评估个体的角色功能 主要了解评估对象有无角色功能紊乱、角色适应不良等问题。

2. 评估个体的家庭 找出影响评估对象健康的家庭因素，制订相应的家庭护理计划。

3. 评估个体的文化背景 了解评估对象的文化特征，以便提供符合评估对象文化需求的护理。

4. 评估个体的环境 了解现存的或潜在的环境危险因素，制订指导性环境干预措施。

（二）社会评估的方法

社会评估的方法与心理评估相似，可通过会谈、观察、评定量表测评等方法进行。在进行环境评估时还需实地考察和抽样调查，前者主要观察评估对象的居住环境、家庭安全、工作场所和病室等与个体健康的关系；后者可对评估对象所处的环境影响因素进行抽样检查，如做空气取样检查、空气有害物质浓度的检测等。

（三）社会评估的内容

社会评估包括角色与角色适应评估、家庭评估、文化评估、环境评估等内容。

二、角色与角色适应评估

（一）基础知识

1. 角色的定义 角色原意指剧本中的虚构人物。心理学上指社会对特定占据社会位置的人们的行为期待，它规定这个位置的权利义务与行为规范。不同职业、不同地位、不同行为特征都有与之相对应的角色，如护士、医师、父母、子女、照顾者、被照顾者等。人在一生中，往往先后或同时扮演多种角色。如一个人在医院里是护士，回到家中又是妻子、母亲和女儿，当她自己生病住院时，又成了患者。

2. 角色的分类

（1）第一角色 又称基本角色，是由年龄和性别决定的角色，如男人、儿童等。

（2）第二角色 又称一般角色，为完成生长阶段、特定任务，由所处的社会情形和职业所确定的角色，如母亲、学生、护士等。

（3）第三角色 又称独立角色，完成某些暂时性任务所承担的角色，如护理学会会员、班长，大多是可选择的角色。

3种角色在不同情况下可相互转换。如患者角色，因疾病是暂时的，可视为第三角色。当疾病演变成慢性病时，患者角色就变为个体的第二角色。

链 接 角色期望

角色期望指社会、他人或是自我对某一社会角色所应具有的一组心理与行为特征的期望，是角色理论中的核心问题。角色期望是认知、情感和态度的复杂综合体。当出现与角色期望不一致时表现为：①不同人在扮演同一角色时，其行为表现不一样，即个体差异；②会使某些个体在扮演角色时出现无所适从的困难。

3. 患者角色 当个体患病时就进入患者角色，脱离或部分脱离日常生活中的其他角色，免除或部分免除相应的社会责任与义务。个体对自己的病情没有直接责任，处于一种需要被照顾的状态。

（1）患者角色的心理需要

1）安全的需要：希望能得到及时治疗与护理，健康和生命得到保证，有的还有保密的要求。这是患者最普遍、最重要的心理需要。

2）接纳和关心的需要：要熟悉环境，熟悉病友，被新的群体所接纳。

3）信息的需要：有知情同意的需要，要了解自身疾病的信息，了解医院环境的各种信息，了解家庭、社会有关的信息。

4）尊重的需要：希望得到他人的尊重和理解，得到医护人员的关心和重视。

5）和谐环境的需要：有良好的、能进行适度活动、和谐的休养环境。

（2）患者角色变化

1）角色适应：患者承认自己患病，接受各种医学检查，积极配合医护人员的治疗、护理及健康教育。

2）角色缺如：即患者未能进入角色。虽然医师诊断为有病，但本人否认自己患病，根本没有或不愿意接受自己是患者。

3）角色冲突：患者角色与其他角色发生心理冲突。同一个体常常承担着多种社会角色。当患病并需要从其他角色转化为患者角色时，患者一时难以实现角色适应。

4）角色减退：因其他角色冲击患者角色，从事了不应承担的活动。已进入角色的患者，由于更强烈的情感需要，不顾病情而从事力所不及的活动，表现出对病、伤的考虑不充分或不够重视，而影响到疾病的治疗。

5）角色强化：安于患者角色的现状，期望继续享有患者角色所获得的利益。由于依赖性加强和自信心减弱，患者对自己的能力表示怀疑，对承担原来的社会角色恐慌不安，安心于已适应的患者角色现状，或者自觉病情严重程度超过实际情况，小病大养。

6）角色行为异常：患者因病痛折磨而感到悲观、失望等，受此类不良心境影响而出现的行为异常，如对医务人员的攻击性言行，病态固执、抑郁、厌世以至自杀等。

考点：患者角色变化

（二）评估

1. 会谈 了解评估对象的职业、职务；家庭组成与结构、家庭关系；社会支持资源；对角色的满意程度；角色期望程度；对现角色的认知程度和影响；对疾病恢复、配合治疗与护理的信心等。应注意判断有无角色适应不良及其类型，如“我的病还没好，还需要住院观察”，提示角色强化；“我因为工作而没有很好地照料患病的孩子”，提示角色冲突。

2. 观察和体检 主要是对个体沟通能力、家庭沟通过程、有无角色紧张和受虐待的体征等进行观察和了解，以及有无角色适应不良的生理和心理反应。

（三）主要护理诊断/问题

1. 角色行为无效　与疾病导致对角色的认识发生改变或对角色的自我感知改变有关。

2. 父母角色冲突　与慢性病导致父母与子女分离有关。

3. 自我忽视　与经济条件不佳、工作繁重、疾病相关知识缺乏等有关。

4. 照顾者角色紧张/有照顾者角色紧张的危险　与缺乏有关角色知识或对角色的自我感知改变有关。

三、家 庭 评 估

（一）基础知识

家庭是人类生活中最基本、最重要的一种社会组织，是个体生活的主要环境，是满足人们个人需求的最佳场所。个体在家庭中孕育和成长，健康知识、信念及行为等方面均受到家庭成员的影响，因此，家庭中许多问题都直接或间接地影响到个体的健康、成长、发展及疾病康复等。对家庭进行评估，有助于护士更全面地衡量个体的健康状况，找出影响其健康的家庭因素，从而制订有针对性的家庭护理计划。

1. 家庭的定义　家庭是以婚姻、血缘或收养关系为基础的基本社会单位。

2. 家庭的特征　①家庭是群体的，至少应包括 2 个或 2 个以上的成员；②婚姻是家庭的基础，是建立家庭的依据；③组成家庭的成员应以共同生活，有较密切的经济和情感交往为条件。

（二）评估

家庭评估的内容包括家庭成员基本资料、家庭结构、家庭生活周期、家庭功能、家庭资源及家庭压力等方面。家庭评估的方法主要是会谈、观察和评定量表测评，应根据家庭的实际情况选择适当的家庭评估模式和相应的评估量表。

1. 家庭成员基本资料　包括家庭成员的姓名、性别、年龄、民族、职业、文化程度、健康史、宗教信仰、家族遗传病史等，可通过与评估对象及其家人交谈、阅读有关健康记录如健康档案等方法获取资料。

2. 家庭结构　包括人口结构、权利结构、角色结构、沟通类型和价值观。

（1）人口结构　即家庭类型，由家庭人口结构决定。评估家庭时应首先明确评估对象的家庭类型。各种类型家庭的人口特征见表 4-9。

表 4-9　各种类型家庭的人口特征

类型	人口特征
核心家庭	夫妻及其未婚子女（婚生或领养子女）
主干家庭	核心家庭成员加上夫妻任何一方的直系亲属，如祖父母、外祖父母等
单亲家庭	夫或妻单独一方和子女
重组家庭	再婚夫妻与前夫（妻）的子女及其亲生或领养子女
无子女家庭	夫妻两人，并无子女
同居家庭	无婚姻关系而长期居住在一起的夫妻及其子女
老年家庭	仅老年夫妻

（2）权利结构　是指家庭中夫妻间、父母与子女间在影响力、控制权和支配权利方面的相互关系，主要了解谁是家庭的主要决策者。

（3）角色结构　是指家庭对每个占有特定位置的家庭成员所期待的行为和规定的家庭权利、责任与义务。评估时应记录每个家庭成员的角色情况，注意有无角色冲突、角色模糊等。

（4）沟通类型　沟通是人与人之间、人与群体之间思想与感情的传递和反馈的过程。沟通形式最能反映家庭成员间的相互作用与关系，也是家庭和睦和家庭功能正常的保证。评估时注意家庭成员间的沟通方式、沟通网络，是否存在沟通不良。

（5）价值观　指家庭成员对周围的客观事物（包括人、事、物）的意义、重要性的总评价和总看法。价值观决定着每个家庭成员的行为方式和对外界干预的感受与反应。评估的重点是家庭成员在健康、健康保健、生活方式及家庭支持等方面的价值观。

3. 家庭生活周期　是指家庭遵循社会与自然规律所经历的产生、发展和消亡的过程。家庭是一个发展变化的系统，按照时间和特征可将家庭生活分为数个阶段。Duvall 认为家庭生活周期主要分为 8 个阶段（表 4-10）。家庭在每个阶段都有其特有的角色、责任及需求。

表 4-10　Duvall 家庭生活周期模式

发展阶段	定义	主要任务
新婚期	从结婚到第一个孩子出生前	双方相互沟通、适应，协调性生活及生育计划
生产期	最大孩子 0～30 个月	适应父母角色，应对经济和照顾孩子的压力
学龄前	最大孩子 30 个月～6 岁	抚育孩子
学龄期	最大孩子 6～13 岁	教育孩子，确保孩子的身心健康发育
青少年期	最大孩子 13～20 岁	增进对孩子的了解、沟通
年轻人期	最大孩子至最小孩子离家	继续为孩子提供支持，同时逐步调整自己以适应环境的改变
空巢期	所有孩子离家至退休	巩固婚姻关系，计划退休生活
老年期	退休至死亡	应对疾病的来临及配偶、朋友的丧失

考点：家庭生活周期

4. 家庭功能　家庭对人类生存和社会发展起着重要作用，其功能主要包括以下 5 个方面。①生物功能：是指家庭所具有的繁衍后代，满足家庭成员衣食住行等基本生活需求，以保证家庭成员身体健康的功能，是家庭最原始、最基本的功能。②经济功能：表现为家庭在任何条件下所具有的得以维持生存所必需的消费能力。③文化功能：指家庭通过文化娱乐、亲朋往来、求学就业等活动以传递社会道德、法律、风俗及时尚等，培养家庭成员的社会责任感、社会交往意识与技能。④教育功能：家庭教育是任何教育组织都不可替代的。人的品行、个性观念及健康心理观等，同其最初接受的家庭教育是分不开的，父母作为子女的第一任教师，其言行是子女模仿的榜样。⑤心理功能：指家庭在维持家庭内部稳定、建立爱与归属感、维护家庭成员的安全与健康等方面提供良好的心理支持与照顾。

具体评估方法如下。

（1）会谈　可询问评估对象家庭收入能否满足基本生活需求；家庭是否和睦、家庭生活是否快乐；对孩子的培养与成长是否满意；是否对患病的家庭成员进行照顾。

（2）观察　可观察家庭的居住条件、家庭成员的衣着、家庭气氛、家庭成员间的亲密程度、是否彼此关心照顾等内容。

（3）评定量表测评　国外常用的评估家庭功能的量表有 Smilkstein 的家庭功能量表和 Procidano 与 Heller 的家庭支持量表，可作为参考。要全面评价各项家庭功能，尚需结合会谈法与观察法所收集到的资料进行综合分析。

5. 家庭资源　是指家庭为维持其基本功能、应对压力事件和危机状态所需的物质、精神与信息等方面的支持。分为内部资源和外部资源，前者包括精神与情感支持、经济支持、信息支持和结构支持；后者指社会资源、文化资源、医疗资源、经济资源等。评估时可询问评估对象及其家属是否具备家庭资源及程度如何。

6. 家庭压力　是指家庭生活发生重大事件改变，造成家庭功能失衡的所有刺激性事件。评估主要通过与评估对象或家庭成员交谈明确家庭近期有无压力事件发生，家庭成员对这些压力事件的感知如何，对家庭成员的身心影响如何，所采用的应对方式有哪些，可用于应对压力的家庭资源又有哪些。

（三）主要护理诊断/问题

1. 语言沟通障碍　与家庭成员间亲近度减弱或缺乏沟通交流有关。

2. 家庭运作过程改变　与家庭情况改变或家庭危机有关；与家庭成员酒精成瘾、嗜赌成性等不良行为有关。

3. 有依附关系受损的危险　与父母罹患疾病或出现躯体障碍有关。

4. 父母角色冲突　与疾病导致父母不能照顾子女、子女因病与父母分离有关。

5. 无能性家庭应对　与家庭缺乏人力、财力支撑或没有应对突发危机的能力有关。

四、文化评估

（一）基础知识

护士在护理实践中常需面对各种不同文化背景的人。由于每个人其价值观、信念、习俗等文化背景不同，对健康和保健的认识也不一样，因此护士必须了解患者的文化背景，才可能客观、正确地对患者进行健康评估，在制订护理计划时更能符合患者的需求。

1. 文化的定义　文化是一个社会及其成员所特有的物质和精神财富的总和，即特定人群为适应社会环境和物质环境而共有的行为和价值模式，包括语言、科学、文学、技术、教育、道德、习俗、生活方式等。一般认为文化由六种基本要素构成：信仰、价值观、规范和法令、符号、技术、语言。

2. 文化的特征

（1）民族性　文化总是根植于民族之中，与民族的发展相伴相生。民族文化是民族的表现形式之一，是各民族在长期历史发展过程中自然创造和发展起来的，具有本民族特色。

（2）获得性　文化不是与生俱来的，是在后天的生活环境及社会过程中逐渐养成的，如人的观念、知识、技能、习惯、情操等都是后天学来的，是社会化产物。

（3）共享性　文化是一个群体或社会全体成员共同享有的，主宰着个体的价值观、态度、信念和行为。一个社会的人在共同生活中创造出来并共同遵守和使用的才成为这个社会的文化，如语言、风俗习惯、规范、制度、社会价值观念等。

（4）继承性和累积性　文化是一份社会遗产，是一个连续不断的动态过程。任何社会的文化都是同这个社会一样长久的，是长期积累而成的，并且还在不断地积累下去，是一个无止境的过程。这个过程的任何一个阶段、任何一个时期的文化都是从前一个阶段或时期继承下来并增加了新的内容，是不断继承和更新的过程。

（5）整合性　文化必须实现某些共同的功能，其基本范畴是相似的。文化的共同部分包括亲属关系、交流形式、教育、饮食、政治、经济、宗教、艺术和健康，它们相互关联、密不可分、作为一个整体起作用，这一现象称为文化整合。

（6）双重性　文化既含有理想成分，又含有现实成分。例如，许多国家、民族的法律、法规规定男女平等，但男女不平等还是普遍存在的。

（二）文化休克

文化休克，即文化冲击，是指生活在某一种文化环境中的人初次进入到另一种不熟悉的文化环境，因失去自己熟悉的所有社会交流的符号与手段所产生的思想混乱与心理上的精神紧张综合征。当个体离开熟悉的环境进入陌生的文化环境时，通常经历着从兴奋期、意识期、转变期到适应期的变化历程。

1. 患者文化休克　对于住院患者来说，医院就是一个陌生的评估环境，与家人分离、缺乏沟通，日常生活的改变，以及对疾病和治疗的恐惧等均可导致住院患者发生文化休克。

2. 患者文化休克的分期与表现 患者因为疾病进入医院这个特殊的环境，分期和表现有所不同。①陌生期：是指患者在刚入院阶段，对医师、护士、环境及自身将要接受的有关检查和治疗都很陌生，还可能接触许多新名词，如磁共振、介入治疗等所产生的不适应或者迷惑感；②意识期：是指患者入院后开始意识到，自己将要住院一段时间，此时患者开始担忧疾病和治疗，因思念家人和不得不改变生活习惯而焦虑、烦恼，从而出现失眠、食欲下降、恐惧等反应；③适应期：随入院时间的推移，患者开始从生理、心理和精神上适应医院环境。

（三）评估

进行文化评估时，护士可通过与评估对象交谈或观察法，评估其人生观、价值观、健康信念与信仰、文化程度、习俗等可能会直接或间接影响健康的因素。

1. 交谈

（1）价值观　存在于个人的潜意识中，很难表达，又不能直接观察。对于价值观的评估目前尚无现成的评估工具，评估者一般可通过提问来获取评估对象的价值观资料。常询问下列问题："您觉得自己健康吗？""您认为生活的意义是什么？""患病后对您自己的价值观实现有什么影响？"等。

（2）健康信念　包括个体对健康的认识程度、对疾病的认识程度、康复的信心及对医疗服务的期望等。目前最常用的方法为 Kleinman 的"健康信念评估模式"评估方法。通过询问，可以了解患者对健康问题的认识和看法及所处的文化对其健康信念的影响。

链　接　Kleinman 的"健康信念评估模式"评估

Kleinman 等将健康信念评估概括为下列 10 个问题：①对您来说，健康指什么？不健康又指什么？②通常在什么情况下您才认为自己有病并去就医？③您认为导致您此次健康问题的原因是什么？④您怎样、何时发现您有该健康问题的？⑤您的健康问题对您的身心造成了哪些影响？⑥严重程度如何？发作时持续时间长还是短？⑦您认为您该接受何种治疗？⑧您希望通过治疗达到哪些效果？⑨您的病给您带来的主要问题有哪些？⑩对这种病您最害怕什么？

（3）习俗　可通过询问了解评估对象的饮食习惯和禁忌、沟通交流方式及针对所患疾病常采用的民间疗法等。

此外，护士应具有跨文化护理的意识，应结合评估对象的具体情况注意有无文化休克的可能，可询问评估对象及亲属对医院环境等有无特殊要求。

2. 观察法　可以通过观察日常进食情况评估个体的饮食习惯；通过观察个体与他人交流时的表情、眼神、手势、坐姿等评估其非语言沟通文化；通过观察个体在医院期间的表现评估其有无文化休克。

（四）主要护理诊断/问题

1. 精神困扰　与由于对治疗的道德和伦理方面的含义有疑问或由于强烈的病痛，其信仰的价值系统面临挑战有关。

2. 社会交往障碍　与社交环境改变有关。

3. 言语沟通障碍　与医院环境中医务人员使用医学术语过多有关。

4. 焦虑/恐惧　与环境改变及知识缺乏有关。

五、环 境 评 估

（一）基础知识

1. 环境的定义　环境是指人类生存或生活的空间，狭义的环境指环绕个体的区域，如病房、居室；广义的环境则指人类赖以生存、发展的社会与物质条件的总和。护士应充分考虑环境与个体健康的相互作用，明确环境中现存或潜在的有害因素，以便于制订有针对性的护理措施。

2. 环境的组成

（1）物理环境　又称自然环境，指一切存在于机体外环境的物理因素之总和。可分为两类，一类是天然形成的原生环境，如空气、水和土壤等；另一类是由于工业生产和人类居住等社会生产活动，对自然施加额外影响而导致原生环境改变后形成的环境，又称次生环境，如耕地、鱼塘、工业区、城市、集镇等。次生环境是危害人类健康的主要环境因素。以上环境因素必须控制在一定范围内，否则可威胁到人类的健康和安全，引起各种疾病。

（2）社会环境　是指人类生存及活动范围内的社会物质和精神条件的总和。社会是个庞大的系统，包括社会政治制度、法律、经济、文化系统、教育、人口、民族、职业、生活方式、社会关系与社会支持等诸多方面。其中尤以社会政治制度、经济、文化、教育、生活方式、社会关系、社会支持与健康直接相关，是社会环境评估的重点。

（二）评估

通过采用会谈、评定量表测评等方法对环境进行评估。

1. 会谈

（1）物理环境　包括家庭环境和工作环境的评估。注意询问其居所及工作场所是否整洁、明亮；空气是否流通、新鲜；居住及工作环境中有无影响健康的危险因素；是否采用防护措施等。

（2）社会环境　重点评估社会是否安定和谐、医疗保健及保障制度是否健全合理、生活方式是否健康、有无稳定的社会关系、社会支持能否满足需要等。

2. 评定量表测评　如通过跌倒危险因素评估量表评估环境中有无跌倒的危险因素，目前最常用的是 Morse 跌倒评估量表，识别≤14 岁住院患儿跌倒的高危因素则使用 Humpty Dumpty 跌倒量表（HDFS）。Morse 跌倒评估量表是由 Janice Morse 于 1989 年研制出来的专门用于测量住院患者跌倒风险的量表（表 4-11）。

表 4-11　Morse 跌倒评估量表

评估内容	评分标准	得分
1. 近 3 个月内有跌倒史	无	0 分
	有	25 分
2. 多于 1 个医学诊断	无	0 分
	有	15 分
3. 使用行走辅助用具	不需要/卧床休息/护士辅助	0 分
	拐杖/手杖/助行器	15 分
	倚、扶家具行走	30 分
4. 静脉输液或有插管	无	0 分
	有	20 分
5. 步态	正常/卧床休息/坐轮椅	0 分
	虚弱乏力	10 分
	功能障碍/残疾	20 分
6. 认知状态	量力而行	0 分
	高估自己的能力/忘记自己受限制	15 分
总分		

使用说明：Morse 跌倒评估量表由 6 个条目组成，总分为 0～125 分，得分越高跌倒风险越大。

（三）主要护理诊断/问题

1. 社区保健缺乏 与社区缺乏保健设施、管理不到位等有关。

2. 焦虑 与面临重大应激事件而社会支持资源不足等有关。

3. 有感染的危险 与贫困导致营养不足、居住环境卫生状况差等有关。

4. 有中毒的危险 与环境有害气体污染有关。

5. 有受污染的危险 与环境空气质量、居住环境卫生状况差有关。

6. 有受伤的危险 与感官及视觉障碍有关；与环境缺乏安全设施等有关。

自测题

A_1/A_2型题

1. 请评估对象填写入院记录，观察其执行任务时的专注程度，目的是评估其（ ）
A. 短时记忆 B. 长时记忆
C. 无意注意 D. 有意注意
E. 书写能力

2. 最早丧失的定向力是（ ）
A. 地点定向力 B. 空间定向力
C. 时间定向力 D. 人物定向力
E. 自我定向力

3. 人们因环境中一些即将来临、可能会造成危险和灾祸的事件或者要做出重大决定而引起的不愉快的情绪状态，称为（ ）
A. 焦虑 B. 抑郁 C. 恐惧
D. 易激惹 E. 情绪不稳

4. 心理评估最基本的评估方法是（ ）
A. 观察法 B. 交谈法
C. 心理测量法 D. 评定量表测评
E. 医学检测法

5. 个体对自己的社会人口特征，如年龄、性别、职业、政治学术团体会员资格及社会名誉、地位的认识与估计，是指个体的（ ）
A. 体像 B. 社会认同
C. 自我认同 D. 自尊
E. 自我形象

6. 对不能很好表述自己的儿童进行自我概念评估时，常用的方法是（ ）
A. 交谈 B. 观察法
C. 画人测验 D. 量表测评
E. 心理测量

7. 人的个性特征的核心成分是（ ）
A. 能力 B. 气质 C. 智力
D. 性格 E. 理想

8. 护士角色属于（ ）
A. 第一角色 B. 第二角色 C. 第三角色
D. 独立角色 E. 基本角色

9. 文化的特性不包括（ ）
A. 民族性 B. 继承性和累积性
C. 获得性 D. 复合性和单一性
E. 共享性

10. 患者，女，37岁。因急性胰腺炎住院，平时办事果断，行为活动有较强的目的性、主动性、持久性和坚持性。该患者的性格类型可能是（ ）
A. 理智型 B. 情绪型 C. 意志型
D. 内向型 E. 外向型

11. 患者，女，78岁。处于胆囊术后康复期。该患者此阶段最易发生（ ）
A. 角色冲突 B. 角色缺如 C. 角色强化
D. 角色消退 E. 角色模糊

12. 患者，男，26岁。患有肥厚型心肌病5年。近1个月来常心绞痛发作和一过性晕厥，因此非常紧张，整日卧床，不敢活动。该患者角色行为的改变属于（ ）
A. 患者角色行为减退 B. 患者角色行为冲突
C. 患者角色行为强化 D. 患者角色行为缺如
E. 患者角色行为适应

13. 患者，男，60岁。于退休后出现烦躁不安、敏感暴躁、情绪低落、睡眠紊乱等表现。其压力源属于（ ）
A. 生理性应激源 B. 心理性应激源
C. 社会性应激源 D. 文化性应激源
E. 综合性应激源

A_3/A_4型题

（14～16题共用题干）

患者，男，33岁。因胸闷、头晕，无食欲，全身乏力，入睡困难等就诊。自述原为公司部门经理，近期由于公司调整被调到其他部门做普通职员，心里很不是滋味，有时喝闷酒，看什么都不顺眼，经常发脾气，甚至乱扔家里的东西。虽然目前的收入足以使他衣食无忧，但心里总有种说不出的烦躁，甚至觉得自己无能、没用，对前途很担忧，也听不进妻子、朋友的劝说。以前他是同事、同学聚会的召集人，现在却经常找理由逃避聚会，工作效率也降低了。觉得妻子不理解他，有时和妻子吵架，对女儿发脾气。

14. 患者目前最可能处于（　　）
　　A. 强迫状态　　B. 抑郁状态
　　C. 焦虑状态　　D. 恐惧状态
　　E. 压抑状态

15. 表明患者社会功能受损的主要依据是（　　）
　　A. 经理变职员　　B. 工作效率下降
　　C. 有时喝闷酒　　D. 与家人关系紧张
　　E. 逃避聚会

16. 患者产生心理问题的现实刺激是（　　）
　　A. 能力下降　　B. 与家人关系紧张
　　C. 岗位调整　　D. 胸闷、头晕、无食欲
　　E. 有时喝闷酒

（17、18 题共用题干）

患者，女，10 岁。因急性白血病住院接受化疗，头发完全脱落，患者不愿意照镜子，不愿见人。在对其进行自我概念评估时，让其画一幅自画像。

17. 该患者的自我概念紊乱表现在（　　）
　　A. 自尊方面　　B. 身体意象方面
　　C. 社会认同方面　　D. 自我认同方面
　　E. 自我形象方面

18. 对该患者进行自我概念评估时所采取的方法是（　　）
　　A. 交谈　　B. 观察法
　　C. 投射测验　　D. 评定量表测评
　　E. 调查法

（19、20 题共用题干）

患者，男，60 岁。胸闷、心悸反复发作 1 年。患者病前性格较为急躁，容易与他人发生矛盾。1 个月前因劳累、情绪激动，又出现胸闷、心悸、气短。心电图检查：ST 段改变，心肌供血不足。眼底检查：眼底动脉硬化。

19. 该患者在健康行为方面可能存在的问题是（　　）
　　A. 不良生活方式和习惯
　　B. 日常危害健康行为
　　C. 不良病感行为
　　D. A 型行为类型
　　E. C 型行为类型

20. 确定患者行为模式较为简便、可靠的方法是（　　）
　　A. 自然观察法　　B. 控制观察法
　　C. 结构式交谈法　　D. 心理测验法
　　E. 评定量表测评

（21、22 题共用题干）

患者，男，50 岁，企业中层干部。在一次意外车祸中，腿部受伤严重被截肢。术后患者情绪非常低落、自卑，不愿意接受单位同事和朋友的探望，有时会无故发脾气，与家人交谈时称“这样子还不如死了好”。食欲及睡眠较差，应答迟钝，言语缓慢。

21. 患者最可能存在的问题是（　　）
　　A. 焦虑　　B. 抑郁
　　C. 易激惹　　D. 睡眠障碍
　　E. 自我概念紊乱

22. 导致患者出现上述问题的依据不包括（　　）
　　A. 企业中层干部
　　B. 情绪低落，自卑，无故发脾气
　　C. 不愿意接受单位同事和朋友的探望
　　D. 食欲下降和睡眠障碍
　　E. 腿部受伤严重被截肢

（23、24 题共用题干）

患者，男，74 岁。因患心脏病由儿子陪同自偏远山区来到某大城市医院就诊，经检查诊断为“扩张型心肌病”收治入院。入院后由于沟通障碍，日常作息时间、饮食习惯改变及对治疗结果的担心，寝食难安。

23. 作为该病室护士，你认为该患者最可能发生了（　　）
　　A. 分离焦虑　　B. 文化休克
　　C. 患者角色冲突　　D. 语言障碍
　　E. 睡眠障碍

24. 对该患者进一步评估的重点是（　　）
　　A. 饮食习俗　　B. 健康信念
　　C. 价值观　　D. 家庭关系
　　E. 知识缺乏

案例分析题

25. 患者，女，56 岁，退休工人，配偶刚去世，独居。以往身体健康，最近自觉胸闷、烦躁去医院检查。
　　问题： 1. 护理人员如何对该患者进行护理评估，尤其是要特别注意哪些方面？
　　2. 该患者存在哪些护理问题？

26. 患者，女，46 岁。曾患胃癌，有胃大部切除术史，术后 1 年复查得知右侧乳腺癌，患者难以接受，并为此失眠。后在家属的坚持下行“右侧乳腺癌根治术”。术后 7 天，仍对乳房切除耿耿于怀，换药时不让其丈夫在场，并整夜失眠，不愿进行术后锻炼。
　　问题： 1. 针对上述病例列出 3 个主要护理问题。
　　2. 提出本病例的首优护理问题。

（许兴芳　马景丽）

第5章
心电图检查

学习目标

1. 素质目标　树立“以患者为中心”的护理理念，科学严谨、尊重事实、一丝不苟的学习及工作态度。

2. 知识目标　掌握正常心电图各波段的命名、波形特点及正常值；熟悉心电图导联体系及各导联的连接方法；了解常见异常心电图的特点。

3. 能力目标　能够正确描记心电图，准确测量心电图各波段，能够基本掌握心电图的阅读与分析方法。

第1节　心电图基本知识

案例 5-1

患者，男，65 岁，工人。胸骨后压榨痛 2h，伴濒死感、大汗，休息及含服硝酸甘油均不能缓解。既往高血压和冠心病病史 15 年，吸烟 20 年，20 支/天。平素进食不规律，喜饮浓茶。由胸痛中心急诊入院，接诊医师根据《中国胸痛中心质控指标和考核办法》要求护士立即进行心电图检查，10min 内完成。

问题： 1. 急诊立即行心电图检查的意义有哪些？

2. 心电图是如何产生的？常规导联有哪些？

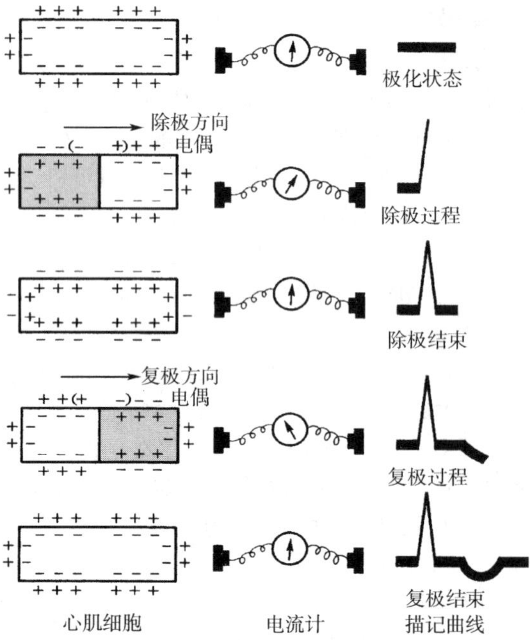

图 5-1　心肌细胞的除极与复极及细胞膜内外电位变化示意图

心脏在机械收缩之前产生电激动，心脏电激动所产生的微小动作电流经人体组织能传导到体表。如果在体表不同部位放置电极，分别用导线连接至心电图机，心电图机将心脏每一心动周期所产生的电活动变化记录下来，形成一条连续的曲线，即心电图（electrocardiogram，ECG）。

一、心电图产生原理

（一）心肌细胞的电生理学基础

心肌细胞的生物电变化是由细胞膜对其两侧的 K^+、Na^+、Cl^-、Ca^{2+}等带电离子的选择性通透及各种离子的定向流动引起的，表现为细胞膜内外的电位变化。根据它们变化的规律可将其电静止与电变化的过程归纳为 3 个主要阶段（图 5-1）。

1. 极化阶段　心肌细胞在静息状态下，细胞膜外排列着一层带正电荷的阳离子，膜内排列着等量的带负电荷的阴离子。细胞膜两侧离子的这种内负外正相对平衡的排列状态称为极化状态。尽管此时膜内外存在电位差（极化状态的跨膜电位），但由于细胞膜外正电荷排列均匀，各点之间无电位差，因此细胞表面没有电流形成，如用探查电极在细胞表面描记，则描记出一条水平线，称为电平线或等电位线。

2. 除极阶段 当心肌细胞膜的某个部位受到一定强度的刺激时（阈刺激），该部位细胞膜对离子的选择通透性发生改变，膜电位由极化状态下的内负外正状态迅速转为内正外负状态。这一个过程称为心肌细胞的除极。由于已除极部位膜外带负电荷，邻近未除极部位的细胞膜外仍带正电荷，两者之间形成一对电偶。沿着除极方向总是电源（正电荷）在前，电穴（负电荷）在后。电流自电源流向电穴，并向周围迅速扩展，直至整个心肌细胞完全除极。

此时，放在细胞外的探查电极，如面对除极方向（即面对电源），可描记出向上的波形；背离除极的方向（即面对电穴），则描记出向下的波形；将探查电极置于细胞中部，描记出的波形是先正后负的双向波形。除极结束，膜外均匀分布负电荷，电位差消失，电流消失，曲线回到等电位线（图 5-2）。

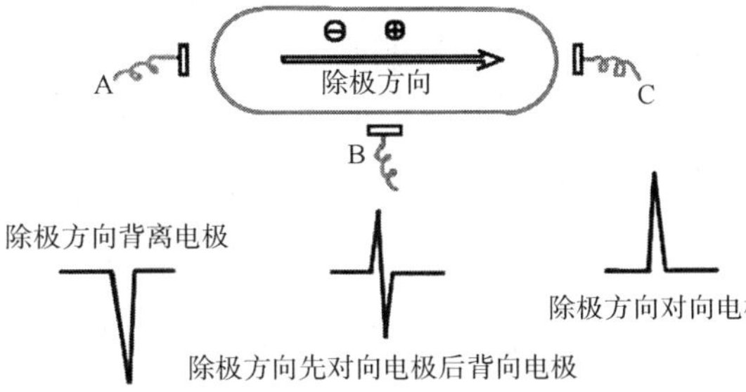

图 5-2 心肌细胞探查电极方位与波形方向关系示意图

3. 复极阶段 心肌细胞除极完毕后，通过细胞代谢和离子泵的耗能调整，使膜内外的离子分布又逐渐恢复到极化状态，这一过程称为复极。心肌细胞复极的先后顺序与除极一致，方向相同，即先除极的部位先复极，但因沿复极方向总是电穴（负电荷）在前，电源（正电荷）在后，故描记的复极波方向与除极波相反。

复极过程较除极过程缓慢，描记出的曲线为圆体。复极完毕后，细胞膜外恢复到正电位，电位差消失，电流曲线回至等电位线。

需要注意，在正常人的心电图中，记录到的复极波方向常与除极波的主波方向一致，与单个心肌细胞不同。这是因为正常人心室的除极从心内膜向心外膜推进，而复极则从心外膜开始，向心内膜方向推进，因心外膜下的心肌温度较心内膜下的心肌高，心室收缩时，心外膜承受的压力又比心内膜小，故心外膜处心肌复极过程发生较早，此时，面对心外膜的电极可描记出一个向上的波形，形成复极波方向与除极波主波方向一致的心电图。

（二）心电向量与瞬间综合心电向量

1. 心电向量 既有一定大小又有一定方向的物理量，称为向量或矢量。心肌细胞除极与复极时在细胞膜外形成电偶，电偶既有大小，又有方向，称为心电向量。心电向量常用箭头来表示，箭头的方向代表电偶的方向，箭杆的长度代表电偶电动势的大小。除（复）极时产生的心电向量分别称为除（复）极向量。除极向量的方向与除极方向一致，而复极向量的方向与复极方向相反。

2. 瞬间综合心电向量 心脏在除极或复极的过程中，每个瞬间都有许多心肌细胞同时发生除极或复极，产生许多大小和方向各不相同的心电向量，这些心电向量可按照一定的规则合成瞬间综合心电向量。心脏的除极或复极过程可以看成是由无数个依次发生的瞬间综合心电向量组合。

心电向量合成的具体规则为：若两个向量方向相同，综合向量为两者之和，其方向与原来的方向相同；若两个向量方向相反，综合向量为两者之差，其方向与较大的向量一致；若两个向量方向构成一定角度，综合向量以平行四边形法则求得（图 5-3）。

图 5-3 综合向量形成示意图

医者仁心

忠于职守——边疆健康守卫者何秉贤

何秉贤，新疆医科大学第一附属医院主任医师、教授、博士后导师。曾编著我国首部心电向量图诊断教材《临床心电向量图学》(新疆人民出版社，1976)，获得我国心电学最高奖“黄宛心电学奖”等诸多荣誉，是享誉全国的医学专家。他婉拒了国内外许多大型医院的邀请，60 余年扎根新疆，在祖国最需要、最艰苦的地方看病、教学、科研……始终坚持工作在临床、教学一线。对待患者细致耐心、开展科研认真严谨，他是患者眼中的好医生，学生眼中的好老师。何秉贤教授用医术和医德守卫边疆的“健康”，诠释了“甘于奉献、大爱无疆”的医者精神。2018 年被评选为“中国好医生”和“最美医生”。

二、心电图导联体系

将电极置于人体表面相隔一定距离的不同位置，用导线与心电图机正负极连接，这种记录心电图的电路连接方法称为导联。不同的检测部位和不同的连接方式可组成不同的导联。为了便于对同一患者所做心电图进行比较，对电极的放置部位和导联的连接方式进行了明确规定。目前临床上应用最为普遍的是埃因托芬（Einthoven）创设的国际通用导联体系，称为常规 12 导联体系。

表 5-1 肢体导联连接法

导联	正极（探查电极）	负极
Ⅰ	左上肢	右上肢
Ⅱ	左下肢	右上肢
Ⅲ	左下肢	左上肢
aVR	右上肢	左上肢+左下肢
aVL	左上肢	右上肢+左下肢
aVF	左下肢	右上肢+左上肢

（一）肢体导联

肢体导联的电极放置部位有 3 个，即右上肢（R）、左上肢（L）和左下肢（F），通过不同的连接方式组成常规 6 个肢体导联（表 5-1）。

1. 标准肢体导联 属双极肢体导联，反映两个肢体之间的电位差变化，分别用Ⅰ、Ⅱ、Ⅲ作为标记（图 5-4）。

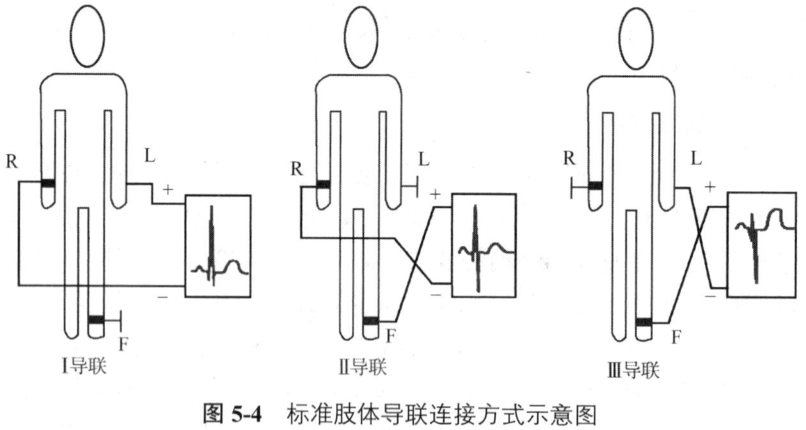

图 5-4 标准肢体导联连接方式示意图

L：左上肢；R：右上肢；F：左下肢

2. 单极肢体导联与加压单极肢体导联

（1）单极肢体导联 将左上肢、右上肢和左下肢的 3 个电极各通过 5000Ω 的电阻，然后并联起来组成无干电极（中心电端），该处电位接近零电位且较稳定。将心电图机的负极连接中心电端，正极（探查电极）分别连接右上肢、左上肢和左下肢，即构成单极肢体导联，分别称为右上肢单极肢体导联（VR）、左上肢单极肢体导联（VL）、左下肢单极肢体导联（VF）。

（2）加压单极肢体导联 由于单极肢体导联的心电图波形振幅较小，不便于观测。为此，Goldberger

创用了加压单极肢体导联的方法，在描记单极肢体导联心电图时，将该肢体与中心电端相连接的高电阻断开，这样就可使心电图波形的振幅增加 50%，这种连接方式称为加压单极肢体导联，分别以 aVR、aVL 和 aVF 表示（图 5-5）。

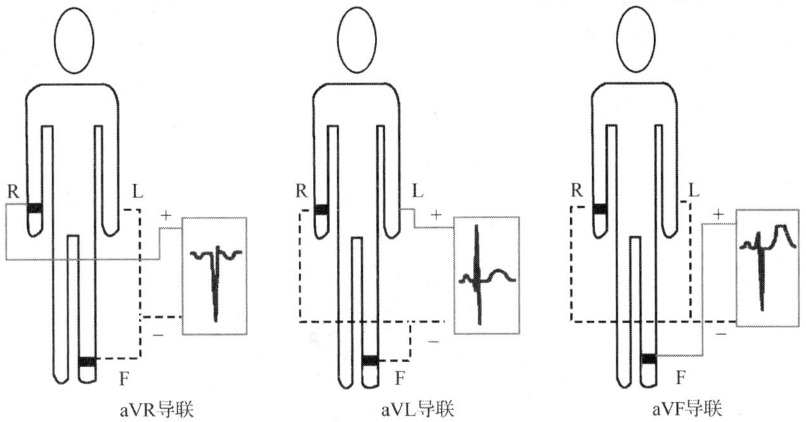

图 5-5　加压单极肢体导联连接方式示意图

——：aVR、aVL、aVF 导联检测电极与正极连接；- - -：其余两个肢体电极同时与负极连接构成中心电端

（二）胸导联

胸导联属单极导联，正极（探查电极）连接胸壁固定部位，负极与中心电端相连。常用的胸导联有 6 个，即 V_1、V_2、V_3、V_4、V_5、V_6 导联，又称心前区导联。其连接方法及意义见表 5-2。

表 5-2　常用胸导联的连接方法及意义

导联	正极（探查电极）	负极	意义
V_1	胸骨右缘第 4 肋间隙	中心电端	反映右心室壁的电位变化
V_2	胸骨左缘第 4 肋间隙	中心电端	反映右心室壁的电位变化
V_3	V_2 与 V_4 连线的中点	中心电端	反映左、右心室移行壁的电位变化
V_4	左锁骨中线第 5 肋间隙	中心电端	反映左、右心室移行壁的电位变化
V_5	左腋前线 V_4 同一水平	中心电端	反映左心室壁的电位变化
V_6	左腋中线 V_4 同一水平	中心电端	反映左心室壁的电位变化

除了常规心电图导联外，临床上根据病情需要可选用其他导联。常用的有以下几种：V_7～V_9 导联常在诊断后壁心肌梗死时选用，V_7、V_8、V_9 导联正极分别位于左腋后线、左肩胛线、左脊旁线与 V_4 同一水平处；V_{3R}～V_{6R} 导联常在小儿心电图或诊断右心病变时选用，导联正极位于右胸部与 V_3～V_6 对称处。

（三）导联轴

某一导联正负两极之间的假想连线，称为该导联的导联轴，方向由负极指向正极。这样，6 个肢体导联就可以获得 6 个方向各异的导联轴。若将右上肢、左上肢和左下肢设想为一个以心脏为核心的等边三角形的 3 个顶点，中心电端位于三角形的中心，即构成 Einthoven 三角。再将 6 个肢体导联的导联轴分别平行移动，使各导联轴均通过等边三角形的中心点，即组成额面六轴系统。它对测定额面心电轴及判断肢体导联心电图波形有很大帮助（图 5-6）。

胸导联的导联轴均从中心电端指向探查电极，6 个胸导联以左腋中线为 0°，右腋中线为 180°，V_1～V_6 导联分别处于不同角度的电轴上，构成横面六轴系统，从人体水平面不同部位探查心电活动，反映心脏激动在前、后、左、右方向上的变化，对于判断胸导联各心电图波形和心电轴的钟向转位有一定帮助（图 5-7）。

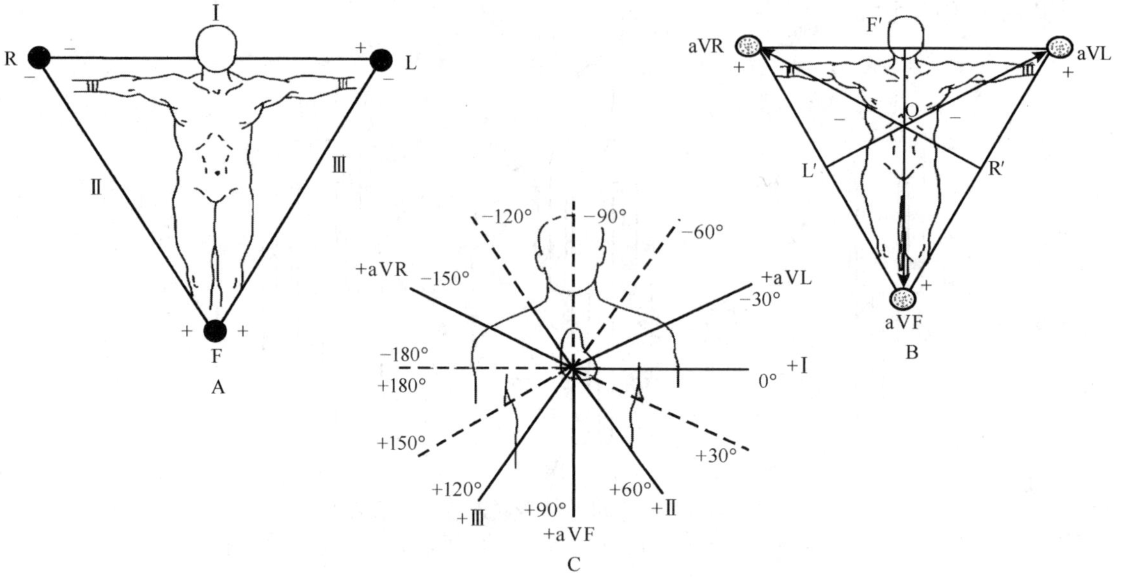

图 5-6　肢体导联轴及额面六轴系统

A. 标准肢体导联的导联轴；B. 加压单极肢体导联的导联轴；C. 肢体导联额面六轴系统

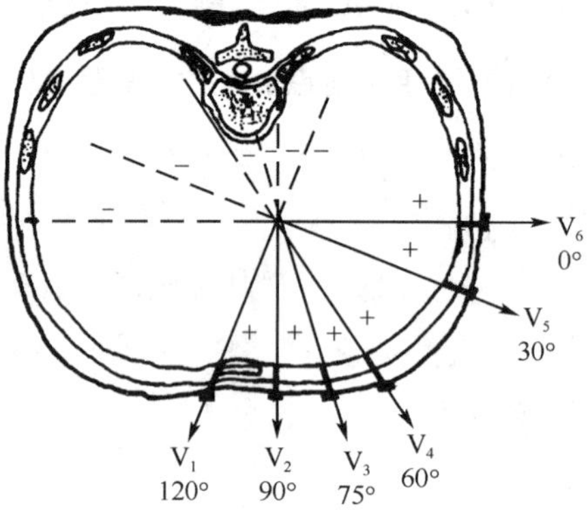

图 5-7　胸导联的导联轴系统示意图

考点：常规心电图导联及连接方式

链　接　心电图之父

威廉·埃因托芬（Willem Einthoven）是荷兰生理学家，20 世纪初他发明了弦线式心电图机，并创设了双极标准导联的连接方式，自此心电图机迅速普及并广为应用，至今已有 100 多年的历史，双极标准导联也沿用至今。因为心电图学的开创性工作，Willem Einthoven 被誉为“心电图之父”，并于 1924 年获得诺贝尔生理学或医学奖。

三、心电图各波段的形成与命名

正常心脏的电激动起源于窦房结，其兴奋心房的同时经结间束（分为前、中、后结间支）传导至房室结（对兴奋的传导起延搁作用，延迟 0.05～0.07s），然后沿希氏束（房室束）传至左、右束支，再传至浦肯野纤维，最后兴奋心室（图 5-8）。这种先后有序的电激动的传播，引起一系列电位变化，形成了心电图的相应波段（图 5-9）。临床心电学对这些波段进行了统一的命名。

考点：心脏正常传导系统起搏点及传导顺序

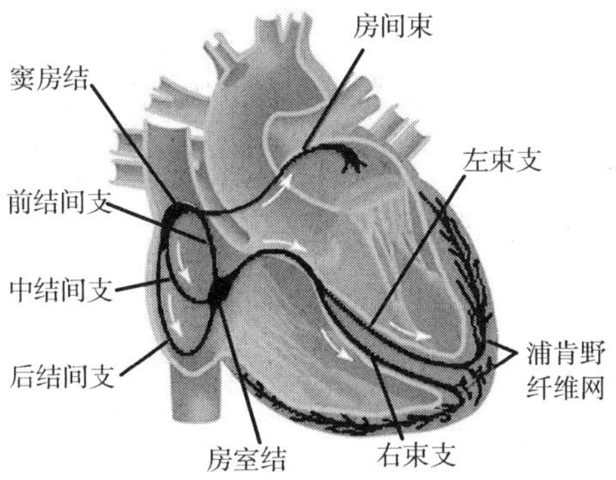

图 5-8 心脏正常传导系统示意图

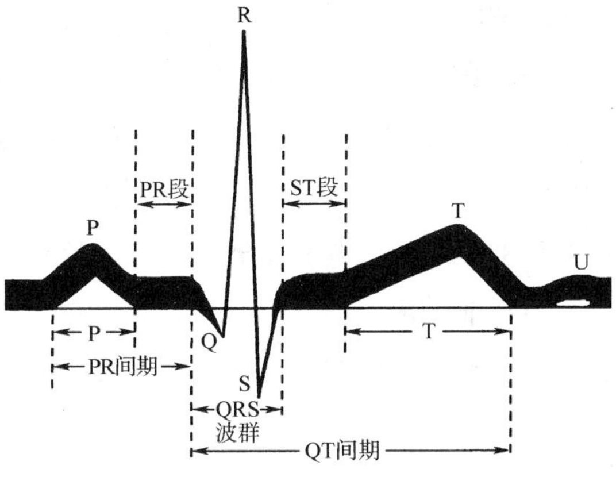

图 5-9 心电图各波段示意图

（一）P 波

P 波为最早出现的幅度较小的波，反映心房除极过程中电位与时间的变化，亦称心房除极波，其起始部分代表右心房除极，中间部分代表右、左心房除极，终末部分代表左心房除极。

（二）PR 段

PR 段指自 P 波终点至 QRS 波群起点间的线段，反映心房复极过程及房室结、希氏束、束支的电活动。

（三）PR 间期

PR 间期指自 P 波起点至 QRS 波群起点间的线段，反映自心房开始除极到心室开始除极的时间，即为房室传导的时间。

（四）QRS 波群

QRS 波群为振幅最大的波，反映心室除极过程中电位与时间的变化。QRS 波群因探查电极的位置不同而呈多种形态，命名原则如下：P 波后第一个负向（向下）波为 Q 波，P 波后第一个正向（向上）波为 R 波，R 波后第一个负向波为 S 波，S 波后又出现的正向波称为 R′波，R′波后又出现的负向波称为 S′波，如果 QRS 波群只有一个正向波称为 R 波、只有一个负向波称为 QS 波（图 5-10）。各波的大小，以英文字母的大小写形式来区分：波形大（波幅≥0.5mV），书写时用大写字母 Q、R、S 表示；波形小（＜0.5mV），则用小写字母 q、r、s 表示；同一导联中，若波幅小于最高波幅的 1/2，也用小写字母表示。

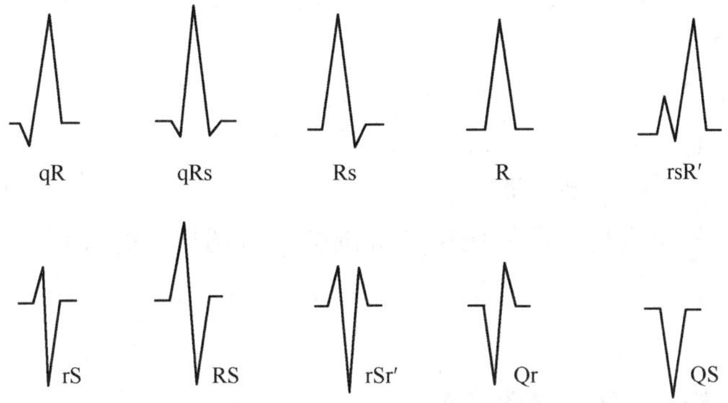

图 5-10 QRS 波群命名示意图

考点：QRS 波群命名原则

（五）J 点

J 点指 QRS 波群终点与 ST 段起始的连接点，代表心室除极结束和心室复极开始的交界点，用于 ST 段偏移的测量。

（六）ST 段

ST 段指自 QRS 波群终点至 T 波起点间的线段，反映心室早期缓慢复极过程的电位变化。

（七）T 波

T 波为 ST 段后一个圆钝而较大的波，反映心室快速复极过程的电位变化。

（八）QT 间期

QT 间期指自 QRS 波群起点至 T 波终点的水平距离，反映心室开始除极至心室复极完毕全过程的总时间。

（九）U 波

U 波是在 T 波之后 0.02～0.04s 出现的一个正向的小圆波，反映心室后继电位，其产生机制目前尚不清楚。

考点：心电图各波段的形成及意义

四、常规心电图描记

案例 5-2

患者，男，68 岁。因持续性胸闷、气短 5h 入院 2 天。今晨患者感到胸闷、气短，伴有左肩部酸痛，早餐进食后症状加重且出现恶心、呕吐，无发热、咳嗽、咳痰、咯血。生命体征测量：T 37.0°C，P 92 次/分，R 24 次/分，BP 100/60mmHg。根据入院时及清晨心电图报告医师考虑为急性心肌梗死，安排值班护士为患者再做一份心电图。

问题：1. 为该受检者重新做一份心电图前需做哪些准备工作？

2. 护士熟练掌握心电图描记技术的意义是什么？

心电图检查无创、操作方便、价格低廉、可重复性高，因此无绝对禁忌证，是临床上最常用的检查项目之一。客观、准确地记录心电图，是护士进行病情观察、做出正确护理诊断的重要依据，因此必须熟练掌握心电图描记的方法及相关事项。

（一）环境与设备要求

1. 室内温暖，室温在 18～26℃，避免过冷或过热，特别要避免因寒冷而引起肌电干扰。

2. 室内保持清洁卫生，每日紫外线照射 1h，提倡使用清洁无菌的一次性床单、被套、枕套等，一人一换，以防交叉感染。

3. 检查床的宽度不宜窄于 80cm，避免因体位不适、肢体紧张度增加而引起肌电干扰。

4. 使用交流电源的心电图机必须接地线，心电图机的电源线尽量远离检查床和导联线。

5. 心电图机旁不要摆放其他大型电器设备。

6. 为保证使用安全及图形质量，需使用符合标准的心电图机，并按规定校准心电图机各项重要参数均在正常范围。

（二）受检者准备

1. 受检者尽量穿着宽松，方便心电图检查。

2. 检查前 2h 不吸烟，不饮茶、咖啡和酒等刺激性饮品，除急症外一般应避免于饱餐后检查。

3. 接受心电图检查前，受检者应稍事休息，保持平静，四肢平放，肌肉松弛，记录过程中不能移动四肢及躯体。

4. 在受检者两手腕屈侧腕关节上方 3cm 处、两内踝上部约 7cm 处涂抹导电胶或生理盐水，如电极放置处皮肤油脂或毛发过多，必须先清洁皮肤或剃毛，以减少电阻，避免发生伪差。

（三）操作者准备

1. 检查前操作者要核对好受检者姓名、编号等重要信息资料，记载或录入记录系统。

2. 应快速了解申请检查的目的，明确检查中有无特殊要求。

3. 检查心电图机各条线缆的连接是否正确，包括导联线、电源线等，导联线保持顺畅，勿缠绕。

4. 对初次受检者，操作者须事先做好沟通解释工作，说明心电图检查对人体无害也无痛苦。

（四）电极安放

分别将导联电极按规定连接肢体与胸部。其中肢体导联线较长，末端接电极板处有颜色标记：红色端电极接右手手腕；黄色端电极接左手手腕；绿色端电极接左下脚踝；黑色端电极接右下脚踝。胸导联线较短，导线末端接电极处的颜色依次为红、黄、绿、褐、黑、紫，分别代表 V_1～V_6 导联（图 5-11）。但它们亦可任意记录各胸导联心电图，关键取决于其电极安放的相应部位。要特别注意防止左、右上肢接错；同时注意保护受检者隐私；女性乳房下垂者应将其托起，在乳房下缘胸壁上放置相应的电极，而不应该将电极放置在乳房上；乳房切除者应予注明。

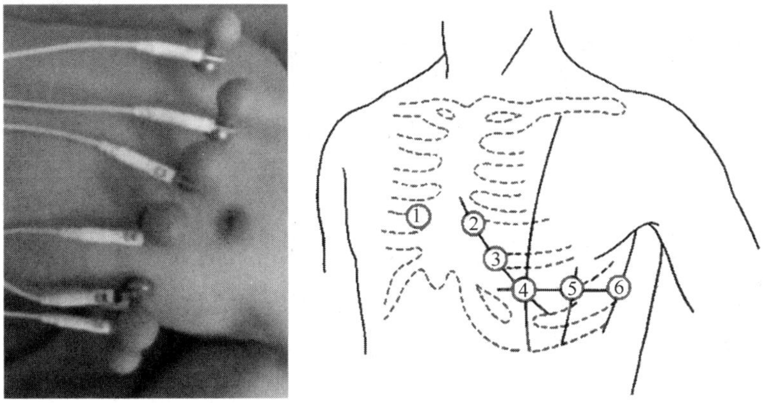

图 5-11　胸导联探查电极位置

（五）描记心电图

1. 连接心电图机　接通电源及地线，如有外部交流电干扰，必要时按下抗交流电干扰键（HUM），但不要同时使用去肌颤滤波键（EMG），因为会使心电图波幅下降 15%以上，描记出的心电图失真。如使用蓄电池或充电电源时，可不用接地线。

2. 定标　常规记录走纸速度一般选择 25mm/s，标准灵敏度 1mV=10mm（即增益，指输入 1mV 电压时，描笔偏移幅度 10mm）。记录笔应调节在记录纸的中心线上。在记录过程中，如发现某些导联心电图电压太高超出图纸范围，可降低电压，如选择灵敏度 1mV=5mm。

3. 描记　正确处理皮肤及安置电极，依次描记Ⅰ、Ⅱ、Ⅲ、aVR、aVL、aVF 和 V_1～V_6 导联心电图。描记过程中疑有心律失常者，可适当延长Ⅱ导联或 V_1 导联的描记时间；婴幼儿可做 9 个导联（肢体导联 6 个，胸导联 V_1、V_3、V_5）；如疑有急性下壁心肌梗死图形，如疑为右心室心肌梗死者应及时加做右胸导联（V_{3R}～V_{6R}），疑为后壁心肌梗死者加做 V_7～V_9 导联。

4. 排除干扰　如记录中遇基线不稳及干扰时，应检查导联线与心电图机的连接或电极是否松脱。还要注意胸部电极不能吸附太紧及吸附时间太久，以免损伤皮肤。

5. 标记 心电图描记完成后，要立即重新核对并标记受检者的姓名、性别、年龄、记录时间（年、月、日、小时甚至分钟）、病区及床号等。描记过程中电压减半或增倍要在相应导联处标明。

链 接 导联线连接右下肢的作用

在导联连接过程中，只用到右上肢、左上肢、左下肢三个肢体，而在心电图描记时，黑色电极连于右下肢，起到增加抗干扰能力的作用，使描记出的心电图更加清晰，便于分析。

第 2 节 正常心电图

一、心电图的测量

案例 5-3

某单位组织全体职工集体体检，其中一位 28 岁男性职工的心电图检查记录如下图所示。

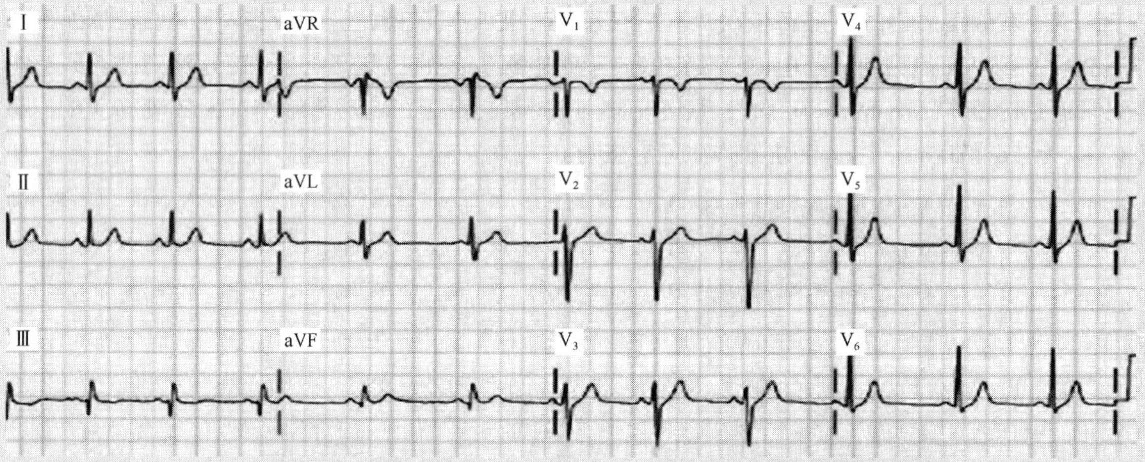

问题： 1. 该受检者心电图是否正常？依据是什么？

2. 该受检者心率是多少？

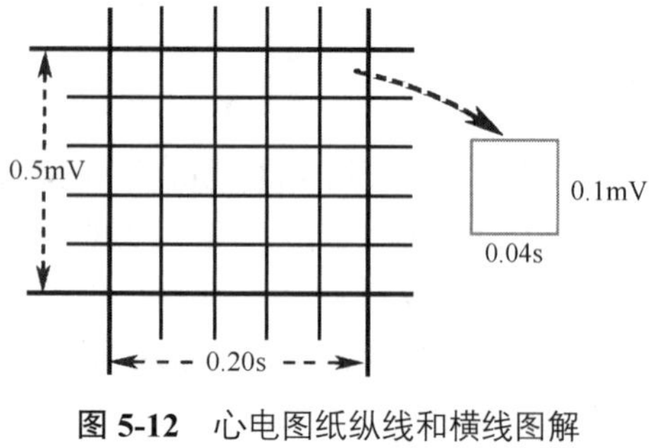

图 5-12 心电图纸纵线和横线图解

心电图直接描记在由纵线和横线交织成的特殊记录纸上，小方格各边长均为 1mm，纵横每 5 个小方格被粗线隔为一个大方格，每个大方格中有 25 个小方格。纵向距离代表电压，用以计算各波振幅的大小，每个小方格的高度代表 0.1mV，每一大方格的高度代表 0.5mV；横线代表时间，用以计算各波和各间期所占时间，通常心电图记录纸的走纸速度为 25mm/s，故每一小方格（1mm）的宽度代表 0.04s，每一大方格的宽度代表 0.20s（图 5-12）。

（一）心电图各波段的测量

测量心电图各波段电压及时间，首先要核对标准电压数值及走纸速度，选择基线稳、波形大而清楚的导联进行测量（图 5-13）。测量的方法应遵循以下原则。

1. 振幅的测量 测量正向波的高度，应自参考水平线的上缘垂直测量到该波的顶点；测量负向波的深度应自参考水平线的下缘垂直测量到波的底端；若为双向波，则以正负相加的代数和计算。P 波起始前的水平线是测量 P 波振幅的参考水平线；QRS 起始部是测量 QRS 波群、J 点、ST 段、T 波和 U 波统一采用的参考水平线（图 5-13A、B）。

测量 ST 段移位时，以 QRS 起始部作为参考水平线，通常取 J 点后 0.06s 或 0.08s 处为测量点。ST 段抬高时，测量该点 ST 上缘至对照基线上缘的垂直距离；ST 段下移时，测量该点 ST 段下缘至对照基线下缘的垂直距离（图 5-13F）。

2. 时间的测量　测量各波时间应从波形起点的内缘（凸面起点）测至波形终点的内缘（凸面终点）。正向波的时间从基线下缘测量，负向波的时间应从基线上缘测量（图 5-13A、B）。室壁激动时间（VAT）是从 QRS 波群起点到 R 波峰垂直线之间的水平距离（图 5-13C）。测量 PR 间期应选择有明显 P 波的导联，从 P 波的起点测至 QRS 波群的起点（图 5-13D）。测量 QT 间期应选择 T 波较为清晰的导联，从 QRS 波群的起点测至 T 波的终点（图 5-13E）。

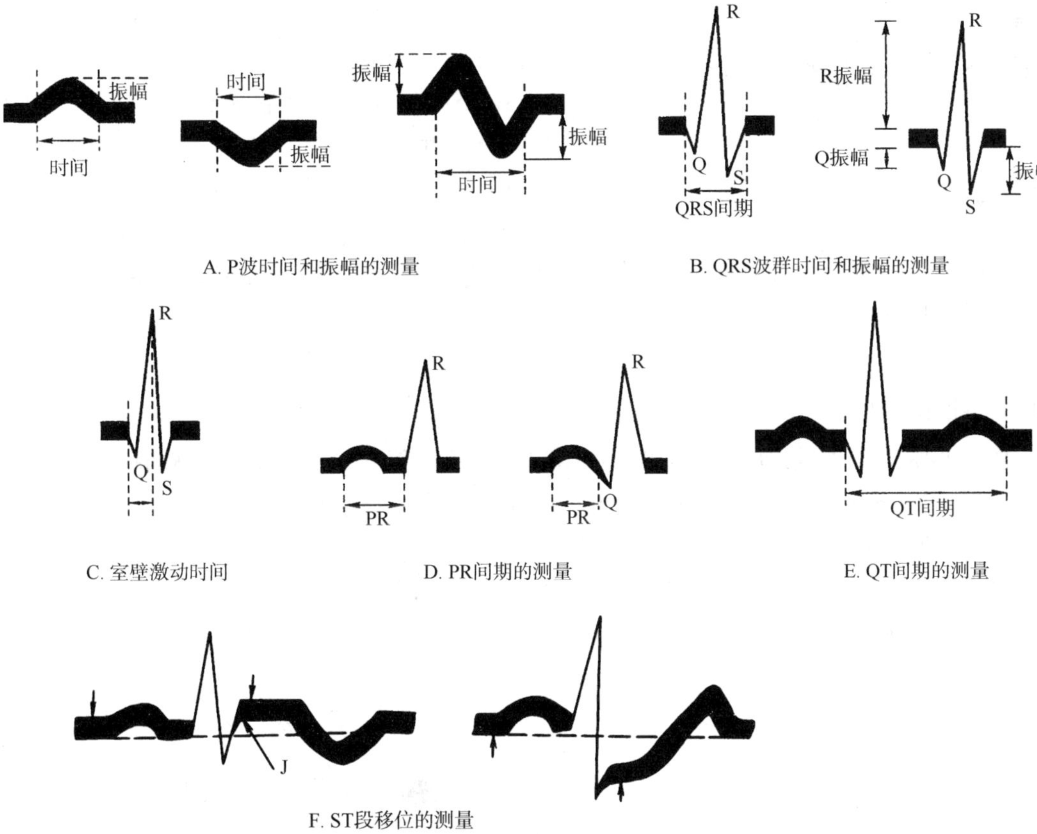

图 5-13　心电图各波段电压及时间的测量示意图

（二）心率的测量

1. 心律规则　只需测量 1 个心动周期的 PP 或 RR 间期（s），去除 60，即得到每分钟心脏激动次数。每分钟心率=60/RR 或 PP 间期（s）。例如，RR 间期为 0.75s，则心率=60/0.75=80 次/分。

2. 心律不规则

（1）测量连续 5 个 PP 或 RR 间期，取其平均值代入上述公式，即可得每分钟心率，适用于窦性心律不齐等。

（2）数出 6s 内（30 个大格）的 P 波或 R 波的个数，乘以 10，得出每分钟心房率或心室率，适用于心房颤动等心律失常。

考点：心率的计算方法

（三）心电轴的测量

1. 平均心电轴 一般指平均 QRS 电轴，是指心室除极过程中的全部瞬间心电向量的综合，代表心室除极过程的平均向量的方向和大小。正常心电轴在额面上的投影指向左下。平均心电轴的偏移方向一般采用心电轴与 I 导联正侧段所构成的角度来表示。

2. 平均心电轴的测定方法 最简单快速的测定方法是目测法，是根据 I 、Ⅲ导联 QRS 波群的主波方向大致估计心电轴的偏移情况。①心电轴正常：I 、Ⅲ导联 QRS 的主波都向上，表示电轴不偏。②心电轴左偏：I 导联的主波向上，Ⅲ导联的主波向下。③心电轴右偏：I 导联的主波向下，Ⅲ导联的主波向上（图 5-14）。根据需要也可以使用振幅法、查表法等进行测量。

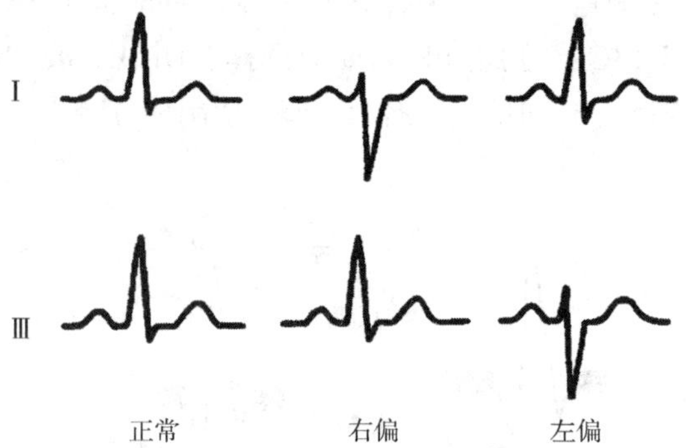

图 5-14 目测法测心电轴

3. 心电轴偏移及其临床意义 正常心电轴的范围为−30°～+90°；电轴在+90°～+180°时为心电轴右偏；电轴在−90°～−30°时为心电轴左偏；电轴在−180°～−90°时为电轴不确定。心电轴左偏见于左心室肥大、左束支传导阻滞、左前分支阻滞、高血压等；心电轴右偏见于右心室肥大、右束支传导阻滞、左后分支阻滞和肺源性心脏病等（图 5-15）。

考点：心电轴的偏移及其临床意义

（四）心脏钟向转位

钟向转位指心脏沿其长轴（从心尖部向心底部观察）发生顺钟向或逆钟向的转动，可通过心前区导联中过渡区波形（R/S≈1 的波形）出现的位置来判断。正常时，过渡区波形出现于 V_3 或 V_4 导联。当过渡区波形从 V_3 或 V_4 导联转向左心室方向，出现在 V_5、V_6 导联，提示为顺钟向转位。当过渡区波形从 V_3 或 V_4 导联转向右心室方向，出现在 V_1、V_2 导联，提示为逆钟向转位。顺钟向转位常见于右心室肥大，逆钟向转位常见于左心室肥大（图 5-16）。

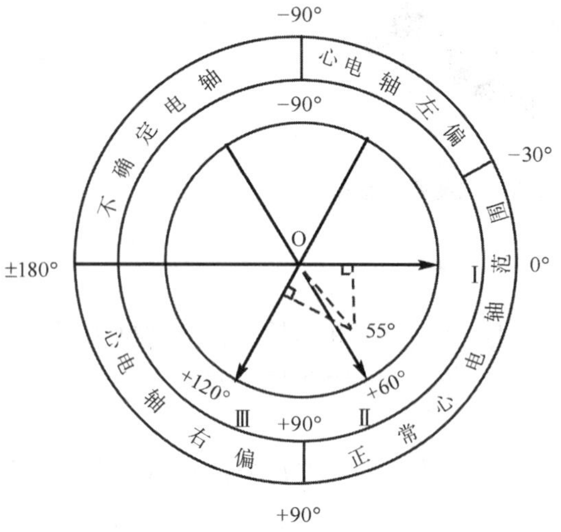

图 5-15 正常心电轴及其偏移

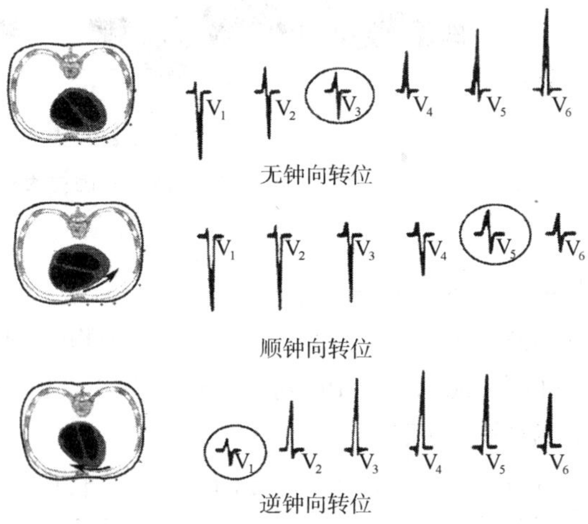

图 5-16 心脏钟向转位示意图

二、正常心电图波形特点和正常值

正常心电图波形见图 5-17。

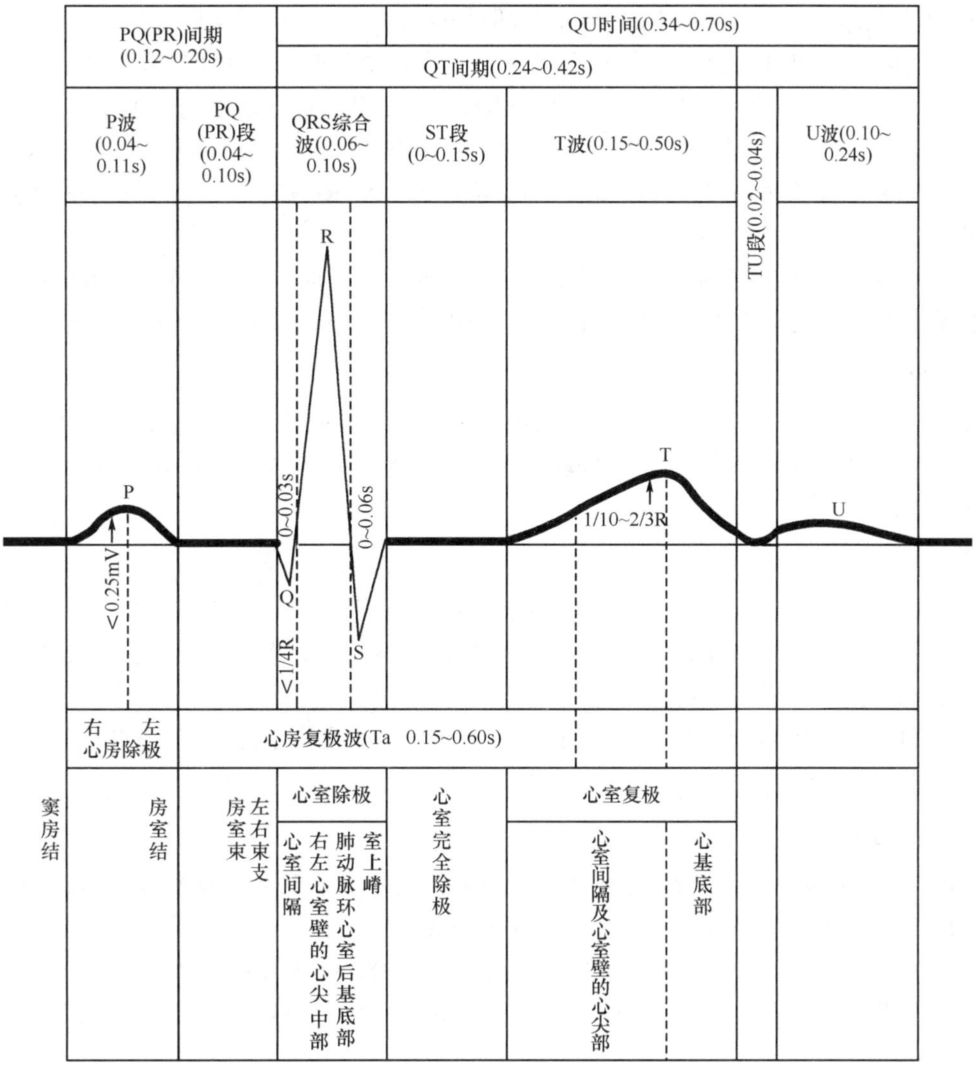

图 5-17　正常心电图波形及正常值

（一）P 波

1. 形态　窦性 P 波在大部分导联上呈圆钝形，可有轻度切迹，P 波方向在Ⅰ、Ⅱ、aVF、V_4～V_6 导联直立，aVR 导联倒置，其他导联可呈双向、倒置或低平。

2. 时间　一般＜0.12s。

3. 振幅　肢体导联振幅＜0.25mV；胸导联振幅＜0.20mV。V_1 导联 P 波为双向时，其负向波称为 V_1 导联 P 波终末电势，即 $PtfV_1$，健康人 $PtfV_1$＞–0.04mm·s（负向波的波幅与时间的乘积）。

（二）PR 间期

成年人心率在正常范围时，PR 间期的正常值为 0.12～0.20s。PR 间期与年龄、心率有直接关系，儿童及心率增快者相应缩短，老年人及心率缓慢者相应延长，但不应超过 0.22s。

（三）QRS 波群

1. 形态　QRS 波群可呈多种形态。①肢体导联：一般Ⅰ、Ⅱ、aVF 导联的 QRS 波群主波向上，aVR 导联的 QRS 波群主波向下。②胸导联：从 V_1 至 V_6 导联 R 波逐渐增高，S 波逐渐变小。V_1、V_2 导联

R/S 小于 1，多呈 rS 型，不应有 q 波，可呈 QS 型；V_5、V_6 导联 R/S > 1，可呈 qR、qRs、Rs 或 R 型；V_3、V_4 导联 R/S≈1。

2. 时间 健康人 QRS 波群时间<0.11s，一般为 0.06～0.10s。健康成人室壁激动时间（VAT）在 V_1、V_2 导联不应超过 0.04s，在 V_5、V_6 导联不应超过 0.05s。

3. 振幅 不同导联 QRS 波群的电压各不相同。一般正常 Q 波的振幅不应超过同导联 R 波的 1/4，时间不应超过 0.03s（Ⅲ、aVR 导联除外）。R 波的振幅在Ⅰ、Ⅱ、Ⅲ导联分别为 1.5mV、2.5mV、2.0mV 以内，在 aVR、aVL、aVF 导联分别不应超过 0.5mV、1.2mV、2.0mV；胸导联中 V_1 导联 R 波振幅最小，一般不应超过 1.0mV，V_5 导联 R 波振幅最高，但不应超过 2.5mV。$R_{V_1}+S_{V_5}$<1.2mV，$R_{V_5}+S_{V_1}$ 男性<4.0mV、女性<3.5mV。

6 个肢体导联的 QRS 波群振幅（正向波和负向波的绝对值相加）一般不应小于 0.5mV，6 个胸导联的 QRS 波群振幅（正向波和负向波的绝对值相加）一般不应小于 0.8mV，否则称为低电压。

（四）ST 段

正常情况下 ST 段多位于基线上，有时出现轻微偏移，但在任意导联（aVR 导联除外），ST 段下移不应超过 0.05mV。ST 段上移，在 V_1、V_2 导联不超过 0.3mV，V_3 导联不超过 0.5mV，V_4～V_6 导联和肢体导联不超过 0.1mV。

（五）T 波

1. 形态 T 波形态圆钝，双支不对称，升支斜度缓慢而降支斜度较陡。T 波的方向一般与 QRS 波群的主波方向一致。T 波方向在Ⅰ、Ⅱ、V_4～V_6 导联直立，在 aVR 导联倒置，在Ⅲ、aVL、aVF、V_1～V_3 导联可以直立、低平、倒置或双向。

2. 振幅 在以 R 波为主的导联，其振幅不应小于同导联 R 波的 1/10。在胸导联上有时可高达 1.2～1.5mV，但不应超过同导联 R 波。

（六）QT 间期

QT 间期的长短因心率、年龄及性别的不同而有差异。一般情况下，心率越快，QT 间期越短，反之则越长；女性常较男性和儿童略长些。心率在 60～100 次/分时，QT 间期的正常范围在 0.32～0.44s。为纠正心率对 QT 间期的影响，常用校正的 QT 间期计算：$QTc=QT/\sqrt{RR}$。QTc 不应超过 0.44s，超过该时限就属 QT 间期延长。近年推荐 QTc 间期延长的标准为男性≥0.45s，女性≥0.46s。

（七）U 波

U 波方向多数和 T 波一致，振幅不应高于同导联 T 波。U 波在胸导联 V_2～V_3 最明显，振幅可高达 0.2～0.3mV。U 波明显增高常见于低钾血症，U 波倒置可见于高血压和冠心病。

考点：各波形特点和正常值

第 3 节 常见异常心电图

一、心房与心室肥大

案例 5-4

患者，男，76 岁。胸闷、气短 5 年，以活动后明显，休息可缓解。慢性支气管炎病史 20 余年，吸烟 30 年。身体评估：T38.5℃，P90 次/分，R25 次/分，BP110/70mmHg。桶状胸，心尖搏动位于左侧第 5 肋间锁骨中线外 1.0cm，语颤减弱，叩诊呈过清音，听诊肺泡呼吸音减弱，肺底湿啰音，P_2 亢进，三尖瓣区可闻及Ⅲ级收缩期吹风样杂音。心电图描记如下图所示。初步诊断为慢性肺源性心脏病（代偿期）。

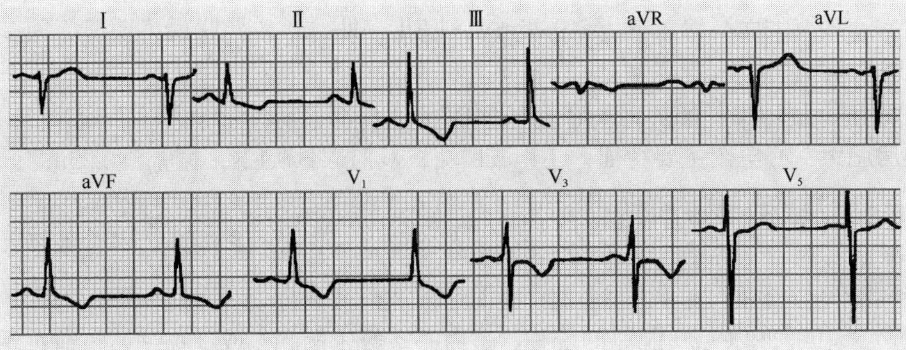

问题： 1. 该受检者的心电图正常吗？

2. 分析该受检者心电图有何特点？

心房、心室肥大是由心房、心室容量负荷、压力负荷过重引起的，是器质性心脏病的常见表现。当心房、心室肥大发展到一定程度时便会引起心电图的相应改变，故心电图检查对诊断心房、心室肥大有一定的临床应用价值。

（一）心房肥大

心房肥大多表现为心房的扩大而很少表现为心房肌肥厚。心房扩大导致整个心房肌除极综合向量的振幅和方向发生变化，其心电图主要表现为 P 波振幅、时间及形态的改变。

1. 左心房肥大　正常情况下右心房先除极，左心房后除极。当左心房肥大时，心电图主要表现为心房除极时间延长（图 5-18）。

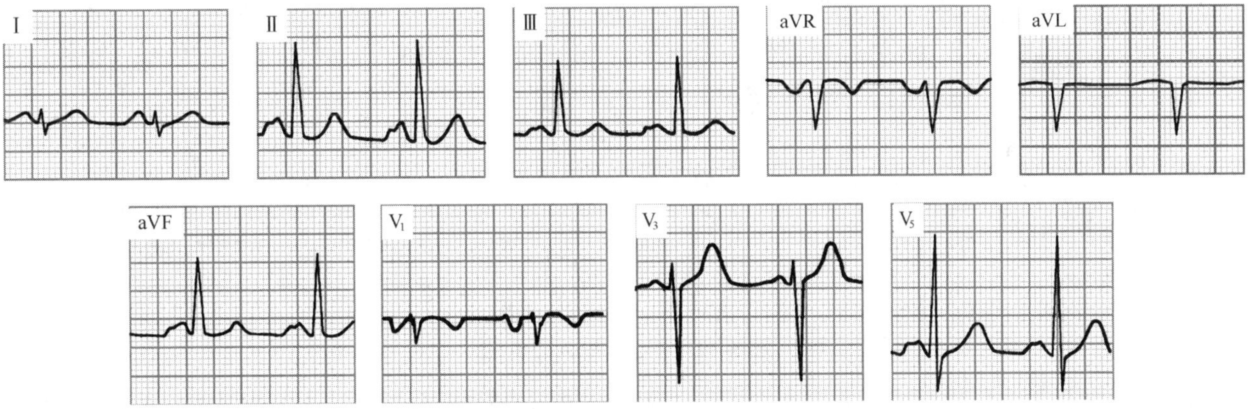

图 5-18　左心房肥大心电图

（1）P 波增宽，其时限≥0.12s，P 波常呈双峰型，两峰间距≥0.04s，以Ⅰ、Ⅱ、aVL 导联明显，因多见于二尖瓣狭窄，故称二尖瓣型 P 波。

（2）V_1 导联上 P 波呈先正向而后出现深宽的负向波。左心房肥大时 P 波终末电势≤–0.04mm · s。

2. 右心房肥大　心电图主要表现为心房除极波振幅增高（图 5-19）。

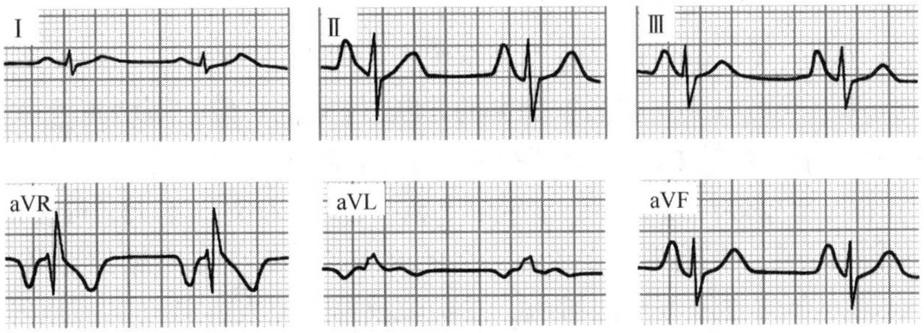

图 5-19　右心房肥大心电图

（1）肢体导联 P 波尖而高耸，电压≥0.25mV，以Ⅱ、Ⅲ、aVF 导联最为明显，因多见于肺源性心脏病，故称肺型 P 波。

（2）V_1、V_2 导联上 P 波多直立，振幅≥0.15mV。

3. 双侧心房肥大 心电图主要特征：①P 波增宽，其时限≥0.12s，振幅≥0.25mV；②V_1 导联上 P 波高大、双向，上下振幅均超过正常范围。

考点：左心房、右心房肥大的心电图特点

（二）心室肥大

心室肥大是心室扩大和（或）肥厚的统称，是由心室舒张期和（或）收缩期负荷过重引起的。当心室肥大达到一定程度时，即可引起心电图变化。

1. 左心室肥大 正常成人左心室壁明显厚于右心室，心室除极综合向量表现为左心室占优势的特征。左心室肥大时，左心室的优势更显突出。面向左心室的导联（Ⅰ、aVL、V_5、V_6）R 波振幅增加，而面向右心室的导联（V_1、V_2）出现较深的 S 波（图 5-20）。多见于高血压心脏病、冠心病、肥厚型心肌病、二尖瓣关闭不全等。

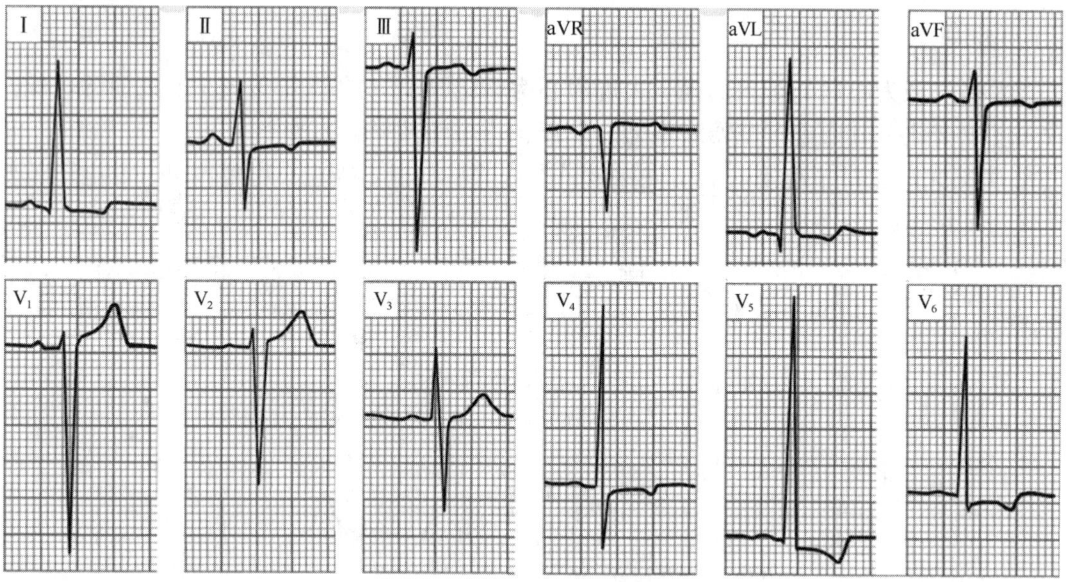

图 5-20 左心室肥大心电图

（1）QRS 波群电压增高或左心室高电压 肢体导联 R_{aVL}＞1.2mV，R_{aVF}＞2.0mV，$R_{Ⅰ}$＞1.5mV，$R_{Ⅰ}$+$S_{Ⅲ}$＞2.5mV；胸导联 R_{V_5}＞2.5mV，R_{V_5}+S_{V_1}＞3.5mV（女性）或＞4.0mV（男性）。

（2）心电轴左偏。

（3）QRS 波群时间延长到 0.10～0.11s，但＜0.12s。

（4）V_5 或 V_6 导联 VAT（室壁激动时间）＞0.05s。

（5）ST-T 改变 表现为主波向上的导联（如 V_5、V_6、aVL、aVF）ST 段下降＞0.05mV，T 波低平、双向或倒置；主波向下的导联 ST 段抬高，T 波直立。

在心电图诊断中，QRS 波群电压增高是左心室肥大的一个重要特征。在左心室高电压的基础上，结合其他阳性指标之一，一般可以成立左心室肥大的诊断。仅具备一条电压增高可诊断为左心室高电压，QRS 波群电压增高同时伴有 ST-T 改变者，称左心室肥大伴劳损。

2. 右心室肥大 右心室壁厚度仅有左心室壁的 1/3，轻度的右心室肥大，可表现为正常心电图，当厚度达到一定程度时，右心室壁的导联（aVR、V_1）的 R 波增高，左心室壁的导联（Ⅰ、aVL、V_5）的 S 波变深（图 5-21）。多见于慢性肺源性心脏病、二尖瓣狭窄、原发性肺动脉高压等。

（1）QRS 波群电压改变或右心室高电压 R_{aVR}＞0.5mV，R_{V_1}＞1.0mV，R_{V_1}+S_{V_5}＞1.2mV，V_1 导联

R/S≥1 呈 R 型或 Rs 型，V_5 导联 R/S≤1 或 S 波比正常加深，重度右心室肥大 V_1 导联呈 qR 型。

（2）心电轴右偏≥+90°，重症＞+110°。

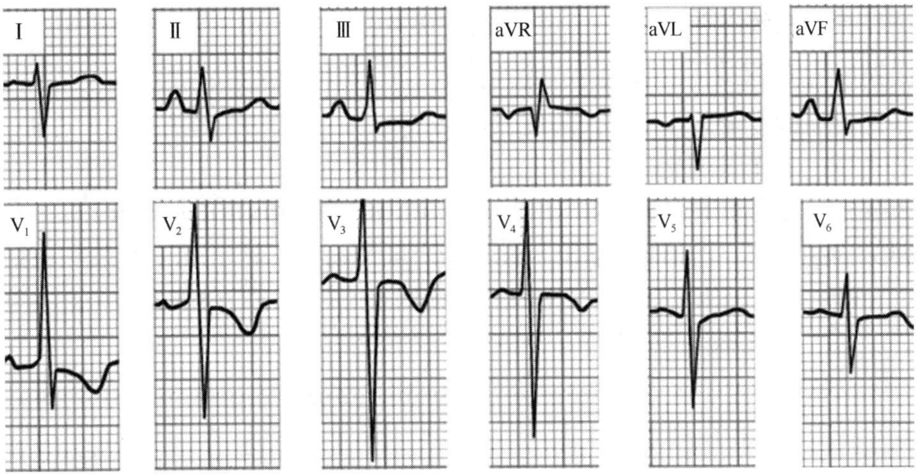

图 5-21　右心室肥大心电图

（3）QRS 波群时限多正常，V_1 导联 VAT＞0.03s。

（4）ST-T 改变，V_1～V_3 导联 ST 段压低，伴 T 波双向、倒置。

当右心室高电压同时伴有 ST-T 改变者，称为右心室肥大伴劳损。

上述指标中，QRS 波群形态及电压的改变和心电轴右偏是诊断右心室肥大的可靠指标，其他各项指标仅具有参考意义。

3. 双侧心室肥大　可表现为以下 3 种形式。

（1）基本正常心电图　由于双侧心室电压同时增高，增加的除极向量方向相反互相抵消。

（2）一侧心室肥大的心电图改变　只表现一侧心室肥大，另一侧心室肥大图形被掩盖。

（3）双侧心室肥大心电图　既有一侧心室肥大的心电图特征，同时存在另一侧心室肥大的某些心电图特征。

二、心 肌 缺 血

案例 5-5

患者，男，56 岁。1 个月前晚餐饱食后突然出现胸骨后疼痛，呈压迫性，休息 8min 后自行缓解。今天上午爬山时胸痛再次发作，为求进一步诊治收入院。身体评估：T 37.5℃，P 86 次/分，R 20 次/分，BP 160/85mmHg，心前区无隆起，心尖搏动位于第 5 肋间左锁骨中线外 0.5cm 处，心电图描记如下图所示。

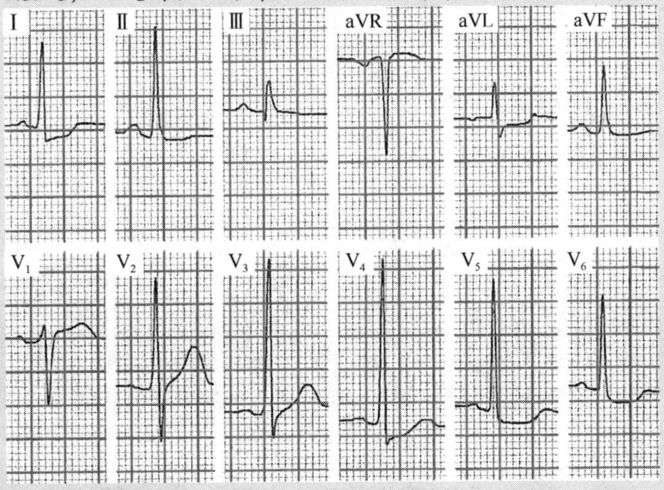

问题： 1. 该受检者的心电图有何异常？

2. 此心电图变化有何临床意义？

心肌缺血主要发生在冠状动脉粥样硬化的基础上。当心肌血供下降时，细胞代谢减慢，能量产生不足，直接影响心肌的正常除极和复极（以复极影响最早），心电图上主要表现为ST段和（或）T波改变。根据心室壁受累情况可大致出现以下两种类型的心电图改变。

（一）缺血型心电图改变

正常情况下心室肌的复极过程可看作是从心外膜开始向心内膜方向推进，发生心肌缺血时，复极过程发生改变，心电图出现T波变化（图5-22）。

1. T波高大直立 心内膜下心肌缺血时，心内膜侧心肌复极时间较正常延迟，原来存在的与心外膜侧心肌复极向量方向相反的心内膜侧心肌复极向量减小或消失，致使T波振幅增大，此时面向缺血区的导联出现与QRS波主波一致的高大直立T波。如前侧壁心内膜下心肌缺血时，在心电图上V_4、V_5、V_6导联可出现高大直立的T波（图5-23）。

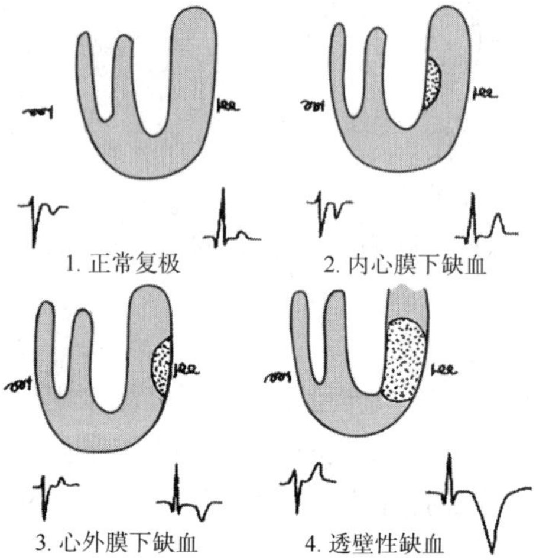

图5-22 心肌缺血与T波改变

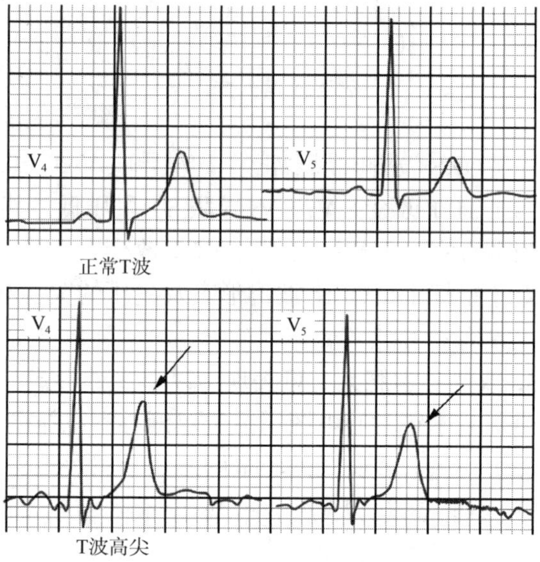

图5-23 前侧壁心内膜下心肌缺血心电图T波高大直立

2. T波倒置 心外膜下心肌缺血时（包括透壁性心肌缺血），引起心肌复极顺序的逆转，即心肌复极从心内膜下心肌开始，再向心外膜下心肌扩展，从而使复极方向与正常时相反，此时面向缺血区的导联出现T波倒置，甚至对称或倒置逐渐加深。例如，下壁心外膜下心肌缺血时，Ⅱ、Ⅲ、aVF导联的T波倒置（图5-24）。

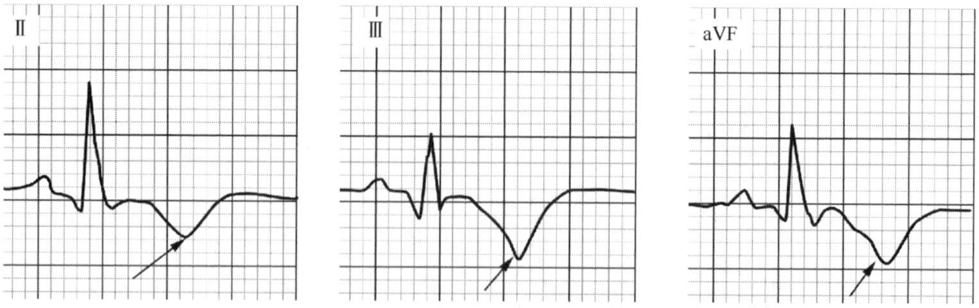

图5-24 心外膜下心肌缺血心电图T波倒置

（二）损伤型心电图改变

心肌缺血时间延长、程度加重时，可出现损伤型心电图改变。损伤部位不同，ST段移位的方向亦不相同（图5-25）。

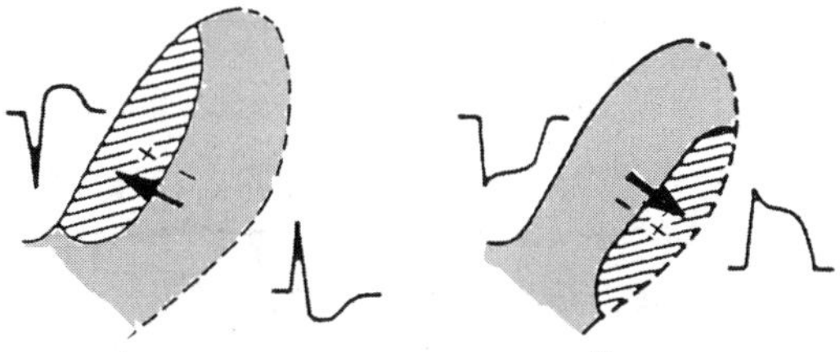

图 5-25　心肌损伤与 ST 段移位

箭头表示 ST 向量方向；A. 心内膜损伤；B. 心外膜损伤

1. ST 段压低　心内膜下心肌损伤时，ST 向量指向心内膜，位于心外膜面的导联 ST 段压低，以水平型下移或下斜型下移（R 波顶点的垂线与 ST 段的交角＞90°）意义较大（图 5-26）。

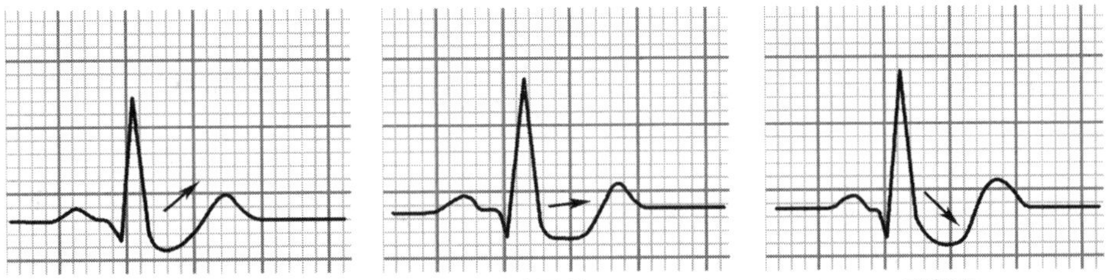

图 5-26　ST 段压低类型图

2. ST 段抬高　心外膜下心肌损伤时（包括透壁性心肌缺血），ST 向量指向心外膜，位于心外膜面的导联 ST 段抬高。常见的损伤型 ST 段抬高如图 5-27 所示。

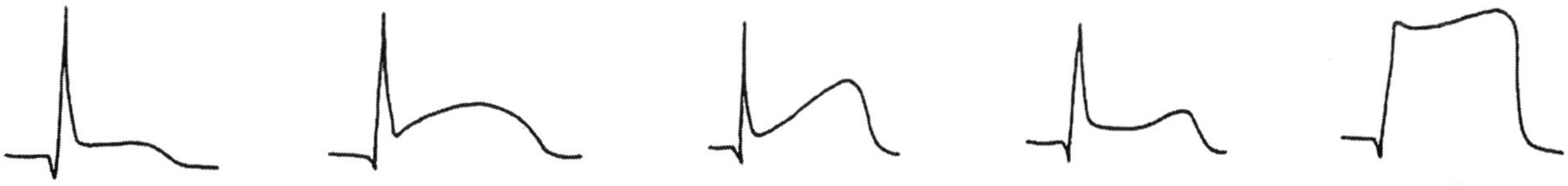

图 5-27　常见的损伤型 ST 段抬高形态

A. 平抬型；B. 弓背型；C. 上斜型；D. 凹面向上型；E. 单向曲线型

上述 ST-T 改变系非特异性的心肌复极异常的共同表现。它常见于冠心病所致的冠状动脉供血不足，也可见于心肌病、心肌炎、电解质紊乱和药物影响等原因。

链　接　心电图运动负荷试验

有些冠状动脉供血不足的患者，不仅无症状或症状不典型，且平静时心电图可表现正常。为早期发现这些隐匿型或可疑冠心病患者，临床上常采用通过运动增加心肌耗氧量的方法诱发心电图改变，用以判断是否有冠状动脉供血不足，即心电图运动负荷试验。目前常用踏车及活动平板运动试验。

三、心 肌 梗 死

案例 5-6

患者，男，57 岁。冠心病病史 7 年。午饭后突然感到胸部压榨样疼痛，向左前臂放射，伴冷汗、烦躁不安，休息及服用药物不能缓解。身体评估：T 37.5℃，P 110 次/分，R 18 次/分，BP 90/62mmHg，心前区无隆起，心尖搏动位于第 5 肋间左锁骨中线内 0.5cm，各瓣膜听诊区未闻及病理性杂音。心电图描记如下。收入心内科重症监护室（CCU）进行观察治疗，给予特级护理。

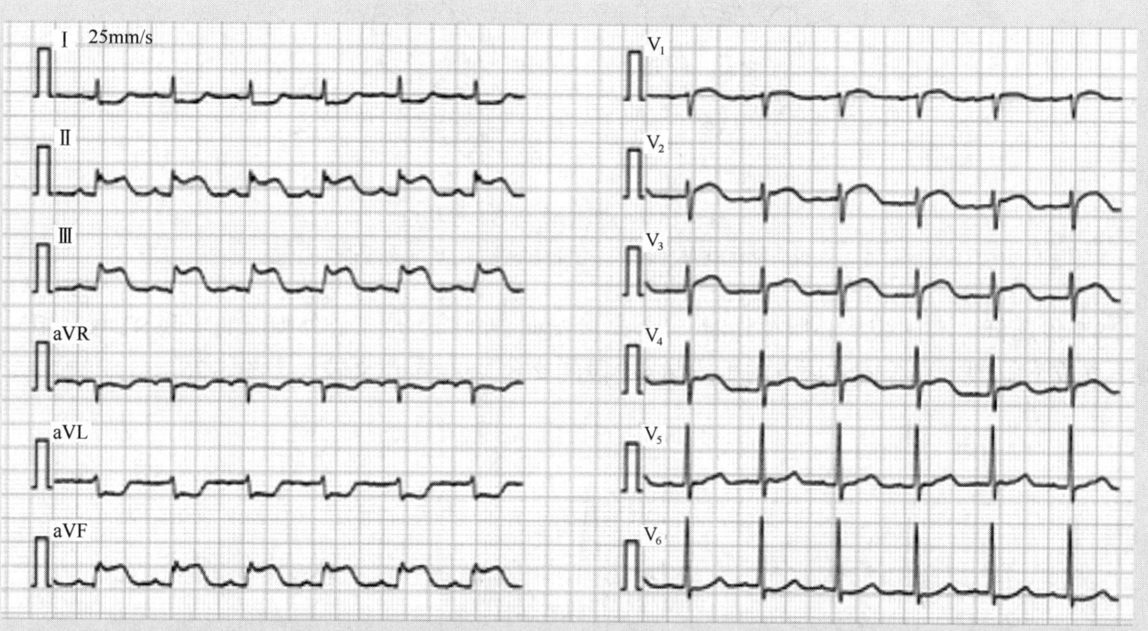

问题： 1. 该受检者的心电图有何异常？

2. 该心电图异常的临床意义有哪些？

心肌梗死是在冠状动脉病变的基础上发生血供减少或中断，使相应的心肌出现严重而持久的急性缺血所致。心肌梗死的范围及严重程度，主要取决于冠状动脉闭塞的部位、程度、速度及侧支循环的沟通情况。

（一）心肌梗死的心电图改变

冠状动脉发生闭塞后，随着时间的推移，心肌相继出现缺血、损伤甚至坏死，在心电图上可先后出现缺血、损伤和坏死3种类型的图形改变（图5-28）。

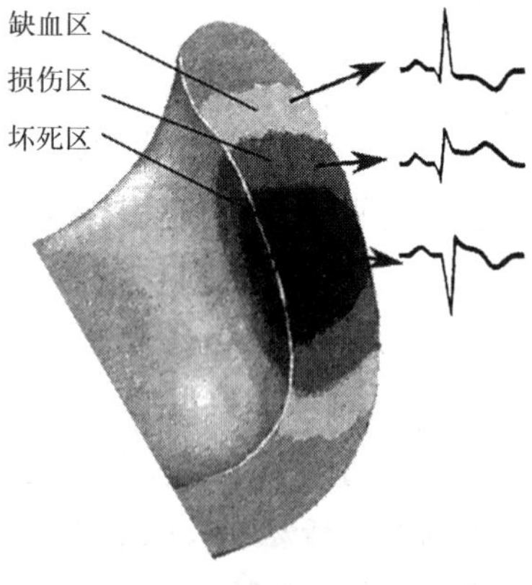

图5-28 心肌梗死病变部位及相对应缺血、损伤和坏死区心电图

1. 缺血型改变 冠状动脉急性闭塞后，立即产生心肌缺血。心电图主要表现为T波改变：①通常心内膜下最早出现心肌缺血时，面向缺血区的导联，T波表现高耸，基底部较窄，双肢对称，电压增高，称高尖T波。②心外膜下心肌缺血时，T波表现倒置，尖深，双肢对称，称冠状T波。这是急性心肌梗死最早期的表现。

2. 损伤型改变 由于缺血时间逐渐延长，缺血程度进一步加重，就会出现损伤型图形改变。表现为面向损伤心肌的导联出现ST段逐渐抬高，并与T波融合，形成弓背向上高于基线的单向曲线。此种改变于心肌供血改善后可恢复。

3. 坏死型改变 当心肌长时间严重缺血，导致心肌坏死时，心电图主要表现为面向坏死区的导联出现异常Q波（病理性Q波），即Q波时限≥0.04s，振幅≥1/4R（图5-29），或者呈QS波。一般认为，梗死的心肌直径＞20～30mm或厚度＞5mm才可出现异常Q波。

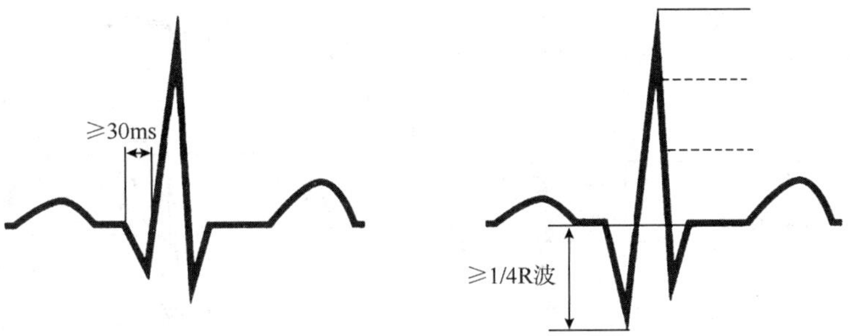

图 5-29　异常 Q 波

考点：心肌梗死典型心电图特点

（二）心肌梗死的心电图演变及分期

急性心肌梗死发生后，随着心肌缺血、损伤、坏死的发展和恢复，心电图的变化呈现一定的演变规律。根据心电图图形的演变过程和演变时间可分为超急性期、急性期、近期（亚急性期）、陈旧期（愈合期）4 期（图 5-30）。

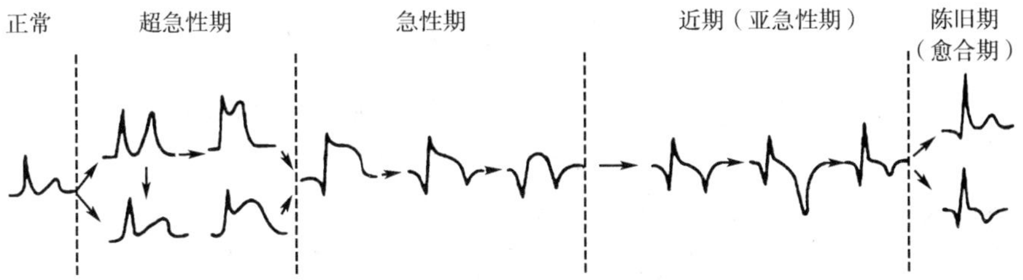

图 5-30　典型心肌梗死图形演变及分期

1. 超急性期　发病后数分钟到数小时，此时冠状动脉急性供血不足，心肌组织尚未坏死，发生心肌缺血和损伤的心电图改变，首先出现高大的 T 波，随即出现 ST 段呈斜形抬高，与高耸直立的 T 波相连形成单向曲线。还可见 QRS 波群振幅增高并轻度增宽，但尚未出现异常 Q 波。此期多因持续时间较短而不易被描记到。

2. 急性期　此期始于梗死后数小时或数日，少数可持续数周。出现损伤合并坏死图形，ST 段呈弓背向上抬高，继而逐渐下降；面向坏死区导联的 R 波振幅降低或消失，出现异常 Q 波；T 波由直立变为倒置并逐渐加深。缺血型 T 波倒置、损伤型 ST 段抬高及异常 Q 波在此期同时并存。

3. 近期（亚急性期）　出现于梗死后数周至数月。异常 Q 波持续存在，抬高的 ST 段恢复至基线，缺血型 T 波由倒置较深逐渐变浅，异常 Q 波持续存在。

4. 陈旧期（愈合期）　出现于梗死后 3～6 个月或更久。ST 段和 T 波恢复正常或 T 波持续倒置、低平，趋于恒定不变，残留异常 Q 波。多数异常 Q 波将终生持续存在。

近年来，随着心肌梗死检测、诊断及治疗技术水平的突破性进展，可以显著缩短心肌梗死的病程，并可以改变急性心肌梗死的心电图表现，可不再呈现典型的演变过程。

（三）心肌梗死的定位诊断

心肌梗死部位的判断主要是根据心电图上坏死型图形（异常 Q 波或 QS 波）出现于哪些导联而确定。发生心肌梗死的部位多与冠状动脉分支的供血区域有关。如在Ⅱ、Ⅲ、aVF 导联出现异常 Q 波，提示下壁心肌梗死（图 5-31）。常见心肌梗死的定位诊断及冠状动脉分支的供血动脉如表 5-3 所示。

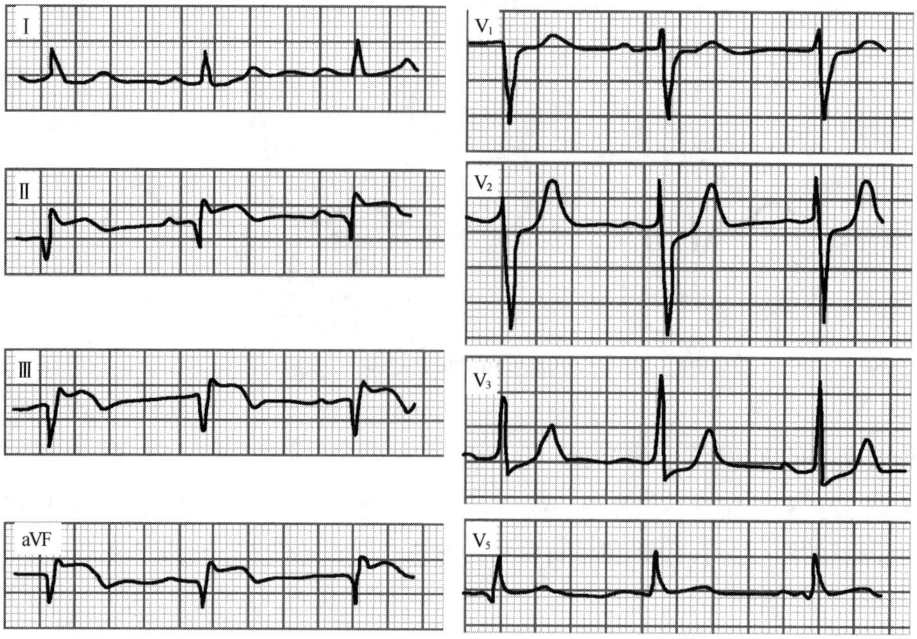

图 5-31 下壁心肌梗死心电图

表 5-3 常见心肌梗死的定位诊断及冠状动脉分支的供血动脉

导联	部位	供血冠状动脉
V_1、V_2、V_3	前间壁心肌梗死	左前降支
V_3、V_4、V_5	前壁心肌梗死	左前降支
V_5、V_6、Ⅰ、aVL	前侧壁心肌梗死	左前降支或左回旋支
Ⅱ、Ⅲ、aVF	下壁心肌梗死	右冠状动脉或左回旋支
V_1～V_5	广泛前壁心肌梗死	左前降支
V_7～V_9	后壁心肌梗死	左回旋支或右冠状动脉
V_{3R}～V_{4R}	右心室心肌梗死	右冠状动脉

考点： 心肌梗死的定位

四、常见心律失常

正常人的心脏起搏点为窦房结，窦房结发出的冲动按正常传导系统顺序激动心房和心室。如果心脏激动的起源异常和（或）传导异常，称为心律失常。心肌细胞的自律性、兴奋性和传导性异常与心律失常的发生密切相关。根据其发生机制，心律失常可分为 3 大类（表 5-4）。

表 5-4 心律失常的分类

发生机制	心律失常的类型
激动起源异常	窦性心律失常：窦性心动过速、窦性心动过缓、窦性心律不齐、窦性停搏等
	异位心律：①主动性：期前收缩（房性、房室交界性、室性）、心动过速（房性、房室交界性、室性）；扑动与颤动（心房、心室）；②被动性，逸搏与逸搏心律（房性、房室交界性、室性）
激动传导异常	传导阻滞：窦房阻滞、房内阻滞、房室阻滞、室内阻滞（左、右束支及左束支分支阻滞）等
	传导途径异常：预激综合征
激动起源和传导异常	并行心律最常见

（一）窦性心律与窦性心律失常

案例 5-7

患者，女，20 岁，学生。心电图实训课时描记心电图如下图所示。

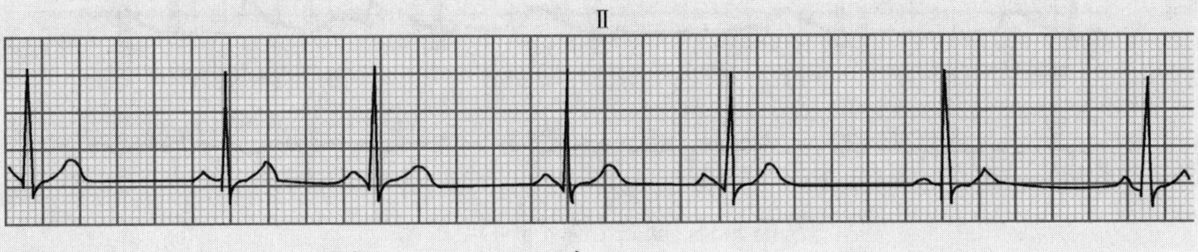

问题：该心电图有哪些异常？其临床意义有哪些？

窦房结为心脏正常起搏点，凡是起源于窦房结的心律为窦性心律。

1. 正常窦性心律　心电图特征：①P 波呈钝圆形，在Ⅰ、Ⅱ、aVF 导联直立，aVR 导联倒置；②P 波规律出现，频率为 60～100 次/分（PP 间期固定，在同一导联上 PP 间期相差≤0.12s）；③PR 间期为 0.12～0.20s（图 5-32）。

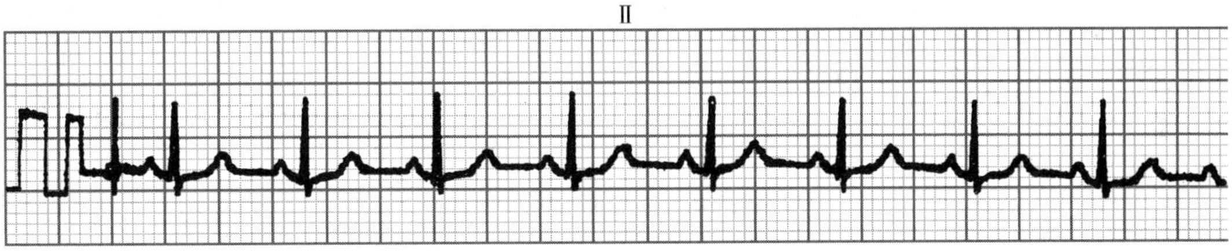

图 5-32　正常窦性心律心电图

考点：窦性心律的心电图特征

2. 窦性心律失常

（1）窦性心动过速　具有窦性心律的心电图特征；心率＞100 次/分，但一般＜160 次/分（图 5-33）。常见于运动、精神紧张、发热、甲状腺功能亢进症、贫血、应用拟肾上腺素类药物等情况。

考点：窦性心动过速的心电图特征

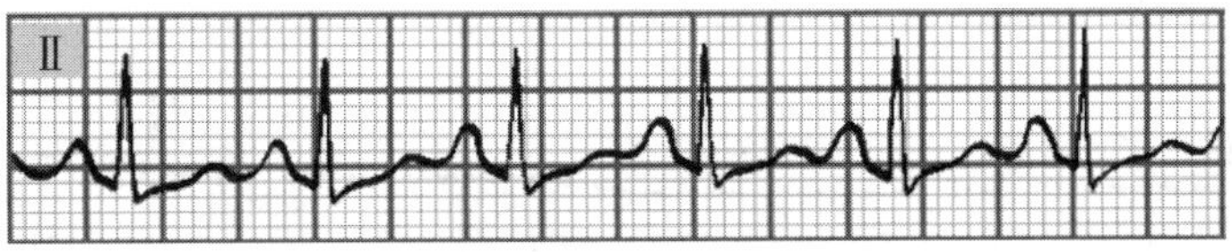

图 5-33　窦性心动过速心电图

（2）窦性心动过缓　具有窦性心律的心电图特点；心率＜60 次/分（图 5-34）。常见于窦房结功能障碍、甲状腺功能减退症、服用某些药物（如 β 受体阻滞剂）等情况，也可见于老年人和运动员。

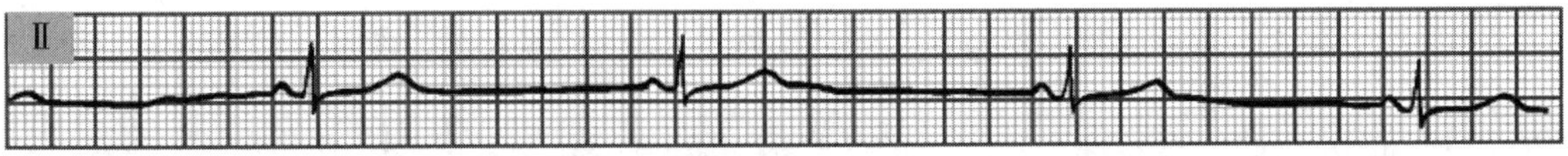

图 5-34　窦性心动过缓心电图

（3）窦性心律不齐　具有窦性心律的心电图特点，但在同一导联上，PP 间距之差＞0.12s（图 5-35）。常见于儿童和青少年，多数窦性心律不齐与呼吸有关，表现为吸气时心率较快，呼气时变慢，深呼吸时更明显，称为呼吸性窦性心律不齐，多无临床意义。与呼吸无关的心律不齐，称非呼吸性窦性心律不齐，较少见，多见于老年人、心脏病患者。

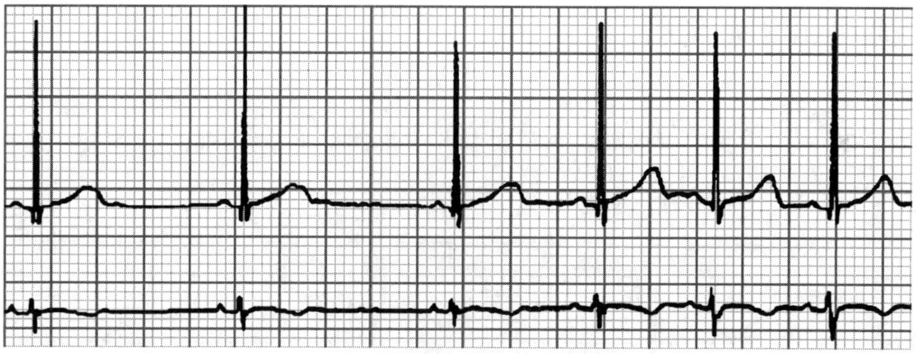

图 5-35　窦性心律不齐心电图

（4）窦性停搏　心电图特征：①具有窦性心律特点；②规则的 PP 间距中突然出现 P 波脱落，形成长 PP 间距，且 PP 间距与正常 PP 间距不成倍数关系（图 5-36）。生理情况见于迷走神经张力增高等；病理情况见于急性心肌梗死、心肌炎、心肌病等器质性心脏病，以及洋地黄、奎尼丁等药物使用过量。

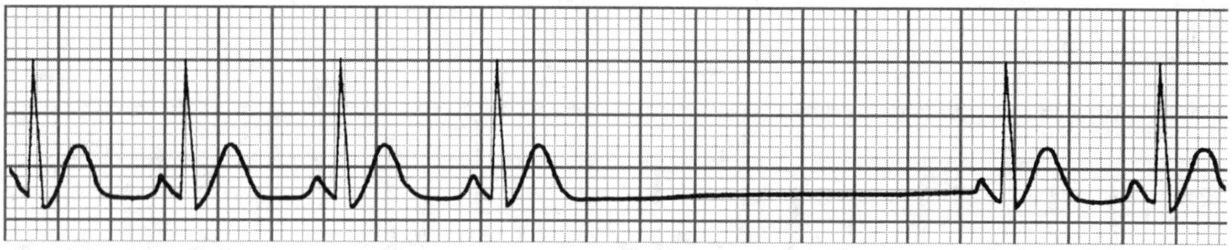

图 5-36　窦性停搏心电图

（5）病态窦房结综合征　心电图特征：①持续的窦性心动过缓，心率＜50 次/分，用阿托品等药物不易纠正；②窦性停搏或窦房阻滞（图 5-37）；③窦房阻滞伴或不伴有交界性逸搏；④在显著窦性心动过缓基础上，出现室上性快速性心律失常，即慢-快综合征。见于起搏传导系统退行性病变及冠心病、心肌炎等，常引起头晕、黑矇、晕厥等临床表现。

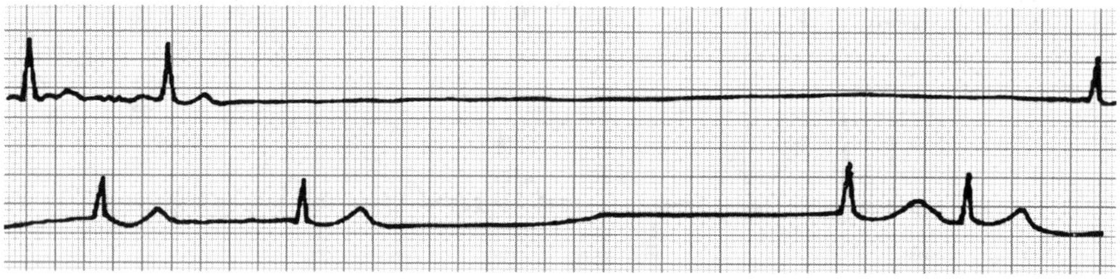

图 5-37　病态窦房结综合征心电图

（二）期前收缩

案例 5-8

患者，女，28 岁。健康体检心电图描记如下图所示。2 周前曾发热、咳嗽。否认有心脏病病史。

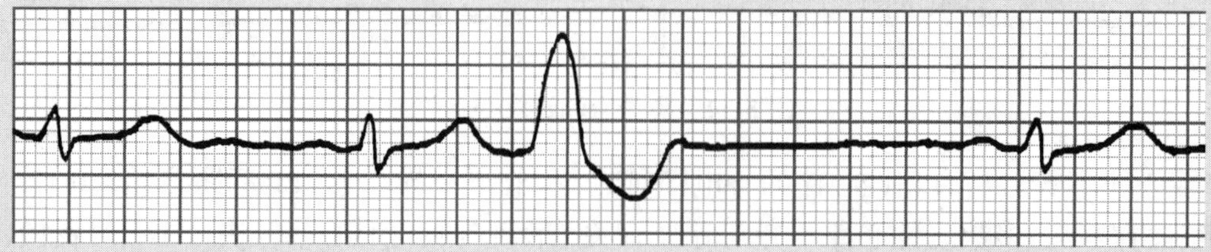

问题：1. 该心电图有何异常？

2. 出现此类心电图表现有何临床意义？

期前收缩是指起源于窦房结以外的异位起搏点提前发出激动引起心脏搏动，又称早搏。根据异位起搏点的位置不同分为房性期前收缩、交界性期前收缩、室性期前收缩三种类型。其中以室性期前收缩最为常见。

1. 室性期前收缩 心室中的某一个异位起搏点在窦房结的激动未到达之前提前发生激动，引起心室除极。心电图特征：①提前出现的 QRS 波，其前无相关的 P 波；②QRS 波群宽大畸形，时限＞0.12s，T 波方向常与 QRS 主波方向相反；③QRS 波群后多为完全性代偿间歇，即期前收缩前后的两个窦性 P 波间距等于正常 PP 间距的 2 倍。

在每次正常窦性搏动之后均出现一个室性期前收缩，称为室性期前收缩二联律（图 5-38），每两次正常窦性搏动之后均出现一个室性期前收缩，称为室性期前收缩三联律（图 5-39），依此类推。

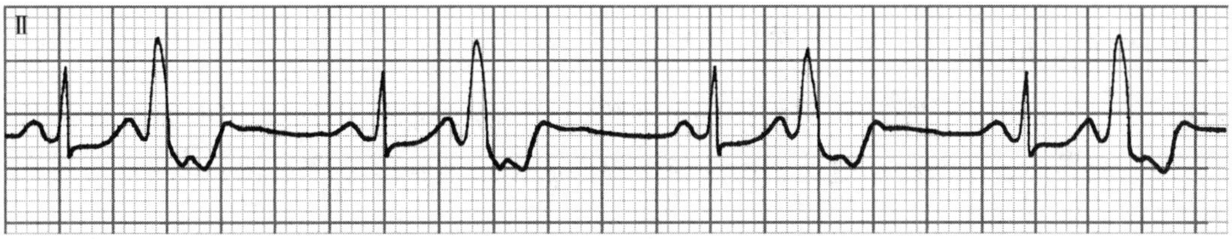

图 5-38 室性期前收缩二联律心电图

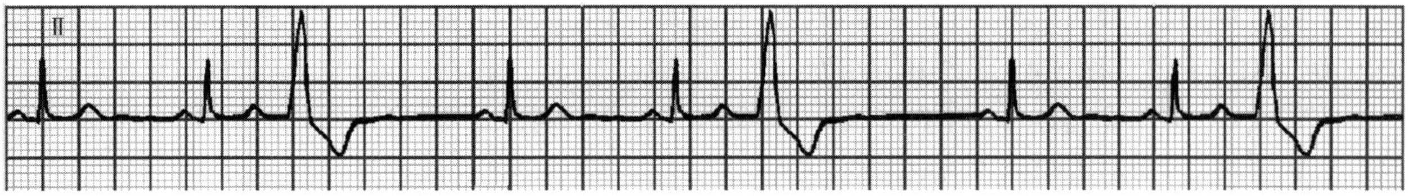

图 5-39 室性期前收缩三联律心电图

若室性期前收缩每分钟超过 5 个，称为频发室性期前收缩；若室性期前收缩是由 2 个或以上的心室异位起搏点引起，称为多源性室性期前收缩，即同一导联上提前出现的 QRS 波群具有多种形态，并且联律间期互不相同；若联律间期固定，而形态各异，为多形性期前收缩。

考点：频发、多源性室性期前收缩的概念

2. 房性期前收缩 是指心房内异位起搏点在窦房结激动未到达前先发生激动，引起的心脏搏动。心电图特征：①提前出现的 P′波，其形态与窦性 P 波不同；②P′R 间期＞0.12s；③提前出现的 QRS 波群形态多正常；④大多为不完全性代偿间歇（图 5-40）。

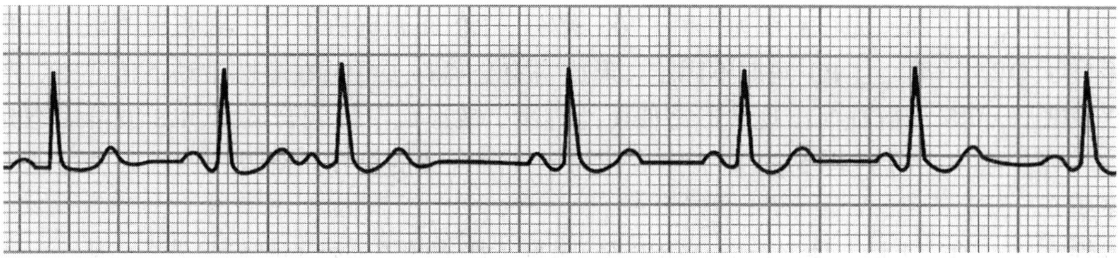

图 5-40 房性期前收缩心电图

考点：室性、房性期前收缩的心电图特征

3. 交界性期前收缩 是指房室交界区异位起搏点在窦房结激动未到达前先发生激动，引起的心脏搏动。心电图特征：①提前出现的 QRS 波群，形态多正常，其前无窦性 P 波；②出现逆行 P′波，在Ⅱ、Ⅲ、aVF 导联倒置，aVR 导联直立，逆行 P′波可出现在 QRS 波群之前（P′R 间期＜0.12s），之后（RP′间期＜0.20s）或者与 QRS 波群相重叠（图 5-41）；③大多为完全性代偿间歇（图 5-42）。

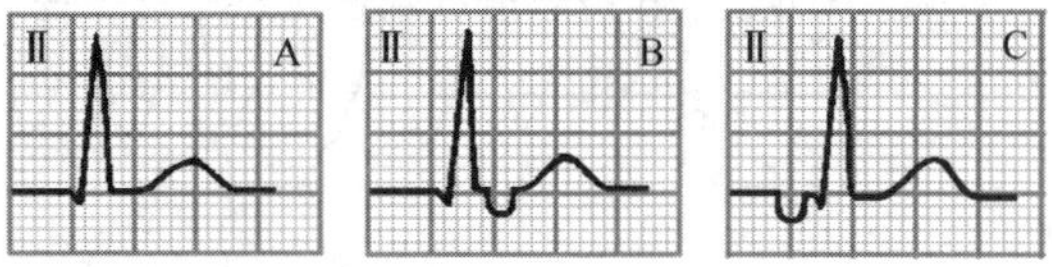

图 5-41 交界性期前收缩逆行 P′ 波位置

A. QRS 波群之中；B. QRS 波群之后；C. QRS 波群之前

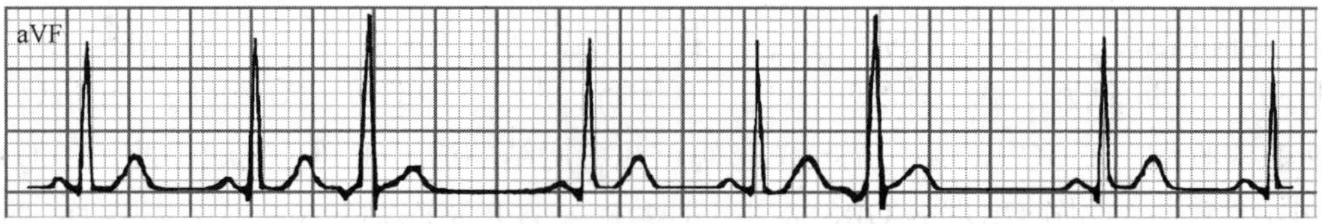

图 5-42 交界性期前收缩心电图

期前收缩可见于情绪激动、体力活动、饱餐、吸烟、过量饮酒等生理情况，但多见于器质性心脏病如急性心肌梗死、心肌炎、风湿性心脏病等病理情况。此外，急性感染、心脏手术、麻醉、低血钾、洋地黄中毒等情况也可见到。

（三）异位性心动过速

异位性心动过速是指异位节律点兴奋性增高或折返激动引起的快速异位心律。根据异位节律点的部位可分为房性、交界性、室性心动过速，房性与交界性心动过速常因心率过快，P′波不易辨别，故将两者统称为室上性心动过速。

1. 阵发性室上性心动过速 简称室上速。心电图特征：①连续出现 3 个或 3 个以上快速匀齐的 QRS 波群，形态及时限正常；②P′波往往不易辨认；③频率一般为 160～250 次/分，节律绝对规则；④常伴有继发性 ST-T 改变（图 5-43）；⑤具有突发、突止的特点。

阵发性室上性心动过速可发生在健康人，多无器质性心脏病，也可见于风湿性心脏病、高血压心脏病、心肌梗死、甲亢性心脏病等患者。

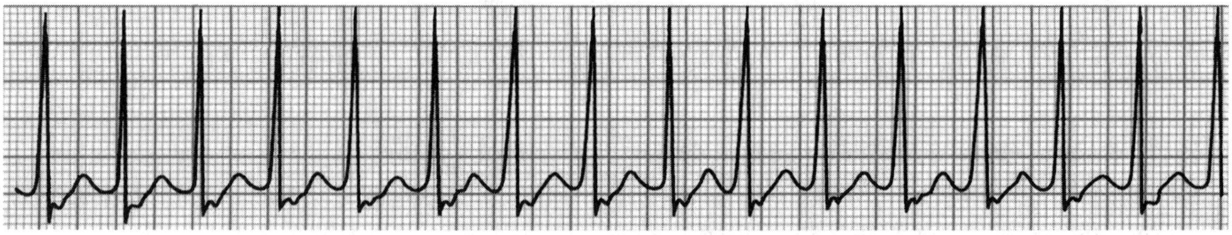

图 5-43 阵发性室上性心动过速心电图

2. 阵发性室性心动过速 简称室速。心电图特征：①连续出现 3 个或 3 个以上宽大、畸形的 QRS 波群，QRS 时限≥0.12s；②心室率为 140～200 次/分，RR 间距略有不齐；③常无 P 波，如能发现 P 波，频率慢于 QRS 频率，且 PR 间期不固定，形成房室分离；④可见室上性激动下传心室，产生心室夺获（P 波之后 QRS 波群提前出现，形态似窦性心律）或形成室性融合波（QRS 波群形态介于窦性心律和室性异位心律之间）（图 5-44）。心室夺获与室性融合波的存在是阵发性室性心动过速诊断确立的重要依据。

阵发性室性心动过速是一种严重的心律失常，多见于严重的器质性心脏病患者，如冠心病、心肌病、心力衰竭、风湿性心脏病、洋地黄中毒、电解质紊乱等，常可发展为致命的心室扑动或心室颤动。

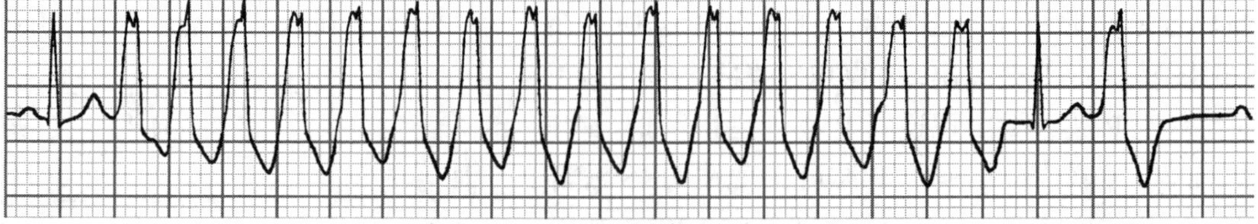

图 5-44 阵发性室性心动过速心电图

考点： 阵发性室上性、室性心动过速的心电图特征

（四）扑动与颤动

案例 5-9

患者，女，63 岁。心悸，胸闷 8 年，加重 3 天。患者 8 年前开始出现间断性心悸、胸闷，劳累后明显，由于经济条件差未曾就医，症状逐年加重，3 天前心悸、胸闷加重，伴有呼吸困难，夜间不能平卧而来院就诊。身体评估：T37.3℃，P110 次/分，R22 次/分，BP135/85mmHg。呼吸急促，面颊紫红，口唇发绀，双肺底闻及细湿啰音，心界向左扩大，呈梨形，心尖区闻及舒张期隆隆样杂音。心率 120 次/分，心律不齐，第一心音强弱不等，心电图检查如下图所示。

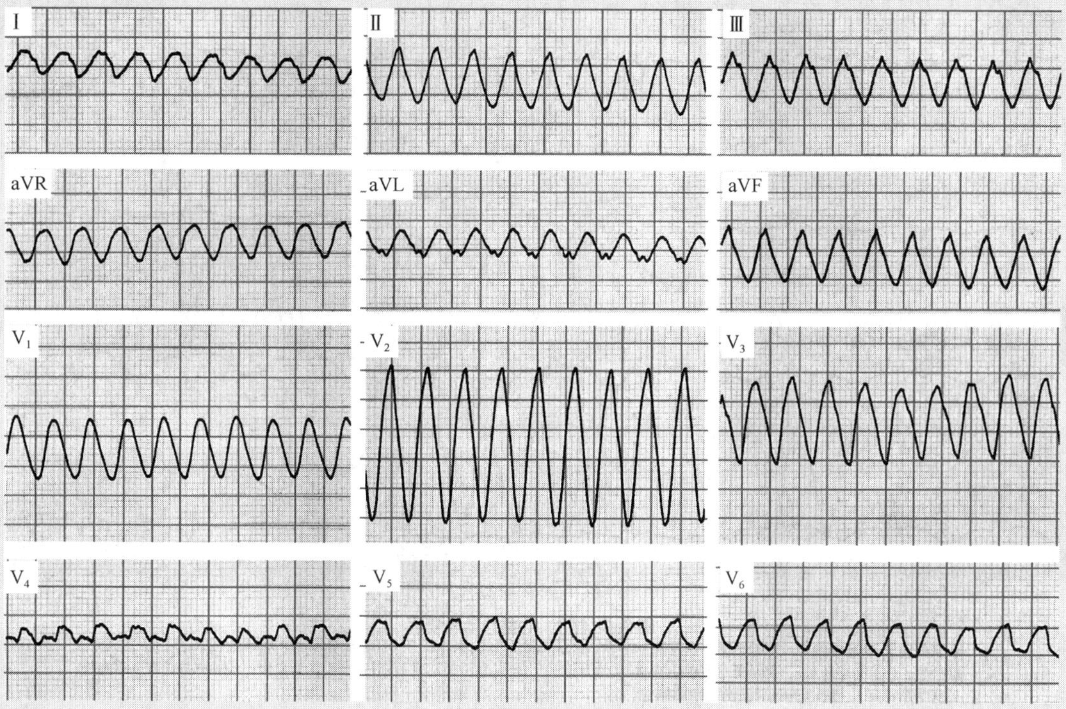

问题：1. 该受检者心电图有何特征？

2. 出现此心电图表现，护士应该采取什么护理措施？

扑动与颤动是一种频率较异位性心动过速更快的主动性异位心律，可发生在心房或心室。扑动是一种快速匀齐的节律，颤动是一种快速、细小、零乱的节律。根据异位心律起源与节律不同，分为心房扑动及颤动、心室扑动及颤动。

1. 心房扑动　心电图特征：①正常 P 波消失，代以匀齐的锯齿状或波浪状的 F 波，频率为 250～350 次/分；②房室传导比例可为 2∶1、3∶1 或 4∶1，心室率规则（若传导比例不固定，此时心室率可不规则）；③QRS 波群形态和时限正常（图 5-45）。

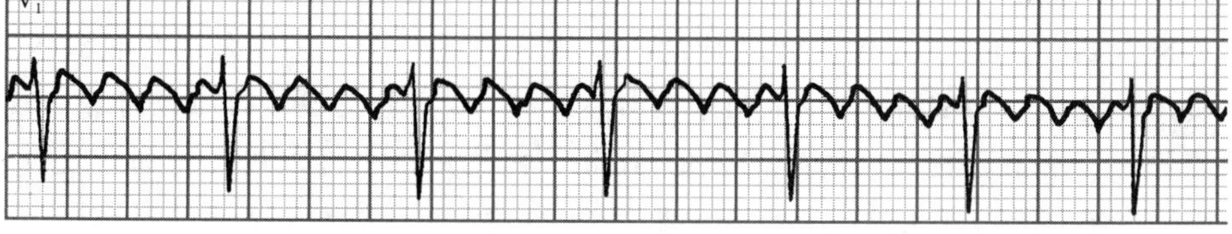

图 5-45　心房扑动心电图

考点：心房扑动的心电图特征

2. 心房颤动　心电图特征：①正常 P 波消失，代之以大小不等、形状各异的 f 波，在 V_1 导联最明显，频率为 350～600 次/分；②RR 间距绝对不等，心室率多增快；③QRS 波群形态和时限多正常（图 5-46）。

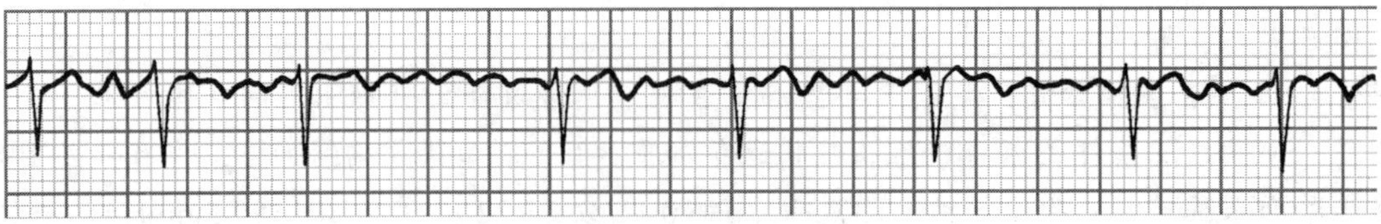

图 5-46 心房颤动心电图

考点：心房颤动的心电图特征

心房扑动与心房颤动主要见于器质性心脏病，如风湿性心脏病、甲状腺功能亢进症、高血压心脏病、冠心病、心肌病等。

3. 心室扑动 简称室扑，是心室肌产生环形激动的结果。心电图特征：P 波、QRS 波与 T 波不能分辨，代之以匀齐、宽大、连续出现的正弦波，频率为 200～250 次/分（图 5-47）。

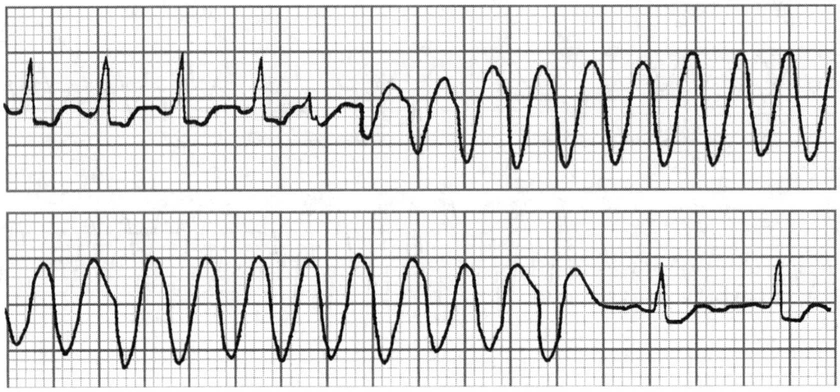

图 5-47 心室扑动心电图

4. 心室颤动 简称室颤，往往是心脏停搏前的短暂征象。心电图特征为 QRS-T 波完全消失，出现大小不等、极不匀齐的低小波，频率为 200～500 次/分（图 5-48）。

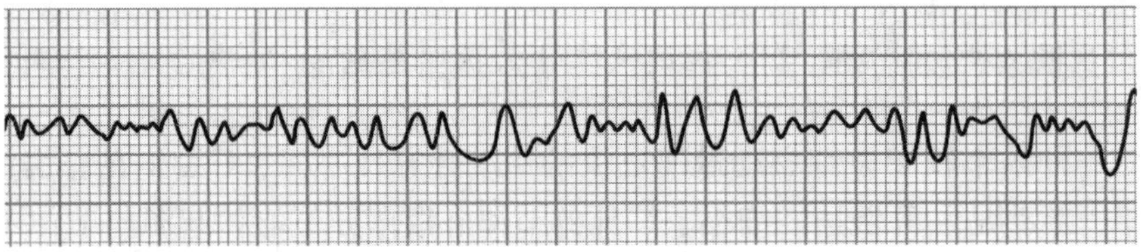

图 5-48 心室颤动心电图

考点：心室颤动的心电图特征

心室扑动和心室颤动多见于严重的心肺功能障碍、电解质紊乱、药物中毒、各种疾病的终末期等。患者的呼吸停止、大动脉搏动消失、血压测不到、意识丧失，是极严重的致死性心律失常，应立即抢救。

链 接 院外急救神器——AED

自动体外除颤器（AED）是可以诊断特定的心律失常并给予电击除颤的便携式医疗设备，可被非专业人员用于抢救心搏骤停患者。常用于因心室颤动、心室扑动及室性心动过速出现意识丧失、抽搐、心搏骤停时，在最佳抢救时间的“黄金 4min”内使用得当可以极大增加急救成功的概率，制止猝死，拯救生命。国家卫生健康委员会办公厅 2021 年 12 月印发《公共场所自动体外除颤器配置指南（试行）》，建议在城市轨道交通、长途车、铁路列车、飞机及交通场站、教育和培训机构、养老机构、社区、体育和文化娱乐场所、大型商超、旅游景点、学校、幼儿园等人员密集场所和警车、消防车等应急载具内，逐步推进配置工作。

（五）传导阻滞

案例 5-10

患者，男，65 岁。1 天前无明显诱因出现胸闷、憋气，今日加重前来就诊。身体评估：T36.6℃，P36 次/分，R21 次/分，BP150/70mmHg，颈静脉充盈，双肺呼吸音粗，无明显干湿啰音。否认冠心病、糖尿病病史。心电图检查如下图所示。

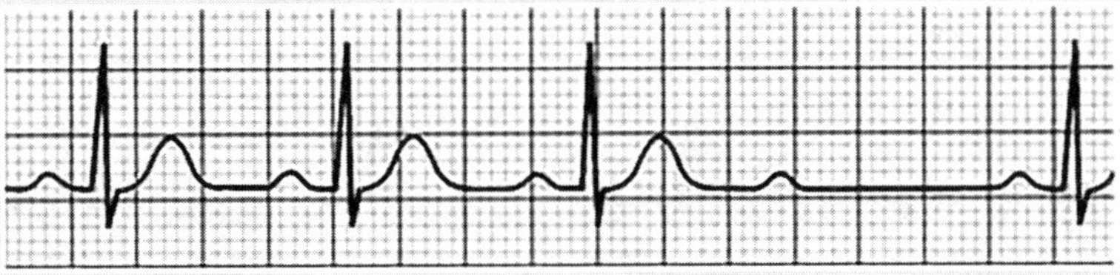

问题：1. 该心电图有何异常？

2. 出现该心电图表现的原因可能是什么？

1. 房室传导阻滞 当激动自心房向心室传导的过程中发生障碍，造成房室传导迟缓或阻断，称为房室传导阻滞，是最常见的一种传导障碍。其阻滞部位可发生在心房、房室束、房室结。按阻滞的程度可分为一度（传导时间延长）、二度（部分激动不能下传）和三度（传导完全中断）。

（1）一度房室传导阻滞 心电图特征：①成人 PR 间期延长＞0.20s；②每个 P 波后有一个相关的 QRS 波群，无 QRS 波群脱落现象（图 5-49）。

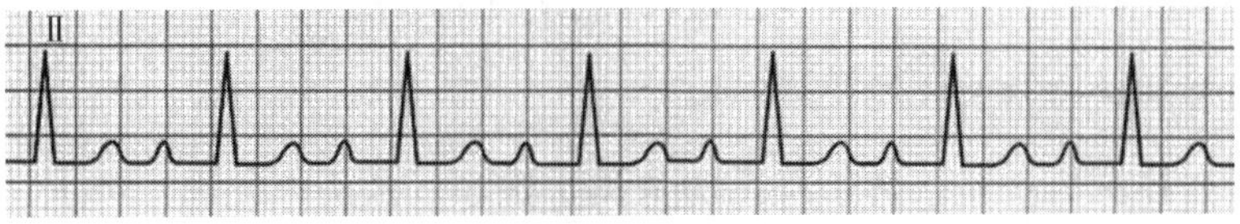

图 5-49 一度房室传导阻滞心电图

（2）二度房室传导阻滞 又分为Ⅰ型和Ⅱ型两种。前者多为功能性改变所致，预后较好；后者多为器质性损害所致，易发展成完全性房室传导阻滞，预后较差。

1）二度Ⅰ型房室传导阻滞（莫氏Ⅰ型）：心电图特征为 P 波规律出现，PR 间期逐渐延长，直至 P 波后脱漏一个 QRS 波群，脱漏后的第一个 PR 间期最短，之后 PR 间期又逐渐延长，如此周而复始，称为文氏现象（图 5-50）。

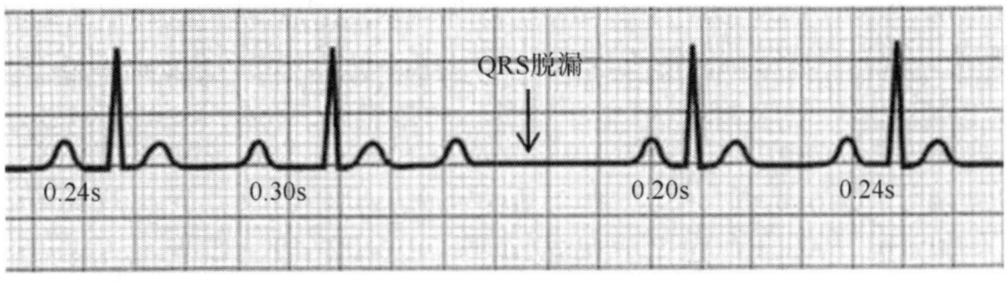

图 5-50 二度Ⅰ型房室传导阻滞心电图

2）二度Ⅱ型房室传导阻滞（莫氏Ⅱ型）：心电图特征为 PR 间期固定（正常或延长），QRS 波群呈比例脱落，如呈 2∶1 或 3∶2 脱落（图 5-51）。

（3）三度房室传导阻滞 又称为完全性房室传导阻滞。心电图特征为 PP 间距与 RR 间距各自匀齐，P 波与 QRS 波毫无关系，心房率大于心室率（图 5-52）。

一度或二度Ⅰ型房室传导阻滞与迷走神经张力增高有关，可见于健康人。二度Ⅱ型和三度房室传导阻滞多见于病理情况，如急性心肌梗死、心肌病、药物中毒等。

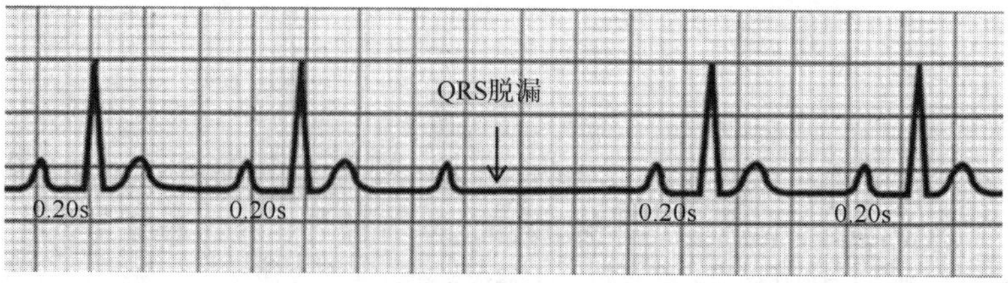

图 5-51 二度Ⅱ型房室传导阻滞心电图

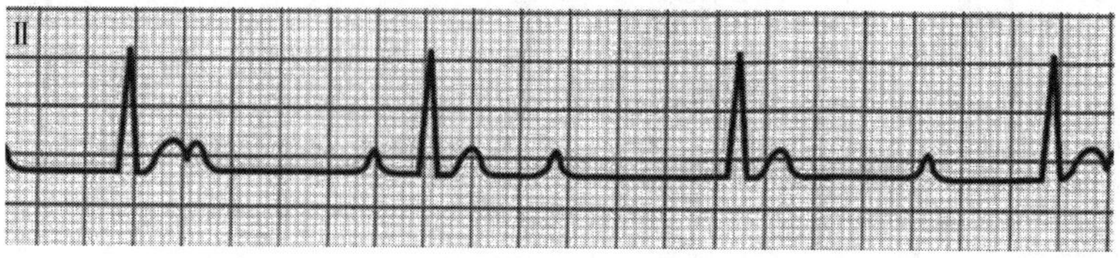

图 5-52 三度房室传导阻滞心电图

考点：房室传导阻滞的分度及心电图特点

2. 室内阻滞 是指室上性激动在心室（房室束分叉以下）传导过程中发生异常，从而导致 QRS 波群时限延长及形态发生改变。

第 4 节 心电图的分析方法和临床应用

一、心电图的分析方法

（一）检查心电图的描记质量

将各导联心电图大致浏览一遍，判断有无伪差和干扰等。

1. 交流电干扰 如心电图出现每秒 50 次规则而纤细的锯齿状波形，应将附近可能发生交流电干扰的电源关闭，如电扇、电灯等。

2. 肌肉震颤干扰 由于情绪紧张、寒冷或帕金森病等，在心电图上出现杂乱不整的小波，有时很像心房颤动的 f 波。

3. 基线不稳 心电图基线不在水平线上，而是上下摆动，影响对心电图各波段，尤其是 ST 段的判断。

4. 导联连接错误 常见于左、右手互换，可使Ⅰ导联 P-QRS-T 波均呈倒置。

5. 定标电压不当 如阻尼适当，标准电压的方形波四角锐利；如阻尼不足，方形波的上升及降落处均有小的曲折；如阻尼过度，波形圆钝；阻尼不足或过度均可造成心电图的失真。

6. 导线松脱或断线 表现为图形中突然消失一个 QRS-T 波群，注意勿误诊为窦性停搏。

（二）判断心律

找出 P 波，根据 P 波在各导联的形态，确定主导心律。若 P 波规律出现并符合窦性心律的基本特征，PR 间期＞0.12s，则为窦性心律。如无 P 波或者不是窦性心律，进一步分析是何种异位心律。

（三）计算心率

测量 PP 或 RR 间期，计算出心房率或心室率。心房、心室律规则一致者，测其中一个间期即可；两者关系不规则，分别测量出 PP 和 RR 间期，算出不同的心房率和心室率。无 P 波者，仅算出心室率。

（四）判断心电轴

一般采用目测法。必要时用振幅法和查表法确定心电轴。

（五）观测心电图各波段

观测各导联的 P 波、QRS 波群、ST 段和 T 波形态、方向、电压、时间是否正常。

（六）测量PR间期和QT间期

一般选择有P波的导联如Ⅱ或V_1进行测量。PR间期不固定者选最短的PR间期为参照标准。PR间期及QT间期要参考年龄和心率进行分析。

（七）判断ST-T有无改变

观察ST段是否在等电位线上，有无下移或上抬。注意有诊断意义的形态改变，如弓背向上型抬高、水平型或鱼钩样下移等。T波应结合QRS波的主波方向分析，对于T波有异常者，应注明所在导联和形态变化。

（八）得出结论

结合临床资料，做出心电图诊断。

1. 正常心电图 窦性P波，PR间期、QRS波群、QT间期正常，ST段为等电位线，T波方向与QRS波群主波方向一致。

2. 大致正常心电图 仅在个别导联上出现QRS波群钝挫，ST段轻微下移或T波有低平者。

3. 可疑心电图 在若干导联上出现轻度异常改变，或有一项特殊改变而不能肯定异常者，如疑有左心室肥大、陈旧性后壁心肌梗死等。

4. 不正常心电图 心电图肯定异常者，应写出具体诊断，如急性前壁心肌梗死、一度房室传导阻滞等。

链 接 心电图危急值

心电图危急值也称为紧急值或警告值，是指检查值结果明显异常，若不紧急处理，有可能严重损害患者健康，甚至危及生命，因此最早发现这些危急值者必须紧急上报给相关部门，再进一步紧急采取相关措施。这种危急值报告制度经过多个国家的临床实践，至今已被世界各国广泛采纳与应用。我国是在2017年，由中国心电学会邀请了国内多位临床和心电学的知名专家与教授，经过多次讨论、修订，完成《心电图危急值2017中国专家共识》，在推广和普及心电图危急值的过程中起到积极作用。

二、心电图的临床应用

1. 有确定诊断价值 对心律失常和传导阻滞具有决定性的诊断价值，对病情观察、指导治疗和判断预后亦有重要意义。心电图的特征性变化和演变规律对急性心肌梗死的定性、定位、分期诊断具有重要价值。

2. 有协助诊断价值 对心房和心室肥大、心肌炎、心包炎、电解质紊乱、洋地黄或奎尼丁中毒等，可提供诊断依据，协助临床诊断。

3. 有一定的辅助诊断价值 对慢性肺源性心脏病、慢性冠状动脉供血不足等疾病有一定的辅助诊断价值。

4. 对疾病诊断的局限性 ①心电图主要反映心脏电兴奋过程，不能反映心脏功能及瓣膜情况；②某些心脏病变心电图可以正常，如瓣膜病早期或双侧心室肥大，故正常心电图并不能排除心脏病变的存在；③某些心电图改变并无特异性，相同的心电图改变可见于多种疾病。

总之，心电图在疾病的诊断上有一定价值，但也有局限性，在做出心电图诊断时，必须结合其他临床资料，方能做出正确的判断。

三、临床其他常用心电图监测

案例 5-11

患者，男，48岁。因外伤骨折入院，外科病区紧急进行手术治疗，术后行心电监护，术后3h心电监护提示心率超过200次/分，护士经多次确认后，根据医院心电图危急值报告及处理流程，立即通知患者管床医师。管床医师立即安排重新描记12导联心电图，同时报告上级医师。最后确认为阵发性室性心动过速，并及时采取了治疗措施，1h后患者脱离危险。

问题： 1. 术后行心电监护，电极RA如何安放？

2. 进行心电监护有何临床意义？

（一）心电监护

心电监护是监测心脏电活动的一种手段。普通心电图只能简单观察描记心电图当时短暂的心电活动情况，而心电监护则是可以连续观察心脏电活动的一种无创监测方法。

1. 常用心电监护仪 目前临床应用比较广泛的心电监护仪有以下三种。

（1）床边心电监护仪 通过导联线直接从人体表面引入心电信号并在显示器上显示，设备简单，但不适用于大量患者使用，医护人员只能到床边进行心电观察。

（2）中央心电监测系统 是目前各医院ICU/CCU内配备的一种心电监护设备，由一台中央检测仪和4～8台床边检测仪组成。中央检测仪一般放置在医（护）办室或护士站，床边检测仪分别置于不同患者床旁，其电信号通过导线输入中央检测仪，可同时或分别显示不同床边检测仪的心电信号。

（3）无线遥控心电监护仪 通过给患者佩戴无线电发射器，将患者心电活动信号发射到心电监护仪的无线电遥控器上。因不需要导线与心电监护仪相连，患者可在一定遥控距离（一般为30～100m）内自由活动。

2. 常用心电监护导联连接方法 心电监护电极安放位置应避开心脏听诊区、伤口及除颤部位等必要的治疗位置。其连接方法见表5-5。

表5-5 心电监护导联连接方法

导联符号	颜色	位置
RA	白色	右锁骨中线第1肋间隙
LA	黑色	左锁骨中线第1肋间隙
RL	绿色	右锁骨中线第6～7肋间
LL	红色	左锁骨中线第6～7肋间
V_1	红色	胸骨右缘第4肋间
V_2	黄色	胸骨左缘第4肋间
V_3	绿色	V_2与V_4连线的中点
V_4	蓝色	左锁骨中线第5肋间隙
V_5	橙色	左腋前线V_4同一水平
V_6	紫色	左腋中线V_4、V_5同一水平

进行三导联监护时，使用三导联心电电缆，RA、LA和LL三个肢体导联分别按上表所示置于相应位置，此连接可使Ⅰ、Ⅱ、Ⅲ导联成立。

进行七导联心电监护时，使用五导联心电电缆，RA、LA、RL、LL四个肢体导联分别按上表所示置于相应位置，此连接可使Ⅰ、Ⅱ、Ⅲ、aVR、aVL、aVF导联成立，胸导联可根据需要安放于V_1～V_6相应位置上，相应使V_1～V_6中的一个导联成立（图5-53）。

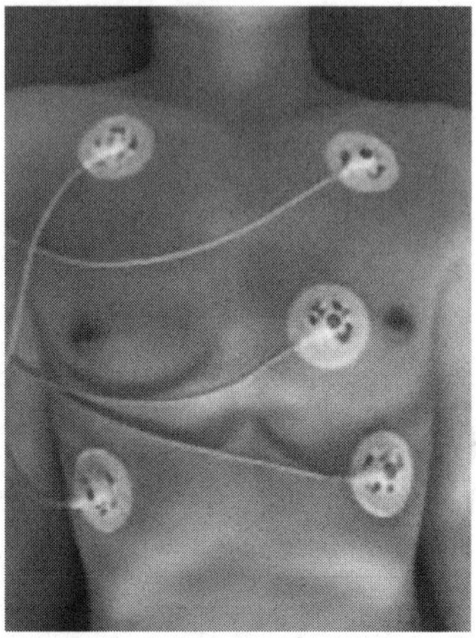

图5-53 心电监护仪各导联连接

3. 心电监护仪的操作

（1）选择监测导联 根据患者的病情，参照患者12导联心电图，选择最佳监测导联。

（2）启动和连接监测系统。

（3）正确粘贴监护电极 先将电极片连接于导联线上，再将电极粘贴于皮肤上。粘贴前先用酒精棉球擦去患者皮肤上的油腻汗迹，必要时可用电极片背面的小砂片磨掉患者皮肤上的角质层，然后用酒精棉球擦干净，再粘贴电极。导联线应从颈部引出，以免造成拉脱电极、折断导联线等情况。

（4）选择心电监测参数。

（5）开启报警功能并设置报警参数。

（6）持续荧光屏滚动监测和（或）走纸记录监测的心电图分析 监

护人员对显示的心电图图形进行持续监测，示波器上心电图波形的振幅要适中。进行波形分析时，最好使用标准振幅，以便与 12 导联心电图比较。为减少干扰应常规启用监护仪的滤波功能。

4. 心电监护图像分析

（1）按心电图的正常值范围对照心电图图像做出大致判断，心电图图像是否正常。

（2）观察心率、心律，分析各波段时间、振幅，确定有无心律失常发生。

（3）密切关注有无心室颤动、三度房室传导阻滞等致命性心律失常发生。

（4）观察有无 ST 段及 T 波改变，及时发现心肌缺血、洋地黄中毒等情况。

（5）观察有无异常 Q 波，及时发现急性心肌梗死。

（6）注意鉴别干扰及伪差，如基线不稳、肌肉震颤引起各波段均有毛刺状颤动波等。

5. 心电监护的临床应用 心电监护仪器比心电图机复杂，在临床上仅用于急危重症和病情多变的患者。心电监护常用于如下情况。

（1）对急性心肌梗死患者进行持续性心电监护，能观察急性心肌梗死动态演变过程，可早期发现并发的致命性心律失常，得以及时处理。在急性心肌梗死溶栓治疗中，可监测再灌注心律失常，降低溶栓的并发症和死亡率。

（2）因不稳定型心绞痛往往呈自发性，与心肌耗氧量增加无明显关系，发作无规律性，易发展为心肌梗死，发作时可伴有致命的心律失常，心电监护的应用有较大价值。

（3）抗心律失常药物通过影响心肌细胞的电生理活动而发挥作用，其本身可引起心律失常，所以心电监护可监测抗心律失常药物引起的心律失常。

（4）洋地黄制剂是治疗室上性心律失常及心功能不全的常用药物，治疗量与中毒量接近，为保证治疗效果、及时发现中毒引起的心律失常，常选用心电监护。

（5）心脏起搏器在安装过程中，可因导管电极插入心室时引起机械性刺激而发生心律失常。可通过心电监护观察心脏起搏器的效果，及时发现问题并予以纠正。

（6）可用于麻醉、手术、电解质紊乱和多器官功能衰竭等患者的监测。

链 接 远程心电监护系统

远程心电监护系统主要应用了手机的数据通信功能。主要包括三个部分：心电记录盒、手机和心电监护软件。在医院注册以后，患者只要感觉身体不适，就可使用佩戴在身上的心电记录盒实时、准确地记录当时的心电信息。将心电记录盒与手机连接，通过手机将心电信号传送到医院。医师可以通过安装在医院端的心电监护软件，立即对心电图进行分析和诊断，并将诊断结果通知患者，同时给予相应的指导。由于心脏病具有突发性的特点，这种远程心电监护方式能够捕捉到常规心电图检查难以发现的异常波形，对于心脏病的诊断有重要的价值。

（二）动态心电图

动态心电图是指连续记录 24h 或更长时间的心电图。此项检查技术首先由美国学者 N. J. Holter 于 20 世纪 60 年代初期应用于临床，因此亦称为 Holter 监测。动态心电图检查能够提供患者在白天和夜间不同状态下连续的心电活动信息，已成为临床上广泛使用的无创性心血管病诊断手段之一。

1. 动态心电图仪的基本结构 动态心电图仪主要由记录系统和回放分析系统组成。

（1）记录系统 包括导联线和记录器。导联线一端与固定在受检者身上的电极相连，另一端与记录器连接。记录器佩戴在受检者身上，可以连续记录和储存 24h 或更长时间的心电图资料。

（2）回放分析系统 由计算机系统和心电分析软件组成。回放分析系统能自动对磁带或固态记录器记录到的 24h 心电信号进行分析。分析人员对计算机分析的心电图资料进行检查、判定、修改和编辑，打印出异常心电图图例及有关的数据和图表，做出诊断报告。

2. 导联系统 目前多采用双极导联，电极一般固定在胸部。导联的选择应根据不同的检测目的而定。

（1）CM_1 导联 正极置于胸骨右缘第 4 肋间（即 V_1 位置）或胸骨上，负极置于左锁骨下窝中 1/3 处。此导联可清楚地显示 P 波，分析心律失常时常用此导联。

（2）CM_2 或 CM_3 导联 正极置于 V_2 或 V_3 的位置，负极置于右锁骨下窝中 1/3 处。怀疑患者有变异型心绞痛时，宜联合选用 CM_3 和 M_{aVF} 导联。

（3）CM_5 导联 正极置于左腋前线平第 5 肋间处（即 V_5 位置），负极置于右锁骨下窝中 1/3 处。此导联对检测缺血性 ST 段下移最为敏感。

（4）M_{aVF} 导联 正极置于左腋前线肋缘，负极置于左锁骨下窝内 1/3 处。此导联主要用于检测左心室下壁的心肌缺血改变。

3. 操作方法 患者取坐位或仰卧位，暴露胸部，确定导联电极安置部位。胸毛多者应予以剃除。用 75%酒精棉球涂擦局部皮肤，并以小砂片轻磨皮面，以清洁皮肤，降低电阻。选用专用电极粘贴在选定导联位置上，最好粘贴在所选部位胸骨或肋骨表面皮肤上，以减少呼吸对心电描记的影响及肌电干扰。将记录器与电极连接。

一般需要连续记录 24h，患者日常活动及睡眠不受限制。向患者介绍如何正确使用记录器及使用注意事项，指导患者填写生活日记，记录日常活动、症状、用药情况和时间。

4. 分析报告 主要包括以下内容。

（1）监测 24h 的基本节律、心搏总数、平均心率、最高和最低心率及发生时间。

（2）各种心律失常类型，快速型和（或）缓慢型心律失常，异常心搏总数、发生频度、持续时间、形态特征及心律失常与症状、日常活动及昼夜的关系。

（3）监测 ST 段改变的形态、程度、持续时间和频度，ST 段异常改变与心率变化及症状的关系。

（4）选择和打印有代表性的正常和异常（各种心律失常、ST-T 改变、QT 间期异常等）实时心电图片段，作为动态心电图诊断报告的依据。

（5）装有起搏器的受检者，报告还应包括起搏器功能的分析和评价。

5. 注意事项

（1）动态心电图常受监测过程中受检者体位、活动、情绪、睡眠等因素的影响，有时在生理与病理之间难以划出明确的分界线。因此，对动态心电图检测到的某些结果，尤其是 ST-T 改变，还应结合病史、症状及其他临床资料综合分析以做出正确的诊断。

（2）要求受检者在佩戴记录器过程中做好日志，按时间记录活动状态和有关症状。不能填写者，应由医护人员代写。不论有无症状都应认真填写记录。一份完整的生活日志对于正确分析动态心电图具有重要的参考价值。

6. 临床应用范围

（1）心悸、气促、头昏、晕厥、胸痛等症状性质的判断。

（2）心律失常的定性和定量诊断。

（3）心肌缺血的诊断和评价，尤其是发现无症状心肌缺血的重要手段。

（4）心肌缺血及抗心律失常药物疗效的评价。

（5）心脏病患者预后的评价。

（6）选择安装起搏器的适应证，评定起搏器功能，检测与起搏器有关的心律失常。

（7）医学科学研究和流行病学调查，如正常人心率的生理变动范围，宇航员、潜水员、驾驶员心脏功能的研究等。

需要指出的是，动态心电图属回顾性分析，不能了解受检者即刻的心电变化。由于导联的限制，不能反映某些异常心电改变的全貌。对于心肌梗死的诊断和定位、房性和室性心律失常的定位、束支传导阻滞、心脏房室大小的判断等，仍需要依靠常规 12 导联心电图检查。

自　测　题

A₁/A₂型题

1. 心电图的哪一波段代表心室的除极过程（　　）
   A. P 波　　B. QRS 波群　　C. T 波
   D. ST 段　　E. U 波
2. QRS 波群只表现为一个向下的波群时，应命名为(　　)
   A. S 波　　B. Q 波　　C. QS 波
   D. qS 波　　E. qR 波
3. 患者，男，65 岁。胸闷、胸痛 3 天，护士在给患者做心电图时，V_5 导联探查电极正确的放置位置是（　　）
   A. 胸骨左缘第 4 肋间　B. 左锁骨中线第 5 肋间
   C. 左腋前线第 5 肋间　D. 左腋中线第 5 肋间
   E. 左腋后线第 5 肋间
4. 护士在给患者做心电图检查前，应该注意环境要求，以下说法错误的是（　　）
   A. 室内温暖
   B. 床的宽度不宜过窄
   C. 使用蓄电池的心电图机必须接地线
   D. 心电图机旁不要摆放其他电器
   E. 嘱患者取下手表并将手机拿开
5. 患者，女，24 岁。心慌 1 天，护士给予心电图检查，红色电极放置于（　　）
   A. 左上肢　　B. 右上肢　　C. 左下肢
   D. 右下肢　　E. 以上均不是
6. 正常心电图在下列哪一个导联 P 波是倒置的（　　）
   A. I 导联　　B. Ⅱ导联　　C. aVR 导联
   D. aVF 导联　　E. V_3～V_6 导联
7. 心电图上 ST 段代表（　　）
   A. 心房除极　　B. 心室除极
   C. 心室复极快速期　　D. 心室复极缓慢期
   E. 心房复极
8. 患者，女，20 岁。健康体检心电图检查结果如下图所示，其心率为（　　）

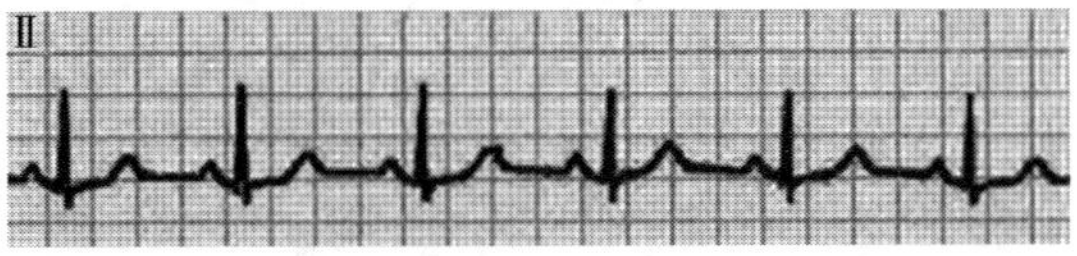

   A. 60 次/分　　B. 95 次/分　　C. 85 次/分
   D. 75 次/分　　E. 100 次/分
9. 张先生遵医嘱行心电图检查，结果如下图所示，目测其心电轴为（　　）

   A. 正常　　B. 左偏　　C. 极度左偏
   D. 右偏　　E. 极度右偏
10. 患者，女，69 岁。风湿性心脏病病史 20 余年，心电图示 P 波增宽＞0.11s，呈双峰型改变，应优先考虑（　　）
    A. 左心房肥大　　B. 右心房肥大
    C. 左心室肥大　　D. 右心室肥大
    E. 双心房肥大
11. 急性心肌梗死心电图的缺血型改变主要是（　　）
    A. P 波的改变　　B. QRS 波的改变
    C. ST 段的改变　　D. T 波的改变
    E. U 波的改变
12. 患者，男，60 岁。肺源性心脏病病史 5 年，心电图诊断为心房颤动。其心电图特征是（　　）
    A. P 波消失，出现 f 波，心房率 350～600 次/分，心室律绝对不规则
    B. P 波消失，出现 f 波，心房率 350～600 次/分，心室律绝对规则
    C. P 波消失，出现 f 波，心房率 250～350 次/分，心室律绝对不规则
    D. P 波消失，出现 f 波，心房率 250～350 次/分，心室律绝对规则
    E. P 波消失，出现 f 波，心房率 350～600 次/分，QRS 波形态和时限不正常
13. 患者，女，55 岁。心电图检查如下图所示，此心电图表现提示（　　）

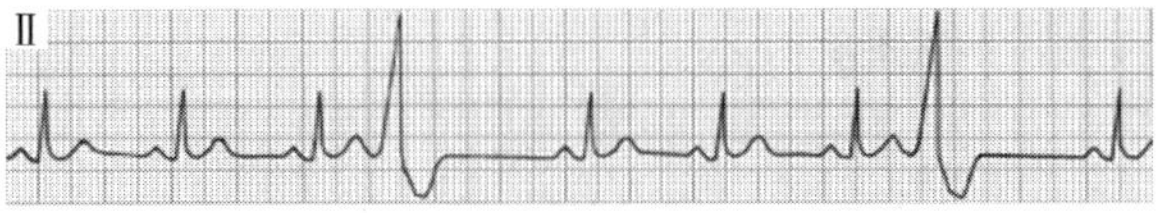

    A. 心房颤动　　B. 心室颤动
    C. 室性心动过速　　D. 房性期前收缩
    E. 室性期前收缩
14. 患者，男，32 岁。突发心悸，心电图示心率 180 次/分，QRS 波时间 0.10s，RR 绝对整齐，P′波不易辨认，应考虑为（　　）
    A. 房室交界性逸搏心律
    B. 阵发性室上性心动过速
    C. 阵发性室性心动过速
    D. 窦性心动过速
    E. 心房扑动
15. 患者，男，60 岁。突发心前区疼痛半小时，疼痛难忍，并伴有胸闷、憋气就诊。既往有糖尿病病史 10 年、胃溃疡病史 15 年。经检查诊断为急性下壁心肌梗死，特征性心电图变化出现在（　　）
    A. Ⅱ、Ⅲ、aVF 导联

B. V_1～V_3导联

C. V_3～V_5导联

D. V_5、V_6、Ⅰ、aVL 导联

E. V_{3R}～V_{4R}导联

16. 临床上最严重的心律失常为（　　）

A. 室性期前收缩

B. 阵发性室上性心动过速

C. 阵发性室性心动过速

D. 心室扑动和心室颤动

E. 心房扑动和心房颤动

17. 患者，男，65 岁。突然失语，右侧肢体偏瘫，心电图示 P 波消失，代之以 f 波，RR 间距绝对不齐，心室率 130 次/分，根据心电图表现最可能为（　　）

A. 房性心动过速　　B. 室性心动过速

C. 窦性心动过速　　D. 心房颤动

E. 室上性心动过速

18. 患者，女，65 岁。心慌、胸闷 5 天。心电图检查提示频发室性期前收缩，为了进一步评估该患者心律失常情况，常选用动态心电图的导联为（　　）

A. CM_1　　B. CM_2　　C. CM_3

D. CM_5　　E. M_{aVF}

19. 常用心电监护仪的电极 LA 安放位置在（　　）

A. 左锁骨中线第 1 肋间　B. 右锁骨中线第 1 肋间

C. 胸骨左缘第 4 肋间　D. 胸骨右缘第 4 肋间

E. 左锁骨中线剑突水平处

A_3/A_4型题

（20～22 题共用题干）

患者，男，60 岁。活动后胸闷、心前区疼痛 1 年，今晨起疼痛加剧，服用硝酸甘油无效，伴冷汗、呕吐。心电图如下图所示。

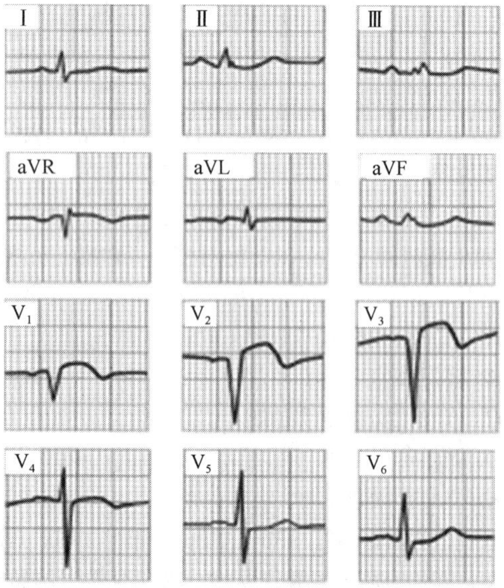

20. 根据心电图表现，该患者最可能是（　　）

A. 心力衰竭　　B. 心肌缺血

C. 急性心肌梗死　　D. 心肌病

E. 心肌炎

21. 该患者心脏哪个部位出现病变（　　）

A. 下壁　　B. 前间壁　　C. 后壁

D. 高侧壁　　E. 前壁

22. 心电图检查中，以下哪项表明心肌出现坏死型改变（　　）

A. T 波倒置

B. ST 段压低

C. ST 段呈弓背向上抬高

D. 异常 Q 波

E. T 波高耸直立

（23、24 题共用题干）

患者，男，20 岁。反复心悸 1 个月，每次发作突发突止，持续时间长短不一，伴有胸闷、头晕。身体评估：双肺呼吸音清，心率 60 次/分，心律整齐，未闻及杂音。入院时行 12 导联心电图检查提示窦性心律，大致正常心电图。

23. 为进一步明确诊断，该患者应该进一步完善哪项检查（　　）

A 心脏彩超检查　　B. 心音图检查

C. 冠脉造影　　D. 动态心电图检查

E. 冠脉 CT

24. 结合该患者病情特点，应选用动态心电图的导联为（　　）

A. CM_1　　B. CM_2　　C. CM_3

D. CM_5　　E. M_{aVF}

案例分析题

25. 患者，男，65 岁，吸烟史 30 年。2 年来劳累时感到胸骨后压榨样疼痛，常在休息或含服硝酸甘油 5min 内缓解。今晨突然胸骨后持续疼痛，休息、含服硝酸甘油均无效。疼痛持续 3h，伴有烦躁、出汗，家属用平车送入急诊室。身体评估：P 100 次/分，BP 90/60mmHg，面色苍白，出汗多，心电图检查如下图所示。

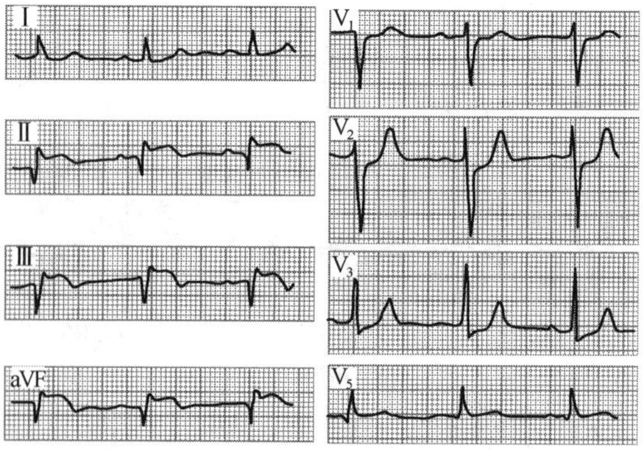

问题：1. 请分析，该患者心电图有何特征？

2. 根据此心电图表现，该患者可能的问题是什么？

（郝海涛　马景丽）

第6章 常用实验室检查

学习目标

1. 素质目标　培养实事求是的科学态度和敢于创新的科学精神，具备勇于钻研、善于交流、乐于协作的意识；树立爱岗敬业的崇高使命感和责任感。

2. 知识目标　掌握常用实验室检查项目的正常值及临床意义；熟悉常见实验室检查项目及其适用范围；了解实验室检查的基本概念和作用。

3. 能力目标　能根据不同实验室检查项目的具体要求正确采集和处理标本；初步具有评判性思维的能力，能够根据检查结果为患者提供相应的健康指导。

实验室检查是运用实验室技术和方法，对人体的标本，如血液、体液、分泌物、排泄物及组织细胞等进行检查分析，其结果结合临床表现可反映机体的病理或功能改变，对疾病的诊断、治疗和预防有指导意义，能为观察患者病情变化提供客观依据。

第 1 节　标本的采集和处理

一、影响实验室检查结果的因素

在判断实验室检查结果异常是否由疾病引起之前，必须首先排除可能干扰实验室检查结果的因素。

（一）实验室前因素

实验室前的因素主要是由医师、护士、医技人员或受检者引起的。对实验结果与临床上不吻合的案例进行溯源后发现，出错的原因有一半以上来自实验室前，主要是标本的采集和处理不规范。

1. 生理因素　包括受检者的年龄、性别、妊娠、月经周期、精神状态、运动等。由生理因素引起的检验结果变异比检测过程中技术因素产生的变异更大。

2. 饮食因素　进食后即采集血液标本进行检测，可见血葡萄糖、铁、脂肪、碱性磷酸酶活性等增高，影响检测结果。进食某些饮料和特殊的进食习惯也可使尿液中多种物质的浓度发生变化，如高糖、高脂、高蛋白饮食及饮酒等，从而影响检测结果。因此，许多生化项目的检测特别要求从前一天晚上 8:00 起禁食，次日空腹采血以减少饮食因素的影响。空腹要求至少禁食 8h，以 12～14h 为宜，但不宜超过 16h。

3. 药物因素　药物在机体的作用对检测结果会有影响，故标本采集前应尽可能暂停各种药物，以免干扰检测结果。

4. 其他因素　标本标签的准确编号及标本的恰当处理、保存和转运等是减少检测结果假阳性或假阴性的重要措施之一。

考点：影响实验室检查结果的实验室前因素

（二）实验室因素

实验室因素主要是人、机、料、法、环因素。①人：指检验人员；②机：指检验过程中所使用的设备、仪器及相关检验物品；③料：指检验过程中所检测的样品及实验用的检验耗材；④法：指检验过程中所使用的检验方法；⑤环：指检验过程所处的现场环境等。

（三）实验室后因素

标本标签的准确编号及标本的恰当保存和转运等，是减少检查结果假阳性或假阴性的重要措施之一。如怀疑检验结果与临床不符时，应及时向检验科室反馈信息，进行复查，必要时重新采集标本。

二、标本采集的种类和处理要求

案例 6-1

患者，女，32 岁。因“皮肤反复紫癜伴月经量明显增多 5 个月，紫癜加重 1 周”收入院。为明确诊断，需做血常规、凝血四项、肝功能等相关检查。

问题： 1. 血常规检查的标本怎么采集？

2. 标本采集后有哪些注意事项？

（一）血液标本的采集和处理

1. 采血部位与方法

（1）静脉采血　最常用。可分为普通采血和真空采血法（负压采血法）。采血部位为四肢浅静脉、股静脉、颈外静脉，最常用的部位是肘正中静脉，婴幼儿在颈外静脉采血，刚出生的婴儿可收集脐带血。

（2）毛细血管采血　采血部位有环指或中指指尖内侧、耳垂，婴幼儿可选拇指或足跟。采血部位碘伏消毒后，直接用采血针刺入采血。采血时切忌用力挤压。

（3）动脉采血　常用于血气分析。常用部位是桡动脉、股动脉和肱动脉。采集血液标本必须与空气隔绝，立即送检。

2. 采血时间　检查目的不同采血时间的要求亦有不同。

（1）空腹采血　是指在禁食 8h 后空腹采集的标本，一般采血时间为早晨 7～9 点，空腹期间可少量饮水。主要适用于大部分临床生化检测项目，如糖代谢、血脂、血液流变学、骨代谢标志物、血小板聚集试验检查等。

（2）特定时间采血　要求在规定的时段内采集血液标本。血培养要在寒战或发热初起时，抗生素应用之前采集。因人体生物节律在昼夜间有周期性变化，一天中不同时间所采的血液标本，其检查结果也会随着变化，如促肾上腺皮质激素及皮质醇，常规采血时间为早晨 8 点、下午 4 点及晚上 12 点。女性性激素在生理周期的不同阶段有显著差异，采血日期应遵医嘱，采血前核对生理周期。血液疟原虫检查的采血时间为寒战发作时。

（3）急诊采血　不受时间限制。特别注意要在检验单上标明“急诊”和采血时间。

3. 标本种类

（1）全血　血液经抗凝处理后的全部血液为全血，主要用于对血细胞成分的检查。

（2）血浆　全血离心除去血细胞后所得到的淡黄色液体为血浆，主要用于凝血因子测定、游离血红蛋白及部分临床生化检查。

（3）血清　未经抗凝处理过的血液凝固后得到的液体称为血清，主要用于大部分临床生化检查和免疫学检查。

4. 采血操作及送检的注意事项

（1）采血器械　目前多用真空采血器采血，此方法较传统注射器采血更安全、封闭。

（2）抗凝剂选择　抗凝剂的种类较多，如选择不当，亦会直接影响检测结果的准确性。目前常用抗凝剂主要有 4 种：乙二胺四乙酸盐用于血常规、全血细胞计数、离心法 HCT 测定等；枸橼酸盐用于红细胞沉降率、凝血试验等；肝素用于快速生化试验、血气分析、红细胞渗透脆性试验等；草酸盐用于血浆标本抗凝等。

（3）采血操作注意事项

1）时间：体内各种化学成分受许多因素影响，一般要求早晨空腹安静时采血，尽量避免饮食、运动等因素的影响。

2）部位：不同部位的血液标本中某些成分会有差异，所以要根据检测项目选择恰当的采血部位，禁止从输液管采血，防止输液成分等影响有关检测值。

3）体位：卧位变为直立位，有效滤过压升高，部分血浆超滤至组织间质，血液浓缩；卧位时组织间质反流入血，使血液稀释。一般住院患者可采用卧位，非住院患者采用坐位采血。

4）止血带：静脉压迫时间过长，引起静脉扩张、血液浓缩、无氧酵解增强、乳酸升高、pH降低等。因此压迫时间应在1min以内，见到血液进入采血容器后立即解开止血带。

5）输液：静脉输液可以稀释血液和干扰检查结果，最常见的干扰项目是葡萄糖和电解质。因此应在输液结束3h后采集标本，对于输注脂肪乳的患者应在8h后采集标本。避免在输液同侧采血，如果双侧肢体均有输液应先停止一侧输液后，再从此侧肢体采血。

（4）标本送检注意事项

1）血液标本具有唯一标识，采用条形码系统能保证标本的唯一性。

2）静脉血液标本采集后在2h内完成送检及离心分离血清/血浆（全血标本检测除外），某些标本采集后运送时需要特殊的处理，如低温保存以降低代谢；在体温条件下（37℃）保存防止发生沉淀或凝集；以及避光保存防止标本物分解等。

考点：血液标本的采血操作和注意事项

链 接 真空采血管的选择、采血量及采血顺序

真空采血管有多个种类，以管帽的颜色进行区分，各有其临床用途，针对不同的检查目的，试管内的添加剂也不同，有的添加了抗凝剂，有的添加了促凝剂，有的不含任何添加剂。下表是临床常见的血液检查项目及所对应的真空采血管帽颜色和采血量。

真空采血管内所含添加剂及其主要用途、采血量一览表

采血管帽颜色	添加剂	主要用途	采血量
紫色	乙二胺四乙酸二钾	血常规	2ml
黄色	促凝剂	生化检查、免疫检查、酸溶血试验	5ml
蓝色	枸橼酸钠	凝血功能检查、血栓弹力图（TEG）普通检查	2ml
紫色	抗凝剂	血型交叉配血检查	5ml
黑色	枸橼酸钠	红细胞沉降率检查、酸溶血试验检查	2ml
绿色	抗凝剂	血液流变学检查、血栓弹力图普通检查	5ml
灰色	抗凝剂	葡萄糖检查	2ml
红色	无	生化检查（如肝肾功能检查）、免疫检查	5ml

临床上经常出现一针穿刺多管采血的情况，推荐以下采血顺序：血培养瓶（先采集厌氧瓶，后采集需氧瓶）—凝血项目管（蓝色）—红细胞沉降率管（黑色）—血清管（红色、黄色）—肝素抗凝采血管（绿色）—乙二胺四乙酸抗凝采血管（紫色）—葡萄糖酵解抑制采血管（灰色）。

考点：尿液标本采集的注意事项

案例 6-2

患者，女，27 岁。近日晨起恶心、呕吐，月经停止，疑为早孕，为确诊需要采集尿液标本。

问题： 1. 护士指导该患者需何时留取尿液标本？

2. 尿液标本如何采集？

（二）尿液标本的采集和处理

1. 容器 要清洁，临床通常使用一次性专用的有盖塑料容器。

2. 避免污染 不可混有粪便，男性患者避免混入前列腺液和精液；女性患者应避开月经期，冲洗外阴后留取，防止阴道分泌物混入。

3. 标本种类

（1）晨尿 清晨起床，未进早餐和做运动之前第一次排出的尿液，是住院患者留尿的主要方法。可用于尿常规检测。

（2）随机尿 是随时留取的尿液标本，此类标本适合门诊和急诊患者的临时检测。

（3）计时尿 在规定的时间段收集的尿液标本，计时尿多用于肾功能和有形成分排出率的评估，也用于计算淀粉酶或肌酐的排出率。

（4）餐后尿 收集进餐后 2h 尿，主要用于了解葡萄糖代谢情况，以筛查隐性糖尿病或轻症糖尿病。

（5）24h 尿 多用于化学组分的测定，也用于泌尿道抗酸杆菌的检查。

（6）中段尿 在排尿过程中，弃去前、后时段排出的尿液，以无菌容器收集中间时段的尿液，用于尿细菌培养和药物敏感试验等。

4. 尿液标本保存 采集的尿液标本要在半小时内送检，原则上不用防腐剂，除非在标本收集后 2h 之内无法进行尿液分析，应作适当保存。常用方法：①冷藏：以 2～8℃较好。②化学法：根据不同的检验目的加用合适的防腐剂，如 40%甲醛 1 滴加入尿液 30ml 中用于细胞、管型等有形成分的检查及艾迪计数；盐酸 10ml 作为 24h 尿的防腐剂或硼酸 1g 加入尿液 100ml 中，用于激素检验等。

5. 尿液标本采集注意事项

（1）标本留取量不足或满溢 不足无法达到尿液标本检测的最低容量，满溢易导致标本污染，干扰检测结果。

（2）送检时间过长 尿液放置时间过长，会破坏尿液中的有形成分，导致结果偏差。

（3）标本留取方式不正确 没有按照规定留取中段尿，尤其是女性容易造成分泌物污染尿液标本。

（4）尿培养未按要求留取 留取尿液标本未消毒，尿培养的容器未采用无菌容器。

案例 6-3

患者，男，65 岁。2 年前无明显诱因间歇出现脓血便，每日 10 余次，在就近医院就诊被诊断为溃疡性结肠炎。曾服药治疗，症状时有反复。近日，脓血便加重，伴里急后重，双下肢水肿，来院就诊。为明确诊断，需做血常规、粪便常规等检查。

问题： 粪便常规检查如何采集标本及采集标本注意事项有哪些？

（三）粪便标本的采集和处理

1. 采集方法 应用干净竹签或一次性勺子挑取含有黏液脓血等病理成分的粪便；检查蛲虫可用拭子于清晨排便前在肛门周围取标本。

2. 容器 用干净、不透水的一次性容器，不应混有尿液或其他物质。作细菌培养应采集粪便于无菌容器中。

3. 标本量 一般留取 5～10g 粪便或稀便 2ml。

4. 温度　检查阿米巴滋养体等寄生原虫，标本应 25℃保温并立即送检。寒冷季节便器应加热处理。

5. 避免干扰因素　做粪便隐血试验时，应在试验前 3 天禁食铁剂、维生素 C、动物性食物、大量绿叶蔬菜等，以免出现假阳性。

6. 送检时间　标本采集后应尽快送检，一般不应超过 1h。

7. 粪便标本采集注意事项

（1）送检时间过长　标本放置时间过长可致标本干涸或有形成分遭到破坏，或滋生霉菌。

（2）标本采集不规范　使用棉签、尿不湿、纸巾等采集标本，或标本中混入水或尿液。

（3）标本留取部位不正确　标本留取未采集到脓液、血液等有效采集部位，导致漏检。

考点：粪便标本采集的注意事项

链　接　药物对尿液和粪便标本颜色改变的影响

临床常在服用多种药物的同时进行多项实验室检查，因此要想正确分析检验结果，须先了解患者正在服用哪些药物。以下是常见的可导致尿液和粪便标本变色的药物：①能使尿液变为蓝绿色的药物有阿米替林、利福平、亚甲蓝、氨苯蝶啶等；②使尿液变为黑褐色的药物有甲硝唑、左旋多巴、甲基多巴、奎宁及其衍生物等；③使粪便变为白色的药物有抗酸剂等；④使粪便变为黄色或绿色的药物有吲哚美辛等；⑤使粪便变为黑色的药物有铁剂、铋制剂等；⑥使粪便变为泥土状、灰色的药物有钡剂等。

（四）痰液标本的采集和处理

1. 一般痰培养　收集清晨先用温开水漱口、再深咳后的痰液，避免唾液、鼻咽部的分泌物及食物等其他物质混入，用内壁无吸水性的一次性塑料痰液收集器存放，室温下 2h 内、冷藏 24h 内送检，在应用抗菌药物之前采集标本。

2. 细菌培养　应先用灭菌水漱口，咳痰后置于无菌容器内及时送检。

3. 24h 痰量和分层检查　将痰液吐在无色广口瓶内，加少许防腐剂（苯酚）送检。

4. 漂浮或浓集法检查　检查结核杆菌时应留取 24h 痰液，以提高阳性率。

5. 无痰或少痰患者　可给予化痰药物，应用超声雾化吸入法，使痰液稀释，易于咳出。对于难以自然咳痰的患者可用无菌吸痰管抽吸气管深部的分泌物。若采用纤维支气管镜检查，可直接从病灶处采集痰液标本。

案例 6-4

患儿，男，4 月龄。反复咳嗽半个月。身体评估：神志清楚，精神一般，营养中等，浅表淋巴结无肿大，胸部左右对称，双肺呼吸音粗，未闻及湿啰音。实验室检查：血常规、C 反应蛋白、红细胞沉降率、生化、凝血功能、尿液和粪便常规检查均未见异常。鼻咽拭子 PCR 检测（+）。诊断为百日咳。

问题：鼻咽拭子样本如何采集？

（五）鼻咽拭子的采集和处理

1. 鼻拭子采集方法　将拭子放入生理盐水中湿润，以拭子测量鼻孔到耳根的距离并以手指做标记，参照图 6-1 将拭子以垂直鼻子（面部）方向插入鼻孔，直至手指触及鼻子，使拭子在鼻内停留 15～30s，然后轻轻旋转 3 次，将拭子折断后置于无菌试管或运输培养基中，旋紧管盖，做好标记，立即送检，或保存于 4℃标本袋或冰上（短期保存）。

2. 咽拭子采集方法　受检者先用生理盐水漱口。将拭子放入无菌生理盐水中湿润，禁止将拭子放入运输培养液中湿润。由检查者用压舌板辅助，将咽拭子越过舌根，到达咽峡部病变处，反复涂抹数次

（图 6-2），取出时避免接触舌及口腔黏膜等处。将拭子折断后置于无菌试管或运输培养基中，旋紧管盖，做好标记，立即送检，或保存于 4℃标本袋或冰上（短期保存）。

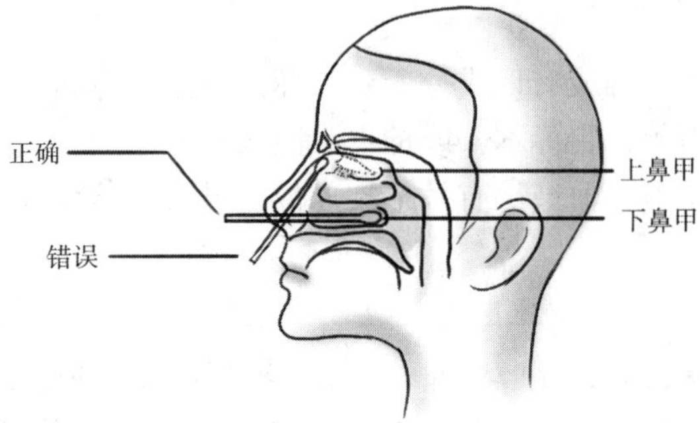

图 6-1 鼻拭子采集部位

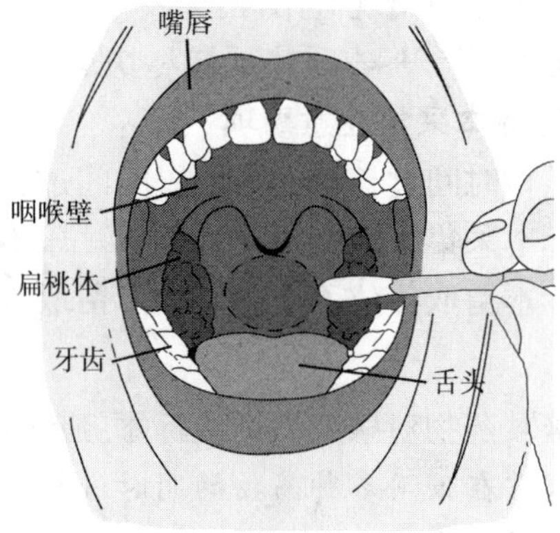

图 6-2 咽拭子采集部位

（六）脑脊液、浆膜腔积液标本的采集和处理

通过腰椎、腹腔、胸腔、心包、膝关节腔等部位穿刺采集脑脊液、浆膜腔积液标本 3～5ml，集于 3 个无菌试管或瓶中立即送检。第 1 管用于生化和免疫学检查；第 2 管用于细菌学检查；第 3 管用于常规细胞计数检查。由于脑膜炎奈瑟菌离体后易自溶，流感嗜血杆菌及肺炎链球菌易死亡，所以细菌培养标本送检要注意保温。

第 2 节　血 液 检 查

血液由血细胞（红细胞、白细胞、血小板）和血浆组成，通过循环系统与全身各组织器官紧密联系。病理情况下，血液系统疾病可直接导致血液各成分质量和数量的变化，机体其他各组织器官病变也可直接或间接导致血液发生改变。

一、血液一般检查

血液一般检查包括血细胞成分常规检查、有形成分形态学检查和红细胞沉降率检查等。血常规检查主要是对红细胞、白细胞及血小板等外周血液细胞成分的数量和质量进行检查，是临床上应用最广泛的检查项目。

案例 6-5

患者，女，66 岁。确诊“食管癌”入院接受食管癌根治术治疗。术后第 1 天，血常规检查结果显示血红蛋白升高；术后第 4 天，血常规结果显示血红蛋白明显下降。患者术后恢复良好，引流液量正常。

问题： 分析两次血常规检查中血红蛋白变化的原因是什么？

（一）红细胞检查

1. 红细胞计数（RBC）和血红蛋白（Hb）测定　单位体积每升全血中红细胞数量和血红蛋白的变化，可协助诊断与红细胞相关的疾病。

（1）标本采集方法　非空腹采血。血液分析仪法：抗凝静脉血 1ml；手工法：非抗凝末梢采血 1 滴。

（2）参考值　见表 6-1。

表 6-1　红细胞计数与血红蛋白正常参考值

人群	红细胞计数（$\times 10^{12}$/L）	血红蛋白（g/L）
成年男性	4.3～5.8	130～175
成年女性	3.8～5.1	115～150
新生儿	3.3～5.2	97～183

（3）临床意义

1）红细胞计数和血红蛋白增多：指单位容积循环血液中红细胞计数及血红蛋白量高于参考值的高限。①相对性增多：因血浆容量减少，血液浓缩使红细胞相对增多。见于剧烈呕吐、腹泻、出汗过多、尿崩症、糖尿病酮症酸中毒、大面积烧伤等。②绝对性增多：临床称为红细胞增多症，按发病原因可分为继发性和原发性两类。继发性红细胞增多：为血中红细胞生成素增多所致，可因血氧饱和度减低引起，生理性见于新生儿、高原地区居民等，病理性见于严重的慢性心、肺疾病，如阻塞性肺气肿、慢性肺源性心脏病、发绀型先天性心脏病等。原发性红细胞增多：见于真性红细胞增多症，该病红细胞计数＞（7～10）$\times 10^{12}$/L，血红蛋白＞180～240g/L，同时白细胞计数和血小板计数也有不同程度的增高。

2）红细胞计数和血红蛋白减少：指单位容积循环血液中红细胞计数或血红蛋白量低于参考值的低限。在我国低海拔地区，血红蛋白男性（成年）＜120g/L，女性（成年）＜110g/L，孕妇＜100g/L，即为贫血。临床上通常根据血红蛋白降低的程度将贫血分为四个等级（表 6-2）。

表 6-2　贫血的严重程度划分标准

贫血的严重程度	血红蛋白（Hb）（g/L）	临床表现
轻度	≥90	症状轻微
中度	60≤Hb＜90	活动后感心悸、气促
重度	30≤Hb＜60	静息状态下仍感心悸、气促
极重度	＜30	常并发贫血性心脏病

A. 生理性减少：见于婴幼儿、15 岁以下的儿童、妊娠中晚期和部分老年人。

B. 病理性减少：见于各种原因引起的贫血。①红细胞生成减少，如造血原料不足（缺铁性贫血）、骨髓造血功能障碍（再生障碍性贫血）；②红细胞破坏过多，如溶血性贫血等；③红细胞丢失过多，如急、慢性失血。

考点：红细胞计数和血红蛋白参考值及其临床意义

2. 血细胞比容测定　血细胞比容（又称红细胞比容，HCT）是指血液中红细胞总体积占全血容积的百分比。主要与红细胞的数量、体积大小及血浆容量有关。

（1）标本采集方法　非空腹采血。温氏法（Wintrobe 法）：静脉采血 2ml，注入含双草酸盐抗凝剂的带盖试管内，充分混匀。

（2）温氏法参考值　男性：0.40～0.50，40vol%～50vol%；女性：0.37～0.48，37vol%～48vol%。

（3）临床意义　①HCT 增高：相对性增高见于各种原因所致的血液浓缩，如严重脱水（大量呕吐、腹泻、失水等），临床上常以此作为计算脱水患者输液量的参考；绝对性增高，如真性红细胞增多症等。②HCT 减低：见于各种原因所致的贫血。

3. 网织红细胞计数　网织红细胞是晚幼红细胞到成熟红细胞之间尚未完全成熟的过渡型红细胞。是反映骨髓造血功能及判断贫血和相关疾病疗效的重要指标。

（1）标本采集方法　非空腹采血。

（2）参考值　见表 6-3。

表 6-3　成人和新生儿网织红细胞计数参考值

人群	百分数（%）	绝对值（$\times 10^9$/L）
成人	0.5～1.5	24～84
新生儿	2～6	96～288

（3）临床意义　①网织红细胞增多：提示骨髓红细胞系增生活跃，主要见于溶血性贫血。急性失血5～10 天可达高峰，出血停止后 2 周可恢复正常，临床可用来判断出血是否停止。其他原因导致的贫血，如缺铁性贫血、巨幼细胞贫血、放化疗后恢复期。②网织红细胞减少：提示骨髓造血功能降低，主要见于再生障碍性贫血。③骨髓移植术后骨髓造血功能的监测指标：术后 21 天若网织红细胞计数＞15×10^9/L，提示无移植并发症，骨髓造血功能恢复良好。

考点：网织红细胞计数、血细胞比容的临床意义

案例 6-6

患者，女，25 岁。贫血貌，月经出血量较多，平日喜素食，近日头晕、乏力而就诊。实验室检查血常规示 Hb 64g/L，MCV 62fl，MCH 17pg，MCHC 260g/L。

问题：根据血常规分析该患者是什么类型的贫血？

4. 红细胞其他参数　由于不同类型的贫血其红细胞体积大小不同，血细胞比容的改变与红细胞数不一定成正比，因此常将红细胞计数、血红蛋白量和血细胞比容三者结合起来，计算红细胞各项平均值，对贫血进行形态学分类，从而更有助于病因的确定。

（1）参考值　①平均红细胞体积（MCV）：指每个红细胞体积的平均值，手工法：82～92fl；血细胞分析仪法：82～100fl。②平均红细胞血红蛋白含量（MCH）：指每个红细胞所含血红蛋白的平均量，手工法：27～31pg；血细胞分析仪法：27～34pg。③平均红细胞血红蛋白浓度（MCHC）：指每升红细胞平均所含血红蛋白浓度，316～354g/L。

（2）临床意义　见表 6-4。

表 6-4　贫血的形态学分类

形态分类	MCV（fl）	MCH（pg）	MCHC（g/L）	病因
正常细胞性贫血	82～100	27～34	316～354	再生障碍性贫血、急性失血性贫血、骨髓病性贫血
大细胞性贫血	＞100	＞34	316～354	巨幼细胞贫血、恶性贫血
小细胞低色素性贫血	＜80	＜27	＜316	缺铁性贫血、铁粒幼细胞贫血
单纯小细胞性贫血	＜80	＜27	316～354	慢性感染、炎症、恶性肿瘤、尿毒症等所致的贫血

5. 红细胞体积分布宽度（RDW）　是反映外周血液中红细胞体积异质性的参数，通过血细胞分析仪测量获得，多数用所测得的红细胞体积大小的变异系数（RDW-CV）来表示，对贫血诊断有重要意义。

（1）参考值　11.5%～14.5%。

（2）临床意义　主要用于贫血的形态学分类和缺铁性贫血的诊断与鉴别诊断（表 6-5）。

表 6-5　根据 MCV、RDW 的贫血形态学分类

MCV	RDW	贫血类型	常见疾病
增高	增高	大细胞均一性贫血	部分再生障碍性贫血
	增高	大细胞非均一性贫血	巨幼细胞贫血

续表

MCV	RDW	贫血类型	常见疾病
正常	正常	正常细胞均一性贫血	急性失血性贫血
	增高	正常细胞非均一性贫血	再生障碍性贫血
降低	正常	小细胞均一性贫血	珠蛋白生成障碍性贫血
	增高	小细胞非均一性贫血	缺铁性贫血

6. 红细胞沉降率测定　红细胞沉降率（ESR）简称血沉，是指红细胞在一定条件下沉降的速率。

（1）标本采集方法　静脉采血 1.6ml，注入含有 3.8%枸橼酸钠溶液 0.4ml 的小瓶内充分混匀，用橡皮塞塞好瓶口，立即送检。

（2）参考值　男性 0～15mm/h；女性 0～20mm/h；儿童 0～10mm/h；新生儿 0～2mm/h。

（3）临床意义

1）生理性增快：红细胞沉降率受年龄、月经周期、妊娠等影响。12 岁以下儿童、60 岁以上老年人、女性月经期、妊娠期 3 个月到产后 2 周的妇女等都可使红细胞沉降率增快。

2）病理性增快：除外生理因素影响，红细胞沉降率增快常提示有器质性疾病，但无特异性，必须结合临床资料来判断其临床意义。临床上常见于：①各种炎症性疾病，如急性细菌性炎症、结核病活动期、活动性风湿热及心肌炎等；②恶性肿瘤、白血病等；③严重的组织损伤及坏死，如大手术、急性心肌梗死等；④各种致血浆球蛋白增高的疾病，如肝硬化、慢性肾炎、系统性红斑狼疮等；⑤其他，如贫血、肾病综合征、高胆固醇血症、糖尿病等。

考点：红细胞沉降率病理性增快的意义

案例 6-7

患者，男，40 岁。突发高热 39℃，伴寒战、胸痛，咳少量铁锈色痰，胸部 X 线片显示右肺上叶实变。

问题：请分析该患者实验室检查最可能出现增多的细胞是什么？

（二）白细胞计数和白细胞分类计数

周围血液中的白细胞包括中性粒细胞、嗜酸性粒细胞、嗜碱性粒细胞、淋巴细胞和单核细胞。各种白细胞其形态和功能均不同，在不同的病理情况下，可引起不同类型的白细胞发生变化，故在进行白细胞计数（WBC）检测时，必须进行分类计数。

1. 标本采集方法　同红细胞计数。剧烈运动、饮酒、情绪突然变化可使白细胞计数增高，采集标本时应予注意。

2. 参考值

（1）白细胞计数　成人（3.5～9.5）$\times10^9$/L；新生儿（4.3～14.2）$\times10^9$/L；6 个月～2 岁（5.1～14.1）$\times10^9$/L。

（2）白细胞分类计数　见表 6-6。

表 6-6　成人白细胞分类计数参考值

细胞类型	百分数（%）	绝对值（$\times10^9$/L）
中性粒细胞（N）	40～75	1.8～6.3
杆状核（st）	0～5	0.04～0.05
分叶核（sg）	50～70	2～7
嗜酸性粒细胞（E）	0.4～8.0	0.02～0.52

续表

细胞类型	百分数（%）	绝对值（$\times 10^9$/L）
嗜碱性粒细胞（B）	0～1	0～0.06
淋巴细胞（L）	20～50	1.1～3.2
单核细胞（M）	3～8	0.1～0.6

3. 临床意义 白细胞计数高于参考值（成人为 9.5×10^9/L），为白细胞增多；白细胞计数低于参考值（成人为 3.5×10^9/L），为白细胞减少。中性粒细胞绝对值<1.8×10^9/L，为粒细胞减少；中性粒细胞绝对值<0.5×10^9/L，为粒细胞缺乏。

由于外周血液中白细胞组成主要是中性粒细胞和淋巴细胞，尤其以中性粒细胞为主，故白细胞计数的增多或减少常与中性粒细胞的增多或减少有紧密联系和相同意义。

（1）中性粒细胞

1）中性粒细胞增多：常引起白细胞计数增多。生理性增多常为一过性增多，见于妊娠后期分娩时、剧烈运动、饱餐、高温或寒冷等。病理性增多见于：①急性感染，尤其是化脓性球菌引起的局部或全身性感染，这是引起中性粒细胞增多最常见的原因；②严重组织损伤或坏死，如大手术后、严重创伤、大面积烧伤、急性心肌梗死等；③急性大出血，在急性大出血后 1～2h 会明显增多，特别是内出血时，白细胞计数可高达 20×10^9/L；④急性中毒，如急性化学物质或药物中毒、生物性中毒、代谢性中毒等；⑤急性溶血；⑥白血病及恶性肿瘤。

2）中性粒细胞减少：①感染性疾病：革兰阴性杆菌感染，如伤寒、副伤寒杆菌感染等；某些病毒感染，如流感、病毒性肝炎、水痘等；某些原虫感染，如疟疾。②化学药物副作用，如使用抗肿瘤药物、抗甲状腺药物、免疫抑制剂、氯霉素等。③放射性损伤：机体长期接触电离辐射，如 X 线、放射性核素等。④血液系统疾病，如再生障碍性贫血、粒细胞缺乏症、部分急性白血病等。⑤其他，如脾功能亢进、淋巴瘤及系统性红斑狼疮等。

3）中性粒细胞的核象变化：指粒细胞核的分叶状况，标志着粒细胞的成熟程度（图 6-3）。

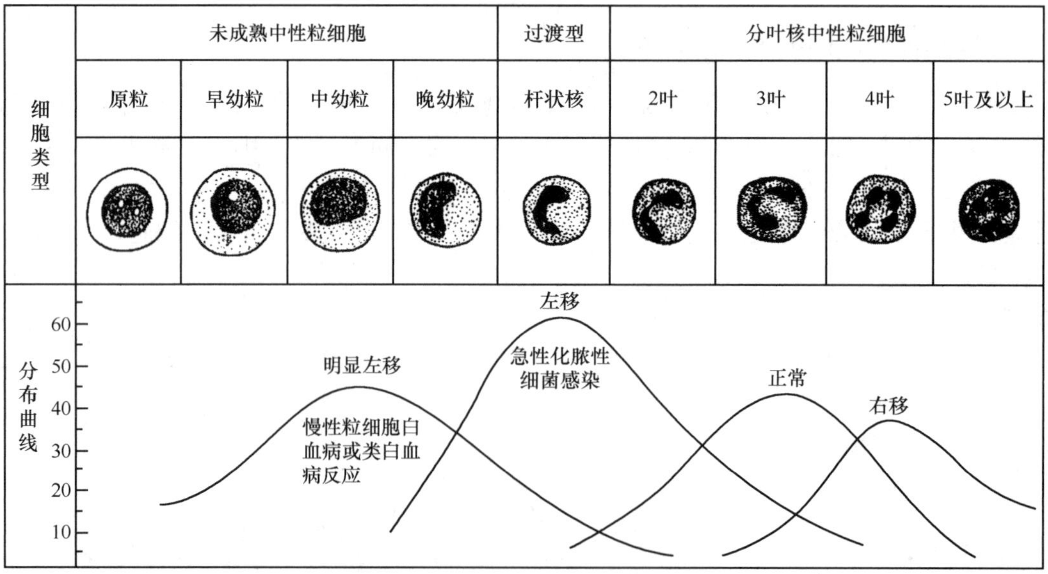

图 6-3 中性粒细胞的核象变化

正常情况下，周围血液中的中性粒细胞以 3 叶的分叶核占多数，可见少量杆状核中性粒细胞。病理情况下，中性粒细胞的核象可发生变化，出现核左移或核右移现象。核左移是指外周血中性粒细胞分叶过少，致杆状核粒细胞增多和（或）出现晚幼粒细胞、中幼粒细胞及早幼粒细胞等幼稚粒细胞数大于中性粒细胞总数5%的现象，称为核左移。常见于急性化脓性细菌所致的感染、急性失血、急性中毒、急性溶血反应和急性髓系白血病等。核右移是外周血中5叶核中性粒细胞超过中性粒细胞总数3%的现象，称为核右移。主要见于骨髓造血功能减退、造血物质缺乏和应用抗代谢药物后等。疾病进展期若突然出现核右移，提示预后不良。

4）中性粒细胞毒性变化：在严重传染性疾病、各种化脓性感染、败血症、恶性肿瘤、中毒及大面积烧伤等情况下，中性粒细胞可发生中毒性和退行性变化，如细胞大小不均匀、中毒颗粒、空泡变性、杜勒小体、核变性等。

（2）嗜酸性粒细胞

1）嗜酸性粒细胞增多：①过敏性疾病，如支气管哮喘、荨麻疹、药物和食物过敏；②寄生虫病，如血吸虫病、蛔虫病、钩虫病等；③皮肤病，如湿疹、剥脱性皮炎、银屑病等；④血液病，如慢性粒细胞白血病、慢性淋巴细胞白血病等；⑤某些恶性肿瘤，如部分淋巴瘤和多发性骨髓瘤等。

2）嗜酸性粒细胞减少：常见于伤寒、副伤寒、大手术、烧伤等应激状态及长期应用肾上腺皮质激素后。

（3）嗜碱性粒细胞

1）嗜碱性粒细胞增多：①过敏性疾病，如过敏性结肠炎，药物、食物等所致超敏反应；②血液病，如慢性粒细胞白血病；③恶性肿瘤，如转移癌等；④其他，如糖尿病、某些传染病等。

2）嗜碱性粒细胞减少：无临床意义。

（4）淋巴细胞

1）淋巴细胞增多：生理性增多一般见于出生4～6天后的婴儿，可持续到4～6岁。病理性增多常见于感染性疾病，主要是病毒感染，如流行性腮腺炎、麻疹、百日咳等，以及肿瘤性疾病、自身免疫病、移植排斥反应、慢性淋巴细胞白血病等。

2）淋巴细胞减少：见于放射性损伤、免疫缺陷病、丙种球蛋白缺乏症及长期应用糖皮质激素或烷化剂等治疗后。

（5）单核细胞

1）单核细胞增多：生理性增多见于婴幼儿及儿童。病理性增多：①某些感染，如活动性结核病、疟疾及急性感染恢复期等；②某些血液病，如粒细胞缺乏症恢复期、骨髓异常增生综合征等。

2）单核细胞减少：无临床意义。

考点：白细胞计数及分类计数的参考值和临床意义

链　接　类白血病反应

类白血病反应是指机体对某些刺激因素所产生的类似白血病表现的血象反应。外周血中的白细胞数量大多$>50\times10^9$/L，并可出现数量不等的幼稚细胞。一旦病因去除，类白血病反应逐渐消失。最常见的原因是感染和恶性肿瘤，还可见于急性中毒、急性溶血、急性出血、大面积烧伤等。

案例6-8

患者，男，80岁。入院连续4次查血常规，提示轻度贫血，血小板计数$<60\times10^9$/L，身体评估未发现脾肿，患者服用泼尼松后，血常规检查显示血小板计数恢复迅速。

问题：导致患者血小板计数减少的原因是什么？

（三）血小板检查

1. 血小板（PC 或 PLT）计数

（1）标本采集方法　毛细血管采血或静脉采血 1ml。

（2）参考值　（125～350）$\times 10^9$/L。

（3）临床意义

1）血小板增多：血小板计数＞350$\times 10^9$/L 称为血小板增多。常见于：①原发性增多：骨髓增生性疾病，如慢性粒细胞白血病、原发性血小板增多症、真性红细胞增多症等；②反应性增多，如急性感染、急性失血或溶血、某些恶性肿瘤等。

2）血小板减少：血小板计数＜125$\times 10^9$/L 称为血小板减少。常见于：①血小板生成障碍，如再生障碍性贫血、急性白血病、骨髓转移瘤、放射线损伤等；②血小板破坏或消耗过多，如免疫性血小板减少症、血栓性血小板减少性紫癜、系统性红斑狼疮、DIC 等；③血小板分布异常，如肝硬化所致脾大、输入大量库存血或大量血浆所致血液稀释。

2. 血小板平均体积（MPV）　表示单个血小板的平均容积。

（1）参考值　7～11fl。

（2）临床意义

1）增加：①血小板破坏增加但骨髓造血功能良好；②出现在造血功能抑制解除后，是造血功能恢复的首要表现。

2）减少：①造血功能不良，血小板生成减少；②部分白血病患者；③MPV 随血小板计数下降而持续下降，是骨髓造血功能衰竭的指标之一。

3. 血小板体积分布宽度（PDW）　是反映血小板容积大小的离散度，用所测单个血小板容积大小的易变系数（CV%）表示。

（1）参考值　15%～17%。

（2）临床意义

1）增加：表明血小板大小悬殊，可见于急慢性粒细胞白血病、巨幼细胞贫血、脾切除等。

2）减少：表示血小板大小的均一性高。

考点：血小板计数的参考值及临床意义

二、止血与血栓常用筛选检查

人体内具有完善的止凝血和抗凝血系统。正常情况下，机体通过一系列止凝血反应达到伤口止血、修复的目的，又通过启动一系列抗凝环节防止血栓形成，使止凝血与抗凝血系统维持动态平衡。机体的止血系统包括血管壁和血小板的作用、凝血因子和抗凝因子的作用、纤维蛋白溶解因子和抗纤溶因子的作用等。其中任何环节发生障碍，即可导致血栓性疾病或出血性疾病。相关检查包括血管壁、血小板、凝血因子及纤维蛋白溶解四个方面。

1. 出血时间（BT）测定　指将皮肤刺破后，让血液自然流出到自然停止所需的时间。出血时间的长短受血小板数量、功能及血管壁的通透性和脆性的影响。

（1）标本采集方法　刺破皮肤毛细血管观察停止出血所需要的时间。

（2）参考值　出血时间测定器法（TBT）：（6.9±2.1）min，＞9min 为异常。

（3）临床意义

1）出血时间延长：①血小板数量减少，如原发性、继发性血小板减少性紫癜等；②血小板功能异常，如血小板无力症等；③血管异常，如遗传性出血性毛细血管扩张症；④严重缺乏某些凝血因子，如血管性血友病、DIC 等；⑤药物影响，如服用抗血小板药物（阿司匹林）、抗凝药（肝素）、溶栓药

（rt-PA）等。

2）出血时间缩短：无临床意义。

2. 血小板计数　见本节血液一般检查部分。

3. 血块收缩试验（CRT）

（1）标本采集方法　抽取静脉血 1ml，除去针头后将血沿试管壁缓缓注入清洁干燥试管中，记录血液刚一接触试管壁的准确时间，加塞后立即送检。

（2）参考值　凝块法：65.8%±11.0%。血块收缩时间：2h 开始收缩，18～24h 完全收缩。

（3）临床意义

1）降低：见于血小板减少或功能异常，如特发性血小板减少性紫癜、血小板无力症、血小板增多症等；红细胞增多症及纤维蛋白原或凝血酶原显著降低等。

2）增高：见于先天性和获得性因子Ⅷ缺陷症等。

4. 凝血时间（CT）**测定**　主要反映内源性凝血系统有无缺陷。试管法：将静脉血注入试管中，观察血液接触试管壁开始至完全凝固所需的时间。硅管法：与普通试管法的测定方法基本相同，唯一的区别是采用涂有硅油的试管。由于硅管内壁不易使内壁凝血因子接触活化，所以凝血时间比普通试管法长。

（1）标本采集方法　试管法：抽取静脉血 3ml，等量注入 3 支玻璃试管内，记录血液离开血管进入注射器的时间后送检。

（2）参考值　试管法：4～12min；硅管法：15～32min。

（3）临床意义

1）凝血时间延长：见于血友病，严重的肝脏损害，胆汁淤积性黄疸，DIC，应用肝素、双香豆素等抗凝药物。

2）凝血时间缩短：见于血液高凝状态、血栓性疾病等。

5. 活化部分凝血活酶时间（APTT）**测定**　是在受检血浆中加入部分凝血活酶、接触因子激活剂及 Ca^{2+}，观察血浆凝固所需的时间，是内源性凝血活性常用的筛查指标。

（1）参考值　25～35s，超过正常对照值 10s 为异常。

（2）临床意义

1）延长：见于先天性或后天性凝血因子异常和纤维蛋白原缺乏；抗凝物质增多。

2）缩短：见于血栓前状态、血栓性疾病等。

3）普通肝素抗凝治疗常用的监测指标。

6. 凝血酶原时间（PT）**测定**　是在被检血浆中加入组织因子和 Ca^{2+}后，测定血浆凝固所需要的时间。它是筛查外源性凝血系统有无障碍最常用的指标。

（1）标本采集方法　抽取空腹静脉血 2ml，注入含 3.8%枸橼酸钠溶液 0.2ml 的小试管内充分混匀，加塞后立即送检。

（2）参考值　11～13s，超过正常对照值 3s 以上即为异常。

（3）临床意义

1）延长：见于先天性凝血因子及纤维蛋白原缺乏症、严重肝脏疾病、维生素 K 缺乏、纤溶亢进、DIC 及应用抗凝药等。

2）缩短：见于血液高凝状态，如 DIC 早期、脑血栓形成、心肌梗死等。

3）口服香豆素类抗凝剂治疗的首选监测指标。

7. 凝血酶时间（TT）**测定**　反映血浆内纤维蛋白原水平和血浆中肝素样物质的多少。

（1）参考值　手工法：16～18s，超过正常对照值 3s 以上即为异常。

（2）临床意义

1）延长：见于纤维蛋白原减少或纤维蛋白原异常，如获得性低纤维蛋白原血症等；肝素或类肝素抗凝物质存在，如肝素治疗等。

2）缩短：见于高纤维蛋白血症等。

8. 纤维蛋白原（FIB）测定 纤维蛋白原又称凝血因子Ⅰ，是凝血过程中的主要蛋白质，是出血性疾病与血栓性疾病诊治中最常用的指标之一。

（1）参考值 凝血酶比浊法（Clauss 法）：2.00～4.00g/L。

（2）临床意义

1）延长：见于机体感染，如毒血症、肝炎等；无菌性炎症，如糖尿病、肾病综合征、尿毒症、风湿性关节炎等；心血管疾病，如动脉硬化、心肌梗死等；放疗后、灼伤、休克、外科大手术后、恶性肿瘤等；妇女经期、妊娠晚期、妊娠高血压疾病等。

2）缩短：见于 DIC；原发性纤维蛋白原缺乏症；原发性纤溶亢进；肝脏疾病，如慢性肝炎、肝硬化等；纤维蛋白原减少等。

9. D-二聚体（D-D）测定 D-二聚体是纤维蛋白（原）降解产物，是交联后纤维蛋白被纤溶酶降解的特异标志物之一，是确定体内有无血栓形成及继发性纤溶的指标。

（1）参考值 ELISA 法：阴性＜0.250mg/L。

（2）临床意义

1）阴性：可排除深静脉血栓和肺血栓栓塞。

2）增高：见于高凝状态、纤溶亢进、DIC、脑梗死、心肌梗死、深静脉血栓形成等。

三、血型鉴定与交叉配血试验

血型是血液各种成分以抗原为表现形式的遗传多态性标志。红细胞、白细胞、血小板及某些血浆在个体之间均具有抗原成分的差异，受独立的遗传基因控制。由相互关联的抗原、抗体组成的血型体系，称为血型系统。与人类输血关系最密切的是 ABO 血型系统，其次是 Rh 血型系统。

案例 6-9

患者，女，32 岁，结婚 5 年，孕 2 产 2，现有子女数 0，每个孩子出生后不久都出现严重黄疸。有输血史。血型鉴定：O 型 Rh 阴性血，配偶血型鉴定：A 型 Rh 阳性血。

问题：请分析导致孩子死亡的原因。

（一）血型鉴定

1. ABO 血型鉴定 根据红细胞表面是否存在 A 或 B 抗原，血清中是否存在抗 A 或抗 B 抗体而决定（表 6-7）。ABO 血型抗体能在生理盐水中与相应红细胞抗原结合而发生凝集反应。进行 ABO 血型鉴定时，采用标准的抗 A 及抗 B 血清以鉴定被检者红细胞上的抗原，同时用标准的 A 型和 B 型红细胞鉴定被检者血清中的抗体。只有被检者红细胞上的抗原鉴定和血清中的抗体鉴定所得的结果完全相符时才能肯定其血型类别。

表 6-7 ABO 血型系统分型

血型	红细胞表面的抗原	血清中的抗体
A	A	抗 B
B	B	抗 A
AB	AB	无
O	无	抗 A 和抗 B

（1）标本采集方法　非空腹非抗凝静脉血，使用真空采血系统时用蓝色帽真空抗凝管采血。注意避免标本溶血。

（2）参考值　见表 6-8。

表 6-8　ABO 血型鉴定结果判断

标准血清+被检者红细胞			标准红细胞+被检者血清			血型判断
抗 A 血清	抗 B 血清	抗 AB 血清（O 型）	A 型红细胞	B 型红细胞	O 型红细胞	
–	–	–	+	+	–	O 型
+	–	+	–	+	–	A 型
–	+	+	+	–	–	B 型
+	+	+	–	–	–	AB 型

注："+" 为凝集；"–" 为不凝集

2. Rh 血型鉴定　Rh 血型系统的重要性仅次于 ABO 血型系统。

（1）Rh 系统的抗原　目前发现的 Rh 抗原主要有 C、c、D、E 和 e 五种，以 D 的抗原性最强。临床一般只做 D 抗原的鉴定，把含 D 抗原的红细胞称为 Rh 阳性，否则称为 Rh 阴性。

（2）Rh 系统的抗体　天然抗体极少，主要是由 Rh 血型不合输血或通过妊娠产生的免疫性抗体。Rh 抗体有完全抗体和不完全抗体两种。完全抗体在机体受抗原刺激初期出现，一般属于 IgM 型。机体继续受抗原刺激，则出现不完全抗体，属于 IgG 型，可以通过胎盘而引起新生儿溶血病。鉴定所采用的方法根据抗体的性质而定。如是完全抗体可用生理盐水凝集试验，如是不完全抗体则应用胶体介质法、木瓜酶法或抗球蛋白法等进行检查。

3. 临床意义

（1）输血　Rh 系统一般不存在天然抗体，所以在第一次输血时，往往不会发生 Rh 血型不合。Rh 阴性的受血者接受了 Rh 阳性血液输入后可产生免疫性抗 Rh 抗体，如果再次输入 Rh 阳性血液时，即可出现溶血性输血反应。

（2）新生儿溶血病　主要原因是母婴血型不合，母亲的抗体通过胎盘进入胎儿体内，与胎儿红细胞结合，在分娩前后，胎儿致敏的红细胞破坏加速，发生溶血。在我国最多见的是由 ABO 系统引起，ABO 溶血病多发生于母亲为 O 型而孕育的胎儿为 A 型或 B 型者，于妊娠第 1 胎时就可发生新生儿溶血病。其次为 Rh 系统引起，典型者为胎儿的父亲为 Rh 阳性，母亲为 Rh 阴性，胎儿为 Rh 阳性。第 1 胎时因产生的抗 Rh 抗体很少，故很少发生溶血，但第 2 次妊娠后，再次受到抗原刺激，产生抗体增多而引起新生儿溶血病。

（3）器官移植　受者与供者 ABO 血型必须相符才能移植，否则，易引起急性排斥反应，导致移植失败。

（4）其他　亲子鉴定、法医学鉴定、某些疾病相关性研究等。

（二）交叉配血试验

临床上必须同型输血。输血前必须进行交叉配血试验，目的是检查受血者与供血者是否存在血型抗原与抗体不合的情况，避免血型鉴定错误导致输血后严重的溶血反应。交叉配血试验常采用试管法进行。供血者红细胞与受血者血清反应（主侧交叉配血）和受血者红细胞与供血者血清反应（次侧交叉配血），两者合称为交叉配血。

1. 标本采集方法　采集供血者和受血者非抗凝静脉血。

2. 临床意义　见表 6-9。

表 6-9　交叉配血结果和输血判断

主侧交叉配血	次侧交叉配血	输血判断
凝集（溶血）	凝集（溶血）	不能输血
凝集（溶血）	不凝集（不溶血）	不能输血
不凝集（不溶血）	不凝集（不溶血）	可输血
不凝集（不溶血）	凝集（溶血）	试输少量血（＜200ml）

四、常用血液生化检查

（一）血清电解质测定

人体中的电解质主要有钾（K^+）、钠（Na^+）、氯（Cl^-）、镁（Mg^{2+}）、钙（Ca^{2+}）和无机磷（P^{3-}）等，它们以离子形式存在于血浆、细胞间液和细胞内液中，在维持人体细胞的正常代谢，水电解质、酸碱平衡及细胞内外的渗透压等方面起重要作用。血清电解质检测只能大致反映血清中电解质的情况，并不能直接反映细胞间液和细胞内液电解质的变化。

1. 标本采集方法　空腹静脉血 3ml，单项测定采血 2ml，注入干燥试管内送检，不抗凝。注意避免溶血，以免影响测定结果，特别是血清钾测定。

2. 血钾测定　人体钾盐主要是从食物摄入，经肠道吸收入血，绝大多数通过肾脏排出体外。进入人体的 K^+主要分布于细胞内液，存在于肌肉组织、红细胞、内脏组织中，是细胞内的主要阳离子，少数存在于细胞外液。血钾对调节细胞内外渗透压、水电解质和酸碱平衡，维持神经肌肉的应激性和心肌的应激性有重要作用。

（1）参考值　血清钾 3.5～5.3mmol/L。

（2）临床意义

1）血钾增高：血清钾＞5.3mmol/L 时为高钾血症。①摄入过多，如高钾饮食、静脉补钾过多、输入大量库存血等；②排钾减少，如急性肾衰竭少尿期、肾上腺皮质功能减退症等所致肾小球排钾减少；长期应用保钾利尿剂等；③细胞内钾向细胞外转移过多，如组织损伤或血细胞破坏（严重溶血、大面积烧伤等）、缺氧、代谢性酸中毒等。

2）血钾降低：血清钾＜3.5mmol/L 时为低钾血症。①摄入不足，如长期低钾饮食、厌食、禁食等；②丢失过多，如频繁呕吐、长期腹泻、胃肠引流等；③分布异常：细胞外钾向细胞内转移（长期应用大量胰岛素、碱中毒等）、细胞外液稀释（大量输入无钾盐液体、肾性水肿、心功能不全等）。

3. 血钠测定　钠是细胞外液的主要阳离子，多以氯化钠的形式存在，主要功能是保持细胞外液容量、维持渗透压和酸碱平衡，还具有维持肌肉、神经正常应激的作用。

（1）参考值　血清钠 137～147mmol/L。

（2）临床意义

1）血钠增高：血清钠＞147mmol/L，并伴有血液渗透压过高者，称为高钠血症。①液体摄入不足：见于昏迷、进食困难、水源断绝等；②液体丢失过多：见于严重烧伤、大量出汗、长期呕吐、腹泻、胃肠引流等；③钠摄入过多：见于输入大量高渗盐水或进食过量钠盐；④内分泌系统疾病，如肾上腺皮质功能亢进症、原发性或继发性醛固酮增多症等。

2）血钠降低：血清钠＜137mmol/L 时为低钠血症。①丢失过多：包括肾性丢失、皮肤黏膜丢失、胃肠道丢失和医源性丢失。②细胞外液稀释：常见于水钠潴留。如慢性肾衰竭、肝硬化失代偿期；尿崩症、肾上腺皮质功能减退症、剧烈疼痛等导致的抗利尿激素分泌增多等。③消耗性低钠或摄入不足，如肺结核、肿瘤、肝硬化等慢性消耗性疾病；饥饿、营养不良、长期低钠饮食及不恰当的输液等。

4. 血钙测定　人体中总钙的 99%以上是以磷酸钙或碳酸钙的形式存在于骨骼中，血液中含量很少，不及总钙的 1%。血中的钙以蛋白结合钙、复合钙和游离钙三种形式存在。钙离子的主要生理功能有降低神经、肌肉的兴奋性；维持心肌兴奋性和传导性；参与凝血过程等作用。

（1）参考值　血清总钙：2.11～2.52mmol/L；离子钙：1.10～1.34mmol/L。

（2）临床意义

1）血钙增高：血清总钙＞2.52mmol/L 时为高钙血症。①溶骨作用增强：见于原发性甲状旁腺功能亢进症、转移性骨癌和多发性骨髓瘤等；②摄入钙过多或吸收增加，如静脉输入钙过多、大量应用维生素 D 等；③肾功能损害，如急性肾功能不全时，尿排钙减少。

2）血钙降低：血清总钙＜2.11mmol/L 时为低钙血症。①成骨作用增强，如甲状旁腺功能减退症、恶性肿瘤骨转移；②吸收减少或吸收不良，如维生素 D 缺乏症、佝偻病、婴儿手足搐搦症等；③其他，如妊娠后期、哺乳期补充不足，急、慢性肾衰竭，肾病综合征，急性坏死性胰腺炎等。

5. 血氯测定　人体氯化物主要来自食盐，在肠道吸收入血，经肾排出体外。氯是细胞外液的主要阴离子，在细胞内、外均有分布。主要功能是调节机体渗透压及水、电解质和酸碱平衡。

（1）参考值　血清氯 99～110mmol/L。

（2）临床意义

1）血氯增高：血清氯含量超过 110mmol/L 时为高氯血症。①摄入增多，如进食或静脉补充大量氯化物溶液；②排出减少，如急慢性肾衰竭少尿期、尿路梗阻、心功能不全等；③血液浓缩，如大量出汗、严重呕吐、腹泻等导致水分丧失，血液浓缩。

2）血氯降低：血清氯含量低于 99mmol/L 时为低氯血症。①摄入不足，如饥饿、低盐治疗、营养不良等。②丢失过多，如严重呕吐、腹泻、胃肠引流等，胃液、胰液、胆汁大量丢失，氯的丢失大于钠；应用噻嗪类利尿剂，尿排氯增多。

考点：血清钾的参考值及临床意义；血清钠、氯、钙的主要临床意义

6. 血磷测定　人体中的磷绝大多数以磷酸钙的形式沉积于骨骼中，少数存在于体液中，血液中的磷分为有机磷和无机磷两种形式，临床所检测的磷为无机磷。血磷与血钙之间有一定的浓度关系，即正常钙、磷乘积为 36～40。主要功能是参与糖、脂类及氨基酸代谢；磷是骨盐的主要成分，参与骨骼及牙齿的组成；调节酸碱平衡（血中磷酸盐）；有些磷酸混合物是转运能量的物质（如磷酸腺苷）。

（1）参考值　血清磷 0.85～1.51mmol/L。

（2）临床意义

1）血磷增高：血清无机磷大于 1.51mmol/L 即为增高，见于甲状旁腺功能减退症、骨折愈合期、多发性骨髓瘤、肾衰竭及补充过量的维生素 D 等。

2）血磷降低：血清无机磷小于 0.85mmol/L 即为降低，见于饥饿、吸收不良；大量呕吐、腹泻、血液透析；甲状旁腺功能亢进症、佝偻病、肾小管疾病及糖尿病等。

（二）血脂测定

血脂是总胆固醇（TC）、甘油三酯（TG）、磷脂、游离脂肪酸等的总称。95%以上的血浆脂质以脂蛋白的形式存在和转运。

1. 标本采集方法　低脂或素食 3 天，采血前 24h 内禁止饮酒、避免剧烈运动。采集空腹静脉血。

2. 参考值　总胆固醇 2.82～5.20mmol/L；甘油三酯 0.56～1.70mmol/L；低密度脂蛋白（LDL）2.7～3.2mmol/L；高密度脂蛋白（HDL）1.03～2.07mmol/L；载脂蛋白 A（apoA）1.0～1.3g/L；载脂蛋白 B（apoB）0.6～0.9g/L。

3. 临床意义

（1）总胆固醇

1）增高：①高胆固醇和高脂肪饮食；②胆道梗阻，如胆结石、肝脏肿瘤、胰头癌等；③冠心病等动脉粥样硬化；④其他，如糖尿病、肾病综合征、脂肪肝等。

2）降低：①严重肝病，如肝细胞性黄疸、门脉性肝硬化晚期等；②慢性消耗性疾病、甲状腺功能亢进症等。

（2）甘油三酯

1）增高：①摄入脂肪过多；②肥胖、体力活动少、酗酒等；③遗传性家族性高脂血症；④其他，如肾病综合征、糖尿病、胰腺炎和妊娠、口服避孕药等。

2）降低：见于甲状腺功能亢进症、严重肝病、营养不良等。

（3）脂蛋白

1）低密度脂蛋白：增高见于甲状腺功能减退症、肾病综合征、糖尿病、慢性肾衰竭、库欣病等；降低见于甲状腺功能亢进症、贫血等。

2）高密度脂蛋白：生理性增高见于少量饮酒、长期足量运动；生理性降低见于高糖及素食饮食、肥胖、吸烟、运动不足。病理性增高见于原发性胆汁性肝硬化；病理性降低见于动脉粥样硬化、糖尿病、肾病综合征、肝损害等。

（4）载脂蛋白　冠心病时载脂蛋白 B 增高比总胆固醇、低密度脂蛋白增高更有意义；脑血管病以载脂蛋白 A 和高密度脂蛋白降低更为明显，而载脂蛋白 B 多正常；脑出血时载脂蛋白 B 可能偏低。

1）载脂蛋白 A：增高见于肝脏疾病、肝外胆道阻塞、血液透析；降低见于酒精性肝炎、高 α-脂蛋白血症。

2）载脂蛋白 B：增高见于高脂血症、胆汁淤积、肾病、甲状腺功能减退症；降低见于肝脏疾病和甲状腺功能亢进症。

链　接　血脂与动脉粥样硬化的关系

脂质代谢异常是动脉粥样硬化最重要的危险因素。研究发现，总胆固醇、甘油三酯、低密度脂蛋白胆固醇增高，载脂蛋白 B 增高、高密度脂蛋白胆固醇降低、载脂蛋白 A 降低都被认为是动脉粥样硬化的重要因素。

（三）血糖及口服葡萄糖耐量检测

1. 空腹血糖（FBG）测定

（1）标本采集方法　采集清晨空腹静脉血。患者应在采血前 8h 内禁止饮食、吸烟，停用胰岛素和降血糖药物，避免精神紧张、剧烈运动等。

（2）参考值　酶法：3.9～6.1mmol/L。

（3）血糖增高分度　①轻度增高：7.0～8.4mmol/L；②中度增高：8.4～10.1mmol/L；③重度增高：＞10.1mmol/L。

（4）临床意义

1）血糖升高：①生理性，如餐后、高糖饮食、情绪激动等；②病理性：1 型或 2 型糖尿病、巨人症、皮质醇增多症、甲状腺功能亢进症、嗜铬细胞瘤等内分泌代谢性疾病；颅脑损伤、脑卒中、心肌梗死等应激状态；应用噻嗪类利尿剂、大剂量糖皮质激素及口服避孕药；严重肝病、胰腺病变、妊娠呕吐等。

2）血糖降低：指血糖低于 3.9mmol/L，当血糖低于 2.8mmol/L 时称为低血糖症。①生理性降低：饥饿或剧烈运动时；②病理性降低：胰岛素过多，缺乏肾上腺皮质激素、生长激素等抗胰岛素激素；导致肝糖原缺乏的疾病，如重症肝炎、肝癌等肝脏疾病；长期营养不良、不能进食等。

2. 口服葡萄糖耐量试验（OGTT）　正常人服用定量葡萄糖后血糖浓度可暂时增高，同时胰岛 β 细胞分泌胰岛素增多，血葡萄糖被合成肝糖原储存，使血糖于短时间内即恢复至空腹水平，此为正常人葡萄糖耐受性。病理状态下，口服或注射一定量葡萄糖后，血糖急剧增高，但在与正常人相应的短时间内不能恢复至原有水平，此即糖耐量减低。

（1）标本采集方法　检查前 3 天每日糖的摄入量不低于 150g，且维持正常活动，影响试验的药物应停用。检查前患者应禁食 10～16h，于清晨先采集空腹血糖标本，然后将 75g 葡萄糖溶于 200～300ml 水中一次性饮完，在服葡萄糖后 0.5h、1h、2h 及 3h 分别采集静脉血标本各 1ml，同时留取尿标本，分别测定血糖和尿糖。试验期间患者避免剧烈运动、体力劳动，安静休息，不能吸烟，禁饮禁食。

（2）参考值　血糖浓度：空腹＜6.1mmol/L；服糖后：0.5～1h 为 7.8～9.0mmol/L；2h＜7.8mmol/L；3h 应恢复至空腹血糖水平。各时间尿糖测定结果均为阴性。

（3）临床意义

1）糖尿病诊断：依据是《中国 2 型糖尿病防治指南（2020 年版）》（表 6-10）。

表 6-10　糖尿病诊断标准

诊断标准	静脉血浆葡萄糖水平（mmol/L）
典型糖尿病症状（多饮、多食、多尿、体重下降）+随机血糖	≥11.1mmol/L
或加上空腹血糖	≥7.0mmol/L
或加上 OGTT 2h 血糖	≥11.1mmol/L
或加上 HbA_1c	≥6.5%

2）糖耐量减低：指空腹血糖＜7.0mmol/L；服糖后 2h 血糖值为 7.8～11.1mmol/L；血糖达高峰时间可延至 1h 后，血糖恢复正常时间延至 2～3h 后，且有尿糖阳性。多见于 2 型糖尿病、痛风、肥胖、甲状腺功能亢进症等。

3）葡萄糖耐量曲线平坦：空腹血糖降低，服糖后血糖水平增高也不明显，服糖后 2h 血糖仍处于低水平。见于胰岛 β 细胞瘤、腺垂体功能减退症、肾上腺皮质功能减退症等。

4）低血糖：①功能性：表现为空腹血糖正常，服糖后血糖高峰时间及峰值在正常范围内，但服糖后 2～3h 出现低血糖，见于特发性餐后低血糖症等；②病理性：见于暴发性病毒性肝炎、中毒性肝炎、肝肿瘤等肝脏疾病，表现为空腹血糖低于正常，服糖后血糖水平超过正常，2h 后仍位于高水平，尿糖阳性。

第 3 节　尿液检查

尿液是血液经过肾小球滤过、肾小管重吸收和排泌产生的终末代谢产物。尿液的组成成分及含量的变化，不仅反映机体代谢状况，而且反映机体各系统的功能状态。因此，尿液检查不仅可以协助泌尿系统疾病的诊断和疗效观察，还可以协助其他系统疾病的诊断和安全用药的监护，是临床常用的检测项目。

一、尿常规检查

案例 6-10

患者，男，52 岁。因多食、多饮、多尿 1 年入院。1 年前无明显诱因出现乏力，烦渴多饮，每日尿量达 3000ml 以上，食欲增加，体重下降，无高血压及肾病病史。入院后检查尿液：外观无异常，烂苹果味，比重 1.029，尿糖（+++）。

问题： 1. 该患者尿液有哪些特点？

2. 可能的病因是什么？

3. 还需做什么检查？

（一）尿液性状检查

1. 尿量

（1）参考值　成人为1000～2000ml/24h。

（2）临床意义

1）尿量增多：尿量大于2500ml/24h为多尿。见于：①生理性多尿，如饮水过多、应用利尿剂、输液过多等；②病理性多尿，如糖尿病、尿崩症、慢性肾炎及急性肾衰竭多尿期等。

2）尿量减少：尿量低于400ml/24h或少于17ml/h称为少尿；低于100ml/24h或12h没有尿液排出称为无尿。①肾前性少尿：见于各种原因所致的有效血容量减少，如休克、心力衰竭、严重脱水等；②肾性少尿：见于各种肾实质性病变，如急性肾小球肾炎、慢性肾衰竭等；③肾后性少尿：见于各种原因所致的尿路梗阻或排尿功能障碍，如结石、尿路狭窄、肿瘤压迫等。

考点：多尿、少尿、无尿的定义及临床意义

2. 外观　正常尿液为淡黄色透明液体。尿液颜色的深浅可受饮水量、食物成分、药物等的影响。服用呋喃唑酮、维生素B_2、大黄等药物后尿色可呈深黄色。尿量增多时可无色，见于尿崩症、糖尿病、饮水及输液量过多。

（1）血尿　指尿内含有超过正常量红细胞的现象。每升尿液中含血量超过1ml，即可出现淡红色，称为肉眼血尿。见于泌尿系统炎症、结石、肿瘤、结核，外伤等，也可见于出血性疾病。

（2）血红蛋白尿　是血管内溶血引起的，多为酱油色或浓茶色，见于急性溶血性贫血、溶血性输血反应等。

（3）肌红蛋白尿　是组织受损引起的，尿中出现大量的肌红蛋白，呈粉红色或暗红色，见于挤压综合征、缺血性肌坏死等。

（4）胆红素尿　尿中含有大量的结合胆红素，故尿色深黄，尿液泡沫也可呈黄色，见于胆汁淤积性黄疸或肝细胞性黄疸。

（5）菌尿或脓尿　是尿中含有大量脓细胞、炎性渗出物或者细菌所致的尿液外观改变。菌尿呈云雾状，静置后不下沉；脓尿呈白色浑浊状，静置后可形成白色云絮状沉淀，加热或加酸均不能使浑浊消失。见于泌尿系统感染如肾盂肾炎、膀胱炎、尿道炎等。

（6）乳糜尿　尿中混有淋巴液而呈乳白色。主要见于丝虫病、肿瘤所致淋巴回流受阻。

考点：尿液颜色变化的临床意义

链　接　蚕豆病

蚕豆病是遗传性葡萄糖-6-磷酸脱氢酶缺乏导致的溶血性贫血，多见于儿童，男性显著多于女性，南方多于北方，一般在食用新鲜蚕豆数小时至数日后突然发作，严重程度与食蚕豆量无关。患者贫血严重，黄疸显著，伴有血红蛋白尿，溶血过程呈自限性为本病特点。

3. 气味　正常尿液内因含有挥发性酸及酯类物质而呈特殊的芳香气味，久置后因尿素分解可出现氨臭味。

（1）生理性变化　进食葱、蒜等含有特殊气味的食品过多时，尿液中可出现相应的特殊气味。

（2）病理性变化　刚排出的尿液即有氨味，可能为慢性膀胱炎或尿潴留；尿液有烂苹果味可见于糖尿病酮症酸中毒；蒜臭味见于有机磷农药中毒。

考点：尿液气味变化的临床意义

4. 酸碱反应

（1）参考值　尿液的pH约为6.5。

（2）临床意义

1）生理性变化：①尿液受饮食的影响。进食蔬菜、水果多时呈中性或弱碱性，进食蛋白质含量高

的食物时呈弱酸性。②尿液受药物的影响。碳酸氢钠、碳酸镁等可使尿液呈碱性，氯化钙、氯化钾等可使尿液呈酸性。

2）病理性变化：①尿液 pH 降低，见于酸中毒、高热、糖尿病、痛风；②尿液 pH 增高，见于碱中毒、膀胱炎、尿潴留、肾小管性酸中毒及使用噻嗪类利尿剂等。

5. 比重

（1）参考值　成人尿比重在 1.015～1.025，晨尿最高，一般＞1.020；婴幼儿尿比重偏低。

（2）临床意义

1）尿比重增高：①尿量少而比重高见于血容量不足所致的肾前性少尿、急性肾小球肾炎、脱水；②尿量多而比重高见于糖尿病。

2）尿比重降低：见于慢性肾衰竭、慢性肾小球肾炎、大量饮水、尿崩症等。

3）若尿比重持续固定在 1.010，则提示肾脏浓缩、稀释功能降低。

（二）化学检查

1. 尿蛋白检查

（1）参考值　尿蛋白定性试验阴性；定量试验 0～80mg/24h。

（2）临床意义　尿蛋白定性试验阳性或定量试验＞150mg/24h，称为蛋白尿。

1）生理性蛋白尿：尿蛋白定性试验多不超过（+），定量试验＜0.5g/L，持续时间短，诱因解除后消失，为一过性蛋白尿。见于剧烈运动、发热、受寒或精神紧张时，无器质性病变。

2）病理性蛋白尿：①肾小球性蛋白尿见于急性肾小球肾炎、肾病综合征等原发性肾小球病变，以及糖尿病、系统性红斑狼疮、高血压等继发性肾小球病变；②肾小管性蛋白尿见于肾盂肾炎、肾小管性酸中毒、间质性肾炎、重金属中毒、药物及肾移植术后；③混合性蛋白尿见于同时累及肾小球与肾小管的疾病，如肾小球肾炎或肾盂肾炎后期、糖尿病、系统性红斑狼疮等；④溢出性蛋白尿是血浆中出现大量小分子蛋白质，超过肾小管的重吸收能力所致，见于急性溶血性疾病、挤压综合征、多发性骨髓瘤等。

考点：蛋白尿的定义

2. 尿糖检查

（1）参考值　尿糖定性试验阴性，定量试验 0.56～5.00mmol/24h。

（2）临床意义　当血糖浓度超过肾糖阈（一般为 8.88mmol/L）时或血糖正常但肾糖阈降低，尿中出现大量的葡萄糖，尿糖定性试验阳性，称为糖尿。

1）血糖增高性糖尿：①糖代谢异常所致糖尿，如糖尿病，最为常见。因胰岛素分泌相对或绝对不足，组织对葡萄糖的利用率降低，从而导致血糖增高，超过肾糖阈出现糖尿；②内分泌异常所致的继发性糖尿，如库欣综合征、甲状腺功能亢进症、嗜铬细胞瘤、肢端肥大症等；③其他，如肝硬化、胰腺癌、胰腺炎等。

2）血糖正常性糖尿：又称肾性糖尿，血糖浓度正常，系因肾小管对葡萄糖的重吸收功能减退所致，见于家族性糖尿、慢性肾炎和肾病综合征等。

3）暂时性糖尿：①生理性糖尿，短时间内进食大量碳水化合物或静脉注入大量葡萄糖引起血糖暂时性升高，尿糖阳性；②应激性糖尿，见于颅脑外伤、脑血管意外、急性心肌梗死时，肾上腺素或胰高血糖素分泌过多或延脑血糖中枢受刺激，从而导致一过性高血糖和糖尿。

4）其他糖尿：如肝功能减退所致乳糖或半乳糖性糖尿，妊娠期及哺乳期妇女可出现乳糖尿。

（三）显微镜检查

显微镜检查主要用于观察新鲜尿液中有形成分，如细胞、管型、结晶等。

1. 参考值　红细胞 0～3 个/HP；白细胞 0～5 个/HP；肾小管上皮细胞：无；移行上皮细胞：少量；

鳞状上皮细胞：少量；透明管型 0～1 个/HP；生理性结晶：磷酸盐、草酸钙、尿酸等结晶。

2. 临床意义

（1）细胞　尿液中常见的各种细胞有以下几种。

1）红细胞：正常尿液中无红细胞或偶见红细胞。每高倍视野中红细胞数超过 3 个，尿外观正常者，称为镜下血尿。临床意义同血尿。

2）白细胞和脓细胞：正常尿液中只有少量白细胞。每高倍视野中白细胞超过 5 个，称为镜下脓尿。主要见于泌尿系统感染。

3）上皮细胞：①复层扁平上皮细胞：亦称鳞状上皮细胞，正常尿液中少见，大量增多见于尿道炎。②移行上皮细胞：正常尿液中无或偶见。大圆移行上皮细胞明显增多见于膀胱炎，尾行移行上皮细胞增多见于肾盂肾炎。③肾小管上皮细胞：正常尿液中无。增多提示肾小管已有损害，见于急性肾小管坏死、肾病综合征、肾移植后排斥反应期、肾小管间质性炎症等。

（2）管型　指蛋白质、细胞及碎片在肾小管、集合管中凝固而成的柱状蛋白聚体。正常尿中无管型或偶见透明管型。

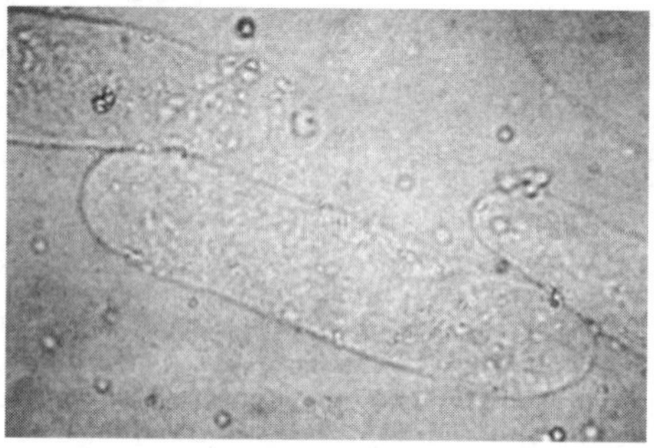

图 6-4　透明管型

1）透明管型：主要由管型基质构成，无色半透明（图 6-4）。可偶见于正常人清晨浓缩尿中；剧烈运动及体力劳动后、发热、麻醉、使用利尿剂时可暂时少量增多；大量出现见于肾小球肾炎、肾盂肾炎、肾病综合征、心力衰竭等。

2）细胞管型：是管型中细胞及其碎片的含量超过管型体积的 1/3 的管型（图 6-5）。①红细胞管型：管型内含有退行性变的红细胞，提示肾小球疾病如急性肾小球肾炎、慢性肾炎急性发作等；②白细胞管型：管型内含有白细胞，提示肾实质有细菌感染性疾病；③肾小管上皮细胞管型：管型内含有变性肾小管上皮细胞，常见于急性肾小管坏死、子痫、毒素反应、重金属中毒、肾移植排斥反应等。

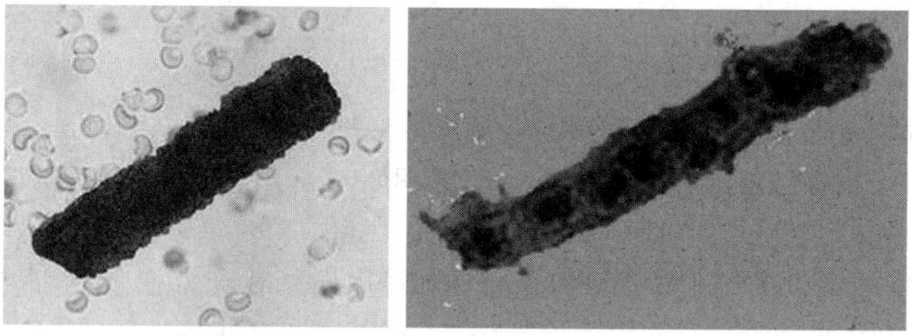

红细胞管型　　白细胞管型

图 6-5　细胞管型

3）颗粒管型：透明管型中凝聚有细胞碎片、血浆蛋白崩解的颗粒，其量超过管型体积的 1/3（图 6-6）。多见于慢性肾炎、急性肾小球肾炎后期、肾盂肾炎及药物中毒所致的肾小管损伤等。

4）蜡样管型：由颗粒管型、细胞管型继续衍化而成，或直接由淀粉样变的上皮细胞溶解后产生（图 6-7）。其出现提示有严重肾小管变性坏死，预后不良，见于慢性肾小球肾炎晚期、肾衰竭及肾淀粉样变性等。

（3）结晶　是机体产生的各种酸性产物与钙、镁、铵等离子结合生成的无机盐及有机盐排入尿中形成的结晶。结晶的析出决定于该物质的饱和度、尿酸碱度和温度等因素。

1）生理性结晶：磷酸盐、尿酸及草酸钙结晶一般无临床意义；若持续出现于新鲜尿中并伴有较多红细胞，可能有尿路结石。

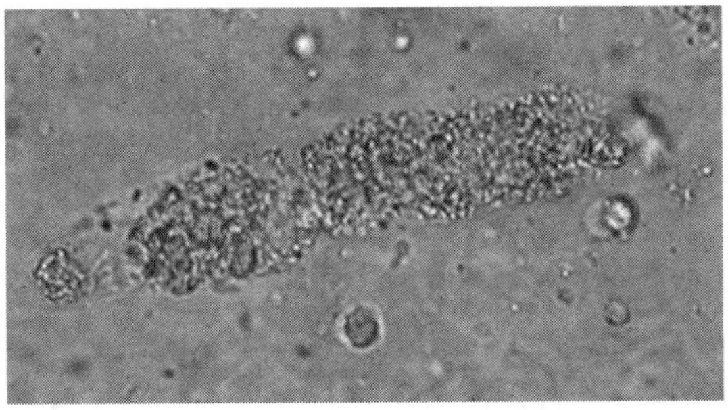

图 6-6 颗粒管型

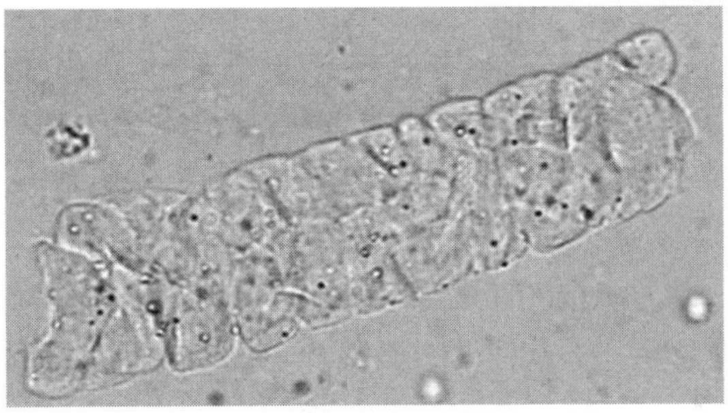

图 6-7 蜡样管型

考点：管型的临床意义

2）病理性结晶：亮氨酸和酪氨酸结晶见于急性重型肝炎、白血病等；胆固醇结晶见于尿路感染及乳糜尿；磺胺结晶见于服用磺胺类药物的患者；胆红素结晶见于胆汁淤积性黄疸和肝细胞性黄疸；胱氨酸结晶见于遗传性胱氨酸尿症。

链 接 磺胺结晶的护理

磺胺结晶在酸性尿液内更容易析出，可引起尿路结石，故服用磺胺类药物时，应大量饮水并服用碳酸氢钠以碱化尿液。如果在新鲜尿液中出现大量磺胺结晶，且伴有红细胞时，应立即停药，并给予积极处理。

二、尿沉渣细胞计数

案例 6-11

患者，男，55 岁。反复尿频、尿急、尿痛、排尿不畅 10 年，急性发作 5 天入院。10 年前因尿道外伤不能排尿，住院诊断为尿道狭窄，经尿道成形术后，仍有排尿不畅及尿频、尿痛、尿急，因以上症状反复住院治疗。入院前 5 天，以上症状加重，并出现畏寒、高热。入院后检查尿液，Addis 尿沉渣计数白细胞 320 万/12h。

问题： 1. 该患者的尿液有哪些特点？

2. 可能的病因是什么？

（一）Addis 尿沉渣计数

Addis 尿沉渣计数是指 12h 尿沉渣中有机物的数量。试验日除正常饮食外不再多饮水，晚 7 时排空膀胱后准确收集 12h 尿量，计算其细胞和管型的数量。

1. 参考值 红细胞＜50 万/12h，白细胞＜100 万/12h，透明管型＜5000/12h。

2. 临床意义 白细胞增高常见于泌尿系统感染；红细胞增高常见于肾小球肾炎。

（二）1h 细胞排泄率

正常工作、学习，不限制饮食，留取患者常态下 3h 的尿液，测定所含种类细胞数量后，计算出 1h 该类细胞排出数。

1. 参考值 男性：红细胞＜3 万/h，白细胞＜7 万/h。女性：红细胞＜4 万/h，白细胞＜14 万/h。

2. 临床意义 红细胞排泄率明显增高见于急性肾小球肾炎；白细胞排泄率明显增高见于肾盂肾炎。

三、尿液特殊检查

案例 6-12

患者，男，38 岁。因腹痛、呕吐 8 天入院。饮酒后 2h 突发上腹部剧烈而持续性疼痛，进食后加剧，伴频繁恶心、呕吐，呕吐后腹痛无缓解。到当地医院就诊，既往有胆囊结石病史，医师按“胆囊结石、胆囊炎”处理，经 1 周的抗感染治疗，病情无好转，转入我院治疗。检查血淀粉酶正常，但尿淀粉酶 1200U/L。

问题： 1. 该患者为什么血淀粉酶正常而尿淀粉酶反而增高？

2. 该患者可能的病因是什么？

（一）尿酮体检查

酮体是体内脂肪分解代谢的中间产物，包括 β-羟丁酸、乙酰乙酸和丙酮。尿液中出现酮体称酮尿。

1. 参考值 定性试验：尿酮呈阴性。

2. 临床意义

（1）糖尿病性酮尿 见于糖尿病酮症酸中毒，是糖尿病昏迷的早期指标，多伴有高糖血症和糖尿。

（2）非糖尿病性酮尿 见于妊娠剧烈呕吐、子痫、禁食、长期饥饿、全身麻醉等。

链 接 酮症酸中毒

正常情况下，机体产生少量酮体，随着血液运送到心脏、肾脏和骨骼肌等组织，作为能量来源被利用，血中酮体浓度很低，尿中也测不到酮体。当体内胰岛素不足或者体内缺乏糖分，如饥饿、禁食、严重的妊娠反应情况下，脂肪分解过多时，酮体浓度增高，一部分酮体可通过尿液排出体外，形成酮尿。当肝内酮体生成的量超过肝外组织的利用能力，血酮体浓度就会过高，导致酮血症和酮尿症。酮体中的乙酰乙酸和 β-羟丁酸都是酸性物质，在血液中积蓄过多时，可使血液变酸而引起酸中毒，称为酮症酸中毒。

（二）尿淀粉酶测定

淀粉酶主要由胰腺和唾液腺分泌。

1. 参考值 Somogyi 法：尿淀粉酶小于 1000U/L。

2. 临床意义 尿淀粉酶增高最常见于急性胰腺炎，任何原因所致胰腺管阻塞，如胰腺癌、胰腺损伤及急性胆囊炎等可轻度增高。

医者仁心

精于细微——“齐鲁时代楷模”白晓卉

白晓卉，女，1980—2022 年，中共党员，生前系山东省立医院临床医学检验部副主任，主任技师，博士生导师。临床检验是专病科室的重要支撑。一张张看似简单的检验报告单，承载的是“看清”病灶的关键指标，丝毫马虎不得。白晓卉曾说过，检验工作是一个精细活儿，不能着急，小小的一块加样板，需要加 90 多个样本，简单的动作需要一直重复。其间不能错加、漏加，这需要很大的耐心和毅力。2022 年白晓卉被追授为“全国三八红旗手”称号和“齐鲁时代楷模”。

第 4 节 粪便检查

正常粪便由消化的和未消化的食物残渣、消化道分泌物、肠道黏膜脱落物、大量细菌和水分所组成。粪便检查是临床最常用的检查项目之一，其目的在于：①了解消化道有无炎症出血、寄生虫感染、恶性肿瘤等情况；②根据粪便的性状、组成，了解消化状况，从而粗略地判断胃肠、胰腺、肝胆的功能情况；③检查粪便中有无致病菌，为防治肠道传染病提供依据。

一、一般性状检查

案例 6-13

患者，男，40岁。左下腹痛、腹泻2天，便为脓血便，伴畏寒、发热、全身乏力。T 39℃；血液检查：WBC 12.8×10^9/L；粪便检查：高倍视野下红细胞（++），白细胞（++），可见巨噬细胞。

问题：1. 如何留取粪便标本？

2. 实验室检查能为我们提供哪些重要的诊断依据？

（一）粪便量

粪便量的多少与进食量、食物种类及消化器官的功能状态有直接关系。健康成人大多每日排便1次，量为100～300g。若食物以细粮及肉类为主者，粪质细腻而量少；进食粗粮而纤维含量较多者，则粪便量较多。当胃肠、胰腺有病变或其功能紊乱时，粪便次数、粪便量及性状可发生改变。

（二）颜色及性状

正常成人的粪便为黄褐色成形软便，婴幼儿粪便可为黄色或金黄色糊状。病理情况可见以下改变。

1. 稀糊样或水样便　见于各种感染性或非感染性腹泻，如急性胃肠炎。

2. 米泔水样便　呈白色淘米水样，含黏液片块，量大，见于霍乱。

3. 黏液脓性或黏液脓血便　见于肠道下段的病变，如痢疾、溃疡性结肠炎、直肠癌等。黏液、脓、血的多少，取决于炎症的性质和程度，在阿米巴痢疾时，以血为主，呈暗红色果酱样；细菌性痢疾则以黏液脓性为主。

4. 鲜血便　见于直肠肛管疾病。痔疮时常在排便之后有鲜血滴落，肛裂出血则附于秘结粪便的表面。

5. 柏油样便　色黑、质软而富有光泽，宛如柏油，见于各种原因所致的上消化道出血。

6. 白陶土样便　由于胆汁排泄受阻以致粪胆素减少所致，见于胆汁淤积性黄疸。

7. 细条状便　由于直肠狭窄致粪便呈扁带状或细条状，多见于直肠癌。

8. 绿色粪便　乳儿粪便稀而带绿色或见有黄白色乳凝块均提示消化不良。

考点：不同性状粪便的临床意义

链　接　霍乱

霍乱是因摄入受到霍乱弧菌污染的食物或水而引起的一种急性腹泻性传染病，霍乱弧菌存在于水中，最常见的感染原因是食用被患者粪便污染过的水。霍乱弧菌能产生霍乱毒素，造成分泌性腹泻，即使不再进食也会不断腹泻，米泔水样便是霍乱的特征。

（三）气味

食物在肠道中经细菌作用，产生吲哚、硫醇、粪臭素、硫化氢等物质呈臭味，肉食者味重，素食者味清。慢性肠炎、胰腺疾病，尤以直肠癌溃烂继发感染时有恶臭味；阿米巴痢疾时有特殊的腥臭味；脂肪和糖消化不良时有酸臭味。

（四）寄生虫

蛔虫、蛲虫、绦虫节片等较大虫体肉眼即可分辨，钩虫体则需将粪便冲洗过滤后方易找到。

（五）结石

粪便中可见胆石、胰石、胃石、粪石等，常见于使用排石药物或碎石术后。

二、显微镜检查

案例 6-14

患儿，男，7 岁。脐周疼痛 2 天，无呕吐与腹泻，平时饮食不讲卫生。身体评估：T 36℃，腹壁软，无压痛，脐周有条索状包块；血常规检查显示 WBC 7.8×10^9/L，其中嗜酸性粒细胞（E）6.5%。未使用过肠道驱虫药物。

问题：1. 从以上资料分析该患者腹痛的可能病因是什么？

2. 为明确诊断，建议患儿做什么检查？

（一）细胞

1. 白细胞 主要指中性粒细胞，正常粪便中无或在高倍镜下偶见 1～2 个白细胞。肠道发生炎症时白细胞增多，其数量多少与炎症轻重程度有关。大量白细胞出现，见于急性细菌性痢疾、溃疡性结肠炎。发生过敏性结肠炎、肠道寄生虫病时，可见较多的嗜酸性粒细胞。

2. 红细胞 正常粪便中无红细胞，肠道下段炎症或出血时可见，如痢疾、溃疡性结肠炎、痔疮出血、直肠息肉等。阿米巴痢疾时粪便中红细胞多于白细胞，细菌性痢疾时红细胞少于白细胞。

3. 吞噬细胞 为一种吞噬较大异物颗粒的大单核细胞，胞体较中性粒细胞大，核形多不规则。其增多见于细菌性痢疾和直肠炎症。

4. 黏膜上皮细胞 正常粪便中见不到，结肠炎时增多，假膜性肠炎的黏膜小块、黏液状分泌物中可见较多的上皮细胞。

5. 肿瘤细胞 乙状结肠癌、直肠癌患者的血性粪便涂片可见。

（二）食物残渣

正常粪便中的食物残渣是已充分消化后的无定形小颗粒，仅偶见淀粉颗粒、脂肪小滴、肌肉纤维、植物细胞及植物纤维等。

1. 淀粉颗粒 为大小不等的圆形或卵圆形颗粒，经碘剂染色后可呈蓝色或棕红色。腹泻者易见到，慢性胰腺炎、胰腺功能不全时增多。

2. 脂肪小滴 正常人食物的中性脂肪多被消化吸收，粪便中少见。肠蠕动亢进、腹泻及胰腺外分泌功能减退时可见增多，尤其是慢性胰腺炎、胰头癌时。消化吸收不良综合征时，脂肪小滴的量更多，且可见较多的脂肪酸结晶。

3. 肌肉纤维 呈柱状，黄色，有纤维横纹，大量出现时，提示蛋白质消化不良，常见于胰腺外分泌功能减退。

4. 植物细胞及植物纤维 其形态多样化，正常粪便中仅可见少量；肠蠕动亢进、腹泻时增多，严重者肉眼观察即可见到若干植物纤维成分。

（三）寄生虫

检测到寄生虫虫卵和原虫可确诊相应的寄生虫病。

三、化 学 检 查

案例 6-15

患者，男，65 岁。周期性上腹痛 10 年，常于饭后疼痛，约半小时缓解，诊断为消化性溃疡，未正规治疗。近期上腹部疼痛规律消失，腹痛与饮食无关，疼痛时间长，程度加重而入院。

问题：1. 该患者腹痛的规律性改变可能是什么？

2. 为明确诊断，建议患者做什么检查？

（一）粪便隐血试验

当肠道少量出血时，不能通过肉眼观察粪便颜色证实，红细胞被破坏而镜检也不能观察到，这类出血称为隐血；只有通过化学或免疫方法来加以证实，称为粪便隐血试验。服用铁剂，食用动物血、肝类、瘦肉及大量绿叶蔬菜时，可出现假阳性。口腔出血或消化道出血被咽下后，可呈阳性反应，临床应注意鉴别。

1. 参考值　阴性。

2. 临床意义　粪便隐血试验阳性常见于消化道出血性疾病，如消化性溃疡的活动期、胃癌、钩虫病及消化道炎症等。消化性溃疡呈间断阳性，消化道恶性肿瘤呈持续性阳性，故本试验对消化道出血的诊断及消化道肿瘤的普查、初筛和监测均有重要意义。

考点：粪便隐血试验的临床意义、可能的干扰因素

（二）胆色素试验

1. 参考值　粪胆红素定性试验阴性；粪胆原及粪胆素定性试验阳性。

2. 临床意义　正常人粪便中无胆色素而有粪胆原和粪胆素。婴儿正常肠道菌群尚未建立、成人应用大量抗生素后，胆红素未能或未被肠道细菌还原成粪胆原，粪便呈金黄色或深黄色，胆红素定性试验阳性。胆汁淤积性黄疸时，排到肠道的胆汁减少，甚至消失，导致粪胆原和粪胆素含量明显减少或缺如，故粪便呈淡黄色乃至灰白色。溶血性疾病患者的粪便因粪胆原、粪胆素含量增多，呈深黄色。

四、细菌学检查

肠道致病菌的检查主要靠培养分离与鉴定，但有时也作直接涂片检查，如粗筛霍乱弧菌，可作粪便悬滴和涂片染色检查。怀疑假膜性肠炎时，涂片染色后查找葡萄球菌、白色念珠菌及梭杆菌等。怀疑肠结核时行抗酸染色后查找其分枝杆菌。

第 5 节　痰液、脑脊液及浆膜腔积液检查

一、痰 液 检 查

痰液是肺泡、支气管和气管所产生的分泌物。健康人痰液很少，只有当呼吸道黏膜和肺泡受刺激时，分泌物增多，可有痰液咳出。在病理情况下，痰中可出现细菌、肿瘤细胞及血细胞等，因此，通过痰液检测可协助临床诊断和护理评估。

案例 6-16

患者，男，68 岁。反复咳嗽、咳痰 15 年，加重 1 周。近 1 周来因受凉后出现咳嗽加重伴发热，痰量多、呈脓性痰。经抗生素治疗后体温仍然为 39℃左右，需作痰液一般检查和痰液培养试验。

问题：1. 痰液检测有哪些内容？
2. 如何收集患者的痰液标本？

（一）一般性状检查

1. 痰量　正常人无或仅有少量泡沫或黏液痰。大量咳痰见于支气管扩张、肺脓肿等。

2. 颜色　正常痰液呈无色或灰白色，病理情况下颜色会出现异常改变（表 2-3）。

3. 气味　正常人痰液无特殊气味。肺脓肿、支气管扩张症伴厌氧菌感染时有恶臭。

4. 性状　痰液可呈现浆液性、黏液性、脓性和血性。

（二）显微镜检查

1. 不染色涂片 正常痰内有少量中性粒细胞、扁平上皮细胞及黏液丝等。其病理成分有以下几种。

（1）细胞 大量成堆的白细胞，以中性粒细胞为主，可见于呼吸道化脓性炎症；大量红细胞，可见于肺结核、肺癌、支气管扩张、全身出血性疾病等；嗜酸性粒细胞以过敏性疾病多见；肺结核以淋巴细胞多见；心功能不全致肺长期淤血患者可见心力衰竭细胞。

（2）弹力纤维 外观均匀、细长而弯曲，具有折光性表示有肺实质损害，可见于肺脓肿、肺癌、肺结核空洞等。

（3）结晶 夏科-莱登（Charcot-Leyden）结晶见于支气管哮喘、肺吸虫病等；胆固醇结晶见于慢性肺脓肿、脓胸、肺结核、肺肿瘤；胆红素结晶见于肺脓肿。

（4）寄生虫及虫卵 可见肺吸虫卵、阿米巴滋养体、细粒棘球蚴的头或小钩、钩虫和蛔虫的蚴虫等。

2. 染色涂片

（1）革兰染色 用于一般细菌和真菌检查，如发现致病菌可进一步作细菌培养加药物敏感试验。

（2）抗酸染色 用于抗酸杆菌检查，是确诊肺结核最特异的方法。

（3）瑞氏染色或 HE 染色 用于肺癌患者痰中脱落的癌细胞检查，阳性率较高。

（三）细菌培养

根据肺部所患的疾病有目的地进行细菌、真菌培养，可确定感染的病原体；通过药物敏感试验，可选择有效药物进行治疗。

二、脑脊液检查

脑脊液（CSF）是由脑室系统内脉络丛分泌产生的细胞外液，分布在各脑室和蛛网膜下腔内。其作用为可保护脑及脊髓免受外力的震荡和损伤，调节颅内压力的变化，并参与脑组织的营养和物质代谢等。当脑膜或脑组织发生病变，如外伤、感染、肿瘤时，可使脑脊液出现病理改变。因此，脑脊液检查对脑部疾病的诊断、护理评估有较重要的价值。

案例 6-17

患者，男，18 岁。发热、头痛 3 天，喷射性呕吐、神志不清 3h。3 天前受凉后，出现发热、头痛症状，3h 前出现喷射性呕吐。身体评估：T 39℃，P 96 次/分，R 30 次/分，意识模糊，肺部呼吸音粗糙，脑膜刺激征阳性。拟诊为流行性脑脊髓膜炎。立即进行脑脊液、血清电解质检查。

问题：该患者的脑脊液会有哪些改变？

（一）一般性状检查

1. 压力 正常成人侧卧位压力为 70～180mmH_2O（0.6～1.76kPa）。①压力增高：见于颅内炎症、脑肿瘤、脑栓塞、脑积水等；②压力降低：见于脑脊液循环受阻（如脊髓压迫、蛛网膜下腔粘连）、持续性脑室引流、脑脊液分泌减少等。

2. 颜色 正常脑脊液呈透明无色水样液体。病理颜色有：①黄色，见于重度黄疸、陈旧性蛛网膜下腔出血、化脓性脑膜炎、脑肿瘤等；②红色，见于蛛网膜下腔出血、脑出血、穿刺出血（最初几滴为红色，以后逐渐变清）等；③乳白色，见于化脓性脑膜炎。

3. 透明度 正常脑脊液无色透明，病毒性脑炎时大多无色透明，结核性脑膜炎时呈毛玻璃样浑浊，化脓性脑膜炎时呈脓样浑浊。

4. 凝固性 正常脑脊液放置 24h 无薄膜凝块或沉淀。化脓性脑膜炎时，脑脊液静置 1～2h 出现凝块或沉淀物；结核性脑膜炎时，脑脊液静置 12～24h 形成纤细的薄膜。

考点：脑脊液的一般性状检查

链　接　关于脑脊液

脑脊液为无色透明的液体，充满各脑室、蛛网膜下腔和脊髓中央管。成人脑脊液的总量约为 150ml。脑脊液由脑室中的脉络丛产生，与血浆和淋巴液的性质相似，正常情况下其中的化学成分和细胞数是恒定的，脑的某些疾病可导致脑脊液成分改变，因此脑脊液检查可协助临床诊断。脑脊液的流动具有一定的方向性，其经过的通道中有一些部位是比较狭窄的，易于堵塞。脑脊液产生过多或循环通路受阻，可导致颅内压降低。

（二）化学检查

1. 蛋白质定性和定量试验

（1）参考值　定性，阴性或弱阳性。成人腰池定量，0.20～0.45g/L。

（2）临床意义　脑脊液中蛋白质增高可见于：①中枢神经系统炎症，化脓性脑膜炎时明显增高，结核性脑膜炎时中度增高，病毒性脑炎或脑膜炎时轻度增高。②脑血管病：脑出血或蛛网膜下腔出血，可轻度增高。③脑脊液循环梗阻：脑和脊髓肿瘤、蛛网膜下腔粘连、神经根变引起脑脊液循环障碍时，蛋白质明显增高。

2. 葡萄糖测定

（1）参考值　2.5～4.5mmol/L，约为血糖的 2/3。

（2）临床意义　①降低：化脓性细菌性脑膜炎时明显降低，结核性脑膜炎时中度降低，霉菌性、梅毒性脑膜炎及低血糖等时可降低；②增高：见于糖尿病、乙型脑炎、尿毒症、脑出血等。

3. 氯化物测定

（1）参考值　120～130mmol/L。

（2）临床意义　降低以结核性脑膜炎最显著，化脓性脑膜炎次之。病毒性脑膜炎、脊髓灰质炎、脑肿瘤时多无明显改变。

（三）显微镜检查

1. 细胞计数和细胞分类

（1）参考值　无红细胞；白细胞：成人（0～10）$\times 10^6$/L，儿童（0～15）$\times 10^6$/L。分类以淋巴细胞为主，其次是单核细胞，两者比例为 7∶3。

（2）临床意义　病变侵犯脑或脑膜组织可致脑脊液中细胞数量及种类发生改变。①化脓性脑膜炎：细胞数显著增加，以中性粒细胞为主；②结核性脑膜炎：细胞数中度增加，早期以中性粒细胞为主，之后以淋巴细胞为主；③病毒性脑膜炎：细胞数轻度增加，以淋巴细胞为主；④新型隐球菌性脑膜炎：细胞数量增加，数量高于病毒性脑膜炎而低于化脓性脑膜炎，以淋巴细胞为主；⑤脑寄生虫病：细胞数量增加，以嗜酸性粒细胞为主；⑥急性脑膜白血病：白血病细胞数量增加，可见原始及幼稚细胞；⑦脑室和蛛网膜下腔出血：为均匀血性脑脊液。

2. 细菌学检查　正常脑脊液无细菌。细菌性脑膜炎可见脑膜炎双球菌、链球菌、肺炎双球菌、葡萄球菌、结核杆菌、新型隐球菌等。

（四）常见脑、脑膜疾病的脑脊液检测参考值

常见脑、脑膜疾病的脑脊液检测参考值见表 6-11。

表 6-11 常见脑、脑膜疾病的脑脊液检测参考值

	压力（mmH_2O）	外观	蛋白质		葡萄糖（mmol/L）	氯化物（mmol/L）	细胞计数（1×10^6/L）	分类	细菌
			定性	定量（g/L）					
正常	70～180	透明	–	0.20～0.45	2.5～4.5	120～130	0～10	多为淋巴细胞	–
化脓性脑膜炎	显著↑	浑浊、脓性、凝块	+++以上	明显↑	明显↓或消失	↓	显著↑	中性粒细胞为主	+
结核性脑膜炎	↑	毛玻璃样、静置有薄膜	+～+++	↑	↓	明显↓	↑	淋巴细胞为主	+
病毒性脑膜炎	轻度↑	清晰或微浑	+～++	轻度↑	正常	正常	↑	淋巴细胞为主	–
脑肿瘤	↑	清晰或黄色	+～++	轻度↑	正常	正常	正常或稍↑	淋巴细胞为主	–
脑室及蛛网膜下腔出血	轻度↑	血性	+～++	轻度↑	↑	正常	↑	红细胞为主	–

三、浆膜腔积液检查

胸腔、腹腔、关节腔、心包腔等统称浆膜腔。正常浆膜腔内含有少量液体。在病理情况下，浆膜腔内液体增多，称为浆膜腔积液。按病因及积液性质可分为漏出液和渗出液两种。漏出液为非炎症性，形成原因有血浆渗透压降低（如肝肾疾病、营养不良等）、血管内压力增高（如心功能不全）及淋巴管阻塞（如丝虫病、肿瘤等）。渗出液为炎症性，常见于各种细菌感染、外伤、晚期恶性肿瘤等。

案例 6-18

患者，男，45 岁。食欲缺乏、腹胀、消瘦、乏力 8 年，加重 1 周。8 年来，患者出现食欲缺乏、消化不良、腹胀、营养状况较差、消瘦、乏力、精神不振，皮肤干枯粗糙，面色晦暗、轻度黄疸。近 1 周来，症状加重，腹膨隆呈蛙腹状，腹壁静脉曲张。拟诊为肝硬化。

问题： 患者经腹腔穿刺取标本检查，其化验结果应该是什么性质的液体？

（一）一般性状检查

1. 外观 漏出液呈淡黄色，透明。渗出液浑浊并有颜色改变：深黄色，如黄疸；血红色，如结核、出血性疾病；暗红色或棕褐色，如恶性肿瘤；绿色，如铜绿假单胞菌感染；脓性或脓血性，如化脓菌感染等。

2. 比重 漏出液在 1.018 以下，渗出液在 1.018 以上。

3. 凝固 漏出液不凝固，渗出液易凝固。

（二）化学检查

1. 黏蛋白定性试验 浆膜腔上皮细胞在炎症刺激下，黏液蛋白分泌增加，这是一种酸性糖蛋白，等电点在 pH 3～5，故可在醋酸溶液中出现白色云雾状浑浊或沉淀，即阳性反应；漏出液因黏蛋白极少，故呈阴性。

2. 蛋白质定量测定 常用折射法、双缩脲法。漏出液＜25g/L，渗出液≥25g/L。

3. 葡萄糖定量测定 漏出液糖含量与血中葡萄糖含量近似。渗出液因存在细菌和白细胞，它们能分解葡萄糖，致渗出液中糖的含量降低，甚至缺如。

（三）显微镜检查

1. 细胞计数 白细胞计数对鉴别有参考价值，漏出液较少，常＜100×10^6/L。渗出液较多，常＞500×10^6/L。

2. 细胞分类

（1）漏出液 以淋巴细胞为主，偶见间皮细胞。

（2）渗出液　①红细胞：见于肿瘤、结核等，注意是否有穿刺损伤所致的红细胞；②白细胞：急性炎症时中性粒细胞增多，慢性炎症时淋巴细胞增多，过敏性疾病与寄生虫感染时嗜酸性粒细胞增多；③肿瘤细胞：见于恶性肿瘤导致的渗出液。

（四）细菌学检查

漏出液无细菌，渗出液可见致病菌。如发现致病菌可进一步作细菌培养和药物敏感试验。漏出液与渗出液的鉴别要点见表 6-12。

表 6-12　漏出液与渗出液的鉴别要点

鉴别要点	漏出液	渗出液
原因	非炎症性	炎症或炎症反应性
外观	淡黄、浆液性	可为黄色，脓性，血性，或乳糜性
透明度	透明或微浑	浑浊
比重	＜1.018	＞1.018
凝固	不自凝	能自凝
黏蛋白定性	阴性	阳性
蛋白定量	＜25g/L	＞30g/L
葡萄糖定量	与血中葡萄糖含量近似	常低于血中葡萄糖含量
细胞计数（$\times 10^6$/L）	常＜100	常＞500
细胞分类	以淋巴细胞为主，偶见间皮细胞	急、慢性炎症分别以中性粒细胞、淋巴细胞增多为主
细菌学检测	无	可找到

考点： 漏出液和渗出液的鉴别

第 6 节　脏器病变检查

一、肝脏疾病常用的实验室检查

肝脏是人体的重要代谢器官，其主要功能是参与蛋白质、糖、脂肪、维生素、激素等物质的代谢，同时还有分泌、排泄、生物转化及胆红素代谢等方面的功能。检查肝脏功能状态的实验室检查称为肝功能检查。

案例 6-19

患者，男，58 岁。反复上腹痛 2 年，呕血 2h 入院。2 年来反复上腹部疼痛，能忍受，未到医院就诊。2h 前，突感上腹部不适，随即吐出暗红色的血液约 600ml。肝功能检查：血清总蛋白 45g/L、清蛋白 15g/L、球蛋白 30g/L，血清总胆红素 31.2μmol/L、血清结合胆红素 11.8μmol/L、血清非结合胆红素 19.3mol/L，ALT 115U/L、AST 102U/L。

问题： 1. 该患者的肝功能检查是否正常？

2. 可能病因是什么？

（一）蛋白质代谢功能检查

1. 标本采集方法　采集空腹静脉血。

2. 血清总蛋白和清蛋白、球蛋白比值测定　血清中总蛋白（TP）包括清蛋白（A）与球蛋白（G）。90%以上的血清总蛋白和全部的清蛋白是由肝脏合成的。清蛋白为正常人体血清中的主要蛋白；球蛋白是多种蛋白质的混合物，包括免疫球蛋白、补体、糖蛋白、脂蛋白、金属结合蛋白和酶类等。因此血清总蛋白和清蛋白含量是反映肝脏功能的重要指标。

（1）参考值　血清总蛋白 65～85g/L；清蛋白 40～55g/L；球蛋白 20～40g/L。清蛋白与球蛋白的比值（A/G）为（1.2～2.4）：1。

（2）临床意义

1）血清总蛋白：①总蛋白增高，见于各种原因所致的血液浓缩，如饮水不足、休克、严重脱水等；②总蛋白降低，见于肝细胞损害造成的清蛋白合成障碍（如慢性肝病）、蛋白质摄入吸收不足（如营养不良）、蛋白质丢失过多（如肾病综合征）、蛋白质消耗增加（如慢性消耗性疾病等）。

2）清蛋白：①清蛋白增高，见于重度脱水致血液浓缩；②清蛋白降低：血清总蛋白低于 60g/L 或清蛋白低于 25g/L 称为低蛋白血症，易出现腹水，见于严重肝炎、肝硬化失代偿期、营养不良及消耗性疾病、肾炎、肾病综合征等。

3）球蛋白：①球蛋白增高：血清总蛋白大于 80g/L 或球蛋白大于 35g/L，称为高蛋白血症，以 γ 球蛋白增加为主，见于慢性肝炎、肝硬化、多发性骨髓瘤、淋巴瘤、自身免疫病等；②球蛋白降低：主要因为球蛋白合成减少，见于 3 岁以下婴幼儿、长期应用免疫抑制剂或肾上腺皮质激素等。

4）A/G 降低或倒置：见于严重肝脏损害，如慢性持续性肝炎、肝硬化、原发性肝癌，以及 M 蛋白血症（如多发性骨髓瘤、淋巴瘤）等。

3. 血清蛋白电泳　血清中各种蛋白质的粒子大小、等电点及所带负电荷不同，因此在电场中各种蛋白质向阳极泳动的速度不同，从而使蛋白质得以分离。

（1）参考值　醋酸纤维膜电泳法，清蛋白 62%～71%，α_1 球蛋白 3%～4%，α_2 球蛋白 6%～10%，β 球蛋白 7%～10%，γ 球蛋白 9%～18%。

（2）临床意义

1）肝脏疾病：急性肝炎时血清蛋白电泳可正常，若病情加重见清蛋白、α 球蛋白及 β 球蛋白减少，γ 球蛋白升高。γ 球蛋白增高与肝炎严重程度成正比。慢性肝炎、肝硬化、肝癌可出现清蛋白和 β 球蛋白减少，γ 球蛋白升高，这些变化均较急性肝炎明显，且有逐渐加重的趋势。

2）肾病综合征、糖尿病：由于血脂增高可致 α_2 球蛋白及 β 球蛋白增高，清蛋白及 γ 球蛋白降低。

3）感染或炎症：α_1 球蛋白、α_2 球蛋白、β 球蛋白均增高，见于各种急慢性炎症。

4. 血氨测定　正常血氨主要来自肠道细菌产氨，其次是肾脏泌氨和肌肉组织产氨。氨对机体有害，肝脏解除氨的毒性，其解毒机制是肝脏利用氨合成尿素，经肾脏排出体外。当肝脏损害严重，肝除氨能力降低，可出现高氨血症。

（1）参考值　18～72μmol/L。

（2）临床意义

1）生理性增高：见于高蛋白饮食或剧烈运动后。

2）病理性增高：见于肝性脑病、重症肝炎、尿毒症、休克等。

考点：血氨增高的临床意义

链　接　肝性脑病

肝性脑病亦称肝性昏迷，由严重肝病引起（肝硬化导致肝性脑病最多见，约占病因的 70%），是以代谢紊乱为基础的中枢神经系统功能失调的综合征。诱发肝性脑病的因素很多，如上消化道出血、高蛋白饮食、大量排钾利尿、放腹水、使用镇静催眠药、便秘、尿毒症、感染或手术创伤等。其主要临床表现是意识障碍、行为失常等。

（二）胆红素代谢检查

1. 标本采集方法　采集空腹静脉血。

2. 血清总胆红素、结合胆红素和非结合胆红素测定

（1）参考值　血清总胆红素：男性≤26.0μmol/L，女性≤21.0μmol/L，结合胆红素 0～6.8μmol/L，

非结合胆红素 1.7～10.2μmol/L。

（2）临床意义

1）判断黄疸及其程度：血清总胆红素在 17.1～34.2μmol/L 时为隐性黄疸或亚临床黄疸；34.2～171μmol/L 为轻度黄疸；171～342μmol/L 为中度黄疸；＞342μmol/L 为重度黄疸。

2）鉴别黄疸的类型：总胆红素及非结合胆红素升高为溶血性黄疸，见于新生儿黄疸、异型输血、自身免疫性溶血等；总胆红素及结合胆红素升高为胆汁淤积性黄疸，见于胰头癌、胆石症、胆道蛔虫病、肝癌等；三者皆升高为肝细胞性黄疸，见于肝脏的各种疾病，如急性黄疸性肝炎、慢性活动性肝炎、亚急性重型肝炎及肝硬化等。

3）判断黄疸病因：溶血性黄疸总胆红素常小于 85μmol/L；胆汁淤积性黄疸时总胆红素升高明显，完全性梗阻大于 342μmol/L，不完全性梗阻为 171～265μmol/L；肝细胞性黄疸为 17.1～171μmol/L。

3. 尿中胆红素测定　结合胆红素为水溶性，可通过肾脏排出，在尿中出现。正常尿中含有微量的胆红素，通常检查方法不易发现。当血中结合胆红素增高超过肾阈（34μmol/L），结合胆红素可自尿中排出。

（1）参考值　阴性。

（2）临床意义　尿胆红素在黄疸的鉴别诊断中有较大的价值，尿胆红素试验阳性说明血中结合胆红素增高，见于肝细胞性黄疸和胆汁淤积性黄疸，尤其胆汁淤积性黄疸时尿胆红素呈强阳性，而溶血性黄疸尿胆红素为阴性。

4. 尿中尿胆原测定　结合胆红素排入肠道，经细菌作用生成尿胆原，被重吸收后大部分进行肝肠循环，仅有少量尿胆原逸入血液循环，通过肾脏排出，因此正常人尿中仅含有少量尿胆原。

（1）参考值　定性阴性或弱阳性；定量 24h 0.84～4.2μmol/L。

（2）临床意义　胆汁淤积性黄疸时尿胆原呈阴性，溶血性黄疸时尿胆原呈强阳性，肝细胞性黄疸时尿胆原轻度增高。同时作尿胆原和尿胆红素检查，可对黄疸进行鉴别诊断（表 6-13）。

表 6-13　三种黄疸的鉴别

黄疸类型	血清胆红素（μmol/L）		尿内胆红素（μmol/L）	
	结合胆红素	非结合胆红素	尿胆红素	尿胆原
正常人	0～6.8	1.7～10.2	–	0.84～4.2
胆汁淤积性黄疸	↑↑↑	↑	++	↓或缺如
溶血性黄疸	↑	↑↑↑	–	↑↑
肝细胞性黄疸	↑↑	↑↑	+	正常或轻度↑

考点：黄疸的实验室检查特点

（三）血清酶学检查

肝脏含有丰富的酶，这些酶在肝细胞中产生、储存、释放或灭活。肝脏病变时，血液中与肝脏有关的酶浓度可以发生变化，因此通过检查血清酶的变化可了解肝脏病变情况及其程度。

1. 标本采集方法　采集空腹静脉血，需及时送检，避免标本溶血。

2. 血清转氨酶测定　转氨酶是一组催化氨基酸与 α-酮酸之间氨基转移反应的酶类。用于肝脏功能检查的转氨酶主要是丙氨酸氨基转移酶（ALT）和天冬氨酸氨基转移酶（AST）。ALT 主要存在于肝细胞浆中，其次是骨骼肌、肾脏、心肌等组织中。AST 在心肌中含量最高，其次是肝脏（80%存在于线粒体内）、骨骼肌和肾脏组织中。正常血清中转氨酶含量很低，当肝细胞轻、中度损伤时，血清转氨酶增高，以 ALT 增高明显，因此 ALT 是最敏感的肝功能检测指标；当肝细胞严重损伤时，线粒体损伤，AST 增高更明显，血清 ALT/AST 增高。

（1）参考值　连续监测法，ALT：男性 9～50U/L、女性 7～40U/L，AST：男性 15～40U/L，女性 13～35U/L，ALT/AST≤1；Karmen 法，ALT 5～25 卡门单位，AST 8～28 卡门单位。

（2）临床意义

1）急性病毒性肝炎：ALT 与 AST 均显著升高，ALT 增高更明显，ALT/AST＞1。在病毒性肝炎感染后 1～2 周，转氨酶达高峰，3～5 周逐渐下降，ALT/AST 也趋于正常。急性肝炎恢复期，如转氨酶不能恢复正常或再上升，提示肝炎转为慢性。急性重症肝炎，病程初期转氨酶升高，以 AST 升高更明显，如在症状恶化时，黄疸进行性加重，转氨酶反而降低，即"胆酶分离"现象，提示肝细胞严重坏死，预后不佳。

2）慢性病毒性肝炎：转氨酶轻度上升或正常，ALT/AST＞1；如果 AST 升高较 ALT 显著，提示慢性肝炎可能进入活动期。

3）肝硬化：转氨酶活性取决于肝细胞坏死和肝纤维化的程度，终末期转氨酶正常或降低。

4）非病毒性肝病：如脂肪肝、药物性肝炎、酒精性肝病、肝癌等，转氨酶轻度增高或正常，且 ALT/AST＜1。

5）胆汁淤积：肝内、外胆汁淤积时，转氨酶轻度升高或正常。

6）急性心肌梗死：以 AST 增高为主，在梗死后 6～8h 开始增高。

7）其他疾病：如骨骼肌疾病、肺梗死、肾梗死、休克等可出现转氨酶轻度升高。

考点：ALT 与 AST 增高的临床意义

3. 血清碱性磷酸酶测定　碱性磷酸酶（ALP）是一组在碱性环境中水解磷酸酯产生磷酸的酶类。主要分布在肝脏、骨骼、肾、小肠、胎盘中，血清 ALP 大部分来源于肝脏和骨骼。胆道疾病时，由于 ALP 生成增加而排泄减少致血清 ALP 升高。所以 ALP 的测定主要用于辅助诊断肝胆和骨骼系统疾病。

（1）参考值　连续监测法：成人男性 45～125U/L；女性 35～100U/L（20～49 岁），50～135U/L（50～79 岁）；婴幼儿 98～432U/L。

（2）临床意义

1）肝胆疾病：肝内、外胆管阻塞性疾病，ALP 明显增高，与胆红素增高平行；累及肝实质细胞的肝胆疾病，ALP 轻度增高。

2）鉴别黄疸类型：ALP、ALT 及胆红素同时测定有助于黄疸的鉴别。胆汁淤积性黄疸，ALP 和胆红素明显升高，转氨酶轻度升高；肝细胞性黄疸，胆红素中度升高，转氨酶明显升高，ALP 正常或稍高；溶血性黄疸，胆红素增高，转氨酶和 ALP 正常。

3）骨骼疾病：如佝偻病、骨肉瘤、骨折愈合期等，血清 ALP 增高。

4. 血清 γ-谷氨酰转移酶测定　γ-谷氨酰转移酶（γ-GT）是催化 γ-谷氨酰基转移到另一个肽或者另一个氨基酸上的酶。血清 γ-GT 主要存在于肝细胞和肝内胆管上皮中，肝、胆疾病时，因合成亢进或排出受阻，γ-GT 可升高。

（1）参考值　连续监测法：成年男性 10～60U/L；女性 7～45U/L。

（2）临床意义

1）胆道阻塞性疾病：γ-GT 升高幅度与胆道阻塞的程度相平行，阻塞程度越重，持续时间越长，γ-GT 越高。

2）原发性或继发性肝癌：癌细胞合成 γ-GT，使血清 γ-GT 显著升高，且升高的幅度与癌组织大小呈正相关。所以对 γ-GT 的动态观察，有助于判断疗效和预后。

3）肝炎及肝硬化：急性肝炎时，γ-GT 中等度升高；慢性肝炎、肝硬化在非活动期，γ-GT 可正常，如 γ-GT 持续攀升是病变活动或病情恶化的标志。

（四）乙型病毒性肝炎血清学检查

案例 6-20

患者，男，18 岁。巩膜黄染 6 个月，右上腹疼痛 2 天。身体评估：肝肋下 4cm，有压痛。乙型病毒性肝炎血清学检测：HBsAg（+）、抗-HBs（–）、HBeAg（+）、抗-HBe（–）、抗-HBc（+）。

问题：请分析该患者的乙型病毒性肝炎血清学检测结果的临床意义。

1. 标本采集方法　采集静脉血，及时送检，避免溶血。

2. 参考值　乙肝表面抗原（HBsAg）、乙肝表面抗体（抗-HBs）、乙肝 e 抗原（HBeAg）、乙肝 e 抗体（抗-HBe）、乙肝核心抗体（抗-HBc）均为阴性。

3. 临床意义

（1）HBsAg 阳性　是 HBV 感染的标志，见于乙型肝炎潜伏期和急性期；慢性肝炎、肝硬化、肝癌；慢性 HBsAg 携带者。HBsAg 虽然本身不具有传染性，但因常与 HBV 同时存在，常作为传染性的标志之一。

（2）抗-HBs 阳性　抗-HBs 是保护性抗体，表明机体具有一定的免疫力。见于隐性感染 HBV、急性乙型肝炎恢复后及接种乙型肝炎疫苗后，是乙型肝炎好转康复的标志，也是机体对 HBsAg 产生免疫力的标志。

（3）HBeAg 阳性　表明乙型肝炎处于活动期，提示 HBV 复制，传染性强。HBeAg 持续阳性，说明肝细胞损害严重，易转变为慢性乙型肝炎或肝硬化、肝癌。

（4）抗-HBe 阳性　不是中和抗体。提示病毒复制减少，传染性减低，但并非无传染性，见于急性肝炎恢复期、慢性肝炎、肝硬化、肝癌。

（5）抗-HBc 阳性　不是中和抗体，是 HBV 对肝细胞损害程度的标志，也可反映 HBV 的复制情况。

1）抗-HBc 总抗体：主要反映的是抗-HBc IgG，其检出率比 HBsAg 更敏感，所以作为 HBsAg 阴性的 HBV 感染的敏感指标，也用作乙型肝炎疫苗和血液制品的安全性鉴定及献血员的筛选。

2）抗-HBc IgM：是感染 HBV 后血液中最早出现的特异性抗体，是近期感染的指标，是诊断急性乙型肝炎和判断病毒复制、传染性强的重要指标。IgM 转阳，预示乙型肝炎复发；IgM 转阴，预示乙型肝炎逐渐恢复，此时抗-HBc IgG 出现阳性反应。

3）抗-HBc IgG：在感染 HBV 后 1 个月左右开始增高，对机体无保护作用，在体内持续时间长，是 HBV 曾经感染的指标，不是早期诊断指标，具有流行病学意义。

链　接　HBV-DNA 检测

HBV-DNA 是 HBV 感染最直接、特异性强和灵敏度高的指标，HBV-DNA 阳性，提示 HBV 复制和具有传染性。HBV-DNA 越高表示病毒复制越活跃，传染性越强。一般数值＞10^3 拷贝/毫升为阳性，10^3～10^5 拷贝/毫升为低量复制，10^5～10^7 拷贝/毫升为中等量复制，＞10^7 拷贝/毫升为大量复制。

考点：乙型病毒性肝炎血清学检测的临床意义

（五）血清甲胎蛋白测定

案例 6-21

患者，男，68 岁。右上腹疼痛 3 个月，呕血 1 天。身体评估：肝肋下 5cm，剑突下 4cm，质地硬，有压痛，移动性浊音阳性。甲胎蛋白测定 420μg/L。

问题：1. 请分析该患者的甲胎蛋白测定结果的临床意义。

2. 可能病因是什么？

甲胎蛋白（AFP）是胎儿发育早期由肝脏合成的一种血清糖蛋白，正常人出生后 AFP 受抑制，逐渐消失，AFP 呈阴性。当肝细胞或生殖腺胚胎组织发生恶变时，细胞内相关基因被激活，原已丧失合成 AFP 能力的细胞又重新开始合成，使血 AFP 增高。

1. 标本采集方法　采集空腹静脉血。

2. 参考值　甲胎蛋白定性：阴性；定量：＜25μg/L。

3. 临床意义

（1）原发性肝细胞癌　AFP 增高，诊断阈值是 AFP＞300μg/L，但约 10%原发性肝细胞癌患者 AFP 阴性。

（2）病毒性肝炎、肝硬化　AFP 不同程度升高。

（3）生殖腺胚胎癌　睾丸癌、畸胎瘤、卵巢癌等 AFP 也可增高。

（4）妊娠　部分妇女妊娠 3 个月后，AFP 开始增高，多低于 300μg/L，分娩后 3 周恢复正常。

考点：AFP 增高的临床意义

二、肾脏疾病常用的实验室检查

案例 6-22

患者，男，67 岁。反复水肿 10 年，发热、咳嗽 10 天。10 年前开始出现眼睑水肿，逐渐至全身水肿，时轻时重，未经正规治疗。10 天前，无诱因出现发热、咳嗽，伴食欲减退、精神不振，曾在诊所服药治疗，症状无缓解。实验室检查：Hb 70g/L，RBC 2.87×10^{12}/L，血肌酐 998μmol/L，尿素氮 28.5mmol/L。

问题：1. 该患者的肾功能检查是否正常？

2. 可能病因是什么？

（一）肾小球功能检查

1. 内生肌酐清除率测定　肌酐是体内肌酸的代谢产物，主要由肾小球滤过，肾小管不重吸收，也很少排泌，所以血清肌酐浓度甚为稳定。人体血液中肌酐的来源有内、外源性两种，外源性肌酐主要来自肉类食物经肠道的吸收，内源性肌酐主要来自肌肉中磷酸肌酸释放能量和脱水后的转化。由于内源性肌酐的生成相当恒定，在严格控制饮食，排除外源性肌酐的来源后，血肌酐含量主要受到内源性肌酐的影响，故肾单位时间将若干毫升血液中的内生肌酐全部清除出去，称内生肌酐清除率（Ccr），能反映肾小球滤过功能。

（1）标本采集方法　检查前连续低蛋白饮食共 3 天，禁食肉类，避免剧烈运动。第 4 日早晨 8 时排净尿液，收集记录此后 24h 尿液，容器内加入甲苯 4～5ml 防腐。试验当日任何时候取静脉抗凝血 2～3ml，与 24h 尿液同时送检。

（2）参考值　成人 80～120ml/min。

（3）临床意义

1）判断肾小球滤过功能损害的敏感指标：此值降低可早于临床症状的出现，以及血清尿素氮、肌酐的增高，能较早反映肾小球滤过功能的损害。

2）评估肾功能损害的程度：临床上常用 Ccr 代替肾小球滤过率（GFR）。根据肾功能受损情况通常将慢性肾脏病分为 5 期（表 6-14），分期越靠后代表病情越严重。

表 6-14　慢性肾脏病的分期

分期	特征	GFR[ml/（min · 1.73m²）]
1 期	肾损伤伴 GFR 正常	≥90
2 期	GFR 轻度降低	60～89

续表

分期	特征	GFR[ml/（min·1.73m^2）]
3期	GFR中度降低	30～59
4期	GFR重度降低	15～29
5期	终末期肾病	<15

3）指导临床治疗：当Ccr<40ml/min时，应限制蛋白质摄入；<30ml/min时，用噻嗪类利尿剂常无效；<10ml/min应进行肾脏代治疗。

2. 血清肌酐和血尿素氮测定 血清肌酐（Cr）由外源性肌酐和内源性肌酐组成。在外源性肌酐摄入稳定的情况下，血中的浓度取决于肾小球滤过功能。当肾实质损害时，肾小球滤过功能降低，血清肌酐浓度就会明显升高。故此测定可作为肾小球滤过功能受损的重要指标，但并非早期诊断指标。

血尿素氮（BUN）是蛋白质代谢的终末产物，其生成量取决于饮食中蛋白质摄入量、组织蛋白质的分解代谢及肝功能状态。尿素主要经肾小球滤过，肾小管重吸收30%～40%，大部分随尿液排出，当肾实质受损时，肾小球滤过率降低，血中的尿素氮升高，所以血尿素氮能反映肾小球滤过功能。

（1）标本采集方法 采集静脉血，及时送检。

（2）参考值 血清或血浆肌酐：男性 57～111μmol/L；女性 41～81μmol/L；全血肌酐为 88.4～176.8μmol/L。血尿素氮：成人2.6～9.5mmol/L；婴幼儿1.8～6.5mmol/L。

（3）临床意义 血清肌酐和血尿素氮均是反映肾小球滤过功能的指标，但不是早期指标。由于肾脏代偿能力较强，只有在肾小球滤过功能下降 1/3～1/2 以上时，血清肌酐和血尿素氮开始上升，因此血清肌酐和血尿素氮增高见于中重度的肾脏损害。血尿素氮浓度受饮食中的蛋白质摄入量、组织蛋白质分解代谢等变化的影响，而肌酐摄入、生成量恒定，故血清肌酐测定较血尿素氮测定更能准确地反映肾小球的滤过功能。

血清肌酐和血尿素氮增高见于：①肾小球疾病，如急慢性肾小球肾炎、肾动脉硬化症、严重肾盂肾炎、肾结核、肾肿瘤等所致严重肾小球病变。②蛋白质分解或摄入过多，如消化道出血、大面积烧伤、甲状腺功能亢进症、高热、应用大剂量肾上腺皮质激素和高蛋白饮食等，均可使血尿素氮增高，但此时血清肌酐及其他肾功能检查结果多正常。③肾前性氮质血症，如脱水、休克、心脏循环功能衰竭等所致肾衰竭，血尿素氮明显增高而血清肌酐正常或轻度增高。经补充血容量后尿量增加，血尿素氮可自行下降。

考点：血清肌酐和血尿素氮增高的临床意义

（二）肾小管功能检查

肾脏浓缩和稀释功能主要在远端小管和集合管进行。正常情况下，远端小管重吸收 Na^+、Cl^-，不能重吸收水，使原尿中电解质浓度逐渐降低，此为远端小管的稀释功能。在抗利尿激素调节作用下，集合管重吸收水，从而完成肾浓缩和稀释尿液的功能，实现肾对水平衡的调节作用。在血容量不足，如缺水、大量出汗、脱水等情况下，肾小管和集合管对水的重吸收增多，尿液浓缩，比重上升>1.020。相反在大量饮水或使用利尿剂后，肾小管和集合管对水的重吸收减少，尿液稀释，比重低于1.010，夜尿增多。因此在日常或特定饮食条件下，通过观察受检者尿量和尿比重的变化，判断肾浓缩与稀释的功能。当远端小管和集合管发生病变时，肾脏的这种浓缩、稀释功能下降。

（1）标本采集方法 试验日患者可正常进食，但每餐含水量不宜超过500～600ml，此外不再饮水。早晨8时排尿弃去，上午10时、12时，下午2时、4时、6时、8时及次晨8时各留尿1次，分别测定尿量和比重。

（2）参考值 24h尿量1000～2000ml，昼尿量多于夜尿量，夜尿量小于750ml，昼尿量与夜尿量之比不应小于（3～4）：1，尿液的最高比重大于1.020；最高比重与最低比重之差大于0.009。

（3）临床意义

1）多尿、低比重尿，夜尿增多，或比重固定在 1.010，提示肾小管浓缩功能差，见于慢性肾炎、慢性肾盂肾炎、慢性肾衰竭、慢性间质性肾炎等。

2）少尿伴高比重尿见于血容量不足所致的肾前性少尿。

3）尿量大于 4L/24h，尿比重低于 1.006，见于尿崩症。

链 接 正确理解肾功能检测

正常肾脏有强大的储备功能，当肾损害尚未达到明显程度时，各种检测指标仍可正常，因此肾功能检测并不是肾损害的早期诊断指标。有时肾功能检测正常，也不能排除器质性肾损害。肾功能检测对预测病变严重程度、指导临床治疗和判断预后有一定价值。肾功能是多方面的，完整的肾功能包括肾小球滤过功能、肾小管重吸收功能，因此，不能把肾功能的某个单项检查误称为肾功能。

三、心血管疾病的常用实验室检查

案例 6-23

患者，女，67 岁。剧烈胸痛 1 天，呼吸困难、昏厥 1h。1 天前与人争执后突发心前区持续绞痛，并向左上肢内侧放射，口含硝酸甘油后无缓解。到当地保健站就诊，无好转。1h 前呼吸困难、昏厥加剧。既往有高血压病史。实验室检查：AST 400U/L，LDH 420U/L，CK 335U/L。

问题： 1. 该患者实验室检查是否正常？

2. 患者还要做什么检查来帮助诊断？可能病因是什么？

（一）血清肌酸激酶测定

肌酸激酶（CK）能催化肌酸与 ATP 的高能磷酸键转化生成磷酸肌酸和 ADP 的可逆反应，为肌肉收缩和运输系统提供能量来源。CK 主要存在于骨骼肌和心肌，其次为脑组织和平滑肌，肝脏和红细胞含量极少。CK 是由 M 和 B 两个亚单位组成的二聚体，形成三种不同的亚型：CK-BB（脑组织细胞中最多）；CK-MB（心肌组织细胞中较多，活性中等）；CK-MM（骨骼肌与心肌细胞中最多，活性最高）。正常人血清中以 CK-MM 为主。当骨骼肌或心肌细胞受损伤时，大量 CK 释放入血，并在一定时间内达到峰值，检查 CK 的不同亚型浓度及峰值时间，对诊断临床疾病、观察病情的发展转归、指导治疗与护理工作有很大帮助。

1. 标本采集方法 采集空腹静脉血，及时送检。

2. 参考值 酶偶联法，男性 80～200U/L；女性 60～140U/L。

3. 临床意义 CK 增高见于：①急性心肌梗死：CK 是诊断早期急性心肌梗死较敏感的指标，一般 10～36h 达高峰，2～4 天后降至正常。CK-MB 对急性心肌梗死早期诊断的灵敏度明显高于 CK，所以临床上常只检查 CK-MB，其改变较心电图敏感。心绞痛、病毒性心肌炎等也可引起 CK 升高。②肌肉疾病，如多发性肌炎、骨骼肌损伤、进行性肌营养不良、手术及各种插管术、电休克术后也可见 CK 升高，多以 CK-MM 升高为主。另外，脑血管病变、长期昏迷等，CK 升高多以 CK-BB 为主。

考点：CK 增高的临床意义

（二）乳酸脱氢酶测定

乳酸脱氢酶（LDH）广泛存在于各种人体组织中，尤以心、肾、骨骼肌、肝、胰腺和肺最多。组织中此酶活性比血清中约高 1000 倍，所以当有少量组织坏死时，血液中 LDH 活性即可增高。此酶同工酶较多，LDH_1 在心肌的含量最高。

1. 标本采集方法　同血清肌酸激酶测定。

2. 参考值　连续监测法：120～250U/L。

3. 临床意义　LDH 增高见于：①急性心肌梗死：LDH 在急性心肌梗死后 8～10h 开始升高，2～3 天后达高峰，持续 10～14 天可恢复正常，LDH 诊断心肌梗死灵敏度高，但特异度不高，一定要结合临床；②其他：肝脏疾病、恶性肿瘤、骨骼肌病和肾病等也可增高。

链　接　急性心肌梗死

急性心肌梗死是冠状动脉急性、持续性缺血缺氧所引起的心肌坏死。临床上多有剧烈而持久的胸骨后疼痛，休息及含服硝酸酯类药物不能完全缓解，血清心肌酶活性增高及进行性心电图变化，可并发心律失常、休克或心力衰竭，常可危及生命。本病在欧美国家最常见，在我国近年来呈明显上升趋势。

（三）心肌肌钙蛋白和肌红蛋白

心肌肌钙蛋白（cTn）是对心肌收缩起到重要作用的调节蛋白，由肌钙蛋白 T（TnT）、肌钙蛋白 I（TnI）和肌钙蛋白 C（TnC）三种亚单位组成。TnT 和 TnI 具有独特的抗原表位，对心肌特异性较高，其增高水平与心肌梗死范围及预后明显相关。

1. 标本采集方法　同血清肌酸激酶测定。

2. 参考值　cTnT：0.02～0.13μg/L；cTnI：＜0.5μg/L。

3. 临床意义　①肌钙蛋白 T 和 I 明显升高提示急性心肌梗死发生。两者在急性心肌梗死起病 3～4h 后升高，肌钙蛋白 I 于 11～24h 达高峰，7～10 天降至正常；肌钙蛋白 T 于 24～48h 达高峰，10～14 天降至正常。②不稳定型心绞痛和其他微小心肌损伤时肌钙蛋白也可升高。

自　测　题

A_1/A_2 型题

1. 下列可引起红细胞和血红蛋白减少的是（　　）
   A. 呕吐　B. 腹泻
   C. 大面积烧伤　D. 妊娠后期
   E. 肺源性心脏病
2. 下列可引起血钾增高的是（　　）
   A. 醛固酮增多症　B. 肾上腺皮质功能亢进症
   C. 胃肠减压　D. 代谢性碱中毒
   E. 急性肾衰竭
3. 患者，女，35 岁。2 胎，产检要求其做 OGTT，给其口服的葡萄糖量是（　　）
   A. 75mg　B. 75g　C. 150mg
   D. 150g　E. 100g
4. 患者，女，25 岁。血常规显示中性粒细胞增多。最常见的原因是（　　）
   A. 大面积烧伤　B. 急性感染
   C. 急性中毒　D. 急性溶血
   E. 恶性肿瘤
5. 患者，女，28 岁。血常规检查：红细胞计数 1.6×10^{12}/L，血红蛋白 45g/L，白细胞计数 5.0×10^{9}/L，血小板计数 150×10^{9}/L，网织红细胞 1.0%，其贫血程度是（　　）
   A. 无贫血　B. 轻度　C. 中度
   D. 重度　E. 极重度
6. 张护士给患者采集血液时发生血标本溶血，可造成哪项检查结果不准确（　　）
   A. 血钾　B. 肌酐　C. 尿素氮
   D. 葡萄糖　E. 甘油三酯
7. 成人正常尿量每日有（　　）
   A. 800～1600ml　B. 900～1800ml
   C. 1000～2000ml　D. 1200～2400ml
   E. 1400～2800ml
8. 患者每升尿中含血量超过多少即可呈现淡红色，称为肉眼血尿（　　）
   A. 1ml　B. 2ml　C. 3ml
   D. 4ml　E. 5ml
9. 患者，女，61 岁。肾衰竭多年，近期有少尿的表现，请问临床上少尿的标准是指 24h 尿量小于（　　）
   A. 100ml　B. 150ml　C. 200ml
   D. 400ml　E. 500ml

10. 患者，男，32 岁。尿液变红 1 天，伴有腹部疼痛并放射到腹股沟，导致该患者血尿最可能的病因是（　　）
A. 急性肾炎　　B. 慢性肾炎
C. 肾结核　　D. 尿路结石
E. 肾肿瘤

11. 患者，女，18 岁。左下肢水肿 1 年，近期发现尿液呈乳白色，最可能的原因是（　　）
A. 丝虫病　　B. 肾病综合征
C. 肾小管变性疾病　　D. 腹膜结核
E. 先天性淋巴管畸形

12. 患者，男，56 岁。患尿毒症 1 年，精神萎靡，下腹无胀满，24h 尿量为 60ml。请问患者的排尿状况属于（　　）
A. 正常　　B. 无尿　　C. 少尿
D. 尿潴留　　E. 尿量偏少

13. 患者，女，35 岁，农民。突然昏迷 1h 就诊，尿中有大蒜味，其可能的原因是（　　）
A. 食用大蒜　　B. 肾功能不全
C. 糖尿病酮症酸中毒　D. 尿路感染
E. 有机磷农药中毒

14. 粪便镜检有大量白细胞常见于（　　）
A. 肠炎　　B. 细菌性痢疾
C. 阿米巴痢疾　　D. 结肠癌
E. 克罗恩病

15. 小肠以下部位出血，粪便通常不会出现下列哪种情况（　　）
A. 鲜红色血便　　B. 暗红色血便
C. 洗肉水样便　　D. 果酱样便
E. 柏油样便

16. 患儿，男，5 岁。腹泻、里急后重 1 天，拟诊细菌性痢疾，患儿的粪便性状为（　　）
A. 脓血便　　B. 鲜血便
C. 水样便　　D. 米泔水样便
E. 柏油样便

17. 患者，男，70 岁。近期粪便呈细条状，首先考虑患者可能是（　　）
A. 消化不良　　B. 细菌性痢疾
C. 便秘　　D. 痔疮
E. 直肠癌

18. 有关渗出液的叙述，下列哪项不正确（　　）
A. 常自行凝固　　B. 细胞数＞500×10^9/L
C. 蛋白定量＞25g/L　D. 糖含量明显高于血糖
E. 常见于炎症、肿瘤、寄生虫侵犯浆膜时

19. 患者，男，16 岁。咳嗽咳痰 6 个月，痰中带血丝 1 个月，意识障碍 1 天就诊。检查脑膜刺激征阳性，脑脊液外观呈毛玻璃样，患者可能的病因是（　　）
A. 化脓性脑膜炎　　B. 结核性脑膜炎
C. 正常人　　D. 蛛网膜下腔出血
E. 脑出血

20. 下列哪项检查，主要反映肾小球滤过功能（　　）
A. 酚红排泄试验　　B. 尿常规检查
C. 尿浓缩稀释试验　　D. 内生肌酐清除率检查
E. 1h 尿细胞排泄率检查

21. 患者，男，18 岁。巩膜黄染 1 个月，疑为急性病毒性肝炎，下列哪项指标最有助于诊断（　　）
A. 血清胆红素
B. 丙氨酸氨基转移酶
C. 天冬氨酸氨基转移酶
D. 血清胆碱酯酶
E. 血清胆固醇

22. 患者，男，46 岁。健康体检时，发现肝脏功能检测中 A/G 倒置，既往有肝炎病史，可能提示有（　　）
A. 肝硬化　　B. 胆道结石
C. 急性肝炎　　D. 营养不良
E. 大出血

23. 患者，男，61 岁。全身水肿 10 天，准备做内生肌酐清除率检查，实验前 3 天的饮食是（　　）
A. 高热量饮食　　B. 高蛋白饮食
C. 无肌酐饮食　　D. 多纤维素饮食
E. 正常饮食

24. 患者，男，28 岁。健康体检做乙型肝炎病毒标志物检测，护士应告知下列哪项具有免疫保护作用（　　）
A. e 抗体　　B. 核心抗体
C. 表面抗体　　D. DNA 多聚酶
E. e 抗原

25. 患者，男，30 岁。上腹痛 3 天，进食后疼痛加剧，伴有呕吐，吐后疼痛不缓解，疑为急性胰腺炎。确诊宜选择的检查是（　　）
A. 血钙测定　　B. 血白细胞计数
C. 血清脂肪酶测定　　D. 血清淀粉酶测定
E. 血糖测定

A_3/A_4 型题

（26～28 题共用题干）

患者，男，50 岁。1 周来体温持续在 39～40℃。身体评估：面色潮红，呼吸急促，口唇轻度发绀，意识清楚。

26. 该患者发热的热型是（　　）
A. 弛张热　　B. 回归热
C. 稽留热　　D. 间歇热
E. 不规则热

27. 为明确诊断，需查心肌酶、红细胞沉降率及血培养。应需用的红细胞沉降率标本容器正确的是（　　）
    A. 血培养瓶　　B. 无菌试管
    C. 干燥试管　　D. 抗凝试管
    E. 液体石蜡试管
28. 采集上述血液标本后，注入容器的先后顺序，正确的是（　　）
    A. 抗凝试管、干燥试管、血培养瓶
    B. 干燥试管、血培养瓶、抗凝试管
    C. 干燥试管、抗凝试管、血培养瓶
    D. 血培养瓶、干燥试管、抗凝试管
    E. 血培养瓶、抗凝试管、干燥试管

（29～31 题共用题干）

患者，男，32 岁，巩膜黄染 5 天。

29. 如是胆汁淤积性黄疸，典型者尿液检查结果为（　　）
    A. 尿胆原降低，胆红素阳性
    B. 尿胆原增高，胆红素阳性
    C. 尿胆原降低，胆红素阴性
    D. 尿胆原增高，胆红素阴性
    E. 尿胆原正常，胆红素阳性
30. 如是肝细胞性黄疸，典型者尿液检查结果为（　　）
    A. 尿胆原降低，胆红素阳性
    B. 尿胆原增高，胆红素阳性
    C. 尿胆原降低，胆红素阴性
    D. 尿胆原增高，胆红素阴性
    E. 尿胆原正常，胆红素阳性
31. 如是溶血性黄疸，典型者尿液检查结果为（　　）
    A. 尿胆原降低，胆红素阳性
    B. 尿胆原增高，胆红素阳性
    C. 尿胆原降低，胆红素阴性
    D. 尿胆原增高，胆红素阴性
    E. 尿胆原正常，胆红素阳性

案例分析题

32. 患者，男，55 岁。慢性咳嗽 15 年，咳白色泡沫痰，有时发热伴黄脓痰，近 2 年来气急渐重，1 天前因剧烈咳嗽后突然呼吸困难加重，烦躁不安，口唇发绀，桶状胸，右侧胸部叩诊鼓音，双下肢水肿。血常规检查：红细胞计数 7.05×10^{12}/L，血红蛋白 210g/L，白细胞计数 7.5×10^{9}/L，中性粒细胞 80%；尿液检查：蛋白++，红白细胞均 4～6 个/HP；肝功能检查：血清总蛋白 45g/L、清蛋白 30g/L、球蛋白 15g/L。

    问题： 1. 针对上述病例列出 3 个主要护理问题，并指出首优护理问题。

    2. 分析患者的检查结果及临床意义。

33. 患者，男，45 岁。反复黑便 3 周，呕血 1 天。3 周前，自觉上腹部不适，偶有嗳气，反酸，粪便色黑，1～2 次/天，成形，未予注意，1 天前，进食辣椒及烤馒头后，觉上腹部不适，伴恶心，排柏油便约 600ml，呕鲜血约 500ml，当即晕倒。患者自发病以来乏力明显，睡眠、体重大致正常，无发热。15 年前发现 HBsAg（+），有胃溃疡病史 10 年，常服制酸剂。否认高血压、心脏病病史，否认结核史。身体评估：面颊可见蜘蛛痣 2 枚，移动性浊音阳性。肝功能检查：血清总蛋白 45g/L、清蛋白 15g/L、球蛋白 30g/L；血清总胆红素 31.2μmol/L、血清结合胆红素 11.8μmol/L、血清非结合胆红素 19.3mol/L；ALT 115U/L、AST 102U/L。乙型病毒性肝炎血清学检测：HBsAg（+）、抗-HBs（-）、HBeAg（+）、抗-HBe（-）、抗-HBc（+）。

    问题： 1. 针对上述病例列出 3 个主要护理问题，并提出首优护理问题。

    2. 分析患者的检查结果及临床意义。

（黄　丹　梁　音）

第7章 影像学检查

学习目标

1. 素质目标　具有尊重和爱护患者，保护患者隐私的职业精神；具备认真负责、实事求是的工作态度。

2. 知识目标　解释不同影像学检查技术的基本原理、图像特点及主要临床应用；熟知放射学检查、超声检查及核医学检查患者的准备与处理。

3. 能力目标　能结合患者的具体情况指导其做好检查前的准备；能根据影像学检查结果分析患者可能存在的健康问题。

影像学检查是通过运用 X 线、计算机体层成像（CT）、磁共振成像（MRI）、超声成像（US）、核素成像等技术来显现人体内部组织结构，以便了解人体解剖结构、生理功能及病理改变，从而达到健康评估、疾病诊断、辅助治疗、预测预后的目的。了解影像学检查的成像原理、图像特点及临床应用价值，掌握检查的准备与处理已成为护士的必备基本技能之一。

链　接　影像学检查的进展

随着科技的发展，医学影像学从单纯的放射诊断发展成具有 US、CT、MRI、核素成像等诸多门类的学科。普通 X 线检查发展为数字/计算机 X 线摄影（DR/CR）和数字减影血管造影（DSA）；超声从黑白向彩色图像、从二维图像向多维图像、从反射法向透射法发展，血管内、体腔和术中探头的应用扩大了诊断范围。CT 由最初的单层 CT，到多层螺旋 CT，直至 640 层容积 CT（VCT）。MRI 自 1980 年应用于临床以来，现已发展到超高场强 7T MRI。核素继 γ 闪烁摄影之后发展了单光子发射体层摄影（SPECT）和正电子发射体层摄影（PET）技术，使影像学不再局限于单纯的形态学诊断，逐渐向了解器官功能、代谢及生化改变等分子水平方向发展。

第1节　X 线 检 查

案例 7-1

患者，男，28 岁。午后低热、乏力、干咳 2 个月，病前有肺结核接触史。初步诊断：肺结核，需 X 线检查。

问题： 1. 患者担心 X 线辐射对身体有伤害，护士应如何开展健康教育？

2. 患者检查前需做哪些准备？

自 1895 年德国物理学家威廉•伦琴发现 X 线，并将其用于临床疾病诊断已有百余年历史，如今仍是医学影像学检查的重要组成部分。

一、X 线的特性

X 线是一种波长很短的电磁波，由高速运行的自由电子束撞击某一特定物质后被突然阻止而产生。X 线的特性见表 7-1。

表 7-1 X 线的特性

特性	评价
穿透性	X 线成像的基础。X 线能穿透普通光线所不能穿透的物质，可用于对人体组织进行透视和摄影，显示人体内部结构及病灶的特征
荧光效应	X 线透视的基础。X 线能激发荧光物质（如硫化锌、钨酸钙等）产生肉眼可见的荧光
感光效应	X 线摄影的基础。X 线能使涂有溴化银的胶片感光，通过显影、定影处理而形成黑白影像
电离与生物效应	放射治疗和防护的基础。X 线通过任何物质可使其发生电离，进入人体后可使人体发生生物学方面的改变

考点： X 线的特性

二、X 线成像的原理

X 线能使人体组织在荧屏上或胶片上形成影像，一方面是基于 X 线的穿透性、荧光效应和感光效应；另一方面是基于人体组织之间有密度和厚度的差别，当 X 线透过人体不同组织密度和厚度时，被吸收的程度不同，到达荧屏或胶片上的 X 线量有差异，在荧屏或胶片上就形成不同灰度的影像（图 7-1）。密度和厚度的差别是产生影像对比的基础，是 X 线成像的基本条件，所以在分析 X 线影像时要同时考虑到组织密度和厚度的影响。

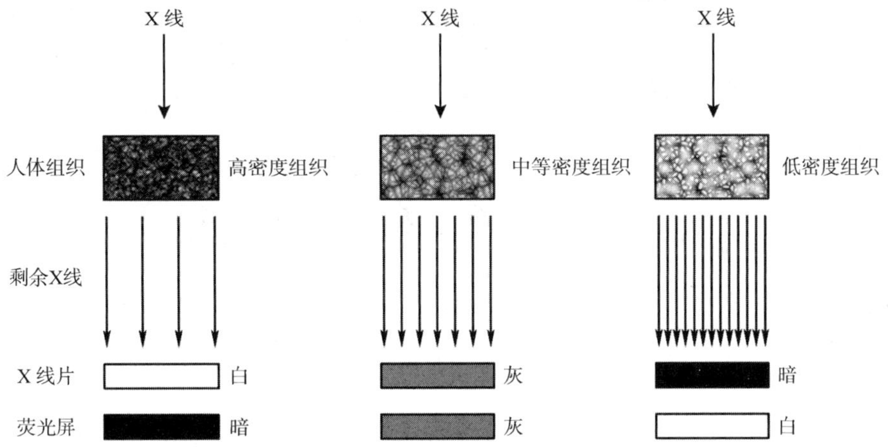

图 7-1 不同密度组织（相同厚度）与 X 线成像的关系

（一）自然对比

利用人体组织和器官本身密度的差异来形成对比清楚的影像，称为自然对比。人体组织结构在 X 线影像上的密度根据 X 线的吸收程度不同分为 3 类：①高密度，如骨组织和钙化灶等；②中等密度：软骨、肌肉、神经、实质器官、结缔组织及体液等；③低密度：脂肪组织及有气体存在的呼吸道、胃肠道、鼻窦和乳突气房等。

当厚度差别不大时，不同组织间密度的差别在 X 线影像中构成了灰度的差别，如肋骨密度高，对 X 线吸收多，照片上呈低灰度（白色）；肺组织主要为气体，密度低，X 线吸收少，照片上呈高灰度（黑色）。

（二）人工对比

对于人体内缺乏自然对比的组织或器官，尤其是中等密度的组织或器官，可通过人为的方法引入一定量的在密度上较组织或器官高或低的物质，使之增强影像对比效果，称为人工对比。引入的物质称为对比剂。

三、常用的 X 线检查方法

（一）普通检查

X 线检查简单易行，应用范围最广。

1. 荧光透视 是指X线穿透人体检查部位在荧光屏上形成影像的方法。其优点为简单、方便、实时、动态、经济等；缺点为影像对比度及清晰度较差、辐射剂量较大、缺乏客观记录，目前主要用于胃肠道造影检查。

2. X线摄影 俗称拍片，是X线穿透人体后在胶片上形成影像的方法。其优点为图像清晰，检查范围广，可作记录、保存，便于分析对比和复查比较。缺点是仅为瞬时影像，难以了解动态功能的改变。X线摄影时，常需互相垂直的两个方位摄影，如正位和侧位，在动态了解功能方面不如透视直观。X线摄影广泛用于胸部、腹部、四肢、头颅、脊椎等方面的检查。

（二）特殊检查

1. 软X线摄影 40kV以下管电压产生的X线，波长较长、能量较低，穿透物质的能力较弱，称为软X线，主要用于乳腺X线检查。

2. X线减影技术 建立在X线摄影技术具有数字化的基础上，用高低两种不同的管电压进行2次（间隔200ms）曝光为一次基础的采集过程，通过减影可以分别单独显示所摄部位的常规标准影像、去除骨骼的软组织影像和不含软组织的骨组织影像，有利于检测骨组织遮挡的病灶及清晰显示骨组织病变（图7-2）。

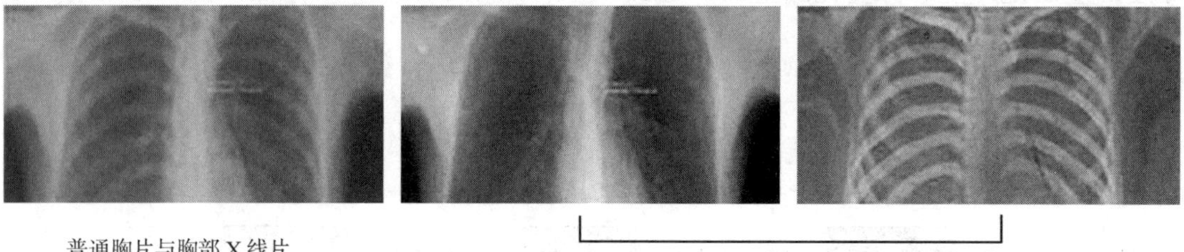

图7-2 普通胸部X线片与减影技术后胸部X线片

3. 体层摄影检查 过去常用于肺、支气管、脊椎、肾等部位的检查。由于CT及MRI的广泛普及，目前应用较少。

链 接 计算机X线成像与数字X线摄影

计算机X线成像（CR）是将X线摄影的影像信息记录在影像板上，读取装置读取后由计算机计算出一个数字化图像，经数字/模拟转换器转换，于荧屏上显示出灰阶图像。

数字X线摄影（DR），透射过人体后的X线信号被探测获取，直接形成数字影像，数字影像数据传到计算机，在显示器上显示，也可以进行后期处理。

（三）造影检查

造影检查即人工对比，将一种较人体密度高或低的物质导入人体内要摄影的部位，造成要检查部位密度差异，以构成对比。临床上常用的高密度造影剂为钡剂和碘剂，造影剂的导入方法包括直接导入法和间接导入法。各种造影检查都有相应的检查前准备和注意事项，护士必须认真准备，保证检查满意和患者的安全。

1. 直接导入法 是采用口服（胃钡餐造影）、灌注（钡剂灌肠）、穿刺注入（血管造影）等途径将造影剂导入人体的方法。

2. 间接导入法 是经口服或静脉注射使造影剂进入体内，选择性地经某一器官的生理排泄，暂时存于其实质或通道内而显影的方法，如静脉尿路造影、口服法胆囊造影等。

考点：常用的X线检查方法

四、X线检查的防护

X线检查应用广泛，照射人体具有一定的生物效应，达到一定量就会造成放射性损伤，因此应做好日常防护工作，尤其是孕妇、儿童和放射线工作人员的防护。可采取屏蔽和距离防护，常以铅或含铅物质作为屏障吸收 X 线或增大人体与 X 线的间距以减少辐射量。同时应严格掌握适应证，避免不必要的检查。

五、X 线检查的准备与处理

（一）透视检查

透视前向被检者解释检查目的及配合事项（如正确的检查姿势、去除金属饰物等），以免影响检查结果。

（二）X 线摄影检查

拍摄 X 线片前应向被检者解释检查目的、方法和注意事项，消除其紧张或恐惧心理。指导被检者充分暴露检查部位，拍摄胸部 X 线片时需屏气等。除急腹症外，腹部 X 线摄影前应先清洁灌肠，以免气体或粪便影响相片质量。创伤者拍摄 X 线片时，应尽量少搬动，危重者拍摄 X 线片时须有医护人员监护。

（三）造影检查

应向被检者及家属说明检查的目的、方法及注意事项，了解是否存在造影检查的禁忌证，备齐相关抢救用物。

1. 碘造影剂检查

（1）检查前准备　碘造影剂应用前须先做碘过敏试验。常用方法：①皮内试验法：用碘造影剂 0.1ml 进行皮内试验，20min 后如局部皮肤出现红肿、硬结，直径＞1cm 为阳性；②静脉注射法：检查前 1 天用碘造影剂 1ml 缓慢静脉注射，15min 后若出现胸闷、气急、恶心、呕吐、头晕、头痛、荨麻疹等为阳性。

（2）检查后处理　①留院观察：使用碘造影剂后，被检者需留院观察至少 30min，高危被检者应留院观察更长时间；②碘造影剂不良反应的分级与处理：根据碘造影剂反应的程度将其分为轻度、中度和重度 3 度，其表现与处理见表 7-2。

表 7-2　碘造影剂不良反应的临床表现与处理

程度	临床表现	处理
轻度	发热、恶心、皮肤瘙痒、皮疹等	对症处理
中度	寒战、高热、头痛、眩晕、胸闷、心悸、皮疹、呕吐等	对症处理，立即终止检查
重度	胸闷、心悸、冷汗、面色苍白、意识丧失、血压下降等	对症处理，立即终止检查，并及时给予抗过敏、扩容和吸氧等抗休克处理

考点：X 线检查的准备；碘过敏的表现及处理

2. 心血管造影检查　检查前检测血常规和出血、凝血时间；检查前 1 天分别做碘、普鲁卡因和青霉素过敏试验，并对穿刺部位备皮；检查前禁食 4h，检查前 30min 肌内注射苯巴比妥 0.1g；检查前连接心电图监护仪，准备好其他抢救设备和药品。

3. 消化道造影检查　上消化道气钡双重对比造影检查前 3 天禁服钙、铁、铋剂等不透 X 线药物；检查前 12h 禁食、禁饮；上消化道出血者暂缓至病情稳定、出血停止后数日；幽门梗阻者须先抽出胃内滞留物；若疑有胃肠穿孔、肠梗阻者则禁止检查。结肠气钡双重对比造影检查前 2 天连续进无渣饮食，口服缓泻剂如番泻叶导泻，禁忌清洁灌肠。食管钡剂检查经口吞服钡剂，无须特殊准备。

4. 静脉肾盂造影检查　检查前 3 天禁服钙剂、铁剂、铋剂等不透 X 线药物；检查前 1 天做碘过敏试验，宜进产气少、无渣饮食；检查前 1 天晚上服缓泻剂导泻或清洁灌肠；检查前 6h 禁饮，排尿或导尿后行造影检查。

5. 脑血管造影检查 检查前检测出血、凝血时间；检查前 1 天进行碘、普鲁卡因过敏试验；检查前 4～6h 禁食。

六、X 线检查的临床应用

目前一些影像检查技术如 CT、MRI 等在疾病诊断方面显现出优越性，但这并不意味着能取代 X 线检查。在一些部位的检查中 X 线检查仍为首选，是影像检查中最广泛、最基本的方法。

（一）呼吸系统 X 线检查

1. 正常 X 线表现 正常胸部 X 线影像是胸腔内外各种组织和器官重叠的综合投影（图 7-3）。只有熟悉各种影像的正常及变异表现，才能对疾病的各种异常征象进行认识和分析（表 7-3）。

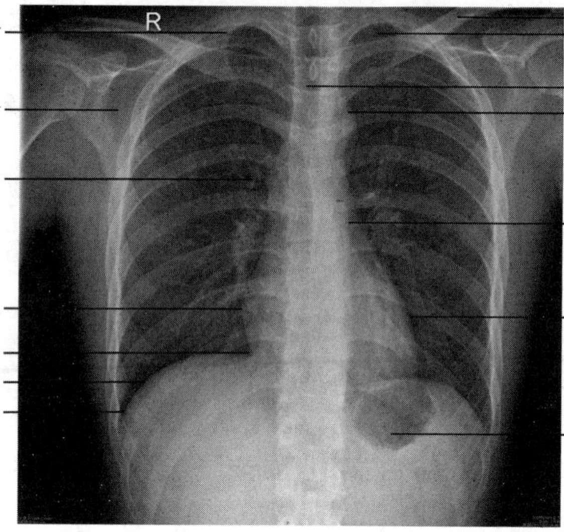

图 7-3 正常胸部 X 线片

表 7-3 正常胸部 X 线表现

胸部组织	X 线表现
软组织	
胸锁乳突肌	外缘锐利，均匀致密
胸大肌	均匀致密的扇形影，其外下缘境界清楚，两侧胸大肌影可不对称
乳房及乳头	女性乳房在两肺下野形成下缘清楚的半圆形密度增高影；乳头在两肺下野形成小圆形致密影
骨骼	
肋骨	肋骨后段呈水平向外下方走行，密度较高，清晰，前段自外上向内下斜行。肋软骨不显影。余肋软骨表现为断续的片状、条状或颗粒状钙化影
肩胛骨	肩胛骨内缘可与肺野外带重叠
锁骨	内端下缘有时呈半月形凹陷，两侧可不对称，称为菱形窝，为菱形韧带附着处，边缘不规则
胸骨	正位片上，胸骨与纵隔影重叠
胸椎	正位片上，横突可突出于纵隔影之外，可与肺门重叠
膈	呈圆形向上隆起。膈与心脏相交处称心膈角，膈与肋骨相交处称肋膈角，在透视下可见膈随呼吸而上下运动
纵隔	除气管及支气管可以分辨外，其余结构间无明显对比
肺	
肺野	均匀一致的低密度阴影。为便于标明病变部位，人为地将两肺野各纵行分为三等份，称为内、中、外带；又分别从第 2 和 4 肋骨前端下缘各划一横线，把肺野分为上、中、下三野
肺门	由肺动脉、肺静脉、支气管和淋巴组织组合而成，其中以肺动脉和肺静脉的大分支为主要组成部分

续表

胸部组织	X线表现
肺纹理	由肺动脉、肺静脉及淋巴管构成。胸部X线片上表现为自肺门向肺野呈放射状分布的树枝状影
肺叶	右肺的斜裂与水平裂将右肺分为上、中、下三叶。左肺只有斜裂，将左肺分为上、下两叶
肺段	每个肺叶由2～5个肺段构成

考点：肺纹理的构成

2. 肺部病变的基本X线表现

（1）渗出与实变　渗出是机体对急性炎症的反应。当肺部炎症进展至某一阶段，肺泡内气体即被由血管渗出的液体、蛋白及细胞所代替，形成渗出性实变，X线影像表现为密度较均匀的片状致密影，边缘模糊，当实变占据整个肺叶，其边界至叶间胸膜，则形成边缘锐利以叶间胸膜为界的全叶性实变。渗出是产生实变的常见原因之一。若渗出扩散至整个肺叶时即为实变，X线影像表现为片状致密影，常见于急性炎症、渗出性胸膜炎、肺水肿等。

（2）增殖　一般表现为呈结节状或似梅花瓣状、密度较高、边缘较清楚、明显融合而限于腺泡范围内不大的病灶。病变常见于各种慢性肺炎、肺结核、肉芽肿性肺炎等。

（3）纤维化　表现为密度高、走行僵直的索条状影。局限性纤维化见于肺炎、肺结核及肺脓肿等。弥漫性纤维化见于弥漫性间质肺炎、特发性肺间质纤维化、肺尖埃沉着病等。

（4）钙化　表现为密度高、边缘锐利清楚、大小形状不同的阴影，可为斑点状、块状或球形，呈局限或弥散分布，是病变愈合的一种表现，常见于肺结核痊愈阶段。

（5）结节与肿块　直径≤3cm称结节，＞3cm称肿块。肺癌以形成肿块为特点：①良性肿瘤：多有包膜，边缘光滑，生长缓慢；②恶性肿瘤：多无包膜，呈浸润性生长，边缘不规则，呈肺叶状，生长快，易发生坏死。

（6）空洞与空腔　肺内病变组织发生坏死液化，经引流支气管排出，可以形成空洞。肺空洞表现为大小不一、形态不同、有完整洞壁的透明区，多见于肺脓肿、肺癌或有空洞形成的继发性肺结核等。

考点：肺部病变的基本X线表现

3. 常见呼吸系统疾病的X线影像表现

（1）大叶性肺炎　X线影像表现为：①早期：可无阳性表现或仅为病变区肺纹理增多。②实变期：表现为密度均匀的肺叶或肺段片状、三角形或以叶间裂为界的致密影。有时实变的肺组织与含气支气管相衬托，在实变的肺组织中可见到透明的支气管影即为空气支气管征（图7-4）。③消散期：表现为散在、分布不规则、大小不一的斑片影。

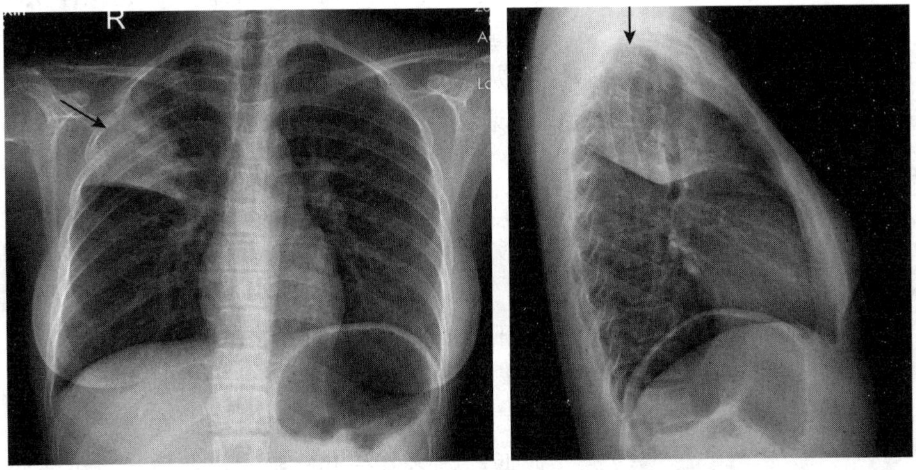

图7-4　大叶性肺炎实变期X线片

（2）支气管肺炎　又称小叶性肺炎，好发于婴幼儿、老年人和极度衰弱的患者。X线表现为两肺中下野的内、中带肺纹理增多，沿肺纹理分布的不规则模糊斑片状影。病灶融合可表现为肺门阴影增大。

（3）病毒性肺炎　X线早期可无阳性表现，多表现为肺纹理增多，单侧或双侧肺野局限性或弥漫性分布的斑片影和磨玻璃样高密度影。不同病毒性肺炎的基本病理改变为弥漫性肺泡损伤和肺间质炎症，影像学表现具有普遍特征，但又有各自独特的表现。

（4）肺结核　X线检查不但能发现早期病变，而且能确定临床类型、病变范围、部位、性质及其转归，为治疗、护理和判断预后提供依据，是肺结核不可缺少的检查方法。

不同临床类型结核病的X线表现如下。

1）原发性肺结核（Ⅰ型）：结核菌侵入肺部后，先在肺内形成原发病灶，随后沿着淋巴管传播至肺内或气管旁淋巴结，引起淋巴管炎和淋巴结炎。X线主要表现为肺内原发病灶及胸内淋巴结肿大，或单纯胸内淋巴结肿大（图7-5）。

2）血行播散型肺结核（Ⅱ型）：①急性血行播散型肺结核 X线表现为双肺野出现分布均匀、大小相仿、密度一致的粟粒阴影（图 7-6）。②亚急性或慢性血行播散型肺结核的弥漫病灶，多分布于两肺的上中部，大小不一，密度不等，可有融合。

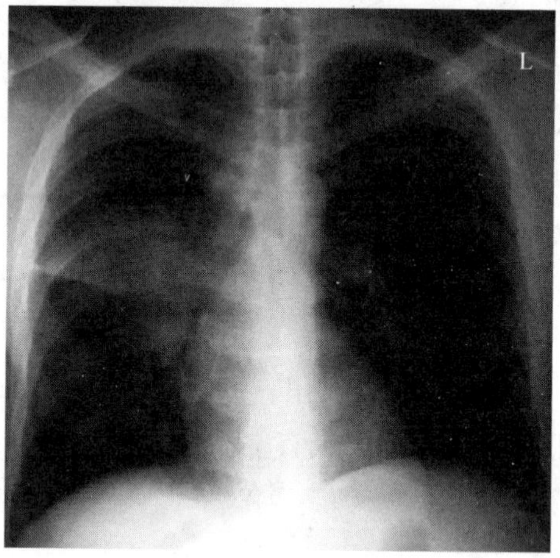

图 7-5　原发性肺结核X线片

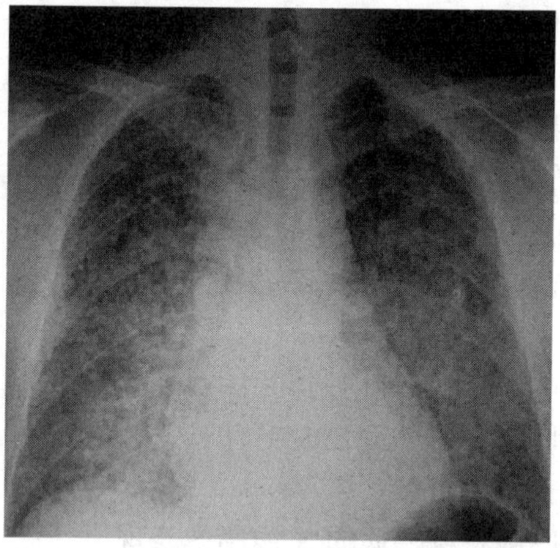

图 7-6　急性血行播散型肺结核X线片

3）继发性肺结核（Ⅲ型）：是成年人肺结核中最常见的一种类型，胸部影像表现多样。轻者主要表现为斑片、结节及索条影（图 7-7），或表现为结核瘤或孤立空洞；重者可表现为大叶性浸润、干酪性肺炎、多发空洞形成和支气管播散等；反复迁延进展者可出现肺损毁，损毁肺组织体积缩小，其内多发纤维厚壁空洞、继发性支气管扩张，或伴有多发钙化等，邻近肺门和纵隔结构牵拉移位，胸廓塌陷，胸膜增厚粘连，其他肺组织出现代偿性肺气肿和新旧不一的支气管播散病灶等。

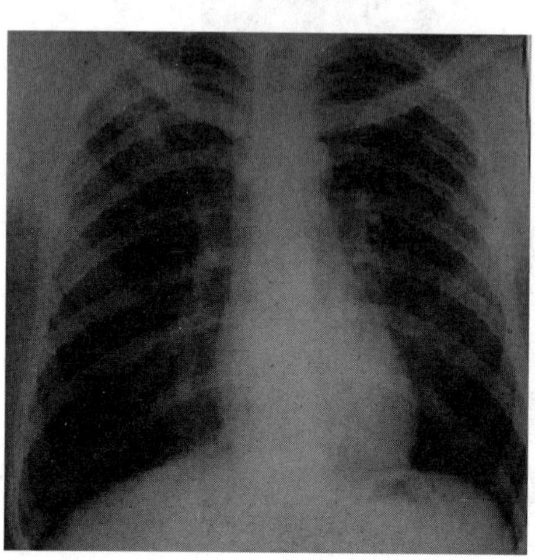

图 7-7　继发性肺结核X线片

4）气管及支气管结核：主要表现为气管或支气管壁不规则增厚、管腔狭窄或阻塞，狭窄支气管远端肺组织可出现继发性不张或实变、支气管扩张及其他部位支气管播散病灶等。

5）结核性胸膜炎（Ⅳ型）：可分为干性胸膜炎和渗出性胸膜炎。干性胸膜炎为胸膜的早期炎性反应，通常无明显的影像表现；渗出性胸膜炎主要表现为胸腔积液，且胸腔积液可表现为少量或中大量的游离积液，或存在于胸腔任何部位的局限积液，吸收缓慢者常合并胸膜增厚粘连，也可演变为胸膜结核瘤及脓胸等。

（5）支气管肺癌　①中央型肺癌：早期局限于支气管黏膜内，平片可无异常发现，晚期可出现阻塞性肺不张。发生于右上肺的支气管肺癌，肺门区肿块和右上叶不张连在一起，下缘形成典型的倒"S"征。②周围型肺癌：早期表现为肺内有直径 1～2cm 的结节状或球形病灶，密度较淡，边缘不清，短期内可明显增大，密度增高，边界清楚，呈分叶状或有脐凹者，多具有细短毛刺，作体层摄影则更加明显。

（6）气胸　X 线表现为肺尖部或者肺外周部无肺纹理区域，有明显的压缩缘，若气体量大，整个肺组织压向肺门区。

（二）循环系统 X 线检查

X 线检查不仅可观察心脏大血管的外形轮廓，还可观察心脏、大血管的大小、形态及搏动等情况。目前超声、CT、MRI 及核医学检查可弥补传统 X 线检查的局限性，拓宽了心脏大血管病变的检查手段。

1. 正常心脏大血管的 X 线表现　心脏、大血管位于两肺之间，其大部分边缘部与含气体的肺组织相连接，具有良好的自然对比。心脏各房室在平片上的投影相互重叠，仅能显示各房室、大血管的轮廓，心内结构显示不清，心包不显影。正常心的阴影 1/3 位于中线右侧，2/3 位于左侧，心尖指向左下。右缘可分为上下两段，上段主要为上腔静脉的边缘，较直，向上一直延伸到锁骨水平。下段为右心缘，比较圆隆，密度较高，由右心房构成。左侧边缘自上而下可分为三段，即主动脉弓、肺动脉段和左心室段（图 7-8）。心胸比为心横径与胸廓横径的比值，正常成人比例为 0.5 或 0.5 以下，老年人、运动员心胸比可能大于 0.5。

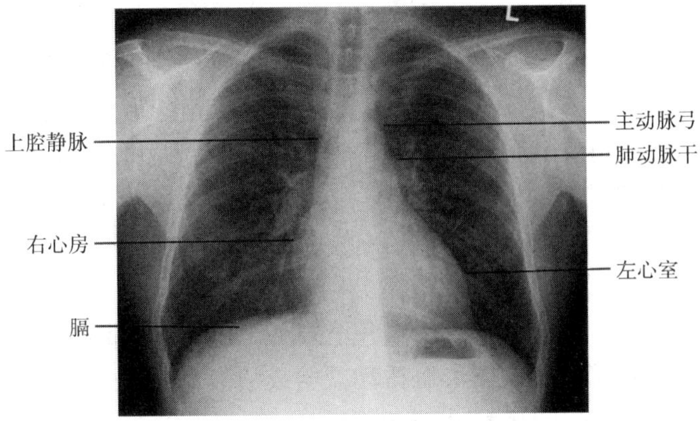

图 7-8　心脏后前位 X 线片

链　接　心血管造影

心血管造影是通过心导管向心脏或大血管的某些部位注入造影剂，使心脏血管显影，快速拍片，以显示心脏及大血管解剖结构的病理改变及循环功能情况。由于心血管造影可以观察到其他检查难以发现的病理改变，如肺动脉发育情况、大血管的位置、心内分流方向、冠状动脉的通畅情况等，故大多数复杂的心脏病都需要进行此种检查。

2. 心脏、大血管病变的基本 X 线表现

（1）心脏增大　具体 X 线表现见表 7-4。

表 7-4　心脏增大的 X 线表现

心脏增大	X 线表现
左心室增大	后前位显示左心缘下部圆隆，并向左扩展，心尖向左下方移位；相反，搏动点向上移动
右心室增大	心尖向左移位及抬高上翘；相反，搏动点下移
左心房增大	左心房压迫推移食管造成向后的压迹和移位；心底部双心房阴影和右心缘双重边缘；气管分叉展开，左支气管受压抬高；心后上缘局部膨隆；左心缘出现左心耳的弧状突起即四个弓
右心房增大	左前斜位上右心房段凸出延长；右前斜位心后下缘向后方突出；后前位上右心缘向右扩展，并呈圆隆状

（2）肺循环异常　心脏疾病与肺血管的变化有密切关系，并可互为因果，即心脏疾病可引起肺血管的变化；反之，肺血管的变化亦可引起心脏增大。肺循环异常 X 线表现见表 7-5。

表 7-5 肺循环异常 X 线表现

肺血管变化	X 线表现
肺淤血	肺门阴影增大并较模糊；肺门周围血管扩张；肺纹理增多增粗，边缘模糊，有时可蔓延至肺野外带；肺透亮度减低；胸腔及叶间可有积液
肺充血	两侧肺门阴影增大，肺血管纹理增粗、增多，边缘清楚；右下肺动脉干扩张，透视下有时可见扩张性搏动，即“肺门舞蹈症”；肺动脉段凸出，搏动增强；肺野透亮度正常
肺水肿	实质性肺水肿表现为两肺中下野大片状致密阴影，自肺门向外呈蝶翼状。间质性肺水肿可见肺门周围纹理增多，边缘模糊，呈索条状向外延伸，肺野透亮度减低
肺血流量减少	肺血管纹理普遍变细稀少，肺野透亮度增加
肺动脉高压	显著的肺动脉凸出；肺门及其周围的血管阴影明显扩张，外周血管细而稀少，肺外带透明度增加；右心室不同程度扩大

3. 常见循环系统疾病的 X 线表现

（1）冠心病　X 线表现大部分患者可完全正常，少数心肌梗死者可伴有心影不同程度的增大；心包或胸腔积液等梗死后综合征；室间隔穿孔、室壁瘤等并发症。

（2）二尖瓣狭窄　X 线表现为心脏呈梨形；左心房增大，右心缘出现双房影，左心缘可出现 4 个弧段，压迫支气管使左、右支气管分叉角度增大；左心室缩小；右心室增大，右心缘膨出；肺动脉段膨出；偶尔可见二尖瓣钙化影。

（3）高血压心脏病　X 线表现为早期心脏形态无变化，长期血压增高使左心室增大明显、心腰部凹陷呈靴形心，主动脉结突出显著，主动脉升部、弓部及降部扩张延长。左心衰竭时，心影明显增大。

（4）心包积液　少量积液 X 线无明显异常表现，中等量以上积液心影向两侧扩大，如烧瓶样，重者如球形，透视下心脏搏动减弱或消失。

（三）消化系统 X 线检查

消化道与邻近的组织器官缺乏自然对比，一般须借助于造影方法，才能显示其大小、形状、位置、轮廓、黏膜皱襞及运动功能等方面的表现。普通检查主要用于急腹症及不透 X 线的异物。

1. 消化系统正常 X 线表现　见表 7-6。

表 7-6 消化系统正常 X 线表现

消化系统器官	X 线表现
食管	自上而下有主动脉弓、左主支气管和左心房 3 个压迹。食管充盈时宽度可达 2～3cm，边缘光滑整齐；食管黏膜皱襞表现为数条纤细纵行的条状透亮影，与胃小弯黏膜皱襞相连
胃	正常胃底部皱襞呈不规则网状、粗而弯曲；胃体部近大弯侧渐粗渐斜行而呈锯齿状，近小弯侧较细而整齐；胃窦部黏膜皱襞与小弯可斜行或平行
十二指肠	呈 C 形，分为球部、降部、水平部和升部。球部呈光滑整齐的等腰三角形或圆锥形，黏膜皱襞呈纵行条纹状；降部黏膜皱襞呈羽毛状
空、回肠	空肠主要位于左上、中腹部，黏膜皱襞呈较密的羽毛状影；回肠位于右中、下腹和盆腔，黏膜皱襞较为稀疏
结肠	充盈时可见大致对称的结肠袋；降结肠以下黏膜皱襞少而呈纵行

2. 消化道基本病变的 X 线表现

（1）形态改变　①黏膜皱襞：病变早期多出现黏膜皱襞增粗、紊乱、变细、破坏、中断和集中，可见于胃肠道炎症、水肿、肿瘤和溃疡性病变。②狭窄与扩张：胃肠道发生炎症、肿瘤、瘢痕、粘连、痉挛、外在压迫或发育不良时，可以产生管腔局部变窄。狭窄的边缘可整齐、对称或不规则。狭窄的近侧常出现扩张。③充盈缺损：病变向腔内突出，使该局部造影剂不能充盈，称为充盈缺损。良性病变边缘多光滑整齐，边缘不规则者多为恶性病变。④龛影：是指某些病变侵蚀胃肠道内壁致局部出现溃烂缺损，造影剂充填其中，X 线从切线位投照时表现为向腔外突出的阴影。

（2）功能改变 ①张力：张力增高表现为管腔变窄，局部持续性收缩，称为痉挛；当平滑肌呈舒张状态时，表现为松弛无力，管腔扩张，运动减弱，称为张力低下。②蠕动：蠕动增强表现为蠕动波加快、频率加快，见于局部炎症或远端梗阻；蠕动减弱或消失，即蠕动波变浅、速度变慢或长时间无蠕动波出现，见于肿瘤浸润或梗阻晚期肌张力低下；反向蠕动，亦称逆蠕动，蠕动方向呈上行性，导致内容物反流，见于胃肠道梗阻。

3. 消化道常见疾病的X线表现

案例 7-2

患者，男，86岁。进行性吞咽困难3个月，体重下降8kg。身体评估：无力型体形，心肺未见异常，腹软，全腹无压痛、反跳痛。拟诊为食管癌。

问题：1. 护士应建议患者选用何种检查？

2. 如何做好检查前准备工作？

（1）食管癌 是最常见的恶性肿瘤之一，好发于食管中、下段，其X线表现为：①食管黏膜皱襞消失、中断、破坏；②腔内充盈缺损：肿瘤向管腔内生长形成不规则突起致充盈缺损，形态不规则，边缘不整；③食管管腔狭窄，管壁僵硬，钡剂通过受阻，上段食管扩张；④管壁僵硬及蠕动消失；⑤龛影：典型的溃疡型癌于病变区内可见大小不等、形态不规则的龛影。

链 接 X线钡餐检查能替代胃镜检查吗？

某些患者因害怕胃镜检查，要求用X线钡餐检查代替。虽然钡餐检查是诊断食管癌、胃癌的一个简便、实用而有效的方法。但胃镜检查与X线钡餐检查相比存在不少优点，首先胃镜检查是在直视下进行的，可直接看到食管、胃、十二指肠黏膜，可观察到表浅的病变；其次，胃镜下可取胃黏膜活检，做病理检查而确诊，因此多数情况下X线钡餐检查不能替代胃镜检查。

（2）食管静脉曲张 X线造影检查是食管静脉曲张的首选检查方法，表现为食管中下段黏膜皱襞呈蚯蚓状或串珠状增宽而迂曲的充盈缺损；管壁柔软、伸缩自如，其边缘呈锯齿状。

（3）胃及十二指肠溃疡 X线表现：①胃溃疡：直接征象是龛影，多见于小弯，切线位呈乳头状、锥状或其他形状，边缘光滑整齐，密度均匀，龛影底部平整或稍不平，龛影口部有因黏膜水肿所致的透明带，为良性溃疡的特征。②十二指肠溃疡：90%发生于球部，良性龛影是其直接征象。因其球部壁薄、腔小，溃疡后易变形而呈“山”字形或管状，龛影难以显示。间接X线征象出现激惹现象，即钡剂迅速通过球部而不做停留。

（4）胃癌 进展期胃癌X线表现：①不规则充盈缺损；②胃部管腔狭窄、胃壁僵硬，多见于浸润型癌；③龛影：形态不规则、呈半月形，多见于溃疡型癌；④黏膜皱襞中断、破坏与消失。肿瘤周围浸润及远处转移情况可通过CT和MRI检查了解。

（5）胃肠道穿孔 以胃、十二指肠溃疡穿孔最常见。腹部平片约80%常发现气腹，此处CT检查更为灵敏。

（四）骨、关节系统X线检查

1. 正常骨、关节的X线表现

（1）骨 X线呈高密度影（含钙质）。其外覆盖的软骨，X线不显影。

（2）脊柱 由脊椎和其间的椎间盘构成。除第1、2颈椎和骶尾椎外，每一脊椎分为椎体和椎弓。椎弓由椎弓根、椎板、棘突、横突和关节突组成，椎间盘位于椎体之间。正位片上椎体呈长方形，自上而下逐渐增大，主要由骨松质构成，周围为一致密的骨皮质层。椎体两侧有横突影，横突内可见椭圆形致密影。椎弓根上、下方为上、下关节突的投影。椎体中央偏下方可见类三角形的致密影，此为棘突投影。侧位片上可见脊柱生理弯曲、椎间孔、椎间小关节间隙等。

2. 骨、关节基本病变的 X 线表现 具体见表 7-7。

表 7-7 骨、关节基本病变的 X 线表现

骨、关节基本病变		X 线表现
骨的基本病变	骨质疏松	骨密度减低，松质骨中骨小梁变细、减少，间隙增宽，骨皮质出现分层和变薄
	骨质软化	骨密度减低，骨小梁和骨皮质边缘模糊
	骨质破坏	骨质局限性密度减低，骨小梁稀疏或形成骨质缺损
	骨质增生硬化	骨质密度增高，骨小梁增粗、增多，骨皮质增厚、致密，骨髓腔变窄或消失
	骨膜增生	早期表现为一段与骨皮质平行的细线状致密影，继而骨膜新生骨增厚
	骨质坏死	骨质局限性密度增高
关节的基本病变	关节肿胀	关节周围软组织肿胀、密度增高，大量关节积液可见关节间隙增宽
	关节破坏	累及关节软骨时，仅见关节间隙变窄；累及关节面骨质时，出现相应区的骨质破坏和缺损，严重时可致关节半脱位和变形
	关节退行性变	早期主要表现为骨性关节面破坏、中断与消失；中、晚期表现为关节间隙变窄、软骨下骨质囊变和骨性关节面边缘骨赘形成，一般无骨质疏松
	关节强直	骨性关节强直表现为关节间隙明显变窄或消失，且有骨小梁通过关节连接两侧骨端；纤维性关节强直表现为关节间隙狭窄，且无骨小梁贯穿

3. 骨、关节常见疾病的 X 线表现

案例 7-3

患者，男，35 岁。因车祸受伤，右下肢皮肤淤青，剧烈疼痛，活动障碍。

问题： 1. 为明确有无骨折，护士指导首选何种检查？

2. 如患者出现骨折，问补钙是否可促进骨折愈合，护士应如何作健康指导？

（1）骨、关节外伤

1）骨折：①长骨骨折：骨折是骨连续性的中断，骨折断裂后多有规则的断面，X 线上出现不规则透明线，即为骨折线（图 7-9），骨皮质断裂时骨折线显示清楚而整齐，骨松质断裂时则表现为骨小梁中断、扭曲和错位。严重骨折时骨骼可出现弯曲变形。②脊椎骨折：常见于活动度较大的胸椎下段和腰椎上段，X 线表现为椎体楔状变形、前缘皮质断裂、凹陷或凸出，椎体中央出现横纹、规则线状致密带，为骨小梁重叠所致。

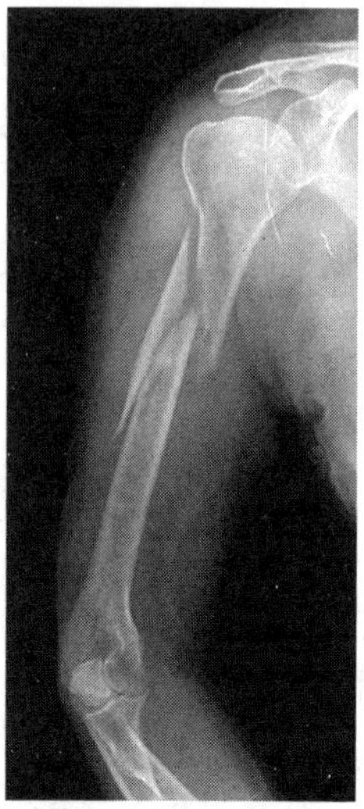

图 7-9 肱骨骨折 X 线片

2）关节脱位：外伤性脱位多见于活动范围大、关节囊和周围韧带不强、不稳定的关节。关节脱位常伴有关节囊的撕裂或骨折。

（2）骨肿瘤 分类十分复杂，X 线检查表现各不相同。

1）骨软骨瘤：常见的良性骨肿瘤，好发于长骨两端。X 线表现为自长骨骨端一侧向外生长的骨性突起，常背向骨骺，肿瘤以细蒂或广基与骨相连，瘤体内为骨松质，其外为一薄骨皮质层，顶部覆有软骨层，无钙化则不显影，软骨钙化呈不规则、斑片状致密影。

2）骨巨细胞瘤：好发于四肢长骨。大多 X 线表现为偏侧性、膨胀性骨破坏，边界清楚，有数目不等、不规则的骨嵴，破坏区出现大小不一、泡沫状的小房。局部骨骼膨大，骨皮质较薄，但轮廓光滑整齐，易发生骨折，若无骨折则少有骨膜增生。肿瘤呈显著膨胀性生长时，周围仅为薄层骨壳包绕。骨壳不完整且周围软组织呈肿块影者提示肿瘤恶变。

3）骨肉瘤：是最常见的恶性骨肿瘤，好发于干骺端。X 线表现主要为骨髓腔内出现不规则的骨质破坏与增生；骨皮质破坏、不同形式（平行、层状或放射针状等）骨膜增生及骨膜新生骨的破坏；软组织肿胀和肿瘤骨形成。

（五）泌尿系统 X 线检查

1. 泌尿系统正常 X 线表现　详见表 7-8。

表 7-8　泌尿系统正常 X 线表现

泌尿系统器官	X 线表现
肾	腹部平片上可看到两肾轮廓，正常肾边缘光滑而密度均匀。肾影上缘约在第 12 胸椎上缘，下缘位于第 3 腰椎下缘水平
输尿管	其上端与肾盂相接，下行入膀胱。输尿管有 3 个生理狭窄：肾盂输尿管连接部、越过骨盆边缘部和入膀胱部
膀胱	充盈满意的膀胱呈卵圆形，横于耻骨联合之上，其下多与耻骨上缘相平。边缘光整、密度均匀
尿道	前尿道较宽，后尿道较窄

2. 泌尿系统常见疾病的 X 线表现

（1）泌尿系统结石　多见于肾和膀胱，结石平片结合尿路造影检出率较高。①肾结石：腹部平片可见一侧或双侧肾盂肾盏区出现单个或多个大小不一的圆形、卵圆形、鹿角形或不定形致密结石影，侧位拍片肾结石常与椎体重影。②输尿管结石：X 线平片可呈圆形、卵圆形或枣核样结石影，静脉尿路造影可表现为肾盂和肾盏增大、变形、积水等；③膀胱结石：多为阳性结石，可见耻骨联合上方卵圆形或椭圆形、大小不等、边缘光滑平整或毛糙、密度均匀或深浅不一的致密影。

（2）泌尿系统肿瘤　①肾癌：腹部平片见肾影局部呈分叶状或隆凸性增大，超声和 CT 检查更佳；②膀胱癌：造影可见大小不一呈菜花样或结节状的充盈缺损。

第 2 节　CT　检　查

案例 7-4

患者，男，72 岁。3 年前体检时发现血压高，未正规服药治疗。10h 前突感右侧肢体麻木、无力，家人发现其语言不流利，口角向左侧歪斜，无头痛、呕吐。随即送医院就诊，BP 165/90mmHg。既往无糖尿病、心脏病病史。护士建议行头颅 CT 检查。

问题： 患者家属以 CT 检查费用较高为由要求进行 X 线摄片检查。请就该问题给予患者及家属正确指导。

计算机体层成像（computed tomograph，CT），亦称为计算机体层摄影，是利用 X 线束对人体选定层面进行旋转扫描获取信息，再经计算机处理而形成重建图像。其密度分辨率显著优于普通 X 线图像，明显扩大了人体的检查范围，进一步提高了病变检出率和诊断准确率。目前 CT 检查已在临床上广泛使用。

一、CT　设　备

CT 设备包括三部分。①扫描部分：主要由 X 线管、探测器和扫描架组成，用于扫描检查部位；②计算机系统：将扫描收集到的信息进行处理、存储、重建图像等；③图像显示和存储系统：计算机处理后重建的图像显示在显示器上，也可存储于光盘或磁盘中。

二、CT 的检查方法

（一）平扫

平扫指不用对比增强或造影的普通扫描，适用于颅脑损伤、急性脑血管病等。CT 检查时一般先行平扫。

（二）增强扫描

增强扫描指经静脉注射水溶性有机碘剂后再扫描的方法，较常应用。血内碘浓度升高后，正常组织与病变组织内碘浓度形成密度差，可使病变显影更为清楚。

（三）造影扫描

造影扫描指用阴性或阳性对比剂直接引入器官或组织内进行 CT 扫描的方法，如腹腔注气 CT 扫描，目前临床应用较少。

（四）特殊扫描

特殊扫描指为进一步明确临床诊断所采取的特殊扫描方式，如高分辨力 CT 扫描、CT 三维重建、CT 仿真内镜、薄层扫描等。

三、CT 的临床应用

（一）中枢神经系统检查

CT 对颅内外病变或损伤的诊断价值较高，应用广泛。①缺血性脑梗死：CT 平扫在发病 24h 内较难显示病灶，之后出现呈扇形的低密度灶；②脑出血：表现为急性期出现类圆形或不规则状的边界清楚、均匀致密影，周围组织可见宽窄不一的低密度水肿带；③脑膜瘤：CT 表现为等密度或高密度、边界清楚的斑点状钙化影，增强扫描为均匀性明显强化。

（二）头颈部检查

头颈部检查对眶内占位性病变、早期鼻窦癌、中耳小胆脂瘤、听骨破坏与脱位、内耳骨迷路的轻微破坏、耳先天性发育异常及鼻咽癌早期发现等均具有一定的价值。

（三）胸部检查

胸部检查对肺癌、纵隔肿瘤的诊断有很大帮助，也可很好地显示肺内间质、实质及胸壁、胸膜、膈的病变。

（四）心脏大血管检查

心脏大血管检查主要用于心包、冠状动脉和心瓣膜钙化等的病变，以及大血管壁钙化及动脉瘤改变的检查。

（五）腹部及盆腔检查

腹部及盆腔检查主要用于肝、胆、胰、脾、腹膜腔、腹膜后间隙及泌尿生殖系统的疾病诊断，特别是占位性、炎症性和外伤性病变等。也可用于胃肠道病变向腔外侵犯及邻近和远处转移等的观察。

四、CT 扫描的准备与处理

1. 向被检者说明 CT 检查是一种简便、迅速、诊断价值高的检查方法，检查时无痛苦，对身体几乎无影响，帮助被检者克服紧张和恐惧心理。

2. 协助被检者去除检查部位的金属物品或饰品。

3. 做造影增强扫描者，检查前须禁饮、禁食 4h，并注意做好碘对比剂检查的相应准备与处理。

4. 女性被检者盆腔扫描前，需先标记阴道位置，如阴道内置阴道塞或纱布填塞等。

5. CT 预约登记后的被检者，勿服含金属及碘的药物，勿做胃肠钡餐检查。若近期内进行过钡餐检查，应告知工作人员。

6. 头颅 CT 检查前 1 天，被检者应洗净头发；胸、腹、盆腔 CT 检查者须穿无金属扣子的棉布内衣。

7. 肺与纵隔 CT 扫描时，指导被检者进行平静呼吸及屏气训练以免呼吸移动造成图像模糊。

8. 妊娠期间，做腹部 CT 检查要慎重，做其他部位检查时，也应对腹部采取一定的保护措施，以免对胎儿造成不良影响。

9. 不能配合检查的婴幼儿，可采用镇静措施后再检查。病情较重的急诊患者须在急诊医护人员的监护下进行检查。

考点： CT 扫描的准备与处理

链　接　CT 三维重建技术

CT 三维重建技术是近几十年发展起来的借助计算机软件将 CT 影像（二维）转换为三维图像的医学成像技术。普通 CT 只能提供人体内部的二维图像，医护人员只能凭借经验由多幅二维图像去估计病灶的大小及形状，而 CT 三维重建技术就是将 CT 图像序列进行处理，构造出三维几何模型，将看不见的人体器官能以三维形式"真实"地显示出来。在三维重建时，计算机将去除不需要显示的组织和结构，只显示血管、内脏或骨骼等与疾病诊断或手术治疗有关的三维图像。由于 CT 三维重建技术能清晰、立体地显示解剖结构及病变，故其在手术治疗、放疗及介入等规划中具有重要价值。

第 3 节　磁共振成像检查

磁共振成像（MRI）是利用原子核在强磁场中受射频脉冲激励后发生磁共振现象而产生的磁共振信号，经计算机处理重建成像的一种影像技术。

一、MRI 的临床应用

（一）头部

三维成像对脑干、幕下区、枕大孔区、脊髓及椎间盘的病变定位诊断显著优于 CT 检查；对多发性硬化、脑梗死、脑与脊髓肿瘤、脊髓先天异常与脊髓空洞症等方面的诊断价值更大。一般而言，脑梗死早期 MRI 检查可显示异常，比 CT 发现病变要早，可作为早期诊断的首选检查；同样对脑血管病变如脑出血和脑血管闭塞的诊断价值也较高。

（二）胸部

MRI 对肺癌的分期诊断及肺门淋巴结、乳腺癌的诊断具有重要价值；也易于分辨纵隔肿瘤与血管。可用于先天性心脏病、心肌梗死、特发性心肌病、主动脉夹层动脉瘤、良性黏液瘤、恶性纤维组织细胞瘤、心包积液等方面的诊断。

（三）腹部

MRI 主要用于肝硬化、肝内原发性或转移性肿瘤、血管瘤等方面的诊断与鉴别诊断，对于胰腺疾病的诊断价值优于 CT，胃肠道疾病方面的诊断价值相对较小。

（四）盆腔

MRI 对直肠及泌尿生殖系统疾病的诊断价值优于 CT。

（五）骨骼与肌肉

MRI 对软组织及肌肉病变均能良好显示，可作为膝关节半月板病变的首选检查项目，特别是对急性早期骨髓炎的诊断灵敏度很高。

二、MRI 检查的准备与处理

（一）检查前

1. 检查前做好解释工作，帮助患者解除顾虑，提醒其携带既往相关检查资料以供参考。

2. MRI 设备具有强磁场，需去除任何干扰磁场的金属或磁性物，如心脏起搏器、宫内节育器、金属人工瓣膜、助听器等；假牙、义肢、手术用的金属夹等；硬币、钥匙、磁卡、手表、皮带、饰品、内衣等携带的金属物。早期妊娠者也不宜做，以免发生意外。

3. 头颈部检查前 1 天洗净头发，勿擦头油等护发品；眼部检查前勿化妆。腹部检查前 4h 禁食、禁饮；拟行磁共振胆胰管成像（MRCP）者检查前 1 天晚上禁食、禁水。

4. MRI 检查复杂、操作时间长，请被检者务必保持安静以确保图像质量。幽闭恐惧症、高热或散热功能障碍者不能进行检查；有意识障碍、昏迷、癫痫、精神症状等不能有效配合检查者，除非经相关专业临床医师同意，否则不能进行检查；不能配合的患儿须采取镇静措施，如水合氯醛灌肠等。

5. MRI 增强检查还应询问被检者钆对比剂的过敏史；告知对比剂注射部位可出现短暂温热或疼痛，注射过程中也可能出现渗漏血管外现象；严重肾功能不全、肾移植者及孕妇不建议使用钆对比剂，危重患者需由临床医师陪同；检查前需签“钆对比剂使用患者知情同意书”。

（二）检查后（使用钆对比剂者的处理）

1. 密切观察钆对比剂的不良反应，如头痛、恶心、发热等，重者可出现寒战、惊厥、血压降低、喉头水肿、休克等。

2. 使用钆对比剂者应留院观察 30min 后再离开。同时，须告知若有不适请速到医院就诊。

考点：MRI 检查的准备与处理

第 4 节　超 声 检 查

案例 7-5

患者，女，42 岁。因月经周期不规律，经量增多 2 年就诊。妇科检查发现子宫增大如孕 2 个月，血红蛋白 75g/L，建议作超声检查。

问题：1. 当询问超声检查的辐射与对人体的危害时，护士应如何指导？

2. 检查前应做何准备？

超声检查是一种利用超声波的物理特性和人体器官组织的声学特征，两者相互作用后所获得的高质量人体组织器官及病变的断层图像的方法。具有成像快、诊断及时、无痛苦、无创伤、简单方便等特点，已成为现代影像学检查的重要方法之一。

一、概　　述

（一）超声检查的基本原理

1. 超声波的定义　超声波是指振动频率每秒＞20 000Hz，超过人耳听觉阈值上限的声波，具有波长短、频率高的特点。

2. 超声波的物理特性

（1）指向性　超声波在介质中沿直线传播，指向性良好，利于对人体器官进行定向探测。

（2）反射、折射与回声　超声从一种介质传播到另一种大界面（＞超声波波长）介质时，在两个介质的分界面上一部分声波被反射，另一部分透射过界面，在另一种介质中继续传播，这样的两种情况称为超声的反射与折射。反射回来的超声称为回声。

（3）散射与绕射　超声在传播时，遇到与超声波波长近似或小于波长（小界面）的介质时，超声会向四周发散，称为散射，如超声绕过障碍物边缘，继续向前传播，则称为绕射。

（4）吸收与衰减　超声束在介质中传播时，随着传播距离的增加，入射声能逐渐被吸收而减少的现象为超声衰减。衰减限制了超声向深层介质的透射深度而有助于疾病如脂肪肝或某些恶性肿瘤（具有明显的衰减性）的诊断。

（5）多普勒效应　传播中超声束遇到运动的反射界面时，引起反射波的频率发生改变，即为多普勒效应。可利用多普勒效应探测血流速度、方向及性质。

考点：超声波的定义，多普勒效应

3. 超声成像的基本原理　超声探头（换能器）利用逆压电效应将电能转化为声能，向人体发射超声，穿透人体多层界面组织进行传播，从而产生不同的反射与散射回波，这是构成超声图像的基础。换能器接收后经过主机处理并传给显示器，显示出被检测组织断面超声图像，称为声像图。

（二）超声检查方法

1. B 型超声检查　B 型超声以辉度不同的明暗光点反映反射回声的强弱，图形直观而清晰，容易发现较小病变，可以看到人体内脏各种切面图形，对肝、胆、胰、脾、肾及膀胱的多种病变能及时获得早期诊断。目前应用最为广泛。

2. M 型超声检查　亦称 M 型超声心动图，是用慢扫描的方法使各回声光点从左到右连续移动，获得声束上各反射点运动的轨迹图。此法可探测心脏和大血管的结构、心脏及瓣膜运动状态和血流状况，临床主要用于心脏检查。

3. D 型超声检查　D 型超声是应用多普勒效应的音频改变现象测定心脏大血管内的血流方向与速度。临床上可分为频谱多普勒超声成像和彩色多普勒血流成像（简称彩超），后者对血流多普勒信号进行彩色编码，红色表示面向探头的血流，蓝色表示背离探头的血流，绿色或多彩表示涡流。彩色多普勒血流成像不仅能清楚地显示心脏大血管的形态结构，而且能监测血流的方向、速度、性质、分布范围、有无反流及异常分流等，在心血管疾病检查中具有重要的临床应用价值，产科医师还可用来判断胎动和胎心。

考点：超声检查方法

（三）超声检查的安全性

超声检查与其他成像技术相比较，具有很高的安全性。但是，超声波属于机械波，可产生机械效应和热效应，尤其对于胎儿和眼球等敏感组织，使用不当可造成损伤。对孕妇进行超声检查时，要遵循防护与安全最优化（ALARA）原则，即在保证获得必要的超声诊断信息的前提下，用尽可能小的声强、在尽可能短的时间完成检查。

链　接　超声临床应用新进展

当前，随着先进技术在医疗领域应用的扩大和深入，超声检查在临床上取得很大进展。不仅用于诊断疾病，还可用于辅助治疗疾病，肌骨超声也逐渐得到临床医护人员的重视和关注。高频超声具有较高的组织分辨力，因此肌骨超声可清晰显示四肢肌腱、滑膜、滑囊、韧带等结构的病变，并且能准确显示病变的深度、范围和严重程度等，为诊断四肢软组织病变提供新的非常有价值的检查结果，其准确度甚至可与 MRI 相媲美。

二、超声检查的临床应用

（一）腹部疾病的超声检查

1. 肝脏

（1）正常声像图　正常肝切面轮廓清晰、被膜光整，呈均匀一致的线性强回声。肝实质呈细小点状、均匀一致的中低回声（图 7-10）。肝内管腔可显示肝静脉和门静脉等，前者管壁薄、回声弱；后者管壁厚、回声强。胆管伴行于门静脉，内径小于 8mm，左、右侧均可清楚显示。肝动脉与门静脉、胆管相伴行，彩超可显示。

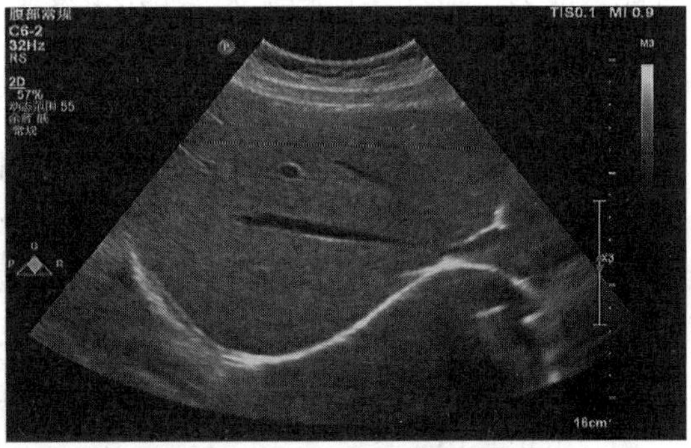

图 7-10　肝脏正常超声声像图

案例 7-6

患者，男，51 岁，农民。近 10 天来出现肝区持续疼痛，腹部较前明显膨隆，右上腹可触及一硬质包块，表面不光滑。既往肝硬化病史 3 年。

问题： 1. 在肝脏的影像学检查中，哪一方法为首选？

2. 该患者超声检查声像图有何表现？

（2）异常声像图

1）肝硬化：指各种原因所致的慢性肝损伤。早期无特殊表现。典型时肝体积缩小，肝包膜不平整，呈锯齿状或凹凸状。肝实质回声增强、增粗，分布不均匀；肝静脉变细；门静脉可增宽>13mm，分支变细、迂曲，可伴脾大、腹水等；胆囊壁增厚，出现“双边影”。

2）脂肪肝：肝弥漫性增大，形态饱满、轮廓整齐平滑而边缘圆钝。肝实质回声密集、增强，深部减弱，即为“光亮肝”。肝内高脂区呈相对高回声，低脂区呈相对低回声，边界清楚、无衰减。

3）肝癌：①直接征象：肝内出现实质性肿块，可单发或多发，形态不规则，其内部回声不均匀，以低回声与高回声混合者多见。彩超显示肝动脉扩张、流速增快、血流信号丰富。②间接征象：可表现为癌栓、血管绕行、卫星病灶、侵袭周围组织等。

2. 胆管系统

（1）正常声像图　正常胆囊轮廓清楚、壁薄光滑，囊壁为纤细光滑的高回声带，囊腔为无回声区，后壁和后方回声增强。

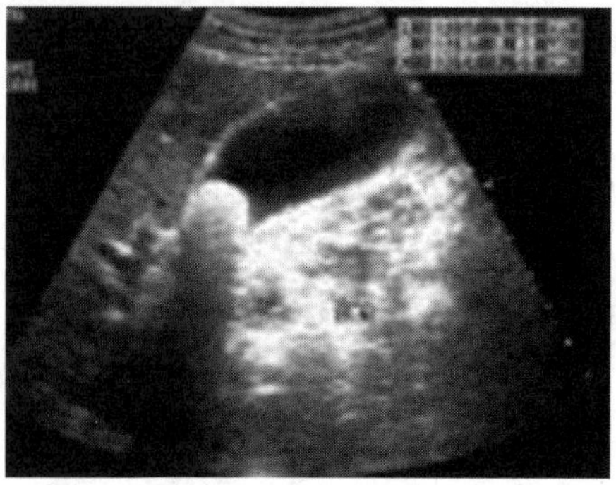

图 7-11　胆囊结石超声声像图

（2）异常声像图

1）急性胆囊炎：胆囊增大、轮廓模糊，胆囊壁增厚，其间有弱回声区呈现双边回声（双边征）。穿孔时可显示胆囊壁局部膨出或缺损及周边的局限性积液。

2）胆囊结石：超声检查是目前诊断胆囊结石最简单的方法。典型胆囊结石超声检查表现为胆囊内一个或数个强回声，强回声后伴声影（图 7-11）。强回声光团随体位改变而沿重力方向移动。充满型胆囊结石、泥沙样结石等其他非典型胆囊结石则有各自不同的声像特点。

3. 胰腺

（1）正常声像图　胰腺边缘光滑、轮廓清楚，胰头稍膨大，呈椭圆形，其内呈稍强于肝脏的均匀点状回声，中央可见主胰管。

（2）异常声像图

1）急性胰腺炎：水肿型表现为胰腺体积增大、形态饱满、回声均匀性减弱；若回声显著减弱似囊性改变，则可能进展为出血坏死性胰腺炎。坏死型可显示不均匀、斑片状的强回声；周边常伴有胰腺周围积液。

2）胰腺癌：多发生于胰头部。其内呈边界不清、不规则的团块状回声，肿块内部可呈不均匀的低回声，向周围呈蟹足状或花瓣样浸润（图 7-12）。可出现肿块压迫血管、胆管的梗阻现象；胰头或胰体癌肿可见远端主胰管扩张；晚期可出现转移性肿瘤、腹水等。

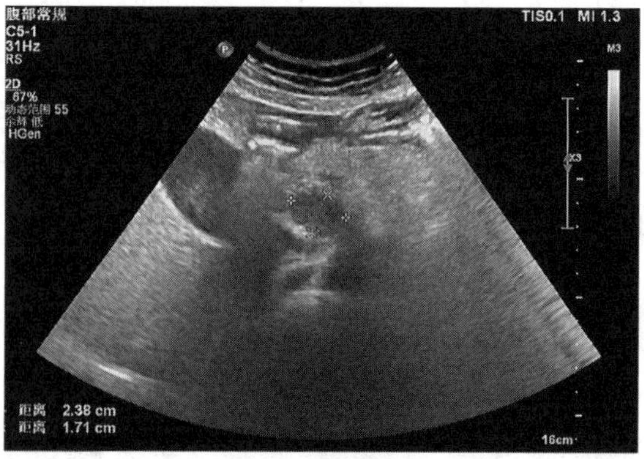

图 7-12　胰腺癌超声声像图

4. 泌尿系统

（1）正常声像图

1）肾：肾被膜清晰、光滑、呈较强回声，肾实质呈均匀低回声，肾盂、肾盏、血管与脂肪组成的肾窦区出现不规则高回声。

2）膀胱：充盈时横切面呈圆形或椭圆形，纵切面呈边缘钝的三角形，壁呈一条清晰的细带状强回声，其内尿液呈无回声区；充盈不足时黏膜回声不平。

3）前列腺：横切面呈栗子形，包膜整齐明亮、呈条带状强回声，实质呈均匀低回声。

（2）异常声像图

1）肾结石：肾窦区可显示一个或数个点状或团块状强回声、后伴声影。

2）输尿管结石：结石好发于输尿管三个生理狭窄处。管内呈强回声、伴声影，梗阻以上可见输尿管、肾盂扩张。

3）前列腺增生：前列腺对称性增大，以前后径增大为主。形态饱满、呈圆形或近球状。内腺增大，外腺受压变薄；前列腺内出现边界清楚的增生结节。

4）膀胱癌：泌尿系统常见肿瘤。膀胱内一个或数个菜花状或乳头状强回声，肿物大小不等、表面不光滑、不随体位而改变；壁出现局限性增厚，黏膜连续性中断（图 7-13）。彩超检查可见肿物基底部出现细条状血流，呈动脉频谱。

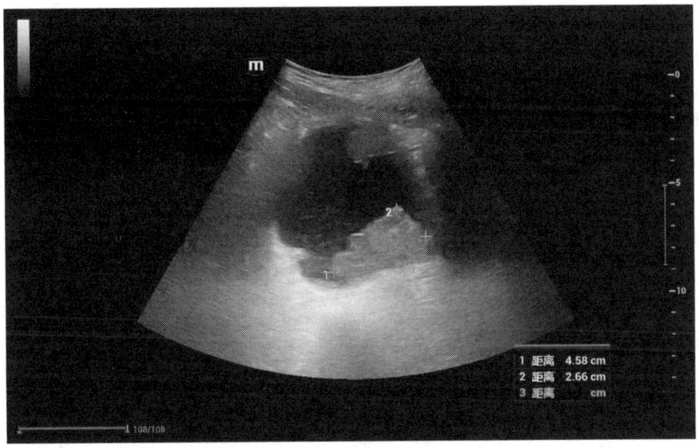

图 7-13　膀胱癌超声声像图

（二）妇科疾病的超声检查

1. 正常声像图　子宫纵切面呈倒置梨形，子宫体横切面呈椭圆形，子宫底横切面呈倒置三角形。轮廓清晰、光整，子宫肌层呈均匀低回声，内膜呈均匀高回声，宫腔呈线状强回声。卵巢断面呈杏仁形的中、低回声，成年女性正常卵巢大小约为 4cm×3cm×1cm。

2. 异常声像图

（1）子宫肌瘤　子宫体增大隆起，肌瘤一般呈低回声或等回声，较大瘤体其后回声衰减，子宫内膜回声线移位。若肿瘤出现钙化，则病变区内可呈强回声、后伴声影，肌瘤与正常肌层分界清楚；若肿瘤发生玻璃样变或液化囊性变，则病变区可呈弱回声或无回声暗区，其后回声增强。

（2）盆腔生殖器炎症　①子宫炎：多因子宫内膜感染，表现为子宫充血、肿胀。急性子宫内膜炎可见内膜增厚、肿胀，呈中等回声。急性子宫肌炎初期出现轻度子宫增大、回声减弱；严重者子宫轮廓模糊、回声显著减弱。②输卵管卵巢炎：早期近输卵管轻度肿大、回声减弱；严重者子宫轮廓模糊、界线不清。

（3）卵巢囊肿　卵巢内呈壁薄、边界清、规则而光整的圆形或椭圆形无回声区；多房者其内可见强回声、粗细不一的分隔带；囊肿后回声增强。

三、超声检查的准备与处理

超声检查前应向被检者说明检查目的、方法、安全性等内容，以缓解其紧张心理，配合检查。

（一）腹部超声检查

1. 常规肝脏、胆囊、胆道及胰腺检查 通常需空腹进行。必要时饮水 400～500ml，使胃充盈作为声窗，以使胃后方的胰腺及腹部血管等结构充分显示。胆囊检查需要评价胆囊收缩或了解胆管有无梗阻时，应备用脂肪餐。

2. 胃的检查 需饮水及服用胃造影剂，显示胃黏膜及胃腔。

（二）泌尿生殖系统超声检查

1. 常规早孕、妇科、膀胱及前列腺等盆腔脏器检查 患者于检查前 2h 饮水 400～500ml，以使膀胱适量充盈。

2. 经阴道超声检查 被检者需为已婚者，处于非月经期，检查前需排空膀胱。

（三）心脏、血管、浅表器官及组织、颅脑超声检查

一般不需特殊准备。经食管超声心动图检查时，检查前 8h 禁饮禁食，检查后 2h 禁饮，并需签署知情同意书。

（四）特殊检查

1. 婴幼儿或对检查不合作者 可予水合氯醛灌肠，待安静入睡后再行检查。

2. 介入性超声、术中超声等检查 需做好相应检查前的有关准备，并说明相关并发症，嘱患者在知情同意书上签字。禁饮 8～12h。对可疑出血的患者，检查前要检测 PLT、PT、APTT。

（五）其他

当超声检查与其他检查（如胃镜、胃肠钡剂造影和胆系造影等）同日进行时，须先进行超声检查。

考点：超声检查的准备与处理

链 接 X 线、CT、B 超、MRI 的区别

四者成像的原理不同，对病灶的描述不同，且各有优缺点。超声用强回声、高回声、等回声、低回声和无回声描述病灶；CT 和 X 线用高密度、低密度描述病灶；MRI 用高信号、等信号、低信号描述病灶。B 超和 MRI 对人体无辐射，对软组织分辨率较高，但受气体影响大；CT 和 X 线有辐射，但不受气体影响，是肺部检查的首选方法。

第 5 节 核医学检查

案例 7-7

患者，女，36 岁。颈部肿胀不适 3 个月，身体评估：触诊颈部右侧甲状腺Ⅱ度增大，有 1 个 2.0cm×1.5cm×2.0cm 包块，无压痛，边界清楚，不随吞咽上下运动，活动度差。颈部及锁骨上窝未触及淋巴结肿大。进一步检查诊断为乳头状甲状腺癌。术后根据病情，医师建议做 ^{131}I 治疗。

问题：患者行 ^{131}I 治疗检查前应做哪些准备？

核医学是利用放射性核素及其标志物对疾病进行临床诊断、治疗与科学研究的一门学科。放射性核素技术的应用，使人们对医学的认识由细胞水平进入到分子水平，通过放射性核素示踪法，可以在生理情况下，从分子水平动态地研究机体内各种物质代谢情况的变化，揭示体内及细胞内的代谢过程。核医学是核技术、电子技术、计算机技术、化学、物理和生物学等现代科学技术与医学相结合的产物。它可分为两类，即临床核医学和基础核医学。核医学科主要开展核医学检查项目，是辅助临床科室对疾病做出正确诊断和治疗的有效手段之一。

一、核医学显像基本原理

核医学显像是利用放射性核素示踪原理，将放射性药物引入体内，利用其在体内代谢分布的规律，参与体内正常或异常的代谢过程，选择性地聚集在特定的脏器、组织或病变部位，借助核医学成像设备，可在体外探测到该部位的放射线，并以一定的模式成像，从而获得可反映脏器和病变组织的形态、位置、大小、功能和代谢等状况的核医学影像。

链 接 核医学显像检查和放射影像、超声检查方法区别

核医学成像取决于脏器或组织的血流、细胞功能、数量、代谢活跃程度和排泄引流等因素，是一种功能代谢显像。而 CT、磁共振（MR）、B 型超声等检查主要是通过显示脏器或组织的解剖形态学的变化，尽管分辨率很高，但显示功能代谢的变化不如核医学检查。而很多疾病都是先从功能代谢异常开始再发展到形态异常的。所以核医学检查能更早地发现病灶。

二、常用放射性药物及核医学成像设备

放射性药物和核医学显像仪器是进行核医学诊断的两大必备条件。

（一）放射性药物

凡引入体内的放射性核素及其标记的化合物均称为放射性药物，分为诊断用和治疗用两大类。其中用于诊断显像的被称为示踪剂或显像剂，如用于甲状腺功能检查的 ^{131}I-碘化钠、用于肾图检查的 ^{131}I-邻碘马尿酸等。^{99m}Tc 为最常用的显像核素，能标记多种化合物，几乎可用于所有脏器显像。

（二）核医学显像仪器

核医学显像仪器是指用于探测引入体内的放射性药物所释放的放射线，通过能量转换、计算机处理等一系列过程，从而获得脏器图像的仪器。核医学显像常用的仪器包括用于成像的伽马相机、单光子发射计算机体层成像（SPECT）仪和正电子发射体层成像（PET）仪等。

三、核医学临床应用

1. 循环系统 主要有心肌灌注显像、心肌代谢显像、心功能测定、血清强心苷浓度监测等，用于冠心病、心肌梗死的诊断和疗效观察等。

2. 神经系统 主要有脑血流灌注显像、脑葡萄糖代谢显像和神经受体显像。用于短暂性脑缺血发作和可逆性缺血性脑病的诊断，急性脑梗死和脑栓塞的早期诊断和疗效评价，癫痫发作期病灶定位，脑肿瘤的诊断和鉴别等。

3. 肿瘤 主要有肿瘤特异显像、肿瘤非特异显像、骨转移显像、淋巴显像和胚胎性抗原、肿瘤相关抗原等肿瘤标志物测定。用于良、恶性肿瘤的鉴别诊断，肿瘤分级，转移灶探测、疗效观察、放化疗所致坏死与肿瘤复发的鉴别诊断。

4. 消化系统 主要用于肝静态显像，以及发现肝内的占位性病变；肝血流和血池显像，诊断原发性肝癌；亲肿瘤现象，利于原发性肝癌和继发性肝癌的诊断；肝胆动态显像，诊断急性胆囊炎、胆总管梗阻及新生儿肝炎等。

5. 呼吸系统 主要用于肺栓塞的诊断、病情观察及其溶栓治疗的监测，肺癌的诊断及局部肺功能测定等。

6. 泌尿系统 主要有肾脏动态显像，可观察到两侧肾血流、实质功能和形态及尿路通畅情况。用于肾功能测定、上尿路梗阻的诊断、移植肾检测等。

7. 内分泌系统 包括甲状腺功能测定，如甲状腺摄 ^{131}I 试验、甲状腺激素抑制试验、促甲状腺激素兴奋试验；内分泌系统显像，如甲状腺显像、肾上腺皮质显像、肾上腺髓质显像、甲状旁腺显像；内

分泌系统体外放射分析等。

8. 其他 放射性核素显像还可用于骨骼系统和血液系统疾病的诊断。

四、核医学检查的准备与处理

（一）常规准备

1. 预约检查 核医学检查均需要特殊造影剂，而造影剂不能长时间存储，要提前一天订购，须提前预约。

2. 消除紧张情绪 检查前向患者解释检查的目的、意义、流程、方法及注意事项，消除其紧张情绪。

3. 特殊人群 妊娠期、哺乳期及刚做完放射科增强或造影检查者，需告知医师。

4. 去除金属物品 检查当日去除各种首饰及金属物品，如腰带、钥匙、项链、硬币、含金属成分的内衣等。

5. 排空膀胱 检查前需排空小便，避免尿液污染体表和衣裤。

（二）不同检查的准备与处理

1. 脑血流灌注显像

（1）注射前 0.5～1.0h，被检者空腹口服氯酸钾 400mg，以封闭甲状腺、脉络丛和鼻黏膜，减少对显像的干扰。服用显像剂后饮水 200ml，稀释显像剂，以减少其不良反应。

（2）嘱被检者闭目戴黑色眼罩，用耳塞塞住外耳道口。

（3）视听封闭 5min 后静脉注射显像剂，20min 后进行显像检查。

2. 心肌灌注显像

（1）静息心肌灌注显像 检查前被检者至少空腹 4h。如果检测冠状动脉疾病，检查前停用心脏相关药物；如果观察药物疗效，则不需要停药。注射显像剂 30min 后需服用脂肪餐，如全脂牛奶及煎鸡蛋，以促进胆汁排泄，减少对显像的影响。

（2）负荷心肌灌注显像 包括运动负荷和药物负荷，被检者在检查前均应空腹至少 4h。运动负荷检查当日停用钙通道阻滞剂、β 受体阻滞剂等药物，以免影响运动时心率和血压对负荷的反应。药物负荷检查前应至少提前 12h 停用含咖啡因的饮料及含有甲基黄嘌呤的药物，且检查前尽量减少活动。

3. 肾血流灌注显像

（1）被检者应在检查前 3 天停用利尿剂；在检查前 3h 停用短效血管紧张素转化酶抑制剂（ACEI）如卡托普利，长效 ACEI 应停用 5～7 天。

（2）适度水化可以提高图像诊断和定量分析的准确性，应该避免水化不足或者过度。检查前 30～60min 被检者至少饮水 300～500ml。

4. 甲状腺摄 ^{131}I 试验

（1）检查前 2～6 周停服含碘药物，禁止食用含碘较多的食物如海带、紫菜、海鱼、海虾等。

（2）检查当日空腹，检查后需禁食 2h，可以喝水，避免吐口水。

（3）服用大剂量 ^{131}I 后，需要住院隔离。^{131}I 的半衰期约为 8 天，至少隔离 1 周。

（4）检查后要大量饮水，勤排尿，及时排空膀胱。检查后立即口含酸性食物，刺激口水不断分泌，吞咽，预防放射性唾液腺炎或者腮腺炎的发生。

（5）检查后避孕 6 个月至 1 年。

（6）检查后半个月内禁食含碘类食物。

5. 肝胆动态显像

（1）被检者检查前禁食 4～12h。

（2）使用阿托品者遵医嘱停用。

考点： 核医学检查的准备

链 接 PET/CT 显像检查及注意事项

PET/CT 检查要求检测空腹血糖并且携带三瓶水。因为 PET/CT 检查的显像剂是氟代脱氧葡萄糖（^{18}F-FDG），显像剂注入后，PET/CT 仪器通过探测 ^{18}F-FDG，了解葡萄糖在人体内的生理、生化代谢和异常病理分布，根据葡萄糖分布及聚集图像诊断疾病、观察疗效及判断预后。检查前要控制患者血糖，因此需要禁食 6h 以上。由于禁食，检查时胃肠道显像会不够清楚，检查前大量喝水可以充盈胃肠道使图像更清晰，还可以水化促进显像剂代谢及排出。在注射显像剂前半小时饮用第一瓶水，主要起水化作用。在检查前 30～45min 饮用第二瓶水，充盈远端肠道。在检查前 5min 左右饮用第三瓶水，充盈近段小肠和胃。

自 测 题

A_1/A_2 型题

1. 下列不属于 X 线检查防护措施的是（　　）
   A. 注意采取屏蔽措施
   B. 增加放射源与人体的距离
   C. 减少辐射剂量
   D. 利用 X 线透视替代摄片
   E. 严格控制检查次数
2. 下列哪项不是 X 线透视的优点（　　）
   A. 能留下永久记录　B. 经济、操作简便
   C. 多方位观察　D. 可观察到器官的形态
   E. 可观察到器官的动态变化
3. 不属于低密度的组织结构是（　　）
   A. 脂肪组织　B. 呼吸道腔
   C. 胃肠道气体　D. 乳突气房
   E. 膀胱尿液
4. 患者，女，35 岁。做造影检查时，发生碘剂过敏反应，下列哪项处理不妥（　　）
   A. 继续进行碘剂造影检查
   B. 皮下注射肾上腺素
   C. 给予吸氧
   D. 给予抗过敏药物
   E. 安排适当休息
5. 骨挫伤的首选检查方法是（　　）
   A. 超声成像　B. X 线片
   C. CT　D. MRI
   E. DSA
6. 患下列何种疾病时应首选 CT 检查（　　）
   A. 肺炎　B. 脑出血　C. 肝癌
   D. 冠心病　E. 肾结石
7. 患者，男，50 岁。吞咽困难 3 个月，现尚能进半流质食物。身体评估：锁骨上未触及肿大淋巴结。首先应选择的检查是（　　）
   A. 食管镜　B. 胸部 X 线
   C. 食管 X 线钡餐透视　D. 胸部及纵隔 CT
   E. 腹部超声波和肝功能检查
8. 患下列何种疾病时应首选 MRI 检查（　　）
   A. 脑外伤　B. 脑干及小脑病变
   C. 肺炎　D. 脑肿瘤
   E. 肾结石
9. 不属于经腹部超声检查的优点是（　　）
   A. 能清晰显示子宫、卵巢位置及较大肿物与邻近脏器的关系
   B. 便于观察子宫及附件
   C. 不受年龄限制，对未婚、阴道出血者更为适用
   D. 患者不需要充盈膀胱
   E. 可清晰显示盆腔较大肿物并判断来源
10. 患者，女，55 岁。右上腹隐痛 3 年，超声显示胆囊小，壁增厚、模糊，囊内见 2cm×2.5cm 强回声，后方伴声影，可随体位改变，应考虑（　　）
    A. 胆囊炎　B. 胆囊息肉
    C. 胆囊结石　D. 胆囊癌
    E. 慢性胆囊炎伴结石
11. 腹内实质性脏器病变宜先采用何种检查（　　）
    A. X 线片　B. CT
    C. MRI　D. B 超
    E. PET
12. 患者，女，31 岁。平素月经不规律，2～3 个月 1 次，停经 42 天查尿 hCG（+），现停经 14 周，宫底高度耻骨上 3 横指，未闻及胎心音，此时最适宜进行的检查项目是（　　）

A. X线　　B. 尿 hCG
C. B超检查　　D. 胎儿电子监护
E. 胎心心电图

13. 患者，60岁。需做心肌灌注显像检查，下列关于护士告知患者检查前的准备中，叙述错误的是（　　）
A. 空腹4h以上
B. 检查前停用心脏相关药物
C. 静息心肌灌注显像患者需服用脂肪餐
D. 检查前尽量减少活动
E. 药物负荷心肌灌注显像患者不能喝含咖啡因的饮料

14. 患者，女，36岁。需做甲状腺摄 ^{131}I 试验检查，检查前需要停服的食物是（　　）
A. 海带　　B. 地瓜　　C. 牛肉
D. 馒头　　E. 芹菜

15. 患者，女，40岁。需做甲状腺摄 ^{131}I 试验检查，以下关于护士告知患者检查前注意事项叙述错误的是（　　）
A. 检查前停服含碘药物
B. 检查前后禁食2h
C. 隔离住院4周
D. 检查后多喝水，勤排尿
E. 检查后避孕6个月至1年

A_3/A_4 型题

（16、17题共用题干）

患者，男，80岁。慢性支气管炎、肺气肿病史30余年。近1周病情加重，咳嗽、咳大量黏液脓痰，伴心悸、气喘。身体评估：呼吸急促，皮肤、口唇明显发绀，颈静脉怒张，双下肢水肿。

16. 本病例首选的护理诊断是（　　）
A. 焦虑　　B. 体液过多
C. 体液不足　　D. 睡眠型态紊乱
E. 气体交换受损

17. 做胸部X线检查，以下说法正确的是（　　）
A. X线检查对身体无任何危害
B. 检查前应作必要的说明和解释
C. 金项链不影响胸部X线检查
D. 反复X线检查有利于病情的诊断
E. X线检查时无须医护人员的监护

案例分析题

18. 患者，男，30岁。发热、咳嗽4天，咳铁锈色痰1天。身体评估：T 39℃，P 88次/分，急性病容，右肺触觉语颤增强，叩诊呈浊音，可闻及支气管呼吸音。实验室检查：WBC 25×10^9/L，N 90%。
问题： 1. 护士遵医嘱指导患者首先做哪种影像学检查？
2. 分析患者可能出现的X线表现。

19. 患者，男，44岁。咳嗽2周，干咳，无咯血，无畏寒、发热，否认结核病史。血常规：WBC 6.7×10^9/L，N 52%，L 40%，E 0.8%。PPD（1：2000）试验（+），ESR 35mm/h。胸部CT示右下肺内基底段可见约1.6cm×1.8cm结节，无分叶、刺毛及胸膜牵拉征。为进一步鉴别结节性质，拟行 ^{18}F-FDG PET/CT显像。
问题： 1. 说出该患者的健康史内容有哪些？
2. ^{18}F-FDG PET/CT显像前应做哪些准备？

（潘菲菲　闫　琳）

第8章 护理诊断与护理病历书写

学习目标

1. 素质目标　具有客观严谨、实事求是的护理诊断思维及科学态度；具有保护患者隐私的意识及“以患者为中心”的系统化整体护理观。

2. 知识目标　说明护理诊断分类、构成、陈述方式及注意事项；解释护理诊断的步骤及护理病历书写的基本要求；描述护理病历的书写要点。

3. 能力目标　能根据评估对象的健康资料，运用护理诊断的步骤，全面准确地确定其护理诊断；能结合患者的实际情况，准确、规范地书写护理病历。

第1节　护理诊断

一、护理诊断的概述

案例 8-1

患者，男，65岁。咳嗽、咳痰20年，近8年来出现活动后气促，5天前受凉后出现发热、咳嗽、咳大量黏液脓痰且不易咳出，气急，口唇发绀。吸烟史30年。身体评估：T 38.2℃，P 110次/分，R 26次/分，BP 135/87mmHg。神志清，桶状胸，两侧语颤减弱，叩诊呈过清音，听诊两肺散在干、湿啰音。肝、脾未触及。下肢水肿（－）。实验室检查：WBC 12×10^9/L，N 85%。医师诊断：慢性支气管炎急性发作期、慢性阻塞性肺气肿。护理诊断：①气体交换受损：与肺通气、换气功能障碍有关；②体温过高：与支气管、肺部感染有关；③清理呼吸道无效：与痰量多、黏稠不易咳出有关；④知识缺乏：缺乏慢性支气管炎的防治知识。

问题：请分析该患者的医疗诊断与护理诊断的不同点。

（一）护理诊断的概念

1. 护理诊断的定义　护理诊断是护士针对个体、家庭、社区对现存的、潜在的健康问题或生命过程的反应所做的临床判断。护理诊断为护士在其职责范围内选择护理措施提供了依据，是护士为达到预期的结果选择护理措施的基础。

护理诊断是护理程序的核心，是护士为护理对象确立护理目标、制订护理计划、选择护理措施及进行护理评价的依据。其内涵和实质是诊断和处理人类对现存的、潜在的健康问题或生命过程的反应，这里所指的反应包括生理、心理和社会适应等诸方面的反应。护理的对象不仅是患者，也包括健康人，护理的范围也从个体扩展到家庭和社区。此外，护理诊断不仅关注护理对象现有的问题，同时也关注尚未发生的潜在问题，反映出护理的预见性。

考点：护理诊断的定义

2. 护理诊断与医疗诊断的区别　护理诊断和医疗诊断是临床诊断属下的两个不同的子系统，两者分别存在各自的特性。两者的区别见表8-1。

表 8-1　护理诊断与医疗诊断的区别

区别内容	护理诊断	医疗诊断
决策者	护士	医师
职责范围	护士职责，提出相应的护理措施	医疗职责，提出相应的治疗办法
侧重点	说明个体或群体对健康问题的现存的或潜在的反应，以指导护理，侧重于对护理对象现存的、潜在的健康问题或疾病的反应做出判断	说明一种疾病或病理状态，以指导治疗，侧重于对疾病的本质做出判断，即对疾病做出病因、病理解剖和病理生理诊断
适用范围	个人、家庭或社区对健康问题或生命过程的反应	个体的疾病
诊断数量	数量较多，动态变化	数量较少，相对稳定

考点： 护理诊断与医疗诊断的区别

链　接　护理诊断的发展

护理诊断的概念最早于20世纪50年代由美国麦克迈纳斯（McManus）提出。1953年，美国护士弗吉尼亚·弗莱（Viginia Fry）提出在护理计划中应包括护理诊断，并提出做出护理诊断的人要具有一定资格。1973年，美国护理协会正式将护理诊断纳入护理程序，授权在护理实践中使用，这意味着对护理对象做出护理诊断已成为护士的责任和权利。同年，在美国召开了护理诊断的第1次全国性会议，成立了全国护理诊断分类小组。北美护理诊断协会（North American Nursing Diagnosis Association International，NANDA-I）是护理诊断的权威机构，每3年修订1次标准，以保障护理诊断提出的精准性。2021年出版的《北美国际护理诊断定义与分类（2021—2023）》中，共收录了267个护理诊断，分属13个领域，47个类别。我国临床广泛使用的就是NANDA-I认可的护理诊断。

（二）护理诊断的构成

案例 8-2

患者，女，78岁。头晕伴乏力1周入院。身体评估：T 36.5℃，P 98次/分，R 23次/分，BP 135/64mmHg，神志清，面部、口唇、睑结膜苍白。实验室检查：RBC 3.02×10^{12}/L，Hb 59g/L。护士通过健康评估，得出护理诊断“活动耐力下降，与贫血导致机体组织缺氧有关”。

问题： 1. 上述护理诊断属于哪一类型？

2. 其相关因素属于哪个方面？

3. 其诊断依据有哪些？

依据临床判断患者健康问题呈现的程度，NANDA将护理诊断分为现存性护理诊断、危险性护理诊断、健康促进护理诊断和综合征四种类型。护理诊断基本由名称、定义、诊断依据及相关因素四部分组成，但不同类型的护理诊断其构成也有所不同。

考点： 护理诊断的构成

1. 名称　是有关评估对象对健康状态或疾病的反应的概括性描述。

（1）现存性护理诊断　是对评估对象此时正经历的健康问题所做出的临床判断。

（2）危险性护理诊断　是指评估对象此时虽然还没有发生问题，但危险因素存在，如果不采取有效的护理措施则很有可能出现问题的临床判断。

（3）健康促进护理诊断　是对评估对象具有达到更高健康水平潜能的临床判断。

（4）综合征　是指由特定的情景或事件而引起的一组现存的或有危险的护理诊断。

2. 定义　是对护理诊断的一种清晰、精确的描述，并以此与其他护理诊断相区别。如“长期低自尊”，其定义是长期的对自我及自我能力的消极评价和感觉。“情境性低自尊”，其定义是以前自我肯定的人在个人遇到失落或情况变化时出现的反应。前者是一种长期状态，后者是个人遇到某些情况时出现的。

3. 诊断依据　是护士做出护理诊断的临床判断标准，来自经健康评估后所获得的有关评估对象健康状况的主观和客观资料。按其重要性分为主要依据和次要依据 2 种。

（1）主要依据　做出某一护理诊断时必须具备的依据。

（2）次要依据　对做出某一护理诊断有支持作用，但并不是必须存在的依据。

以腹泻为例，①主要依据：排便次数增加，形状呈水样或松散便，每日在 3 次以上。这是必须具备的。②次要依据：腹部疼痛、食欲下降、恶心、腹部不适、体重下降等。这对腹泻这一护理诊断具有支持作用，但不是必不可少的条件。

4. 相关因素　是指促成护理诊断成立和维持的原因或情境。现存的护理诊断有相关因素，有危险的护理诊断的相关因素常为危险因素。相关因素可以来自于以下 5 个方面。

（1）病理生理因素　是由疾病引起的病理生理方面的健康影响因素，如“气体交换受损”的相关因素可能是肺部感染所致的呼吸道阻塞、有效呼吸面积减少等。

（2）心理因素　是指与心理状态有关的健康影响因素，如“睡眠型态紊乱”可因心理应激所致。

（3）治疗因素　是指在治疗过程中的健康影响因素，如用药、检查、手术等，如“清理呼吸道无效”可能是患者使用镇静催眠药物抑制咳嗽中枢所致。

（4）情境因素　是关于环境、有关人员、生活经历、生活习惯、角色等方面的健康影响因素，如“便秘”可能与进食量少、食物中缺乏纤维素、活动量少有关。

（5）成熟因素　是指与年龄有关的健康影响因素，包括认知、生理、心理、社会、情感的发展状况等，如“睡眠型态紊乱”可因小儿独自睡觉恐惧黑暗所致。

需要注意的是，护理诊断的相关因素可涉及多个方面，明确相关因素可以为护理措施的制订提供依据。

二、护理诊断的陈述方式

案例 8-3

患者，男，18 岁。高热、咳痰伴胸痛 1 天。身体评估：T 38.5℃，P 110 次/分，R 28 次/分，BP115/70mmHg，急性病容、口唇发绀、右下胸部语音震颤增强。X 线检查：右下肺云絮状阴影。拟诊断大叶性肺炎。

问题：该患者可能的护理诊断有哪些？如何陈述？

护理诊断的陈述是对个体或群体健康状态的反应及其相关因素/危险因素的描述，可分为 3 种形式：三部分陈述、两部分陈述和一部分陈述。

（一）三部分陈述

三部分陈述即 PES 公式，一般用来陈述现存性护理诊断。其中 P 代表问题，即护理诊断的名称；E 代表原因，即相关因素；S 为症状和体征，即诊断依据。如“压力性尿失禁：出现滴尿现象，与老年人骨盆肌肉和支持结构的退行性变化有关”，其中压力性尿失禁为 P，出现滴尿现象为 S，与老年人骨盆肌肉和支持结构的退行性变化有关为 E。

考点：护理诊断的三部分陈述方式

（二）两部分陈述

两部分陈述即 PE 公式，只包含护理诊断名称和相关因素，适用于危险性护理诊断的陈述。因危险目前尚未发生，没有症状和体征。例如，有体液不足的危险（P），与频繁呕吐和腹泻有关（E）。

（三）一部分陈述

一部分陈述只包含护理诊断的名称（P），一般用于健康促进护理诊断和综合征的陈述，如“有健康自我管理改善的趋势”等。

（四）陈述护理诊断的注意事项

1. 诊断名称要规范 必须使用 NANDA 认可的护理诊断名称，不要随意创造护理诊断，或将医疗诊断、药物副作用、评估对象需要等作为护理诊断名称。

2. 相关因素的陈述要具体 应使用“与……有关”的方式并尽量具体。在护理计划中制订的护理措施很多是针对相关因素的，相关因素越具体和直接，护理措施才越有针对性。

3. 知识缺乏的诊断 知识缺乏的陈述方式是“知识缺乏：缺乏……方面的知识”，如“知识缺乏：缺乏胰岛素自我注射方面的知识”。

三、合作性问题

（一）合作性问题的概念

合作性问题又称潜在并发症，是指不能通过护理的手段独立解决，需要护士与其他医务人员共同处理的由疾病、治疗、检查所引起的某些并发症，但并非所有的并发症都属于合作性问题。

（二）合作性问题的陈述方式

合作性问题的表述方式以“潜在并发症”开始，其后为潜在并发症的名称，如“潜在并发症：心律失常”。

在书写合作性问题时，应注意不要漏掉“潜在并发症”，否则就无法与医疗诊断相区别。一旦诊断为潜在并发症，就意味着评估对象可能发生或者正在发生这种并发症，护士应将病情监测作为护理的重点，以及时发现并发症，及早配合医师共同处理。

考点：合作性问题的概念

四、护理诊断的思维与步骤

护理诊断的步骤包括收集资料、整理资料、分析资料和形成假设、确立与修订护理诊断及护理诊断排序。

（一）收集资料

收集资料是评估者通过观察、交谈、身体评估及各种辅助检查，获得评估对象在身体、心理和社会适应方面状况的过程，是做出护理诊断的基础。

（二）整理资料

收集到的资料是否全面、正确将直接影响护理诊断的准确性。因此，必须对评估对象的资料进行归纳、整理，去伪存真，去粗存精，使资料更加真实、全面和系统，为做出护理诊断奠定基础。

1. 核实资料的真实性和准确性 评估者应根据具体情况对资料的真实性和准确性做出判断，确认有无资料的相互矛盾或不真实，核实并予以纠正。

2. 检查资料的全面性 初次收集资料往往会受时间及评估对象健康状况的限制，很难使资料完整无缺；并且评估者对具有相同健康问题的评估对象，往往关注共性方面的问题，而对个性问题关注较少。因此整理资料时，应检查有无遗漏，对于缺漏的资料一定要及时补充。

3. 对资料进行分类与综合 在完成上述工作后，评估者需要按照适当的分类系统进行归纳综合，如生理-心理-社会模式、马斯洛的需要层次模式、功能性健康型态分类、多轴系健康型态模式等。通过对所获得的资料进行分类与综合，可以使资料进一步系统化，为下一步分析、推理和做出护理诊断奠定基础。

（三）分析资料和形成假设

分析资料是对所收集的资料及其相互关系进行解释和推理的过程，以判断评估对象可能存在的或潜在的对健康问题的反应及可能的原因，从而做出护理诊断。

1. 找出异常　首先将收集的资料与正常情况比较，以发现异常。这要求评估者不仅要熟练掌握各种健康指标的正常范围，还要充分考虑到评估对象的个体差异。

2. 找出可能的护理诊断及其相关因素　根据所找到的异常资料及其相互关系，做出可能的合理解释，形成假设。经过进一步的分析和推理，提出可能的护理诊断及相关因素。如证据不充分，则需要进一步收集资料，予以确定或排除。

（四）确立与修订护理诊断

经过反复综合、分析、推理，对所提出的护理诊断进行评价和筛选，最后对照相应的护理诊断依据做出恰当的护理诊断，找出明确的相关因素。

已确立的护理诊断是否正确，应在临床实践中进一步验证。评估者需要认真、细致地观察病情变化，随时发现问题、提出问题、查阅资料寻找证据，进一步验证和修订护理诊断。另外，随着评估对象健康状况的改变，其对健康问题的反应也随之改变，因此只有通过动态的评估才能维持护理诊断的有效性。

（五）护理诊断排序

一个评估对象常同时存在多个护理诊断和合作性问题，在实际工作中需要确定解决问题的优先顺序，因而需要对护理诊断及合作性问题进行排序，然后根据问题的轻、重、缓、急合理安排护理工作，做到有条不紊。

一般按照重要性和紧迫性进行排序，依次为首优护理诊断、次优护理诊断和其他护理诊断。同时须注意护理诊断的先后顺序不是一成不变的，根据问题的严重程度、后果及问题之间的相互关系，其排序亦可发生相应变化。

1. 首优护理诊断　是指直接威胁患者生命并需要立即采取措施去解决的护理诊断或合作性问题，如果不及时采取措施，将直接威胁患者生命。急危重症患者在紧急状态下，常可能存在多个首优护理诊断。

2. 次优护理诊断　是指不直接威胁患者生命，但能影响患者身心健康，需要护士及早采取措施处理，以免病情进一步恶化的护理诊断或合作性问题。

3. 其他护理诊断　是指与本次发病无直接关系，但对患者的健康仍有影响，在安排护理工作时可以稍后考虑的护理诊断或合作性问题。

考点： 首优护理诊断的判断

第 2 节　护理病历书写

案例 8-4

患者，女，60 岁。上腹痛 2 天。2 天前进食后 1h 上腹正中隐痛，逐渐加重，呈持续性、向腰背部放射，仰卧、咳嗽时加重，伴有恶心，频繁呕吐，呕吐物为胃内容物，吐后腹痛无减轻。多次使用止痛药物无效。发病以来无胸痛、腹泻及排尿异常。

既往有胆石症病史 8 年，但无慢性上腹痛史，无反酸、黑便史，无明确心、肺、肝、肾病史。个人史、家族史无特殊记载。

身体评估：T 39℃，P 104 次/分，R 19 次/分，BP 130/80mmHg。急性病容，侧卧蜷曲位，皮肤干燥，无出血点，浅表淋巴结未触及，巩膜无黄染，心、肺无异常，腹平坦，上腹部轻度肌紧张，压痛明显，反跳痛（–），未触及肿块，Murphy 征阴性，肝、肾区无明显叩击痛，移动性浊音可疑阳性，肠鸣音减弱，双下肢无水肿。

实验室检查：Hb 120g/L，WBC 22×10^9/L，N 86%，L14%，PLT 110×10^9/L；尿蛋白（±），红细胞 3 个/HP；血清尿素氮 7.0mmol/L；尿淀粉酶 1400U/L（酶偶联法）。腹部平片未见膈下游离气体和液平面，肠管稍扩张。

问题：1. 对于该患者，除了上述资料外，还需要补充了解哪些信息？

2. 该患者医疗诊断是什么？护理诊断有哪些？首优护理诊断是什么？

3. 根据该案例，书写一份入院评估表。

4. 患者在住院期间还需要进行哪些记录？

护理病历是有关护理对象的健康资料、护理诊断、计划及实施、效果评价和健康教育等护理活动的总结与记录，包括文字、符号和图表等资料，是护理文件的重要组成部分。因此书写必须规范并妥善保管，以保证其原始性、正确性和完整性。

一、护理病历书写的意义

护理病历书写既是临床实践中的一项重要工作，也是培养护士临床思维能力和提高业务能力的重要途径。护理病历书写涉及护士的专业知识、临床实践经验、书面表达能力、法律意识和责任心。因此，护士必须认真学习和训练护理病历的书写。

1. 指导临床护理实践 护理病历是护士制订和修订护理计划、评估护理效果的重要依据。通过查看护理病历，可以了解护理对象的重要信息，保证护理工作的连续性、针对性和完整性。

2. 评价临床护理质量 护理病历可以反映护士为护理对象实施的护理措施或过程是否合适，在很大程度上反映了临床护理活动的数量、质量和医疗护理管理水平。

3. 提供教学与研究资料 护理病历充分反映了护理理论在临床实践中的应用，可为护理教学提供最真实、最生动的素材。护理病历也是护理科研的重要资料，对回顾性研究有很大的参考价值。

4. 提供法律依据 在医疗纠纷、医疗事故、伤害案件、保险理赔等问题上，护理病历是维护护患双方合法权益，进行举证的客观依据，具有法律效力。因此，护士要准确无误地书写护理病历，并对书写的内容负法律责任。

二、护理病历书写的基本要求

护理病历要确切地反映护理对象的健康状态、病情变化，为及时、准确做出护理诊断提供有价值的信息。护士必须严格按照相关法律法规或者行政规章书写护理病历，内容要客观、真实、准确、完整，书写要及时、规范、清晰、精悍。

（一）内容要求

1. 内容真实、客观 指记录的内容应是患者所患疾病真实存在的，不以个人意志为转移的一切临床征象，以及所采取的护理措施等。不能以主观臆测代替真实而客观的评估，书写的病历应能够真实再现患者所患疾病的发生、发展和演变的全过程，体现出疾病的严重程度和本质。

2. 描述准确、规范 护理病历应能准确反映患者的诊疗与护理信息，力求内容精练、条理清楚、重点突出，且使用的医学词汇、术语和缩写等亦须规范。护理诊断要明确，相关因素不能用含糊的术语来充当。

3. 项目填写完整 护理病历的各个项目都要填写完整，不可遗漏。健康史的询问要周全，身体评估要详细、全面，辅助检查既要全面查询又要选择有价值的资料，既要包括阳性的结果，也要包括重要的、有鉴别诊断价值的阴性结果。

（二）书写要求

1. 及时　必须在法律规定的时间内完成护理病历相关内容的书写。例如，入院评估记录应当在患者入院 24h 内完成，首次护理病程记录应当在本班（8h）内完成。抢救危重症患者未能及时书写病历的，应当在抢救结束后 6h 内据实补记，并加以注明。

2. 规范　护理病历书写的用笔、用字、用语要统一，格式内容要遵规。书写病历应当使用蓝黑墨水或碳素墨水，需要复写的资料可以使用蓝色或黑色油水的圆珠笔，红笔应严格按规定使用。格式内容要按医院的规定，不能擅自更改项目或颠倒排列顺序，各项记录要注明年月日，急诊、抢救、手术等记录还应记明时、分，以 24h 制计时。每张表格纸上必须记录患者姓名、住院号、页码，不留空白，记录者要签全名。病历要经上级护士审阅修改，并注明时间及签名。

3. 清晰　手写病历要做到字体工整，字迹清晰。书写中出现错误时，应当用原色笔在错字上画双线，再做修改并签名，不得采用刮、粘、涂、剪等方法掩盖或去除原来的字迹。上级护士对病历修改时，修改补充处应保持原记录清楚可辨，修改过多者应重新抄写。

4. 精悍　表达要准确，语句要通顺，词语要简洁明确，叙述要详略得当，行文条理清楚，词语通俗易懂，标点符号正确规范。

三、护理病历的格式与内容

目前护理病历的书写主要限于住院患者，包括入院评估表、护理计划单、护理记录和健康教育计划等。目前临床上主要书写一般患者护理记录、危重症患者护理记录和手术护理记录。

当前，我国护理病历尚未形成统一的格式和内容，各医疗机构主要依据我国 2010 年颁布的《病历书写基本规范》要求，结合自己本院专科护理特点设计并书写，以简化、实用为原则。

（一）入院评估表

入院评估表是评估对象入院后首次进行的、系统的健康评估记录，一般在患者入院 24h 内完成。首次入院评估表内容包括以下几个方面。

1. 一般资料　包括姓名、性别、年龄、民族、籍贯、婚姻状况、文化程度、入院医疗诊断、入院方式等。

2. 健康史　包括主诉、现病史、既往史、婚育史、外伤/手术史、过敏史、家族史、日常生活状况、心理和社会评估等。

3. 身体评估　包括生命体征、各系统形态与功能评估，按一般状态、全身状况、皮肤黏膜、淋巴结、头面部、颈部、胸部、腹部、肛门直肠、生殖器、脊柱四肢、神经系统逐项进行检查。重点检查与护理工作有关的、有助于发现护理问题方面的内容。

4. 辅助检查　包括对护理诊断有支持意义的各种实验室检查及医疗仪器检查结果。

5. 提出初步护理诊断　通过交谈、观察、身体评估、辅助检查及查阅记录等方法收集资料并记录，提出初步护理诊断，为制订护理措施及开展护理活动提供依据。

（二）护理计划单

护理计划单是护士为患者所制订的全部护理计划的书面记录。通过护理计划单可了解患者在整个住院期间存在的护理诊断/合作性问题、实施的护理措施及护理效果，提示已解决的护理问题、出院时仍存在的护理问题、需在出院后进一步采取的措施。

自 2010 年卫生部关于简化护理文书的政策出台后，各医疗机构不再规定护士必须书写护理计划单，护理计划单在各医院应用的范围正逐渐缩小。

（三）护理记录

护理记录是指患者在整个住院期间的健康状况及护理过程的全面记录。包括患者所住科别、姓名、床号、住院病历号（或病案号）、医疗诊断、记录日期和时间，根据专科特点需要观察、监测的项目及采取的治疗、护理措施和效果，护士签名，页码等。记录时间应当具体到分钟，采用时点记录法，记录频次视病情需要或医院规定而定。

1. 记录对象 包括但不限于新入院患者，出院患者，病重、病危患者，以及病情发生变化、需要监护的患者（包括特级/Ⅰ级护理患者、有特殊治疗或处理的患者等）。

2. 记录内容

（1）意识 根据患者实际的意识状态选择填写：清醒、嗜睡、模糊、谵妄、昏迷，意识障碍患者按格拉斯哥昏迷评分（GCS）量表进行评分。

（2）体温、脉搏/心率、呼吸、血压 体温单位为℃，脉搏/心率、呼吸单位为次/分，血压单位为毫米汞柱（mmHg），均直接在相应栏内填入测得数值，不需要填写数据单位。

（3）血氧饱和度 根据实际情况填写数值。

单位为升/分（L/min），可根据实际情况在相应栏内填入数值，不需要填写数据单位，并记录吸氧方式，如鼻导管、面罩等。

（4）出入量

1）入量：单位为毫升（ml），入量项目包括经静脉输注的药物，口服的食物、饮料和药物，以及经鼻胃管、肠管输注的营养液等。

2）出量：单位为毫升（ml），出量项目包括尿、便、呕吐物、引流物等，需要时写明颜色、性状。

（5）皮肤情况 根据患者皮肤出现的异常情况选择填写，如黄染、苍白、发绀、水肿、脱水、疖肿、皮疹、瘀斑、瘢痕、破溃、出血点等。

（6）管路护理 根据患者置管情况填写，如动/静脉置管、导尿管、引流管等。

（7）病情观察及措施 简要记录所观察到的患者病情情况，以及根据医嘱或者患者病情变化采取的措施及效果评价。

考点：护理记录的内容

医者仁心

善于作为——患者的贴心管家“六姐妹护理组”

唐山市第五医院精神科的“六姐妹护理组”组建于1984年，历经三代，从立足本岗，到默默奉献，再到护理创新，她们用爱、青春和奉献奏响了白衣天使的动人乐章，让青春洋溢着生命的无限感动，用奉献谱写激情昂扬的赞歌。护理组主动作为，把患者当亲人，用“一人一事一记”的方法，给每位患者建立档案，随时详细记录患者的护理要点和需求，随时给予帮助。一切以患者为中心，尽心尽职地护理好患者，这正是“天使”的天职。2016年8月，“六姐妹护理组”入选中国好人榜“敬业奉献好人”。

（四）健康教育计划

健康教育是通过有计划、有组织、有系统的健康教育活动，促使人们自愿地改变不良的健康行为，消除或减轻影响健康的危险因素，预防疾病，促进健康和提高生活质量。患者的健康教育依据实施场所不同，主要包括门诊教育、住院教育和家庭随访教育3类。本节仅介绍住院教育。

由于患者在住院不同时期有不同的需求，按阶段可分为入院教育、住院期间教育及出院教育。在实际工作中，为简化程序、便于操作、保证健康教育效果，可根据疾病特点，将患者及其家属需要了解或掌握的有关知识和技能，编制成标准健康教育计划单，护士以此为参照实施健康教育。但应避免机械执行计划，而忽略患者的个体需求。

四、电 子 病 历

近年来，随着医院信息化建设工作的不断推进，电子病历在临床上的应用越来越普遍、越来越规范，极大地提高了医院的工作效率和医疗质量，改善了医疗服务体验。

护理电子病历是护士在护理活动过程中，使用医院信息系统所生成的文字、符号、图表、图形、数据、影像等数字化信息，并能实现存储、管理、传输和重现的病历资料，是护士根据医嘱、病情及护理级别，对患者住院期间护理过程的客观记录。

（一）电子病历的基本要求

电子病历除了要遵循纸质病历的基本要求外，还要满足以下要求。

1. 身份识别与签名　电子病历系统应当为操作人员提供专有的身份标识和识别手段，并设置相应权限。操作人员应保管并时时更新自己的操作密码，登录电子病历系统完成各项记录操作并予以确认，操作人员对本人身份标识的使用负责。

2. 审查与修改　电子病历系统应当设置医护人员审查、修改的权限和时限。医护人员修改时，电子病历系统应当进行身份识别、保存历次修改痕迹、标记准确的修改时间和修改人信息。

3. 可生成患者个人信息库　可为患者建立个人信息数据库，授予唯一标识号码（如 ID 号）并确保与患者的医疗记录相对应，而且患者信息在历次就医时都可沿用。

4. 信息安全　要满足国家信息安全等级保护制度与标准，一般电子病历系统只接入医院内部网络。严禁篡改、伪造、隐匿、抢夺、窃取和毁坏电子病历，电子病历系统应当具有严格的复制管理功能。

5. 数据可备份　电子病历系统应当具备保障数据安全的制度和措施，有数据备份机制。有条件的医疗机构应当建立信息系统灾备体系，在电子病历系统出现故障时要有应急预案，确保电子病历业务的连续性。

6. 支持数据统计分析　电子病历系统应当为病历质量监控、医疗卫生服务信息和医疗保险费用审核提供技术支持，利用系统优势建立医疗护理质量考核体系，提高工作效率，保证医疗质量，规范诊疗行为，提升医院管理水平。

（二）电子病历的优势

1. 准确性、完整性高　电子病历除纸质病历的全部内容外，还可将心电图、脑电图检查的图形，CT、MRI、超声检查等影像图片和声像动态，通过多媒体技术全面展现出来。通过各种身份识别和识别手段确保资料的准确性。

2. 获取速度快　患者在同一家医院不同时间、不同科室的就诊记录可全部储存，医护人员根据权限可随时随地调取患者的信息及既往病史，为医护人员提供完整、准确的病历资料。

3. 使用方便　电子病历较手写病历简单、易操作，并且病历整洁清晰，无涂改、字迹不清、重写病历等问题，节约了病历记录时间。并且通过电子化的信息传输和共享，大大减少了收集和录入数据的工作量，为医疗管理、科研、教学、公共卫生提供了数据源。

4. 易存储、存储容量大　电子病历方便进行数据的保存和传输，对存储的环境和空间要求不高，占用空间小，保存容量大、时间长，管理方便。

5. 共享性好　通过医疗信息共享，支持患者在不同医疗机构之间的就诊信息进行共享，实现连续医疗。

（三）电子病历的不足

1. 需信息化投资和人员培训　电子病历的有效实施一般需要较完善的医院信息管理系统和相关技术人员，软硬件方面均需要一定的投入资金。并且电子病历投入使用后，操作人员需经过电子病历操作培训后方可从事电子病历录入。

2. 存在安全隐患，不利于患者隐私保护 一旦系统权限设置或使用上存在缺陷或漏洞，将无法切实保障患者的隐私。

3. 书写差错的可能性增加 为减少医护人员的工作量，电子病历生成过程中可进行复制和粘贴，但有些医护人员大量采取复制和粘贴，不根据实际情况进行修改，容易导致病历出现重大错误。

4. 病历记录丢失可能性增加 计算机一旦发生故障、突然停电，或是系统进行更新、升级时，将造成系统停顿，无法进行正常工作，甚至系统中储存的病历记录可能出现丢失，因此，经常需要打印电子病历保存原始记录。

自 测 题

A_1/A_2 型题

1. 患者，女，18 岁。护理诊断：体温过高，T 39.0℃，面色潮红，皮肤发热，与肺部感染有关，该护理诊断采用了哪种陈述公式（　　）
   A. PES 公式　B. PE 公式　C. ES 公式
   D. PS 公式　E. P 公式
2. 患者，男，50 岁。因糖尿病入院，主要护理诊断/问题有以下 5 个，属于合作性问题的是（　　）
   A. 气体交换受损　与阻塞性肺气肿有关
   B. 便秘　与饮食中纤维素摄入量过少有关
   C. 潜在并发症：出血
   D. 有皮肤完整性受损的危险　与长期卧床有关
   E. 知识缺乏：缺乏有关糖尿病足护理的知识
3. 关于护理诊断，下列描述错误的是（　　）
   A. 护理诊断是描述个体或群体对健康问题的反应
   B. 护理诊断以收集的资料为诊断依据
   C. 护理诊断必须通过护理措施解决
   D. 一项护理诊断可针对多个问题
   E. 护理诊断随病情变化而变化
4. 患者，男，72 岁。因长期卧床皮肤受压导致的“有皮肤完整性受损的危险”属于（　　）
   A. 现存性护理诊断
   B. 危险性护理诊断
   C. 健康促进护理诊断
   D. 综合征
   E. 合作性问题
5. 患者，女，85 岁。突发胸痛 1h 入院，身体评估：T 37.0℃，P 128 次/分，R 35 次/分，BP 183/107mmHg，心律齐。心电图示急性前间壁心肌梗死，生化检查示心肌酶谱升高。患者有濒死感，对疾病很担心。护士通过收集资料确认目前存在以下护理问题，你认为应该首先解决的是（　　）
   A. 疼痛：胸痛　与心肌缺血、缺氧、坏死有关
   B. 恐惧　与胸痛、濒死感有关
   C. 进食、如厕、沐浴自理缺陷　与心肌梗死后绝对卧床休息有关
   D. 潜在并发症：心源性休克
   E. 知识缺乏：缺乏冠心病控制诱发因素相关知识
6. 患者，男，10 岁。室间隔缺损，拟次日行室间隔缺损修补术。夜间护士巡视病房时发现患儿不肯入睡，哭诉不想手术。此时患儿的主要护理问题是（　　）
   A. 活动耐力下降
   B. 营养失调：低于机体需要量
   C. 潜在并发症：心力衰竭
   D. 有感染的危险
   E. 焦虑/恐惧
7. 患者，女，30 岁。急性支气管炎，咳嗽剧烈，咳脓性痰、量较多，呼吸疼痛。身体评估：T37.8℃，P98 次/分。目前该患者的首优护理问题是（　　）
   A. 清理呼吸道无效　B. 疼痛
   C. 气体交换受损　D. 体温过高
   E. 知识缺乏
8. 护理记录单适用于（　　）
   A. 病重患者　B. 有病情变化的患者
   C. 新入院患者　D. Ⅰ级护理患者
   E. 以上都是
9. 下列关于护理病历书写的说法，正确的是（　　）
   A. 因抢救未及时书写的护理记录，应在抢救结束后 12h 内及时据实补记
   B. 上级护士不得修改下级护士书写的护理记录
   C. 护理病历的书写者对记录内容负有法律责任
   D. 实习护士不可以书写护理病历
   E. 护理病历的内容不能与医疗病历重复
10. 患者，男，46 岁。有嗜酒史 10 余年，近 2 年常感觉腹胀，食欲减退，牙龈出血，最近 1 周下肢水肿明显，昨晚呕血后进入昏迷状态，遂送到急诊抢救，护理人员因抢救而未能及时书写护理病历，在抢救结束后几小时内，护理人员应据实补记（　　）

A. 0.5h　B. 1h　C. 6h
D. 12h　E. 24h

A3/A4 型题

（11、12 题共用题干）

患者，男，40 岁，汉族，教师。心慌、气短、疲乏 5 天，伴有纳差、便秘。身体评估：P120 次/分，BP70/46mmHg，脉搏细弱、口唇发绀、呼吸急促。

11. 以下属于主观资料的是（　　）
A. P120 次/分、心慌、气短
B. 心慌、气短、脉搏细弱
C. P120 次/分，BP70/46mmHg，脉搏细弱
D. 心慌、疲乏、口唇发绀
E. 心慌、气短、疲乏

12. 该患者的首优护理诊断是（　　）
A. 低效性呼吸型态
B. 语言沟通障碍
C. 便秘
D. 营养失调：低于机体需要量
E. 潜在并发症：心律失常

（13～16 题共用题干）

患儿，男，3 岁。咳嗽 3 天，喘憋 1 天入院。身体评估：T 38.5℃，P 120 次/分，R 50 次/分，呼气性呼吸困难，两肺布满哮鸣音，诊断为哮喘性支气管炎。

13. 实习护士小李在书写入院健康评估单后，发现写错了几个字，此时正确的做法是（　　）
A. 刮去写错的字，在原处重新书写
B. 用涂改液掩盖写错的字，在原处重新书写
C. 涂黑写错的字，在页边空白处重新书写
D. 错字上划双线，上方重新书写，注明修改时间并签字
E. 圈出错字，在页边处重新书写

14. 该患儿的入院评估记录要求完成的时限是（　　）
A. 6h　B. 12h　C. 24h
D. 36h　E. 48h

15. 为该患儿书写护理病历，不妥当的做法是（　　）
A. 应在本班次内完成首次健康评估记录
B. 入院当天每班要有护理记录
C. 护理记录由实习护士小李签名即可
D. 护理记录应包括所采取的护理措施和效果
E. 根据患者病情需要随时进行护理记录

16. 该患儿的首优护理诊断是（　　）
A. 穿着自理缺陷　B. 知识缺乏
C. 活动耐力下降　D. 体温过高
E. 低效性呼吸型态

案例分析题

17. 患者，男，69 岁。腹痛，腹胀，肛门停止排便、排气半天，12 年前行胃穿孔修补术，拟诊肠梗阻入院。在全身麻醉下行剖腹探查术、肠粘连松解术、部分小肠切除吻合术，术后诊断为肠梗阻、小肠坏死。术后留置胃肠减压管、脾窝引流管、右侧盆腔引流管、留置导尿管。术后第一天，医嘱禁食，静脉补液 3750ml，至次日早上 7 时余 150ml 液体未输注，各引流管早上 7 时倾倒后至次日早上 7 时：胃肠减压液 80ml，脾窝引流液 90ml，右侧盆腔引流液 180ml，尿液 2000ml。

问题：1. 分析该患者病情，列出可能的护理诊断。
2. 请阐述术毕返回病房的首次护理记录内容。
3. 术后第一天的 24h 入量是多少？出量是多少？

（徐娜娜）

实　训

实训 1　问　　诊

【实训目的】

1. 掌握问诊的内容、基本方法和技巧，使所收集的主观资料基本完整且逻辑性强。
2. 通过问诊能够与评估对象建立良好的关系。
3. 能较系统地整理问诊内容。

【实训用物】　病历资料，入院健康评估单，红、黑墨水笔等。

【实训内容和方法】

以病历资料为依托，通过问诊收集健康史资料。

1. 一般资料　包括姓名、性别、年龄、民族、籍贯、出生地、婚姻状况、文化程度等资料。

2. 主诉　包括评估对象在本次发病中感受到的最主要、最明显的症状或体征及其性质和持续时间。

3. 现病史　包括起病情况、主要症状特点、病情的发展与演变、伴随症状及诊疗和护理经过。

4. 既往健康史　包括一般评价、既往疾病史、过敏史、预防接种史。

5. 成长发展史　包括生长发育史、月经史、婚育史、生育史。

6. 家族健康史　包括直系亲属的健康状况和患病情况。

7. 系统回顾　包括身体、心理和社会三方面的系统回顾。

【实训流程】

1. 学生提前预习，分组讨论分析病例，熟悉模拟问诊的内容和要求。
2. 教师示教　教师模拟护士对模拟患者的学生进行健康史的采集。
3. 角色扮演　学生 2 人 1 组，互为护士和患者进行问诊练习。
4. 教师抽查 2 组学生进行模拟问诊，其他学生观看并评价，教师做总结。
5. 教师指导学生整理问诊内容，并按正确格式书写入院健康评估单。

【注意事项】

1. 保持室内安静，听从教师指导，遵守实训室规章制度，做好实训室的清洁和整理。
2. 注意衣帽整洁，不穿戴工作衣帽者不能进入实训室。
3. 问诊开始要先自我介绍，说明自己的身份和问诊目的；问诊结束要致谢。

实训 2　认知功能评估

【实训目的】　初步掌握用交谈、观察方法对评估对象进行认知功能评估的能力。

【实训用物】　图形卡片、人物照片、白纸、水笔、铅笔、订书机、竹签、橡皮泥、拼图玩具、手电筒、杯子、盘子、汤匙、大小碗、瓶装水、红豆、绿豆、水果等。

【实训内容和方法】

1. 知觉功能的评估

（1）形状知觉的评估　在一张写满字母 V 的纸上，迅速找出一个不一样的字母 O；用竹签在手臂上画出不同的形状，请评估者说出所画形状。

（2）大小知觉的评估 用橡皮泥做出 6 个大球、6 个小球和 1 个中等大小的球，把中等大小的球放在其中，请评估者找出来。

（3）深度知觉和距离知觉的评估 把一个装有水的杯子，用一只手端起来放到另一个位置，再把水杯的水倒满。

（4）空间知觉定位评估 准备盘子和汤勺，分别把汤勺放在盘子里面、上面、下面、左面、右面，请评估者说出。

2. 注意力的评估

（1）反应时间的测定 用打开的手电筒对准评估者，通过移动光源，请评估者的头部迅速跟随光源进行上、下、左、右移动。

（2）数字复述评估 说出一串数字，请评估者正向复述一遍，再逆向复述一遍。

（3）转移性评定 准备一些红豆、绿豆和一个大碗、一个小碗，请评估者根据指令，把红豆、绿豆分别放在大碗或者小碗中。

3. 记忆功能的评估

（1）瞬时记忆的评估 每秒一个词，说出 4 个不相关的词语，请评估者立刻复述出来。

（2）短时记忆的评估 出示 4 个图形卡片，请评估者注视 30s 收起，请评估者按照顺序画出这些图形。

（3）长时记忆的评估 准备 2 张写有情景关联的 15 个词语的纸，首先说出第 1 张 15 个词语，请评估者迅速复述出这 15 个词语；再说出第 2 张 15 个词语，请评估者迅速再复述出这 15 个词语；然后，请评估者再复述第 1 张的 15 个词语。

（4）程序性记忆的评估 首先示范用订书机订纸张的过程，请评估者按照动作顺序完成整个过程。

（5）人物姓名记忆的评估 出示人物照片并告知姓名，1min 后请评估者说出姓名。

（6）面容识别能力的评估 出示 5 张人物照片，每张图片看 5s，最后给予 10 张人物照片，请评估者在这 10 张人物照片中找出之前看到的 5 张图片。

【实训流程】

1. 教师示教 由带教老师示教认知功能评估的方法。
2. 角色扮演 学生 2 人 1 组，1 位同学对另 1 位同学进行评估，完成后相互交换角色。
3. 学生整理评估内容，书写评估报告，交教师审阅、修改。

【注意事项】

1. 评估者应尽可能理解并准确评估评估对象的行为，不可将自己的态度、看法、观点带到评估中去而影响评估结果。
2. 心理、社会评估和身体评估同样重要，不可偏颇。
3. 保护评估对象的隐私。

实训 3 一般状态、皮肤、浅表淋巴结检查及头颈部评估

【实训目的】

1. 掌握一般状态评估的内容及判断标准。
2. 掌握皮肤评估内容及方法。
3. 掌握浅表淋巴结的评估方法与顺序。
4. 掌握头颈部评估的顺序、内容及方法。

【实训用物】 手电筒、压舌板、体温计、血压计、听诊器、皮尺、音叉。

【实训内容和方法】

1. 生命体征测量 ①体温：互测体温，读数，记录；②呼吸：视诊观察胸、腹部运动的频率和节律 1min；③脉搏：触诊桡动脉，记录 1min 频率和节律的结果；④血压测量：互测血压 2 次，记录结果。

2. 一般状态评估 ①发育：通过身高、体重、年龄与智力之间的关系判断为正常或不正常；②营养：根据皮肤、毛发、皮下脂肪、肌肉发育情况综合判断为良好、中等或不良；③意识状态；④面容与表情；⑤体位；⑥步态：正常步态、异常步态。

3. 皮肤评估 观察皮肤的颜色，有无水肿、出血、皮疹、蜘蛛痣和肝掌等；检查皮肤的湿度、温度和弹性。

4. 浅表淋巴结评估 采用浅部触诊法，按一定的顺序对浅表淋巴结进行评估。发现淋巴结肿大时要注意其部位、大小、数目、硬度、有无压痛、活动度，以及局部皮肤有无红肿、瘢痕和瘘管等。

5. 头部评估 ①头颅：大小、形状和头发的状况评估，有无压痛、血肿；②眼：眼眉、眼睑、结膜、巩膜、角膜、瞳孔、眼球和视力评估；③耳：耳郭外形、外耳道分泌物、乳突压痛、听力测定；④鼻：外形，有无鼻翼扇动、鼻衄，鼻窦压痛检查；⑤口：口唇、口腔黏膜、牙齿、牙龈、舌、咽部、扁桃体和腮腺检查。

6. 颈部评估 ①血管：正常、颈静脉怒张；②甲状腺：通过视诊和触诊判断有无肿大，听诊血管杂音；③气管：正中、偏移。

【实训流程】

1. 教师示教 指导教师示教，讲解评估要点和操作技巧。

2. 角色扮演 学生 2～4 人 1 组，相互练习。

3. 教师巡回查看，随时纠正学生在操作过程中出现的各种错误。

4. 教师随机抽查学生进行浅表淋巴结、甲状腺等的评估，其他学生认真观看并评价，教师当堂总结。

【注意事项】

1. 测体温前注意消毒，将汞柱甩到 35℃以下。

2. 评估浅表淋巴结时，做好解释说明工作，使评估对象放松，以利于触诊。

3. 评估鼻窦压痛时，力度应适中。

实训 4 胸廓及肺脏评估

【实训目的】

1. 掌握胸壁、胸廓和乳房的评估内容和方法。

2. 掌握肺部视诊、触诊、叩诊、听诊的评估内容及方法，尤其是胸部叩诊音的音响特点。

3. 掌握听诊器的使用方法及注意事项。

4. 掌握正常呼吸音的听诊特点及听诊部位。

【实训用物】 听诊器、心肺模拟听诊仪、诊床。

【实训内容和方法】

1. 确认胸部的体表标志、划线和分区 ①骨骼标志：辨认胸骨、胸骨角、第 7 颈椎棘突、腹上角、肩胛下角、肋脊角；②自然陷窝和解剖区域：辨认胸骨上窝、锁骨上窝、锁骨下窝、腋窝、肩胛上区、肩胛下区、肩胛间区；③人工划线：前正中线、锁骨中线、腋前线、腋中线、腋后线、后正中线、肩胛线。

2. 胸壁和胸廓评估 观察胸壁静脉，检查胸壁压痛、肋间隙、胸廓外形。

3. 乳房评估 视诊观察乳房的对称性和皮肤情况，乳头位置、大小和对称性；触诊检查弹性，有无压痛、包块、腋窝及锁骨上淋巴结肿大。

4. 肺脏评估　①视诊：呼吸运动，呼吸频率、深度及节律；②触诊：胸廓扩张度、语音震颤；③叩诊：正常叩诊音，肺上界、肺下界、肺下界移动度；④听诊：正常呼吸音，有无啰音、胸膜摩擦音。

【实训流程】

1. 教师讲解及示范本次实训内容和方法及具体评估方法，其间学生观看相应的教学视频，并演示心肺模拟听诊仪的使用方法，以掌握呼吸系统疾病的正常及异常体征。

2. 学生 2 人 1 组，相互练习，教师巡回查看学生操作情况并做指导。

3. 教师进行评价总结。

4. 教师指导学生按正确格式书写评估表。

【注意事项】

1. 触诊乳房时，注意手指和手掌平置在乳房上，旋转或滑动触诊，从外上象限开始按顺序进行。

2. 前胸壁和侧胸壁叩诊时，板指应与肋间平行；肩胛间区叩诊时，板指应与脊柱平行；叩肩胛下角水平以下的部位时，板指仍保持与肋间隙平行。并注意两侧对比。

3. 注意隐私保护。

实训 5　心脏与血管评估

【实训目的】

1. 掌握心脏视诊、触诊、叩诊、听诊的内容和评估方法，能够准确叩出心浊音界。

2. 掌握 5 个瓣膜听诊区的部位及听诊顺序，并辨别出第一心音、第二心音。

3. 了解心率、心律、心音异常的特点及临床意义。

4. 熟悉水冲脉、周围血管征的检查方法及临床意义。

【实训用物】　听诊器、心脏模型、心肺模拟听诊仪、直尺、标记笔。

【实训内容和方法】

1. 心脏评估

（1）视诊　心尖搏动的位置、范围、强弱、节律、频率。

（2）触诊　心尖搏动、心前区震颤、心包摩擦感。

（3）叩诊　叩诊方法、心脏浊音界的叩诊及其临床意义。

（4）听诊　瓣膜听诊区及听诊顺序，心率、心律、正常心音、额外心音、心脏杂音、心包摩擦音。

2. 血管评估　触诊脉搏（频率、节律、紧张度与动脉壁状态、强弱、波形）、检查周围血管征。

【实训流程】

1. 教师讲解及示范，其间学生观看相应的教学片，借助心肺模拟听诊仪听诊心音、异常心音、额外心音、心脏杂音和心包摩擦音。

2. 学生 2 人 1 组，相互练习，注意寻找心尖搏动点、标记心浊音界。

3. 教师巡回检查，根据学生操作情况做指导，并进行最后总结。

4. 教师指导学生按正确格式如实填写评估表。

【注意事项】

1. 触诊心脏时手要温暖，先用右手全手掌置于心前区开始检查，然后逐渐缩小到手掌尺侧（小鱼际）或示指、中指和环指指腹并拢进行触诊。

2. 听诊心脏时环境应安静，采取适当的体位。

3. 关心、爱护评估对象，注意保护其隐私。

实训6　腹 部 评 估

【实训目的】

1. 掌握腹部评估的内容与具体方法、临床意义。
2. 熟悉腹部各脏器的正常情况。
3. 了解腹部的体表标志与分区。

【实训用物】　皮尺、听诊器、诊床。

【实训内容和方法】

1. 确认腹部的体表标志　剑突、肋弓下缘、脐、髂前上棘、腹直肌外缘、腹中线、腹股沟韧带和耻骨联合。

2. 腹部分区的划分　四区法、九区法。

3. 腹部评估

（1）视诊　腹部外形、呼吸运动、腹壁静脉、胃肠蠕动波。

（2）触诊　腹部紧张度；压痛点和反跳痛的检查；肝脏触诊的方法和注意事项；脾脏触诊的方法、脾大的测量方法；胆囊触诊的方法、胆囊压痛点的触诊；膀胱触诊。

（3）叩诊　腹部叩诊音；肝脏叩诊、肝区叩击痛；移动性浊音的检查；肋脊角叩击痛；膀胱叩诊。

（4）听诊　肠鸣音、振水音。

【实训流程】

1. 教师示范本次实训的内容和评估方法。
2. 学生2人1组，相互练习，老师巡回指导以及时发现学生不足并予以纠正。
3. 教师进行总结，对存在的问题进行指导。
4. 教师指导学生按正确格式填写评估表。

【注意事项】

1. 视诊时评估对象要充分暴露全腹，进行全面和细致的观察。保持视线与患者腹部在同一平面上进行查看，从前方和侧面采取几个不同的角度仔细观察。

2. 触诊时评估对象取仰卧位，头垫低枕，两手平放于躯干两侧，两膝屈起并稍分开，张口缓缓作腹式呼吸，保持腹肌松弛。评估者手要温暖，动作轻柔，由浅入深，从健康部位开始，逐渐移向病变区域，一般先从左下腹部开始，循逆时针方向，由下而上，先左后右，对腹部各区进行细致触诊。

3. 环境温暖、安静，注意保护患者隐私。

实训7　神经系统评估

【实训目的】

1. 掌握神经系统运动功能及神经反射的评估内容和方法。
2. 熟悉感觉功能评估及自主神经功能评估的内容和方法。
3. 知晓神经系统常见阳性体征的临床特点及意义

【实训用物】　棉签、叩诊锤、弯盘等。

【实训内容和方法】

1. 运动功能评估　包括肌力与肌张力、不随意运动、共济运动。

2. 感觉功能评估　包括浅感觉、深感觉、复合感觉。

3. 神经反射评估　①浅反射：角膜反射、腹壁反射、趾反射；②深反射：肱二头肌反射、肱三头肌反射、膝反射、跟腱反射；③病理反射：Babinski 征、Oppenheim 征、Gordon 征、Chaddock 征和 Hoffmann 征；④脑膜刺激征的评估。

【实训流程】

1. 学生观看教学片并完成课前测试题。
2. 教师讲解和示教神经系统评估的操作要点、注意事项和操作流程。
3. 学生 2 人 1 组，相互练习，教师巡回指导，多媒体循环播放教学视频。
4. 教师抽查学生进行演示，先由学生自行点评，最后由教师进行总结。
5. 教师指导学生填写评估单。

【注意事项】

1. 注意指导评估对象放松，刺激动作要轻，不应过频。
2. 注意双侧对比评估。
3. 评估前洗手，动作要轻柔，体现良好的职业素养。
4. 尊重、爱护评估对象，注意保护患者隐私。

实训 8　心电图检查

【实训目的】

1. 学生能独立完成心电图的描记。
2. 掌握心电图的图形特点和正常值范围。
3. 熟悉心电图的阅读顺序、分析方法。

【实训用物】　心电图检查床、心电图机、心电图记录纸、导电胶、污物盘、心电图报告单。

【实训内容和方法】

1. 心电图描记　常规 12 导联心电图的连接方法，描记心电图。

2. 心电图分析　判断有无伪差或干扰，心率、心律、心电轴、心脏钟向转位及各波形、波段是否正常，得出结论。

【实训流程】

1. 学生观看心电图描记的操作视频。
2. 教师指导学生检查心电图机性能，安装心电图纸，设置参数。
3. 教师示教心电图描记的步骤，提示操作要点和注意事项。
4. 学生 4 人 1 组，相互进行心电图描记，并分析心电图，教师巡回指导。
5. 教师对部分典型心电图和存在的问题进行分析、归纳、总结。
6. 教师指导学生及时书写心电图检查报告，标记好评估对象门诊号、姓名、导联、记录时间等。

【注意事项】

1. 环境温度适宜，注意保护评估对象隐私。
2. 避免各种干扰因素，如评估对象要摘手表、收好手机等；使用交流电源的心电图机接专用的地线。
3. 正确连接各导联。

实训 9　血液、尿液和粪便检查

【实训目的】

1. 熟练、准确地完成血液、尿液和粪便标本的采集、保存和送检。

2. 掌握血液、尿液和粪便常规检查的参考值。

3. 熟悉血液、尿液和粪便标本测定值的临床意义。

【实训用物】 一次性负压真空采血装置、一次性尿液采集器、一次性粪便采集杯、锐器盒、污物桶、止血带、棉签、碘伏、手消毒液，若干血液、尿液、粪便检查单。

【实训内容和方法】

1. 血液采集 静脉穿刺采血。
2. 尿液采集 采集清洁中段尿。
3. 粪便采集 自然排便法采集粪便标本。
4. 分析血液、尿液和粪便常规检查的报告单。

【实训流程】

1. 学生观看采集血液、尿液和粪便标本的视频。
2. 教师示教静脉采血操作流程。
3. 教师讲解尿液和粪便标本的操作流程，发放一次性尿液采集器和一次性粪便采集杯，学生 6 人 1 组，采集尿液和粪便标本。
4. 学生对采集到的标本进行标记，并及时送到附属医院进行实验室检查。
5. 教师发放提前收集的血液、尿液和粪便常规检查的报告单，学生分组进行讨论、分析。

【注意事项】

1. 严格无菌操作。
2. 正确采集标本。
3. 检验后的标本要妥善处理，不能乱扔，或随便倒入下水道内，严格按照医疗垃圾进行分类处理。

实训 10 护理诊断与护理病历书写

【实训目的】

1. 理解护理诊断的分类、构成、陈述方式及护理诊断的步骤。
2. 掌握护理诊断思维模式与步骤，能运用健康评估方法获取健康资料，并提出合理的护理诊断/问题。
3. 掌握护理病历书写的基本要求和方法，能准确记录。
4. 能在收集资料、书写护理病历过程中与评估对象建立良好的关系。

【实训用物】 临床病案、《北美国际护理诊断定义与分类（2021—2023）》和相关护理评估表格；体温计、血压计、听诊器、棉签、软尺等评估用物。

【实训内容和方法】

1. 按生理-心理-社会模式和多轴系功能性健康型态模式收集、整理评估对象资料，分组讨论病案。
2. 针对病案提出护理诊断。
3. 书写护理病历。

【实训流程】

1. 教师提供典型病案，并准备好相关护理评估表格。
2. 学生根据所提供病案中的病情及进展情况，分组收集评估对象资料。
3. 按照护理诊断思维模式与步骤，学生分组讨论分析，对照《北美国际护理诊断定义与分类（2021—2023）》筛选出护理诊断/问题。
4. 学生按规范陈述方式书写护理诊断并进行排序。
5. 学生分组讨论病案，每人书写一份护理病历。